KB194166

THE 솔직한
NCS
실전문제집

대한민국 대표브랜드 | 국가자격 시험문제 전문출판 에듀크라운
국가자격시험문제 전문출판
http://www.crownbook.com

최고의 적중률!! 최고의 합격률!!
 크라운출판사
국가자격시험문제 전문출판
http://www.crownbook.com

최경호

인크루트 대표 컨설턴트
청춘과 커리어 대표
인크루트 취업학교 금융권, 공기업, 10대 기업 대표 강의
실천닷컴 대표 컨설턴트
KTV '일대일' 대표 컨설턴트 출연
'한국직업방송' 출연
광주대학교 및 다수 대학교 강연
해군본부 강연
YBM 등 다수 취업강의
위드엠 / 오스틴북스 출판사 NCS 컨설턴트

공동저자 | **양승우**

실천교육 NCS 집필진

"

현재 사회 전반에서 NCS를 채택하고 있습니다. 산업인력공단은 물론 한국능률협회 및 기타 기관, 심지어 대학교에서도 NCS에 관심을 보이는 추세입니다.

저는 THE 솔직한 NCS라는 주제로 NCS에 대한 강의를 진행했습니다. 이때의 경험을 바탕으로 현장에서의 출제 경향을 분석하고 수험생의 입장에서 조금 더 쉽게 접근할 수 있도록 책을 구성했습니다.

본 책에서는 부록으로 채용의 규모가 가장 큰 Big3 기업을 선정해 기업분석자료를 첨부했습니다. 수험생 여러분은 시험에 임하기 전, 이 부록을 통해 기업에 대한 이해도를 높임과 더불어 기업분석에 대한 기본적인 능력을 갖출 수 있을 것입니다.

또한, NCS 국가직무능력표준에서 제공하고 있는 이론을 분석 및 요약정리한 부록을 크라운 출판사 홈페이지에서 다운로드할 수 있도록 제공하오니, 수험생들은 이를 반드시 확인하기 바라며, 목표하는 바를 반드시 이룰 수 있기를 간절히 기원합니다.

저자 최경호, 양승우

"

목차

NCS란?

PART 1 NCS 기본문제

PART 2 NCS 실전문제

PART 3 Big 3 기업분석자료

부록

NCS란?

○ 국가직무능력표준(NCS)란?

국가직무능력표준(NCS, National Competency Standards)은 산업현장에서 직무를 수행하기 위해 요구되는 지식·기술·태도 등의 내용을 국가가 체계화한 것이다.

○ 국가직무능력표준 개념도

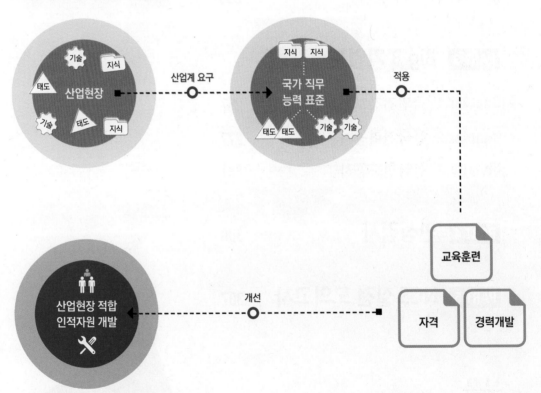

직무 능력 : 일을 할 수 있는 On-spec인 능력

- 직업인으로서 기본적으로 갖추어야 할 공통 능력
- 해당 직무를 수행하는 데 필요한 역량(지식, 기술, 태도)

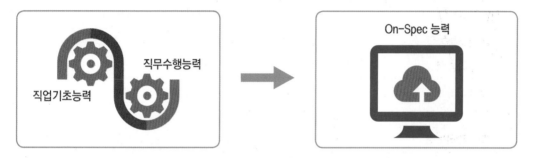

국가직무능력표준(NCS)이 왜 필요한가요?

능력 있는 인재를 개발해 핵심인프라를 구축하고, 나아가 국가경쟁력을 향상시키기 위해 국가직무능력표준이 필요합니다.

- 기업은 직무분석자료, 인적자원관리 도구, 인적자원개발 프로그램, 특화자격 신설, 일자리정보 제공 등을 원합니다.
- 기업교육훈련기관은 산업현장의 요구에 맞는 맞춤형 교육훈련과정을 개설하여 운영하기를 원합니다.

🔍 지금은,

- 직업교육 훈련 및 자격제도가 산업현장과 불일치
- 인적자원의 비효율적 관리 운용

국가직무
능력표준

🔍 바뀝니다.

- 각각 따로 운영됐던 교육훈련, 국가직무능력표준 중심 시스템으로 전환(일-교육-훈련-자격 연계)
- 산업현장 직무 중심의 인적자원 개발
- 능력중심사회 구현을 위한 핵심인프라 구축
- 고용과 평생 직업능력개발 연계를 통한 국가경쟁력 향상

NCS 분류

• 직업기초능력 영역

직업기초능력 영역	하위능력
의사소통능력	문서이해능력, 문서작성능력, 경청능력, 의사표현능력, 기초외국어능력
수리능력	기초연산능력, 기초통계능력, 도표분석능력, 도표작성능력
문제해결능력	사고력, 문제처리능력
자기개발능력	자아인식능력, 자기관리능력, 경력개발능력
자원관리능력	시간자원관리능력, 예산자원관리능력, 물적자원관리능력, 인적자원관리능력
대인관계능력	팀워크능력, 리더십능력, 갈등관리능력, 협상능력, 고객서비스능력
정보능력	컴퓨터활용능력, 정보처리능력
기술능력	기술이해능력, 기술선택능력, 기술적용능력
조직이해능력	국제감각, 조직체계이해능력, 경영이해능력, 업무이해능력
직업윤리	근로윤리, 공동체윤리

일반 대기업 및 NCS 필기시험 비교

대기업 인 · 적성검사	공사 · 공단 필기시험	NCS 기반 필기시험
- CJ CAT · SKCT · HMAT · GSAT 등 - 언어 · 수리 · 공간지각 · 추리 · 상식 · 한국사	- 언어 · 수리 · 상식 · 한국사 - 전공필기시험 　(경영, 경제, 회계, 이공계 기사)	- 업무 관련 공통 역량 　(직업기초능력평가) - 직무 관련 역량 평가 　(직무수행능력평가)

O NCS 채용 프로세스

NCS 기반 채용공고	모집분야별 NCS 분류를 통해 직무특성에 맞는 능력요소를 NCS 직무기술서에서 추출하여 활용하므로 직무에 필요한 능력요소를 지원자에게 분명하게 전달함.
NCS 기반 입사지원서	개인 신상 중심의 정보는 배제하고, 지원직무와 관련된 능력요소 경험이나 정보를 지원서에 작성하도록 제시
NCS 기반 필기평가	NCS의 주요능력요소와 수준체계를 활용하여 직업기초능력 및 직무수행능력의 핵심요소를 평가할 수 있는 문항을 개발하여 평가함.
NCS 기반 면접평가	다양한 면접도구를 구조화하여 직업기초능력과 직무수행능력을 평가하되, 각 기업의 특성과 현황, 핵심역량 등을 접목하여 현장에 맞게 적용
최종결정	각 단계별 결과를 수합하여 객관화된 최종결과 산출 및 채용 의사결정

PART 01

NCS 기본문제
국가직무능력표준 핵심 유형 10항목

직업기초능력평가 핵심 유형

다음은 NCS 국가직무능력표준에서 제시하는 10개 항목에 대한 필수유형이다. 시험 전 반드시 핵심유형을 파악하고 지원회사별 경영전략 · 핵심이슈 · 기관자료 · 보도자료 등을 확인해야 한다.

자료 : www.ncs.go.kr

NCS

국 가 직 무 능 력 표 준

의사소통능력

의사소통 능력		상	직장생활에서 제안서, 기술매뉴얼과 같은 복잡한 내용의 문서를 읽거나 작성함으로써 정보를 종합하고, 업무 성과를 발표하는 상황에서 논리적으로 의사를 표현한다.
		중	직장생활에서 메일, 공문과 같은 기본적인 내용의 문서를 읽거나 작성함으로써 정보를 요약하고, 회의와 토론 등의 상황에서 주제에 맞게 의사를 표현한다.
		하	직장생활에서 지시문, 메모와 같은 간단한 내용의 문서를 읽거나 작성함으로써 정보를 이해하고, 결과를 보고하는 간단한 상황에서 이해하기 쉽게 의사를 표현한다.
하위 능력	문서 이해 능력	상	직장생활에서 최신 기술매뉴얼과 같은 복잡한 업무문서를 읽고, 필요한 정보를 종합한다.
		중	직장생활에서 예산서, 주문서와 같은 기본적인 업무문서를 읽고, 필요한 정보를 요약한다.
		하	직장생활에서 지시문, 메모와 같은 간단한 업무문서를 읽고, 필요한 정보를 확인한다.
	문서 작성 능력	상	제안서와 프레젠테이션과 같은 복잡한 문서를 논리적으로 작성한다.
		중	메일이나 공문과 같은 기본적인 문서를 형식에 맞게 작성한다.
		하	상사의 지시나 전화메시지와 같은 간단한 문서를 읽기 쉽게 작성한다.
	경청 능력	상	부서 전체의 회의에서 발표를 듣는 것과 같은 복잡한 업무상황에서 들은 내용을 종합한다.
		중	고객의 주문전화를 받는 것과 같은 기본적인 업무상황에서 들은 내용을 요약한다.
		하	상사의 지시를 듣는 것과 같은 간단한 업무상황에서 들은 내용을 이해한다.
	의사 표현 능력	상	업무 성과를 발표하는 것과 같은 복잡한 상황에서 논리적으로 의사를 표현한다.
		중	부서의 회의 중 토론을 하는 것과 같은 기본적인 상황에서 주제에 맞게 의사를 표현한다.
		하	상사에게 결과를 보고하는 것과 같은 간단한 상황에서 이해하기 쉽게 의사를 표현한다.
	기초 외국어 능력	상	외국어로 된 메일을 받는 업무상황에서 메일을 직접 읽고 의미를 이해한다.
		중	외국어로 된 메일을 받는 업무상황에서 사전을 활용해서 해석하여 의미를 이해한다.
		하	외국어로 된 메일을 받는 업무상황에서 다른 사람의 도움을 얻어 의미를 이해한다.

● **의사소통능력 필수 유형** ●

---

01 다음 중 어떤 은행 홈페이지에 게시된 아래 안내 사항을 올바르게 이해한 것은?

[NCS 국가직무능력표준 예제]

[신정 당일(휴일) ○○은행 거래 일시 중지 업무 공지]

고객님, 늘 고객님께 더 많은 혜택을 드리고자 노력하는 ○○은행입니다. 보다 편리하고 안전한 금융 서비스 제공을 위한 당행 전산시설 확장 작업으로 인하여 부득이하게 신정 당일 은행 업무를 아래와 같이 일시 중지할 예정이오니 고객님의 넓은 양해 부탁드립니다.

- 거래 중지 일시 및 시간 : 1월 1일(화) 00:00~24:00
- 일시 중지 업무 현금 입출금기(ATM, CD) 이용 거래, 인터넷뱅킹, 폰뱅킹, 모바일/스마트폰 뱅킹, 펌뱅킹 등 모든 전자 금융거래, 체크카드, 직불카드를 이용한 물품 구입, 인출 등 모든 거래(외국에서의 거래 포함), 타 은행 ATM, 제휴CD기(지하철, 편의점 등)에서 ○○은행 계좌 거래
※ 인터넷뱅킹을 통한 대출 신청/실행/연기 및 지방세 처리 ARS 업무는 1월 4일(금) 12:00시(정오)까지 계속해서 중지됩니다.

단, 신용카드를 이용한 물품 구입, 고객센터 전화를 통한 카드/통장 분실 신고(외국에서의 신고 포함) 및 자기앞수표 조회 같은 사고 신고는 정상 이용 가능하다는 점 참고하시기 바랍니다.

항상 저희 ○○은행을 이용해 주시는 고객님께 늘 감사드리며, 관련 문의사항은 아래 고객센터 번호로 연락바랍니다.

○○은행 1234-0000/2345-0000 ○○은행 카드사업부 9876-0000

---

① 1월 4일 내내 ○○은행의 지방세 처리 ARS 업무를 이용할 수 없다.

② ○○은행에 대출 신청이 필요하더라도, 1월 4일 12시까지는 이용이 불가능하다.

③ 1월 1일 해외 체류 중이라면 ○○은행 체크카드 분실 신고는 1월 2일부터 가능하다.

④ 1월 1일 친구의 ○○은행 계좌로 돈을 입금하기 위해서는 다른 은행의 ATM기를 이용해야 한다.

⑤ 1월 1일 물건을 사기 위해 ○○은행 계좌에서 현금을 출금할 수는 없지만, 신용카드 결제는 할 수 있다.

정답 ⇒ ⑤

② ○○은행에 대출 신청이 필요한 경우 1월 4일 12시까지 인터넷뱅킹은 불가능하다. 그러나 1월 2일 이후 오프라인 창구 이용은 가능하다.
⑤ 신용카드를 이용한 물품 구입은 정상 이용이 가능하다.

[02~04] 글로벌 패션브랜드 H의 온라인 판매담당 사원 A 씨는 규정약관을 바탕으로 한 고객응대와 해당 사항에 대한 내용을 본사에 전달하는 업무를 담당하게 되었다. 아래의 약관을 읽고 이어지는 문제에 응답하시오.

[NCS 국가직무능력표준 예제]

[온라인 구매 주요 약관]

제13조 | 배송
- 배송 소요기간은 주문일 익일을 기산일로 하여 각 다음과 같습니다.
  1. 일반택배(주문일, 공휴일 제외) : 전국 2~5일 소요, 도서지역일 경우 2~3일 추가됩니다.
  2. 공휴일 및 기타 휴무일에는 배송되지 않습니다.
  3. 대금지급을 무통장 입금방식에 의하는 경우, 입금 확인일로부터 배송 소요기간을 정합니다.
  4. 불가항력적인 사유 발생 시 해당기간 동안은 배송 소요기간에서 제외됩니다.
- 국내 배송만 가능합니다. 단, 해외배송은 미국 쇼핑몰에서 가능합니다.
- 무료배송은 총 구매금액이 2만 원 이상일 경우에 가능합니다.

제14조 | 반품/환불/취소
- 배송이 완료된 상품에 한해서도 아래의 사항에 해당될 경우 환불조치를 실시합니다.
  1. 배송상품 등이 주문내용과 상이할 경우
  2. 상품이 구매자가 아닌 기타사유에 의해 파손, 손상되었거나 오염되었을 경우
- 상품의 하자를 포함한 사이즈, 색상 등에 대한 교환은 하지 않습니다. 이를 대신하여 모든 상품은 확인 후 환불 처리합니다.
- 배송 후, 다음의 경우에는 반품할 수 없습니다.
  1. 고객의 실수로 상품 등이 멸실 또는 훼손된 경우
  2. 제품착용으로 인해 상품이 손상된 경우
  3. 시즌오버로 인해 재판매하기에 상품 등의 가치가 감소한 경우
- 동일 브랜드라도 한국이 아닌 국외에서 구매한 경우 교환/환불 및 제품의 A/S는 불가합니다.
- 카드결제 후 반품의 경우, 반품일로부터 즉시 카드결제가 취소되나 카드사 사정에 따라 취소처리 기간이 7~10일 정도가 소요됩니다. 청구작업 기간은 카드결제일에 따라 상이하며, 자세한 내용은 해당 카드사를 참조하시기 바랍니다. 무통장 및 실시간 계좌이체 입금의 경우 반품상품의 확인 후 2~3일 내에 해당 입금계좌로 환불처리합니다. (단, 주말, 공휴일은 제외)
- 이용자의 변심에 의한 환불인 경우는 이용자가 반품배송비를 부담합니다. 해당 사유에 따른 반품 배송비 구분은 다음과 같습니다.
  1. 당사부담의 경우(제품의 하자, 오배송)
  2. 고객부담의 경우(상품에 대한 고객변심의 경우)
- 고객은 반품 신청 시 선불/착불 반송 신청이 가능하며, 고객의 변심으로 인한 착불 반품내역은 환불 처리 시 택배비용을 차감합니다.

02 A 씨는 규정 약관을 바탕으로 온라인 질문응답게시판에 올라온 고객의 질의에 응답하려고 한다. 답변 내용 중 옳지 않은 것은?

① Q : 얼마 전 유럽여행 중에 H사 바지를 구매했는데 사이즈가 작아서 교환하고 싶어요. 동일 제품이 홈페이지에 나와 있던데 교환되나요?

　A : 동일 브랜드라도 국외에서 구매한 경우에는 제품의 교환이 불가합니다.

② Q : 2일 전에 인터넷으로 구매한 코트제품을 받았는데 색이 맘에 안 들어서 어제 다시 택배로 보냈어요. 계좌 이체했는데 언제 환불 받을 수 있나요?

　A : 아직 고객님의 반품내역접수가 확인되지 않았습니다. 실시간 계좌이체를 하신 경우 반품 상품 확인이 되면 영업일 2-3일 내 입금된 계좌로 환불처리될 예정입니다.

③ Q : 얼마 전에 시즌 오프 세일에서 원피스를 구매했는데 다른 제품으로 교환하고 싶어요. 가능한가요?

　A : 구매하신 원피스의 경우 시즌이 지난 상품으로 환불이 불가합니다.

④ Q : 제주도에서 주문하려고 하는데요, 배송기간이 얼마나 걸릴까요?

　A : 제품에 대한 배송기간은 전국 2-5일 소요될 예정입니다.

정답 ➠ ④

④의 경우 고객은 제주도에 거주하고 있으므로 약관내용에 따르면 도서지역에 해당된다. 이 경우 배송기간은 기본 배송일 2~5일에 추가적으로 2~3일이 소요된다고 안내해야 한다.

---

03 A 씨는 한 고객으로부터 온라인 게시판을 통해 카드 환불과 관련한 문의를 받았는데, 고객의 내용을 토대로 B 카드사 직원에게 이메일을 전달하려고 한다. 다음의 이메일 내용 중 수정이 필요한 사항은?

받는 사람 : bcard@bcard.co.kr
보내는 사람 : ① happy@gmail.com
날짜 : 2015년 6월 22일 오후 3시
제목 : ② [A brand] 고객 환불요청 카드결제 처리건
내용 : B 카드사 담당자 ○○○님,
안녕하세요. H 브랜드 온라인 쇼핑몰 담당자 A입니다.
③ 당사 제품 구매고객의 결제 취소요청과 관련하여 아래 내용 확인 후 처리 부탁드립니다.
결제일시 : 2015년 6월 12일 오후 1시 20분
결제코드 : BAS0000

결제카드 정보 : 1234-5678-9012-3456

카드 소유자 명 : ○○○

④ 여러 업무로 인해 바쁘시겠지만 고객약관 내용에 명시된 카드 환불 처리기한이 오늘까지이므로 오늘 (2015. 6. 22) 중으로 처리 부탁드립니다. 지난번 환불처리 건에 대해 신속히 처리해주셔서 감사합니다.

A 배상

온라인 고객관리팀 사원

H 브랜드 연락처 : 010-123-4567

주소 : 서울특별시 종로구 새문안로

정답 ▮▮➡ ①

보내는 사람에 대하여 서명란에 소속과 이름을 밝히긴 했으나 발신자의 이메일 주소가 개인메일일 경우엔 수신자의 진위여부를 파악하기가 어렵다. 특히, 카드사 직원과 같이 이메일을 많이 받는 직종에 있는 사람일수록 발신자의 진위를 빠르게 파악하는 것이 신속한 업무처리를 가능하게 한다. 따라서 가능한 업무상 이메일은 회사계정주소와 발신자의 이름이 드러난 주소를 사용하는 것이 적절하다.

② 정답문항과 관련하여 발신자의 출처와 제목을 통해 처리해야 할 내용이 파악되므로 적절하다. ① 문항은 제목에서 언급되지 못한 사항을 좀 더 상세히 언급하고 있다. 마지막으로 ④는 처리기한에 대하여 명시해줌으로써 발신자로 하여금 수신자의 요청기한을 파악할 수 있도록 하였다.

---

04 A 씨는 온라인 구매고객과 전화를 통해 응대하게 되는 상황이 발생하였다. 다음의 통화내용 중 옳지 않은 내용은?

A	① 네, 안녕하십니까? H 브랜드 고객지원센터 담당자 A입니다. 무엇을 도와드릴까요?
고객	아, 네. 제가 거기서 바지를 샀는데 아직도 배송이 안 됐어요. 어떻게 된 거예요?
A	네, 고객님, 그러십니까? ② 먼저 불편을 드려서 죄송합니다. 빠른 처리를 위해서 몇 가지 질문을 여쭙겠습니다. 실례지만 저희 제품구매는 온라인과 오프라인 매장 중 어디에서 구매하셨습니까?
고객	음… 온라인에서 했을 거예요.
A	네. 확인 감사합니다.
고객	근데 저 지금 근무 중에 전화하는 거라 시간이 별로 없으니까 빨리 처리 좀 해주세요.
A	③ 네, 최대한 빠르게 처리될 수 있도록 도와드리겠습니다. 구매하신 고객님의 성함과 구매하신 온라인 아이디를 확인할 수 있을까요?
고객	○○○고요, 아이디는 ○○○○이에요.

A	④ 네? 고객님, 죄송하지만 목소리가 작아서 잘 안 들리는데 좀 더 크게 말씀해 주시겠습니까?
고객	아, 진짜… 이름은 ○○○고요, 아이디 ○○○○이라고요.
A	네, 확인 감사합니다. ○○○ 고객님의 주문내역 확인 결과, 빠르면 오늘 오후 중으로 늦어도 내일 정오 전까지는 도착할 예정입니다.
고객	아, 그래요? 알겠습니다.
A	네. 더 궁금하신 점은 없으신가요?
고객	네.
A	네, 귀한 시간 내주셔서 감사합니다. 저는 상담원 A였습니다. 좋은 하루 되십시오.

정답 ▶ ④

④의 경우 의사표현을 하는 데에 있어 문제에 대한 원인을 고객 책임으로 돌리고 있다. 좀 더 올바른 표현으로는 "현재 통화하시는 지역의 수신 상태가 좋지 않은 것 같습니다. 좀 더 크게 말씀해 주시겠습니까?"와 같은 대처가 적절하다.

01 회사에서 요구되는 문서이해능력이 아닌 것은?

① 문서를 읽고 이해하는 능력

② 타 부서와의 협업 능력

③ 문서에 나타난 의견을 이해하여 요약 · 정리하는 능력

④ 정보를 구별하고 비교 · 통합하는 능력

02 다음은 의사소통에 대한 설명이다. A, B에 각각 들어갈 적절한 용어는 무엇인가?

> 의사소통은 조직과 팀의 효율성과 효과성을 위해 이루어지는 구성원 간의 (A)와 (B)의 전달 과정으로서, 여러 사람의 노력으로 공통의 목표를 추구해 나가는 집단 내의 기반이며 성과를 결정하는 핵심 기능이라 할 수 있다.

(A) = _____

(B) = _____

03 의사소통능력 개발에 관한 설명으로 올바른 것을 고르시오.

① 조직의 분위기 개선을 위해 자신의 평정을 찾을 때까지 무한정의 감정 억제가 필요하다.

② 전문용어는 그 언어를 사용하는 집단 구성원들 사이에 사용될 때나 조직 밖에서 사용할 때나 똑같이 이해를 촉진시킨다.

③ 피드백은 상대방이 원하는 경우 대인관계에 있어서 그의 행동을 개선할 수 있는 기회를 제공해준다.

④ 의사소통에서는 어떠한 상황에서도 동일한 용어를 선택하여야 한다.

04 다음 문서의 종류와 각 문서에 대한 설명이 맞는 것을 고르시오.

종류	설명
A. 결산보고서	ㄱ. 각종 조직 및 단체 등이 언론을 상대로 자신들의 정보가 기사로 보도하기 위해 보내는 자료
B. 보도자료	ㄴ. 회사의 업무에 대한 협조를 구하거나 의견을 전달할 때 작성하는 문서
C. 기획서	ㄷ. 상대방에게 기획의 내용을 전달하여 기획을 시행하도록 설득하는 문서
D. 기안서	ㄹ. 진행됐던 사안의 수입과 지출결과를 보고하는 문서

① A-ㄹ   ② B-ㄴ   ③ C-ㄱ   ④ D-ㄷ

05 문서작성의 구성요소 중 잘못된 것을 고르시오.

① 품위 있고 짜임새 있는 골격
② 이해하기 쉬운 구조
③ 세련되고 인상적인 레이아웃
④ 주관적이고 논리적이며 체계적인 내용

06 직장에서의 업무는 대부분 문서에 의해 이루어지고 있다. 문서는 어디까지나 자신의 생각을 상대방에게 정확하게 전달하기 위한 것으로 "읽게 해주는 것"이 아니라 "읽어주기를 바라는 것"이어야 한다. 다음 중 문서를 작성해야 하는 상황이 아닌 것은 무엇인가?

① 요청이나 확인을 부탁하는 경우
② 정보제공을 위한 경우
③ 제안이나 기획을 할 경우
④ 개별적으로 고객 관리 안부 인사를 해야 하는 경우

07 문서작성 시 고려사항에 포함할 필요가 없는 것은?

① 문장력   ② 대상   ③ 목적   ④ 기대효과

08 문서를 시각화하는 4가지 포인트로 잘못된 것을 고르시오.

① 보기 쉬워야 한다.

② 이해하기 쉬워야 한다.

③ 다채롭게 표현되어야 한다.

④ 숫자는 반드시 정확한 글로써 표현되어야 한다.

09 다음은 경청에 대한 설명이다. 잘못된 설명을 고르시오.

① 경청은 대화의 과정에서 당신에 대한 신뢰를 쌓을 수 있는 최고의 방법이다.

② 경청함으로써 대화 상대는 본능적으로 안도감을 느끼고, 경청자에게 무의식적인 믿음을 갖게 한다.

③ 경청하는 자의 말과 메시지, 감정은 아주 효과적으로 상대에게 전달된다.

④ 경청하는 자는 의사전달의 어려움을 겪는다.

10 다음과 같은 상황은 올바른 경청을 하는 데 있어서, 방해요인이 작용한 것이다. 어떠한 방해요인이 작용한 것인가?

> 남편이 아내에게 직장에 대한 좌절과 낙담을 털어놓자 아내는 "당신은 윗사람 다루는 기술이 필요해요. 당신 성격에도 문제가 있어요. 당신 자신을 개조하기 위해 성격 개선 프로그램을 신청해서 참여해봐요."라고 말했다.

① 짐작하기 　　　② 언쟁하기 　　　③ 조언하기 　　　④ 슬쩍 넘어가기

11 프레젠테이션의 성공 요인으로 바르지 않은 것은?

① 제한된 시간을 효과적으로 활용하는 기술을 익혀야 한다.

② 다양한 시청각 기자재보다는 정확한 근거를 제시할 수 있는 전문용어를 통해 프레젠테이션한다.

③ 설득해야 할 대상에 대하여 철저히 연구해야 한다.

④ 청중의 니즈(needs)를 파악해야 한다.

12 의사표현의 오해를 풀기 위한 충고가 잘못된 것을 고르시오.

① 상대방이 틀렸다고 마구 꾸짖지 마라.

② 상대방의 반항을 사실에 근거하여 비판하라.

③ 큰소리가 'NO'라는 뜻이 아님을 알라.

④ 비판보다 칭찬거리를 먼저 찾아라.

13 다음 중 기초외국어능력이 필요한 상황과 관련된 설명으로 잘못된 것은? [NCS 국가직무능력표준 예제]

① 누구에게나 똑같은 상황에서 기초외국어능력이 필요하다.

② 외국어라고 해서 꼭 영어만 필요한 것은 아니고, 자신이 주로 상대하는 외국인들이 구사하는 언어가 필요한 것이다.

③ 자신에게 기초외국어능력이 언제 필요한지 잘 아는 것이 중요하다.

④ 자신의 업무에 필요한 기초외국어를 적절하게 구사하는 것이 중요하다.

수리능력

수리능력		상	직장생활에서 다단계의 복잡한 사칙연산을 하고, 연산 결과의 오류를 수정한다.
		중	직장생활에서 다른 형식으로 변환하는 기본적인 사칙연산을 하고, 연산 결과를 검토한다.
		하	직장생활에서 덧셈, 뺄셈과 같은 간단한 사칙연산을 하고, 연산 결과를 확인한다.
하위 능력	기초 연산 능력	상	직장생활에서 다단계의 복잡한 사칙연산을 하고, 연산 결과의 오류를 수정한다.
		중	직장생활에서 다른 형식으로 변환하는 기본적인 사칙연산을 하고, 연산 결과를 검토한다.
		하	직장생활에서 덧셈, 뺄셈과 같은 간단한 사칙연산을 하고, 연산 결과를 확인한다.
	기초 통계 능력	상	직장생활에서 다단계의 복잡한 통계기법을 활용해서 결과의 오류를 수정한다.
		중	직장생활에서 비율을 구하는 기본적인 통계기법을 활용하여 결과를 검토한다.
		하	직장생활에서 평균을 구하는 간단한 통계기법을 활용하여 결과를 확인한다.
	도표 분석 능력	상	직장생활에서 접하는 다양한 도표를 종합하여 내용을 종합한다.
		중	직장생활에서 접하는 두, 세 가지 도표를 비교하여 내용을 요약한다.
		하	직장생활에서 접하는 한 가지 도표를 보고 내용을 이해한다.
	도표 작성 능력	상	직장생활에서 다양한 도표를 활용하여 내용을 강조하여 제시한다.
		중	직장생활에서 두, 세 가지 도표를 활용하여 내용을 비교하여 제시한다.
		하	직장생활에서 하나의 도표를 활용하여 내용을 제시한다.

수리능력 필수 유형

01 귀하는 3개 시에 있는 지역본부 담당자에게 대외비 문서를 오늘 중 도착할 수 있도록 하라는 지시를 받았다. 바쁜 관계로 터미널로 가서 고속버스 화물 택배로 정확히 같은 시각에 3개 지역본부로 보내려고 한다. 안내원에게 문의했더니 3개 시로 가는 고속버스는 5분 전인 09시에 동시에 출발했고, 배차 간격은 각각 15분, 9분, 12분이라고 한다. 화물 택배를 의뢰하는 업무는 10분이면 끝낼 수 있다. 귀하는 늦어도 몇 시까지 터미널로 도착해야 업무를 처리할 수 있는가?

[NCS 국가직무능력표준 예제]

① 11시 10분 전에는 도착해야 한다.　　② 11시 10분까지는 도착해야 한다.

③ 12시 10분 전에는 도착해야 한다.　　④ 12시 10분까지는 도착해야 한다.

정답 ➡ ③

최소공배수의 개념을 이해하고 있는가를 묻는 문제이다. 배차 간격이 15분, 9분, 12분이기 때문에 180분 후에 동시 출발이 이뤄진다. 문제에서는 9시에 동시 출발을 했으니, 다음번에는 12시에 동시 출발을 하는 것이며, 업무 처리가 시간이 10분이면 된다고 했기 때문에 정답은 ③이 된다.

[02~03] 다음은 연령별 저축률에 대한 자료이다. 자료를 읽고 이어지는 질문에 답하시오.

[NCS 국가직무능력표준 예제]

〈연령별 저축률〉

	2006년		2008년		2010년		2012년	
	저축중인 인원(명)	저축률(%)	저축중인 인원(명)	저축률(%)	저축중인 인원(명)	저축률(%)	저축중인 인원(명)	저축률(%)
30대 이하	63	72.8	68	68.2	117	81.1	99	69.9
40대	271	60.5	277	61.4	184	70.3	210	65.4
50대	440	59.2	538	54.9	383	58.6	383	54.4
60대	469	47.6	538	53.5	536	41	542	39.9
70대 이상	582	27.7	562	37	768	24.7	754	21.9

02 다음 중 연령별 저축률에 대한 자료를 바르게 해석한 것은?

① 30대 이하의 경우 2006년에 비해 2012년의 저축액이 더 적다.

② 모든 연령대에서 2010년의 저축률이 2008년보다 높았다.

③ 50대의 저축률 증감추이가 가장 적은 폭의 변화를 보이고 있다.

④ 2008년 대비 2012년에 저축 인원이 가장 큰 폭으로 변한 연령대는 60대이다.

정답 ➠ ③

① 주어진 자료에는 저축액에 대한 내용을 확인할 수 없다.
② 60대와 70대 이상의 경우 2010년 저축률보다 2008년 저축률이 더 높다.
③ 2008년 대비 2010년의 저축률 증감 추이 폭은 50대-40대-30대 이하-60대-70대 이상 순으로 적다.
④ 2008년 대비 2012년에 저축 인원이 가장 큰 폭으로 변한 연령대는 50대이다.

03 2010과 2012년 사이 연령대별 증감률 추이만큼 2014년에 증감률이 변화한다면 2014년 30대 이하의 저축률은 몇 퍼센트가 되겠는가? (증감률은 소숫점 셋째자리에서 반올림한다)

① 56.09   ② 58.70   ③ 60.25   ④ 83.77

정답 ➠ ③

증감률 산출 공식 = (산출년도 백분율 − 기준년도 백분율)/기준년도 백분율×100
2010~2012년 사이의 증감률이 2012~2014년 사이 증감률과 동일하다는 가정 하에 비례식을 세우면 2014년의 증감률을 구할 수 있다.
2010년 대비 2012년의 30대 이하 저축률 증감률은 (69.9-81.1)/81.1×100 = −13.81%이다.
2014년 30대 이하 저축률 증감률이 2012년 대비 13.81% 감소한다고 가정하고 비례식을 세우면 다음과 같은 식이 나온다.
$(x - 69.9)/69.9×100 = -13.81$
$x - 69.9 = (-13.81×69.9)/100$
$x = 69.9 - 9.65$
$x = 60.25$

수리능력 기본 문제

01 일반적으로 기초직업능력으로서 수리능력은 '직장생활에서 요구되는 사칙연산과 기초적인 통계를 이해하고, 도표의 의미를 파악하거나 도표를 이용해서 결과를 효과적으로 제시하는 능력'을 의미한다. 아래의 그림은 수리능력을 구성하고 있는 하위능력을 그림으로 제시한 것이다. 빈칸에 적절한 용어를 기입하시오.

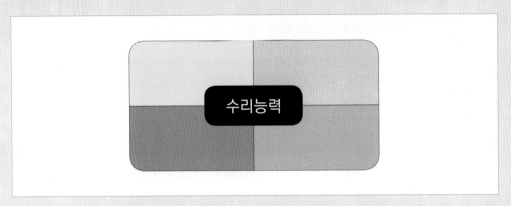

02 다음을 계산하시오.

1) $337 + 312 + 45 =$ _____

2) $321 + 415 + 57 =$ _____

3) $800 - 445 + 279 =$ _____

4) $523 - 78 - 356 =$ _____

5) $48 + 3 \times 7 - 16 =$ _____

6) $28 + 36 \div 4 \times 2 =$ _____

7) $70 - 85 \div \{(13 - 6) \times 5 - 18\} =$ _____

8) $20 + 30 \times \{(70 - 4) \div 3 - 20\} =$ _____

9) $42 \div 6 + 5 \times 8 - 16 =$ _____

10) $500 - \{10 \times (3 + 12) - 10 \div 5\} \times 3 =$ _____

03 괄호 안에 적절한 숫자 혹은 단위를 쓰시오.

1) 온도(섭씨)를 측정하는 단위는? (   )

2) 1kg = (   )g

3) 1cm = (   )mm

4) 1kℓ = (   ) ℓ

5) 1 ℓ = (   )cc

6) 1분 = (   )초

7) 1시간 = (   )분

04 다음의 괄호 안에 적절한 용어를 기입하시오.

> (   )란 사회현상의 양을 반영하는 숫자이며, 특히 사회집단의 상황을 숫자로 표현한 것이다. 근래에는 자연적인 현상이나 추상적인 수치의 집단도 포함해서 일체의 집단적 현상을 숫자로 나타낸 것을 (   )라고 한다.

05 다음은 통계의 일반적인 기능에 대해서 설명한 것이다. 바르지 않은 것을 고르시오.

① 많은 수량적 자료를 처리 가능하고 쉽게 이해할 수 있는 형태로 축소시킨다.

② 표본을 통하여서는 대상 집단의 특성을 유추해낼 수는 없다.

③ 의사결정의 보조수단이 된다.

④ 관찰 가능한 자료를 통해 논리적으로 어떠한 결론을 추출 · 검증한다.

06 다음에 제시된 자료들로부터 최솟값, 중앙값, 최댓값, 상위 25% 값, 하위 25% 값 등을 구하시오.

100	107	110	112	118	122	124	130	132	136
140	144	148	149	150	151	164	168	172	176
180	184	200	205	219	225	235	245	255	400

최솟값	
중앙값	
최댓값	
상위 25% 값	
하위 25% 값	

07 다음은 어느 집단의 평균값과 중앙값을 나타낸 것이다. 이로부터 이 집단은 어떠한 특징을 갖고 있는지 판단하여 서술하시오.

평균값 = 170, 중앙값 = 150

08 다음 괄호 안에 적절한 용어를 기입하시오.

(   )란 선, 그림, 원 등을 그려서 내용을 시각적으로 표현하여, 내용을 한 눈에 파악할 수 있도록 도와주는 자료이다.

09 제시된 자료를 나타내기에 적절한 그래프의 종류를 다음 빈칸에 기입하시오.

다양한 요소를 비교할 때, 경과를 나타낼 때 활용	
지역분포를 비롯하여 도시, 지방, 기업, 상품 등의 평가나 위치, 성격을 표시하는 데 활용	
시간적 추이(시계열 변화)를 표시하는 데 적합	
막대 길이로 나타내어 각 수량 간의 대소관계를 쉽게 비교	
내역이나 내용의 구성비를 분할하여 나타내고자 할 때 활용	
합계와 각 부분의 크기를 백분율로 나타내고 시간적 변화를 보고자 할 때, 합계와 각 부분의 크기를 실수로 나타내고 시간적 변화를 보고자 할 때 활용	

10 다음 〈보기〉는 도표 작성 시 수행하여야 하는 일들을 무작위로 배열해 놓은 것이다. 일반적인 도표 작성절차의 순서를 작성하시오.

> **보기**
>
> ㄱ. 가로축과 세로축에 나타낼 것을 결정한다.
> ㄴ. 어떠한 도표로 작성할 것인지를 결정한다.
> ㄷ. 자료를 가로축과 세로축이 만나는 곳에 표시한다.
> ㄹ. 가로축과 세로축의 눈금의 크기를 결정한다.
> ㅁ. 도표의 제목 및 단위를 표시한다.
> ㅂ. 표시된 점들을 활용하여 도표를 작성한다.

NCS

국 가 직 무 능 력 표 준

문제해결능력

문제해결 능력		상	업무에서 발생한 문제를 인식하고 처리하기까지 타당한 근거를 바탕으로 새로운 방식을 고안한다.
		중	업무에서 발생한 문제를 인식하고 처리하기까지 기존의 문제해결방식을 다양하게 응용한다.
		하	업무에서 발생한 문제를 인식하고 처리하기까지 적절한 기존의 문제해결방식을 이용한다.
하위 능력	사고력	상	업무에서 발생한 문제를 해결하기까지 새로운 방식을 고안하고 타당한 근거를 제시하여 결정적 의견을 고안하며 타당성을 평가한다.
		중	업무에서 발생한 문제를 해결하기까지 기존의 방식과 유사한 새로운 방식을 적용하고 유용한 의견을 제시하며 타당성을 분석·종합한다.
		하	업무에서 발생한 문제를 해결하기까지 기존의 방식을 개선하고 사실과 의견을 구분하여 설명하며 타당성을 이해한다.
	문제 처리 능력	상	업무상황에서 발생한 문제로 인한 결과를 예측하고 다양한 대안을 비교·분석하며 새로운 idea를 고안하여 문제를 처리하고 그 결과를 평가하여 피드백한다.
		중	업무상황에서 발생한 문제의 원인을 인식하고 다양한 대안을 제시하며 기존의 방식을 응용하여 문제를 처리하고 그 결과를 분석한다.
		하	업무상황에서 문제가 발생한 사실을 확인하고 대안을 확인하며 기존의 방식을 활용하여 문제를 처리하고 그 결과를 확인한다.

● 문제해결능력 필수 유형 ●

01 무역상사 영업팀에 근무 중인 J 사원은 상사인 K 과장의 파리 출장 스케쥴을 조율하는 업무를 맡아 처리하려고 한다.

[NCS 국가직무능력표준 예제]

다음은 J 사원이 확인한 예약 가능한 비행기 스케쥴이다.

항공편	ICN, 서울 (현지 시간 기준)		CDG, 파리 (현지 시간 기준)		경유 여부
240	출발	7/1 09:30	출발	7/1 16:30	1회 (핀란드 헬싱키)
	도착	7/5 08:00	도착	7/4 11:00	
241	출발	7/1 10:30	출발	7/1 16:00	직항
	도착	7/5 07:30	도착	7/4 12:00	
501	출발	7/1 12:00	출발	7/1 21:00	1회 (중국 홍콩)
	도착	7/5 09:30	도착	7/4 10:30	

• 항공료 : 240편 – 1,120,000원, 241편 – 1,400,000원, 501편 – 1,008,000원
• 서울과 파리 간 시차는 서울이 7시간 빠르다.
• 같은 항공편 안에서 소요되는 비행시간은 동일하다.

속보입니다. 중국과 러시아 간의 천연가스 갈등이 카자흐스탄 내전으로 확대되는 형국입니다. 현재 카자흐스탄 전역이 내전에 휘말렸으며, 이에 따라 카자흐스탄 영공을 지나가는 항공편의 안전이 위협받고 있습니다.

위와 같이 항공편을 알아보던 도중 다음과 같은 뉴스를 들었을 때, J가 해야 할 행동으로 가장 적절한 것은?

① 240 항공편을 예약한다.
② 241 항공편을 예약한다.
③ 501 항공편을 예약한다.
④ 현재 상황을 K 과장에게 보고하고 출장스케줄을 조정한다.

정답 ▦➡ ③

① 240 항공편은 핀란드 헬싱키를 경유하며, 카자흐스탄 영공을 지나간다.
② 241 항공편은 직항이며, 카자흐스탄 영공을 지나간다.
③ 501 항공편은 중국 홍콩을 경유하며, 지도에서 카자흐스탄 영공을 통과하지 않는 항로는 501 항공편뿐이다.
④ 501이라는 대체 항공편이 있으므로 출장 스케줄을 조정하는 것은 불필요하다.

---

02 다음 조건이 성립한다고 가정할 때, 반드시 참인 것은?

> • 영업팀 구성원은 성실하고 똑똑하다.
> • A 과장은 영업팀 소속이다.
> • B 대리는 마케팅팀 소속이다.

① A 과장은 성실하고 똑똑하다.
② A 과장은 B 대리보다 성실하다.
③ 성실하고 똑똑한 사람은 영업팀 구성원이다.
④ 마케팅팀은 전반적으로 영업팀보다 성실하지 않다.

정답 ▦➡ ①

삼단논법, 2개의 판단명제에서 그 판단의 형식에만 기초하여 결론이 되는 제3의 판단을 이끌어 내는 추리이다. 즉 '1) 모든 M은 P이다 (대전제). 2) S는 M이다(소전제). 3) 따라서, S는 P이다(결론).'을 적용하면 정답은 ①이다.

● 문제해결능력 기본 문제 ●

01 다음은 문제를 해결하는 다섯 가지 절차를 나타낸 것이다. 각 절차를 순서에 맞게 배열하시오.

> 실행 및 평가, 문제인식, 해결안 개발, 원인분석, 문제도출

(①   ) → (②   ) → (③   ) → (④   ) → (⑤   )

02 해결해야 할 문제를 정해서 원인 및 특성을 파악한 후 그에 합당한 해결안을 선택 및 적용하고 그 결과를 평가하여 피드백하는 능력은?

(   )

03 문제해결 절차 중 해결해야 할 전체 문제를 파악하여 우선순위를 정하고, 선정 문제에 대한 목표를 명확히 하는 단계는?

(   )

04 다음은 문제 인식 절차를 나타낸 것이다. 각 절차를 순서에 맞게 배열하시오.

> 과제 선정, 환경 분석, 주요 과제 도출

(①   ) → (②   ) → (③   )

05 다음 중 환경 분석 방법으로 사업 환경을 구성하고 있는 자사, 경쟁사, 고객에 대한 체계적인 분석 방법은?

① 심층 분석   ② 3C 분석

③ 소비자 분석   ④ SWOT 분석

06 기업 내부의 강점과 약점, 외부환경의 기회, 위협요인을 분석, 평가하고 이들을 서로 연관지어 전략을 개발하고 문제해결 방안을 개발하는 방법은 무엇인가?

(   ) 분석

07 다음은 내부의 강점과 약점을, 외부의 기회와 위협을 대응시켜 기업의 목표를 달성하려는 SWOT분석에 의한 발전전략의 수립 방법을 진술한 것이다. 빈칸에 알맞게 써넣으시오.

• 자신의 약점을 극복함으로써 외부 환경의 기회를 활용하는 전략	( )전략
• 외부 환경의 기회를 활용하기 위해 강점을 사용하는 전략	( )전략
• 외부 환경의 위협을 회피하기 위해 강점을 사용하는 전략	( )전략
• 외부 환경의 위협을 회피하고 자신의 약점을 최소화하는 전략	( )전략

08 다음은 문제해결과정 중 문제인식단계 다음으로 수행되는 단계에 대한 설명이다. 빈칸에 알맞은 말은 써넣으시오.

> (   ) 단계는 선정된 문제를 분석하여 해결해야 할 것이 무엇인지를 명확히 하는 단계이다.

09 전체 문제를 세부 문제로 쪼개는 과정을 통해 문제의 구조를 파악하여, 제한된 시간 안에서 넓이와 깊이를 추구하는 데 도움이 되는 방법은?

(   )

10 Logic Tree를 작성할 때 주의해야 할 사항으로 옳지 않은 것은?

① 전체 과제를 명확히 해야 한다.   ② 분화하는 가지의 수준을 다양하게 한다.
③ 원인이 중복되거나 누락되지 않게 한다.   ④ 각각의 합이 전체를 포함해야 한다.

11 원인분석의 절차 중 Data 분석 내용으로 옳지 않은 것은?

① Data 해석   ② Data 확정

③ Data 정리/가공   ④ Data 수집계획 수립

12 Issue 분석 중 가설설정을 하는 조건으로 옳은 것은?

① 논리적이어야 한다.

② 창의적인 아이디어는 차용한다.

③ 간결하게 정리하기 위해 인터뷰 등 대면적인 사항들은 생략한다.

④ 오류 방지를 위하여 가능한 한 세세하게 표현하여야 한다.

13 해결안을 도출함에 있어 같은 해결안을 정리하는 절차로 옳은 것은?

① 근본원인으로 열거된 내용들을 고려할 필요는 없다.

② 최종 해결안은 다양한 방향으로 정리하도록 한다.

③ 전체적인 관점에서 보아 해결의 방향과 방법이 같은 것을 그룹핑한다.

④ 혁신적인 방안을 도출하는 것은 위험부담이 따르므로 최대한 지양한다.

14 해결안을 평가하고 가장 효과적인 해결안을 선정할 때 고려할 사항으로 옳지 않은 것은?

① 방법(how)   ② 문제(what)

③ 장소(where)   ④ 원인(why)

15 다음 중 실행계획을 수립할 때 고려해야 하는 사항은?

① 실행상의 문제점을 해결하기 위한 모니터링 체제를 구축해야 함.

② 자원(인적, 물적, 예산, 시간)에 대한 고려를 통해 수립해야 함.

③ 또 다른 문제가 발생하지 않는지 검토해야 함.

④ 바람직한 상태가 달성되었는지 고려해야 함.

16 실행 및 Follow-up단계에서 실행 과정에서 나온 문제점을 해결하는 데 필요한 조치가 아닌 것은?

① 실행상의 문제점 및 장애요인을 신속히 해결하기 위한 모니터링 체제를 구축해야 함.

② 무엇을 언제 어디서 누가 어떤 목적으로 어떻게 해결하는지 고려해야 함.

③ Pilot Test를 통해 문제점을 발견

④ 해결안을 보완한 후 대상 범위를 넓혀서 전면적으로 실시

17 실행 상의 문제점을 해결하기 위한 모니터링 체제를 구축해야 할 때, 고려할 사항이 아닌 것은?

① 해결책이 주는 영향은 무엇인가?

② 또 다른 문제를 발생시키지 않았는가?

③ 바람직한 상태가 달성되었는가?

④ 인적, 물적, 예산, 시간 등을 고려하여 수립되었는가?

18 다음 중 문제의 의미에 대한 설명으로 옳은 것은?

① 해결이 필요한 과제에 있어서 해결방법을 찾아가는 과정

② 업무를 수행함에 있어 해결이 이루어진 사항

③ 기대한 결과와 현실의 차이 혹은 예기치 못한 결과

④ 해답이 없어 그 해답을 얻는 데 필요한 행동을 포기하는 상태

19 다음은 창의적 문제와 분석적 문제에 대한 진술이다. 이 중 창의적 문제에 대한 진술이라고 생각하면 (   )에 '창의적'을, 분석적 문제에 대한 진술이라고 생각하면 (   )에 '분석적'을 쓰시오.

① 창의력인 아이디어 작성을 통해 해결하는 문제   (   )

② 미래의 문제로 예견되는 명확한 문제   (   )

③ 객관성, 논리성, 일반성, 공통성 등을 띠는 문제   (   )

④ 해답의 수가 많고, 그중에서 보다 나은 것을 택하는 문제   (   )

20 다음 중 문제해결에서 가장 중요한 것은?

① 문제의 인식　　　　　　　　② 실천적 의지 및 끈기
③ 문제에 대한 체계적인 접근　　④ 문제의 논리성 파악

21 다음 (　　) 안에 알맞은 말을 쓰시오.

> 업무수행과정에서 발생하는 문제의 유형으로는 (　　　　　　　), 찾는 문제, 미래 문제의 세 가지가 있다.

22 다음 중 발생형 문제와 가장 거리가 먼 것은?

① 원인 지향적인 문제　　　　　② 현재 직면하여 해결하기 위해 고민하는 문제
③ 예측 문제　　　　　　　　　④ 눈에 보이는 문제

23 다음 중 문제해결을 위한 기본요소가 아닌 것은?

① 문제해결방법에 대한 지식　　② 체계적인 교육훈련
③ 문제 관련 지식에 대한 가용성　④ 문제해결을 위한 직장 내 팀워크

24 다음 (　　) 안에 적절한 말을 넣으시오.

> (　　　　　)이란 목표와 현상을 분석하고, 이 분석 결과를 토대로 주요 과제를 도출하여 바람직한 상태나 기대하는 결과가 나타나도록 최적의 해결책을 찾아 실행, 평가하는 활동을 의미한다.

25 문제해결 시 도움이 되는 세 가지 측면에 해당되지 않는 것은?

① 조직　　　　② 고객　　　　③ 자신　　　　④ 개발

26 문제해결을 위해서 버려야 할 것이 아닌 것은?

① 기존의 패러다임   ② 너무 많은 자료의 수집
③ 단순한 정보에 대한 의지   ④ 새로운 아이디어

27 문제해결의 근본적인 토대가 되는 것은?

① 체계적인 교육훈련   ② 문제관련지식에 대한 가용성
③ 문제의 체계적인 접근   ④ 문제해결자의 도전의식과 끈기

28 문제해결을 위해서 기본적으로 갖추어야 할 4가지 사고는 (   ), (   ),
(   ), (   )이다.

29 당신은 상품개발보고서를 재작성하라는 요구를 받고 고민하던 차에 팀장으로부터 현재 당면하고
있는 문제와 그 해결방법에만 집착하지 말고, 그 문제와 해결방안이 상위 시스템 또는 다른 문제와
어떻게 연결되어 있는지를 생각하라는 충고를 받았다. 이 충고와 관련 있는 문제해결 방식은?

① 성과지향 사고   ② 사실지향 사고
③ 분석적 사고   ④ 전략적 사고

30 A의 보고서가 채택되지 않은 것은 다음 중 어떤 사고가 부족했기 때문인가?

> A는 영업부서의 신입사원이다. A가 입사한 회사는 보험업에서 다른 기업에 비해 성과가 뒤떨어지는
> 회사였고, 그 기업에 근무하는 사람들은 모두 현실을 받아들이고 있었다. A는 이러한 상황에 불만을 느
> 끼고 다른 기업과 자신의 기업의 차이를 분석했다. 그 결과 A는 자신의 회사가 영업사원의 판매 교육이
> 부족하다는 것을 알게 되었고, 이를 문제, 원인, 해결안으로 구성한 보고서로 제출하였지만, 회사의 전략
> 으로 채택되지 못했다.

① 성과지향 사고   ② 사실지향 사고
③ 분석적 사고   ④ 전략적 사고

31 문제해결의 장애요인에 해당되지 않는 것은?

① 편견에 얽매이는 경우   ② 쉽게 떠오르는 단순한 정보에 의지하는 경우

③ 문제를 철저히 분석한 경우   ④ 지나치게 많은 자료를 수집한 경우

32 다음 중 고정관념이라고 볼 수 없는 것은?

① 경험   ② 관습   ③ 정해진 규정   ④ 새로운 아이디어

33 문제해결을 위한 방법은 크게 (   ) 어프로치, (   ) 어프로치, (   )
의 세 가지로 구분된다.

34 HJK파트너스는 중국계 기업과 매각협상을 진행하려고 한다. 이번 협상을 통해 원하는 조건을 관철
시킬 목적으로 서로의 생각을 직설적으로 주장하여 의견을 조정해 가는 방식을 사용하려 한다. HJK
파트너스는 어떠한 문제해결방법을 쓰려고 하는가?

(   )

35 A 씨는 개발전략팀 팀장이다. 신입사원들과의 팀워크를 강화하기 위해 깊이 있는 커뮤니케이션으
로 서로의 문제점을 이해하고 공감함으로써 창조적으로 문제를 해결하려고 한다. 어떠한 문제해결
방법이 적절한가?

(   )

36 문제해결을 위해서 직접적인 표현이 바람직하지 않다고 여기며, 무언가를 암시를 통하여 의사를 전
달하고 기분을 서로 통하게 함으로써 문제해결을 도모하려는 문제해결방법을 무엇이라고 하는가?

(   )

37 집단이나 그룹의 의사결정이 효율적이고 체계적으로 진행되도록 촉진하고, 창조적인 성과를 이루어내어 목표를 향해 앞으로 나아가도록 하는 것은?

(   )

38 다음 중 창의적 사고에 대한 설명이 아닌 것은?

① 참신한 아이디어를 내고 유용성을 생각해보는 정신적 과정이다.
② 개발방법으로 자유연상법, 강제연상법, 비교발상법이 있다.
③ 창의적 사고를 위해서 어느 정도의 전문 지식은 필요하지만 과다한 지식은 오히려 창의력을 저해할 수 있다.
④ 통상적이면서 쉽게 이해할 수 있는 생각을 뜻한다.

39 다음 (   )에 알맞은 말을 쓰시오.

(   )란 개인이 가지고 있는 경험과 지식을 통해 새로운 가치 있는 아이디어로 다시 결합함으로써 참신한 아이디어를 산출하는 사고능력을 말한다.

40 창의적 사고에서 가장 주의해야 할 것은?

① 편견   ② 지능수준   ③ 전문 지식   ④ 선천적인 능력

41 창의적 사고를 개발하는 방법 중 발산적 사고를 일으키는 대표적인 기법으로 두뇌에 폭풍을 일으킨다는 뜻의 자유연상법은 무엇인가?

(   )

42 브레인스토밍의 4대 원칙이 아닌 것은?

① 질보다 양   ② 자유분방한 분위기
③ 조합과 개선   ④ 의견에 대한 비판과 비난

43 논리적 사고를 구성하는 다섯 가지 요소는 (   ), (   ), 구체적인 생각, 타인에 대한 이해, 설득이다.

44 다음 진술의 (   )에 알맞은 말을 써넣으시오.

> (   ) 사고력은 직장생활 중에서 지속적으로 요구되는 능력이다. (   ) 사고력은 사고의 전개에 있어서 전후의 관계가 잘 연결되고 있는가를 살피는 것이며, 특히 다른 사람들을 설득 하여야 하는 과정에 필요로 하는 것이 (   ) 사고이다.

45 논리적 사고를 개발하는 방법으로 하위의 사실이나 현상부터 사고함으로써 상위의 주장을 만들어 가는 방법은?

① 고정관념 타파   ② 'so what'방법   ③ 피라미드 구조화   ④ 강제 연상법

46 논리적 사고를 개발하는 방법으로 "그래서 무엇이지?"라는 물음에 답을 하면서 가치 있는 정보를 이끌어 내는 방법은 무엇인가?

(   )

47 논리적 사고를 개발하는 방법에서 "so what?"기법을 설명하는 내용으로 적절한 표현을 모두 고르면?

① "어떻게 될 것인가?"   ② "그래서 무엇이지?"
③ "왜 그렇게 될까?"   ④ "어떻게 해야 하지?"

48 다음 빈칸에 알맞은 말을 쓰시오.

> (   ) 사고는 어떤 주제나 주장 등에 대해서 '타당한 것으로 수용할 것인가' 아니면 '불합리한 것으로 거절할 것인가'에 대한 결정을 내릴 때 필요하다.

49 비판적 사고의 의미에 대한 설명으로 맞지 않는 것은?

① 비판적 사고를 하려면 세부적인 부분에 집중해야 한다.

② 비판적 사고를 하려면 우리의 감정을 철저히 배제해야 한다.

③ 비판적 사고는 부정적으로 생각하는 것이 아니라 지식과 정보에 바탕을 둔 합당한 근거에 기초를 두고 하는 것이다.

④ 비판적으로 사고하는 것은 어떤 주제나 주장에 대해서 적극적으로 분석하는 것이다.

50 비판적 사고를 개발하기 위해서는 필요한 것은?

① 고정관념   ② 편견   ③ 문제의식   ④ 폐쇄성

국 가 직 무 능 력 표 준

자기개발능력

자기개발 능력	상	직장생활에서 자신의 능력 및 적성을 종합하여 가치를 부여하고, 자신의 목표성취를 위해 자신을 관리하고 통제하며, 경력목표 성취에 필요한 역량을 개발한다.
	중	직장생활에서 자신의 능력 및 적성을 파악하고, 스스로 역할 및 목표를 확인하고, 경력목표를 수립한다.
	하	직장생활에서 자신의 요구를 확인하고, 자신에게 지시된 역할 및 목표를 확인하며, 자신이 속한 조직 및 주위환경의 특성을 확인한다.

하위 능력	자아 인식 능력	상	직업인으로서 자신의 능력과 적성을 분석하고 종합하여 자신에게 가치를 부여한다.
		중	직업인으로서 자신의 능력과 적성을 파악한다.
		하	직업인으로서 자신의 요구를 확인한다.
	자기 관리 능력	상	직업인으로서 스스로 자신의 역할과 목표를 정립하고, 자신의 목표성취를 위해 자신과 외부상황을 관리하고 통제한다.
		중	직업인으로서 스스로 자신의 역할과 목표를 확인하고, 역할과 목표에 따라 실천한다.
		하	직업인으로서 자신에게 지시된 역할과 목표를 확인하고, 상사나 동료의 도움을 받아 실천한다.
	경력 개발 능력	상	직업인으로서 경력목표를 성취하기 위해 필요한 역량을 확인하고 개발한다.
		중	직업인으로서 자신과 자신이 속한 조직 및 주위환경의 특성을 고려하여 경력목표를 수립한다.
		하	직업인으로서 자신과 자신이 속한 조직 및 주위환경의 특성을 확인한다.

● 자기개발능력 필수 유형 ●

01 자기개발계획을 수립하기 위한 전략에 대한 설명으로 옳은 것은? [NCS 국가직무능력표준 예제]

① 장기목표는 단기목표를 수립하기 위한 기본단계가 된다.

② 장단기 목표 모두 반드시 구체적으로 작성한다.

③ 인간관계는 자기개발목표를 수립하는 데 고려해야 할 사항인 동시에 하나의 자기개발목표가 될 수 있다.

④ 미래에 대한 계획이므로 현재의 직무를 고려할 필요가 없다.

정답 ⟫ ③

① 단기목표는 장기목표를 수립하기 위한 기본단계가 된다.
② 장·단기목표 모두 구체적으로 계획하는 것이 바람직하나, 장기목표의 경우 때에 따라서 매우 구체적인 방법을 계획하는 것이 어렵거나 바람직하지 않을 수 있다.
④ 자기개발 계획을 수립할 때에는 현재의 직무와 관련하여 계획을 수립하여야 한다.

02 인내심과 긍정적인 마인드에 대한 설명으로 적절하지 않은 것은? [NCS 국가직무능력표준 예제]

① 인내심을 가진 사람은 신뢰감을 줄 수 있다.

② 자신의 목표를 분명하게 정립하면 인내심을 키우는 데 도움이 된다.

③ 인내심을 키우기 위해서는 일관되게 한 가지 시각으로 상황을 분석한다.

④ 자기 스스로 운명을 통제할 수 있다고 믿는 사람은 그렇지 않은 사람보다 더 성공할 확률이 높다.

정답 ⟫ ③

인내심을 키우기 위해서는 새로운 시각으로 상황을 분석해야 한다. 어떤 사물이나 현상을 바라보는 시각은 매우 다양하며, 다양한 시각을 가지게 되면 다른 사람이 하는 행동이나, 현재 자신의 생각과 다르게 벌어지는 일에 대하여 참고 넘어갈 수 있게 된다.

● 자기개발능력 기본 문제 ●

01 다음 중 자기개발의 필요성이 아닌 것은?

① 급변하는 사회의 환경에 적응하기 위해서
② 더 높은 수준의 급여를 위해서
③ 자신이 달성하고자 하는 목표를 성취하기 위해서
④ 주변 사람들과의 긍정적인 관계를 형성하기 위해서

02 다음 중 매슬로우의 5가지 욕구단계 중 5번째 욕구는 무엇인가?

① 생리적 욕구   ② 안정욕구
③ 자기실현 욕구   ④ 사랑과 소속의 욕구

03 다음 자기개발의 특징에 대한 대화 중 옳지 않은 것은?

① A 씨 : 자기개발은 개개인이 하는 일이니까 방법이 다 다를 수 있어.
② B 씨 : 자기개발을 하면 좀 더 빠르게 목표에 다가가니 단기간에 빨리하는 게 좋아.
③ C 씨 : 가정보다는 일이 중심이 되어 이루어지는 활동이지.
④ D 씨 : 직장을 가진 사람이라면 누구나 꼭 한 번은 해야 하겠지.

04 다음 중 자기개발능력의 구성요소가 아닌 것은?

① 자아인식능력   ② 자기관리능력
③ 경력개발능력   ④ 기술관리능력

05 자기개발 브랜드화를 위한 구성 요소가 아닌 것은?

① 친근감   ② 책임감   ③ 신뢰감   ④ 열정

06 올바른 자아인식의 효과가 아닌 것은?

① 자신의 목표 성취 ② 성장 욕구의 증가

③ 자아정체감 확인 ④ 개인뿐 아니라 팀의 성과 향상

07 자아성찰에 따른 효과가 아닌 것은?

① 일에 대한 노하우가 쌓인다.

② 창의적인 사고를 할 수 있다.

③ 직업에 있어서 성장하는 기회가 될 수 있다.

④ 일과 가정의 조화를 이룰 수 있다.

08 다음은 자기관리과정이다. 빈칸에 알맞은 용어는?

[비전 및 목표 정립] → [   ] → [일정 수립] → [수행] → [반성 및 피드백]

① 과제 발견 ② 일정 조사 ③ 회의 ④ 관련세미나 참석

09 다음 중 업무성과에 영향을 미치는 요인은?

ⓐ 여가시간 ⓑ 상사, 동료의 지지 ⓒ 가족의 지지
ⓓ 직장 매뉴얼 ⓔ 업무지침 ⓕ 개인능력 ⓖ 자원

① ⓐ, ⓑ, ⓒ, ⓔ ② ⓑ, ⓔ, ⓕ, ⓖ ③ ⓒ, ⓓ, ⓕ, ⓖ ④ ⓑ, ⓒ, ⓔ, ⓕ

10 합리적인 의사결정을 위한 단계 중 모든 대안을 탐색한 후에 해야 할 단계로 알맞은 것은?

① 문제의 근원을 파악한다.

② 의사결정 기준과 가중치를 정한다.

③ 각각의 대안을 분석하고 평가한다.

④ 의사결정을 평가하고 피드백한다.

11 다음 중 경력개발이 필요한 이유 중 연결이 잘못된 것은?

① 환경변화 – 삶의 질 추구　　　　② 조직요구 – 승진 적체 현상

③ 환경변화 – 인력난의 심화　　　　④ 조직요구 – 전문성 축적 및 성장 요구 증가

12 연령별 경력개발단계 중 '경력 초기'에 해당되는 사항이 아닌 것은?

① 직업에 관련된 교육이수

② 조직의 규범 및 규칙에 대해 숙지

③ 조직에 적응해감.

④ 업무에 따른 역량을 강화하고 목표를 추구해나감.

국가직무능력표준

05 자원관리능력

자원관리 능력		상	업무를 수행하는 데 필요한 자원을 확인하고 분석하며 확보하는 방법에 대한 안을 도출하고 활용계획을 분석 · 평가하며 효과적으로 할당되었는지 판단하여 계획을 조정한다.
		중	업무를 수행하는 데 필요한 자원을 검토하고 확보하는 방법을 분석하고 평가하며 활용계획을 구체화하여 효율적인 할당이 되었는지 파악한다.
		하	업무를 수행하는 데 필요한 자원을 파악하고 확보하는 방법을 이해하며 활용계획수립을 위한 정보를 수집하며 계획에 따라서 할당한다.
하위 능력	시간 관리 능력	상	주어진 업무를 수행하는 데 필요한 시간자원을 분석하고, 시간자원을 확보하는 방법을 도출하며, 계획을 분석 · 평가하고, 시간자원계획을 조정한다.
		중	주어진 업무를 수행하는 데 필요한 시간자원의 양과 시기를 검토하고, 시간자원을 확보하는 방법을 분석하며, 구체적인 계획을 수립하고, 효율적인 시간할당이 되었는지 파악한다.
		하	주어진 업무를 수행하는 데 필요한 시간자원을 파악하고, 시간자원을 확보하는 방법을 이해하며, 계획을 수립하기 위한 정보를 수집하고, 계획에 따라 시간자원을 할당한다.
	예산 관리 능력	상	주어진 업무를 수행하는 데 필요한 예산을 확인하고 분석하며 예산계획을 조정한다.
		중	주어진 업무를 수행하는 데 필요한 예산을 검토하고 효율적인 예산할당이 되었는지 파악한다.
		하	주어진 업무를 수행하는 데 필요한 예산을 파악하고 계획에 따라 할당한다.
	물적 자원 관리 능력	상	주어진 업무를 수행하는 데 필요한 물적자원을 확인하고 분석하며 물적자원계획을 조정한다.
		중	주어진 업무를 수행하는 데 필요한 물적자원의 양과 종류를 검토하고 효율적인 물적자원 할당이 되었는지 파악한다.
		하	주어진 업무를 수행하는 데 필요한 물적자원을 파악하고 계획에 따라 할당한다.
	인적 자원 관리 능력	상	주어진 업무를 수행하는 데 필요한 인적자원을 확인하고 분석하며 인적자원계획을 조정한다.
		중	주어진 업무를 수행하는 데 필요한 인적자원의 양과 종류를 검토하고 효율적인 인적자원 할당이 되었는지 파악한다.
		하	주어진 업무를 수행하는 데 필요한 인적자원을 파악하고 계획에 따라 할당한다.

자원관리능력 필수 유형

01 영화 제작사 홍보부 사원 J는 부산에서 열리는 영화제 개막식에 참가하고자 교통편을 알아보고 있다. J는 당일 부서회의에 참가해야 하며, 회의 종료 시각은 오후 2시이다. [NCS 국가직무능력표준 예제]

◈ 부산영화제 개막식 안내

  - 일시 및 장소 : 20XX. 10. 02.(목) pm 14:00~20:00, 부산 센텀시티
  ※ 개막식 입장 가능 시간은 종료 2시간 전까지

◈ 회사에서 공항 및 기차역까지 소요시간

출발지	도착지	소요시간
회사	김포공항	130분
	서울역	60분

◈ 비행기 및 기차 이동시간

구분	운행요일	출발지	출발시간	소요시간
비행기	화/목	김포공항	16:30	55분
KTX	매일	서울역	매시 정각	150분

◈ 센텀시티 오시는 길

교통편	출발지	소요시간
공항 리무진 버스	김해공항	55분
버스	김해공항	70분
	부산역	40분
택시	김해공항	50분
	부산역	30분
도시철도	공항역	53분
	부산역	38분

위의 상황을 보고 J가 선택할 교통편으로 가장 적절한 것을 고르시오.

① KTX – 버스
② KTX – 택시
③ 비행기 – 택시
④ 비행기 – 공항 리무진 버스

① KTX를 타고 부산역으로 이동 후 버스를 타고 센텀시티로 이동하면 오후 6시 10분에 도착하게 되므로 적절하지 않다.

② KTX를 타고 부산역으로 이동 후 택시를 타고 센텀시티로 이동하면 오후 6시에 도착하게 된다. 개막식 종료 2시간 전까지 도착하는 유일한 교통편이다.

③ 비행기를 타고 김해공항으로 이동 후 택시를 타고 센텀시티로 이동하면 오후 6시 15분에 도착하게 되므로 적절하지 않다.

④ 비행기를 타고 김해공항으로 이동 후 공항 리무진 버스를 타고 센텀시티로 이동하면 오후 6시 20분에 도착하게 되므로 적절하지 않다.

02 아래 상황을 보고 P가 공정 개선 후 총비용의 감소율을 40%로 설정하였을 때 ⓐ에 가장 알맞은 금액을 고르시오.

[NCS 국가직무능력표준 예제]

휴대폰 부품 제조업체 생산 관리팀에서 근무하는 P는 부품 생산 비용을 감축하기 위한 공정 개선 작업을 담당하고 있다.

[부품 생산공정]

[단계별 투입비용]

단계	부품 1단위 생산 시 투입비용(원)	
	개선 전	개선 후
CAW	2,500	1,500
EOQ TEST	3,500	3,500
PACKAGE ASSEMBLY	4,000	3,000
FINAL TEST	5,500	ⓐ
포장	4,500	1,000

① 2,000원   ② 2,500원   ③ 3,000원   ④ 3,500원

개선 전 생산공정에서 부품 1단위 생산 시 투입비용은 총 20,000원이었다. P가 공정 개선 후 총비용의 감소율을 40%로 설정하였으므로, 20,000에 0.6을 곱하면 개선 후 총비용이 12,000원이 되는 것을 알 수 있다. 12,000−1,500−3,500−3,000−1,000=3,000으로 FINAL TEST단계에서 투입되는 비용은 3,000원이다.

자원관리능력 기본 문제

01 다음 중 파생인맥에 해당하는 것은?

① 직장동료   ② 가족

③ 직장동료의 선배   ④ 선배

02 다음은 효율적 인사관리 원칙에 대한 설명이다. 이에 해당하는 원칙을 적으시오.

> 직장에서 신분이 보장되고 계속해서 근무할 수 있다는 믿음을 갖게 하여 근로자가 안정된 회사 생활을 할 수 있도록 해야 한다.

03 다음 인적자원에 대한 설명 중 옳지 않은 것은?

① 인맥은 핵심인맥과 파생인맥으로 나뉜다.
② 자신의 주변에 있는 모든 사람이 중요한 인적자원이다.
③ 인적자원은 개인, 조직에서 모두 중요하다.
④ 가족은 인맥에 포함되지 않는다.

04 다음 중 명함에 적어두어야 할 정보에 포함되지 않는 것은?

① 언제, 어디서, 무슨 일로 만났는지에 관한 내용
② 상대의 업무내용이나 취미, 기타 독특한 점
③ 상대의 외모의 특징
④ 상대의 가족사항

05 다음의 인력배치에 관한 설명 중 이에 해당하는 원칙을 적으시오.

> 팀원의 능력이나 성격 등을 토대로 가장 적합한 위치에 인력을 배치하여 팀원 개개인의 능력이 최대로 발휘될 것을 기대하는 것

---

06 A 씨는 신입사원에게 새로 나온 명함을 나눠주며 명함의 중요성에 대해 설명하려고 한다. 다음 중 신입사원에게 충고할 내용으로 적합하지 않은 것은?

① 명함은 자신의 얼굴이니 되도록 깨끗하게 써야 해.
② 명함으로 자신을 PR할 수 있어.
③ 명함은 자신의 신분을 증명하는 도구야.
④ 명함은 후속 교류를 할 수 있는 실마리가 될 수 있어.

07 다음 자원관리단계의 빈칸을 채우시오.

자원 파악 ➡ [　　　　] ➡ 자원의 활용계획 수립 ➡ 계획에 따른 수행

08 다음은 어떠한 용어에 대한 설명이다. 적절한 용어를 괄호 안에 채워 넣으시오.

> (　　　　)이란 기업활동에서 필요한 재료, 시설자원 등을 파악하고, 가용할 수 있는 자원을 최대한 확보하여 실제 업무에 어떻게 활용할 것인지에 대한 계획을 수립하고, 이에 따른 물적자원을 효율적으로 활용하여 관리하는 능력을 의미한다.

09 자원을 효율적으로 관리해야 하는 근거로 가장 적합한 것은?

① 자원의 무한성　　　② 자원의 유한성　　　③ 자원의 가변성　　　④ 자원의 상대성

10 다음 중 자원관리능력에 대한 설명으로 옳지 않은 것은?

① 시간, 예산, 물적, 인적 자원이 있다.

② 모든 자원을 최대한 수집한다.

③ 실제 업무에 어떻게 활용할 것인지 계획을 수립한다.

④ 확보한 자원을 효율적으로 활용하여 관리한다.

11 다음 중 자원의 낭비요인이 아닌 것은?

① 편리성 추구   ② 자원에 대한 인식의 부재

③ 노하우 부족   ④ 무분별한 자원 개발

12 다음 보기에서 설명하는 자원관리 단계는 무엇인가?

> **보기**
>
> 자원이 투입되는 활동의 우선순위를 고려하여 자원을 할당하고 활용계획을 수립한다.

① 필요한 자원의 종류와 양을 확인   ② 이용 가능한 자원의 수집

③ 자원활용계획의 수립   ④ 계획에 따른 수행

13 다음 중 시간자원의 특징이 아닌 것은?

① 시간은 누구에게나 동일한 가치를 갖는다.

② 시간은 똑같은 속도로 흐른다.

③ 시간은 빌리거나 저축할 수 없다.

④ 시간의 흐름은 멈추게 할 수 없다.

14 개인이 시간관리를 통해 얻을 수 있는 효과로 볼 수 없는 것은?

① 정서안정　　　　② 균형적인 삶　　　　③ 생산성 향상　　　　④ 목표 성취

15 시간낭비의 요인 중 외적인 시간낭비에 해당하는 것은?

① 계획의 부족

② 거절하지 못하는 우유부단함

③ 충분히 소화할 수 있는 일정의 연기

④ 고객의 방문으로 인한 면담

16 다음 보기에 해당하는 시간관리유형을 고르시오.

> **보기**
>
> 　8시간 일하고 16시간을 제대로 활용하지 못하며 빈둥대면서 살아가는 사람. 시간은 많은데도 불구하고 마음은 쫓겨 바쁜 척하고 허둥대는 유형

① 시간창조형　　　　② 시간절약형　　　　③ 시간소비형　　　　④ 시간파괴형

17 다음은 시간관리를 통해 얻을 수 있는 효과를 나타낸 것이다. 빈칸을 채우시오.

균형적인 삶	시간관리	생산성 향상		

18 다음은 시간관리에 관한 글이다. 순서대로 나열하시오.

(가) 시간계획서 작성하기	(나) 명확한 목표를 설정하기
(다) 일의 우선순위를 정하기	(라) 예상 소요시간 결정하기

(　　　　　　　　　　)

19 시간계획에 대한 설명으로 옳지 않은 것은?

① 시간계획의 첫 단계는 목표를 명확히 정하는 것이다.

② 시간을 최대한 활용하기 위한 계획이다.

③ 최단시간에 최선의 목표를 달성하기 위한 것이다.

④ 가장 많이 반복되는 일에 가장 적은 시간을 할애한다.

20 다음의 빈칸에 공통으로 들어갈 용어를 기입하시오.

> 시간관리능력은 기업활동에서 필요한 (   )을 파악하고, 사용할 수 있는 (   )을 최대한 확
> 보하여 실제 업무에 어떻게 활용할 것인지에 대한 시간계획을 수립하고, 이에 따라 시간을 효율적으로
> 활용하여 관리하는 능력을 의미한다. 오늘날 우리는 무한경쟁시대에 살고 있으며, 누가 더 빨리 일을 해
> 낼 수 있는지, 한정된 시간에 얼마나 많은 일을 할 수 있는지가 중요하게 여겨지고 있으므로 시간관리능
> 력 향상은 필수적이다.

21 다음 보기를 보고 일의 우선순위를 고르시오.

> **보기**
> • 잠깐의 급한 질문　　　　　　　　• 일부 보고서 및 회의
> • 눈앞의 급박한 상황　　　　　　　• 인기 있는 활동 등

① 긴급하면서 중요한 일　　　　　② 긴급하지 않으면서 중요한 일

③ 긴급하지만 중요하지 않은 일　　④ 긴급하지 않고 중요하지 않은 일

22 SMART 법칙에 따른 목표설정의 예로 적절하지 않은 것은?

구분	내용
S(Specific)	① 나는 토익점수 700점을 넘을 것이다.
M(Measurable)	② 효과적인 토익학습방법을 찾아본다.
A(Action-oriented)	③ 매일 아침 부모님에게 전화 드린다.
R(Realistic)	④ 1년 안에 토익 700점을 넘는다.
T(Time limited)	⑤ 오늘 안에, 이번 주까지, 이번 달까지 등

23 (　　　) 안에 들어갈 용어를 각각 적으시오.

> 예산관리능력이란 이용 가능한 예산을 확인하고, 어떻게 사용할 것인지 계획하여 사용하는 능력을 의미하며, (　　　)의 비용으로 (　　　)의 효과를 얻기 위해 요구되는 능력이다.

24 개발책정비용을 실제보다 높게 책정하면 어떤 일이 생기는가?

① 적자가 생긴다.　　　　　　② 이윤이 발생한다.
③ 경쟁력을 잃는다.　　　　　④ 개발기한이 연기된다.
⑤ 이상적인 상태가 된다.

25 다음은 예산을 책정하는 과정이다. 다음 빈칸에 알맞은 용어를 기입하시오.

개발책정비용	>	실제비용	➡	(가)
개발책정비용	<	실제비용	➡	(나)
개발책정비용	=	실제비용	➡	(다)

26 다음의 예산관리 구성요소를 적으시오.

예산관리 = (　　　　) + (　　　　) + (　　　　)

27 다음에 제시된 항목 중에서 간접비용에 해당하는 것만 묶은 것은?

보험료, 건물관리비, 통신비, 인건비, 복사기 대여료, 출장 교통비, 건물임대료, 컴퓨터 구입비, 광고비

① 인건비, 광고비, 컴퓨터 구입비　　　　② 통신비, 복사기 대여료, 건물임대료

③ 출장 교통비, 인건비, 광고비　　　　　④ 건물임대료, 보험료, 건물관리비

⑤ 보험료, 광고비, 통신비

28 아래 설명에 해당하는 비용을 적으시오.

제품 제조과정에서 소모된 원료나 과제를 수행하기 위해 필요한 장비에 지출된 비용이며 실제 구매된 비용이나 혹은 임대한 비용이 모두 포함된다.

(　　　　　　　　　　　　　)

29 A 씨는 경영지원팀의 예산담당자로서 신입사원을 교육하려 한다. 다음의 준비사항 중 적절하지 않은 것은?

① 예산을 책정할 때는 최대한 개발실제비용을 줄여서 이윤을 남기는 것이 중요하다.

② 아무리 좋은 계획이더라도 실천하지 않으면 무용지물이듯이 예산도 적절한 관리가 중요하다.

③ 예산관리가 중요한 이유는 예산의 유한성 때문이다.

④ 개발책정비용과 실제비용의 차이를 줄여야 하며, 두 비용이 비슷한 상태가 가장 이상적이다.

30 다음의 효과적인 물적자원관리에 관하여 빈칸을 적절하게 채우시오.

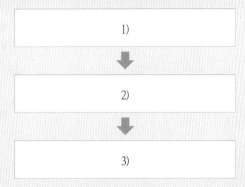

1)

2)

3)

31 A 씨는 회사 물류창고 담당자이다. 창고를 점검하던 중에 분실되어 있는 물품을 발견하고 보고서를 작성하려 한다. 다음 중 보고서 내용으로 적절한 것은?

① 물품의 효과적인 보관을 위해선 동일 및 유사물품으로 분류한 후 사용물품과 보관물품으로 구분해야 합니다.

② 유사한 물품을 한 장소에 보관해두면 혼동이 생기기 때문에 인접한 장소에 보관해야 합니다.

③ 물품 특성에 맞는 보관장소 선정을 제일 먼저 해야 합니다.

④ 물품활용의 편리성을 위해 모든 물품을 한 장소에 보관해야 합니다.

32 물품의 효과적인 관리를 위해서는 적절한 과정을 거쳐야 한다. 물적자원관리과정에 대한 설명으로 옳지 않은 것은?

① 일괄적으로 같은 장소에 보관하는 것이 아니라, 개별 물품의 특성을 고려하여 보관 장소를 선정하는 것이 중요하다.

② 회전대응 보관의 원칙은 입·출하의 빈도가 높은 품목은 눈에 잘 띄는 곳에 보관하는 것을 말한다.

③ 처음부터 물품의 활용계획이나 여부를 확인하는 것이 효과적인 물적자원관리의 첫걸음이 될 수 있다.

④ 동일성의 원칙은 같은 품종은 같은 장소에 보관한다는 것으로, 특정 물품을 찾는 시간을 단축시켜 준다.

33 다음 물적자원관리의 특성을 알맞게 연결하시오.

1) 사용 물품과 보관 물품의 구분		a	• 반복작업 방지 • 물품활용의 편리성
2) 동일 및 유사 물품으로의 분류		b	• 동일성의 원칙 • 유사성의 원칙
3) 물품 특성에 맞는 보관 장소 신청		c	• 물품의 형상 • 물품의 소재

34 물적자원을 효과적으로 관리하는 방법에 대한 설명으로 바르지 못한 것은?

① 소설책, 전공책, 만화책은 책의 종류를 나타내는 것으로 중분류에 들어간다.

② 다량의 물품을 취급하는 곳에서 바코드와 QR코드를 통해서 물품을 관리한다.

③ 바코드 원리는 유통업체에서 사용하는 것으로 사적인 물품관리에는 사용하기 어렵다.

④ QR코드는 격자무늬 패턴으로 정보를 나타내는 매트릭스 형식의 바코드이다.

Chapter 06 대인관계능력

자원관리 능력	상	팀 구성원으로서 팀의 목표달성을 점검하고, 팀의 업무에 도움이 되는 정보를 제공하며, 업무수행과정에서의 갈등상황의 원인을 종합 · 분석하고, 최적의 협상전략에 따라 협상에 임하며, 제공된 서비스에 대한 고객의 만족을 종합 · 분석하여 향후 고객서비스에 반영한다.
	중	팀 구성원으로서 팀의 목표를 공유하고, 팀의 업무에 도움이 되는 정보를 확인하며, 업무수행과정에서의 갈등상황의 원인을 파악하고, 일반적인 협상전략에 따라 협상에 임하며, 제공된 서비스에 대한 고객의 만족을 확인한다.
	하	팀 구성원으로서 팀의 목표를 확인하고, 팀의 업무 특성을 파악하며, 업무수행과정에서의 갈등상황을 확인하고, 지시받은 협상전략에 따라 협상에 임하며, 고객의 요구에 따라 서비스를 제공한다.

하위 능력	**팀워크 능력**	상	팀의 구성원으로서 팀의 목표달성을 점검하고, 부족한 부분을 보완한다.
		중	팀의 구성원으로서 팀의 목표를 공유하고, 자신의 역할 및 책임에 따라 업무를 수행한다.
		하	팀의 구성원으로서 팀의 목표를 확인하고, 자신의 역할 및 책임을 확인한다.
	리더십 능력	상	팀 구성원들의 업무에 도움이 되는 정보를 제공하고, 팀 구성원들을 동기화시키고 이끌며, 팀의 목표 및 비전을 제시한다.
		중	팀 구성원들의 업무에 도움이 되는 정보를 확인하고, 팀 구성원들에 대한 논리적인 설득으로 업무를 할당하며, 팀의 목표 및 비전설계과정에 동참한다.
		하	팀 구성원들과 업무의 특성을 파악하고, 팀 구성원들에게 업무를 할당하며, 팀의 목표 및 비전을 인식한다.
	갈등 관리 능력	상	팀 구성원들과 업무 수행과정에서 발생한 갈등상황의 원인을 종합, 분석하고, 최적의 갈등해결방법을 선택해서 적용한다.
		중	팀 구성원들과 업무 수행과정에서 발생한 갈등상황의 원인을 파악하고, 갈등해결방법을 팀원들과 공유한다.
		하	팀 구성원들과 업무 수행과정에서 발생한 갈등상황을 인식하고, 갈등해결방법을 탐색한다.
	협상 능력	상	업무수행과정에서 협상 쟁점 사항과 협상 상대의 전략을 평가하고, 목표와 상황을 종합해서 최적의 협상전략을 선택하여 협상에 임한다.
		중	업무수행과정에서 협상 쟁점 사항과 협상 상대를 분석하고, 일반적인 협상전략에 따라 협상에 임한다.
		하	업무수행과정에서 협상 쟁점 사항과 협상 상대를 확인하고, 지시된 협상전략에 따라 협상에 임한다.
	고객 서비스 능력	상	업무수행과정에서 다양한 고객의 요구에 대한 해결책을 마련하고, 제공된 서비스에 대한 고객의 만족을 분석 · 종합하여 향후 서비스에 반영한다.
		중	업무수행과정에서 다양한 고객의 요구를 분석, 종합하고, 제공된 서비스에 대한 고객의 만족을 확인한다.
		하	업무수행과정에서 다양한 고객의 요구를 확인하고, 서비스를 제공한다.

● 대인관계능력 필수 유형 ●

01 인간관계에 있어서 가장 중요한 것은? [NCS 국가직무능력표준 예제]

① 행동방법에 대한 고찰 ② 피상적인 인간관계 기법
③ 외적 성격 위주의 사고 ④ 자신의 사람됨, 깊은 내면

> **정답 ⟹ ④**
>
> 인간관계를 형성할 때 가장 중요한 것은 무엇을 말하느냐, 어떻게 행동하느냐 하는 것보다는 우리의 사람됨이다. 대인관계에 있어서 기법이나 기술은 내면으로부터 자연스럽게 나오는 것이어야 한다. 인간관계의 출발점은 자신의 내면이다.

02 다음 중 협력을 장려하는 환경을 조성하기 위한 노력으로 적절하지 않은 것은?

[NCS 국가직무능력표준 예제]

① 상식에서 벗어난 아이디어에 대해 비판하지 말라.
② 많은 양의 아이디어를 요구하라.
③ 사람들이 침묵하지 않도록 자극을 주어라.
④ 관점을 바꿔 보라.
⑤ 팀원의 말에 흥미를 가지고 대하라.

> **정답 ⟹ ③**
>
> 협력을 장려하는 환경을 조성하기 위한 몇 가지 비결에는 다음과 같은 것들 있다. 1. 팀원의 말에 흥미를 가지고 대하라, 2. 상식에서 벗어난 아이디어에 대해 비판하지 말라, 3. 모든 아이디어를 기록하라, 4. 아이디어를 개발하도록 팀원을 고무시켜라, 5. 많은 양의 아이디어를 요구하라, 6. 침묵을 지키는 것을 존중하라, 7. 관점을 바꿔보라, 8. 일상적인 일에서 벗어나 보라. 이에 따라 보기 중 ③은 잘못 제시된 것임을 알 수 있다.

01 다음 대인관계능력의 정의 중 빈칸 A, B에 들어갈 알맞은 말을 고르시오.

> 대인관계능력이란 직장생활에서 협조적인 관계를 유지하고, 조직구성원들에게 도움을 줄 수 있으며, 조직내부 및 외부의 (A)을 원만히 해결하고 고객의 (B)를 만족시켜줄 수 있는 능력이다.

① A : 상황   B : 감동
② A : 갈등   B : 요구
③ A : 분쟁   B : 불만족
④ A : 불만족 B : 갈등

02 다음은 어떤 유형의 멤버십인가?

> • 리더나 조직을 믿고 헌신하며 팀플레이를 한다.
> • 조직을 위해 자신과 가족의 요구를 양보한다.
> • 기존질서를 따르는 것이 중요하며, 획일적인 태도행동에 익숙하다.

① 순응형
② 소외형
③ 실무형
④ 주도형

03 다음 중 팀워크(Team Work)에 대한 설명으로 적절하지 않은 것은?

① 팀워크란 팀 구성원이 공동의 목적을 달성하기 위해 상호관계성을 가지고 협력하여 일을 해 나가는 것을 의미한다.
② 팀워크란 사람들로 하여금 집단에 머물도록 느끼게끔 만들고, 그 집단의 멤버로 계속 남아 있기를 원하게 만드는 힘을 의미한다.
③ 팀워크의 유형은 보통 세 가지 기제 즉, 협력, 통제, 자율을 통해 구분된다.
④ 효과적인 팀워크를 형성하기 위해서는 명확한 팀 비전과 목표설정을 공유하여야 한다.

04 효과적인 팀의 공통적인 특징으로 바르지 않은 것을 고르시오.

① 팀의 사명과 목표를 명확하게 기술한다.
② 창조적으로 운영된다.
③ 결과보다는 과정에 초점을 맞춘다.
④ 조직화가 잘 되어 있다.

05 다음 빈칸에 들어갈 말을 쓰시오.

> 리더와 관리자의 최대의 차이점은 비전이 유무에 있다. 그리고 관리자의 역할이 자원을 (   ) · (   )하고, 당면한 문제를 해결하는 것이라면 리더는 (   )을 선명하게 구축하고, 그것이 팀 멤버의 협력 아래 실현되도록 환경을 만들어 주는 것이다.

06 다음에 제시된 리더십 유형 4가지를 가장 효과적으로 활용할 수 있는 상황과 바르게 연결된 것은?

유형	상황
A. 독재자 유형	ㄱ. 조직에 있어서 획기적인 변화가 요구될 때
B. 민주주의 근접 유형	ㄴ. 소규모조직에서 경험, 재능을 소유한 조직원이 있을 때
C. 파트너십 유형	ㄷ. 통제 없이 방만한 상태, 가시적인 성과물이 안 보일 때
D. 변혁적 유형	ㄹ. 혁신적이고 탁월한 부하직원들을 거느리고 있을 때

① A-ㄱ   ② A-ㄷ   ③ B-ㄴ
④ C-ㄹ   ⑤ D-ㄴ

07 '동기부여'와 관련된 설명으로 적절하지 않은 것은?

① 단기적인 관점에서, 공포 분위기 조성이 긍정적인 측면도 있지만 장기적으로는 오히려 해가 될 수 있다.
② 목표달성을 높이 평가하여 조직원에게 곧바로 보상하는 행위를 긍정적 강화라고 한다.
③ 조직원에게 지속적으로 동기를 부여하기 위해 가장 좋은 방법은 금전적인 보상이나 승진 등의 외적인 동기유발이다.
④ 조직원들에게 동기를 부여하기 위해서는 조직원 스스로 조직의 일원임을 느끼도록 일깨워 주는 것이 가장 좋다.

08 코칭이 조직에게 주는 혜택으로 바르지 않은 것은?

① 동기부여된 자신감 넘치는 노동력
② 높은 품질의 제품
③ 철저한 책임감을 갖춘 직원들
④ 부분적으로 상승된 효율성 및 생산성

09 '임파워먼트(권한위임)'와 관련된 설명으로 적절하지 않은 것은?

① 권한위임과 업무위임은 다른 의미를 지닌다.
② 임파워먼트 환경에서는 사람들이 현상을 유지하고 순응하게 만드는 경향이 있다.
③ 성공적인 임파워먼트를 위해서는 권한위임의 한계를 명확하게 하여야 한다.
④ 임파워먼트에 장애가 되는 요인은 개인, 대인, 관리, 조직의 4가지 차원에서 생각해볼 수 있다.

10 갈등을 증폭시키는 원인이 아닌 것은?

① 팀원들은 승·패의 경기를 시작한다.
② 팀원들은 문제를 해결하기보다는 승리하기를 원한다.
③ 조직의 입장을 고수하고, 의사소통의 폭을 넓힌다.
④ 목표달성의 필요성을 느끼지 않는다.

11 갈등해결의 장애물을 극복하기 위한 팀원의 올바른 자세가 아닌 것은?

① 행동에 초점을 맞추기
② 상황을 기술하는 식으로 말하기
③ 개방적인 자세를 갖추기
④ 지원받는 입장에서 말하기

12 협상전략은 크게 협력전략, 유화전략, 회피전략, 강압전략으로 구분할 수 있다. 각각의 전략과 특징을 올바르게 연결한 것은?

전략	특징
A. 협력전략	ㄱ. "Lose-Lose"전략, "I Lose, You Lose, We Lose"전략
B. 유화전략	ㄴ. "Win-Win"전략, "I Win, You Win, We Win"전략
C. 회피전략	ㄷ. "Win-Lose"전략, "I Win, You Lose"전략
D. 강압전략	ㄹ. "Lose-Win"전략, "I Lose, You Win"전략

① A-ㄴ
② B-ㄱ
③ C-ㄹ
④ C-ㄷ
⑤ D-ㄹ

정보능력

정보능력		상	업무와 관련된 정보를 다양한 매체와 방법을 통해 의미와 가치를 평가하여 활용목적에 따라 신속하게 수집·분석하고 목적에 따라 활용될 수 있도록 DB화하여 조직하며 선택·활용을 용이하게 한다. 이를 컴퓨터가 필요한 모든 부분에서 활용한다.
		중	업무와 관련된 정보를 다양한 매체와 방법을 이용하여 수집하고 활용목적에 따라 종합·관리하며 적절하게 선택·활용한다. 이러한 과정에서 컴퓨터가 필요한 대부분에서 컴퓨터를 활용한다.
		하	업무와 관련된 정보를 컴퓨터가 필요한 일부분에서 이용하여 수집하고 활용목적에 따라 분석하며 제한된 방법으로 조직하고 필요한 정보를 활용한다. 이러한 과정에서 컴퓨터가 필요한 일부분에서 컴퓨터를 활용한다.
하위 능력	컴퓨터 활용 능력	상	컴퓨터 이론에 관한 전문적 지식을 업무에 적용하고 인터넷을 통해 필요한 정보를 효과적으로 검색하여 업무에 활용하며 소프트웨어를 사용하여 업무를 효과적으로 달성한다.
		중	컴퓨터 이론에 관한 전문적인 지식을 이해하고 인터넷을 통해 필요한 정보를 검색하고 관리하며 소프트웨어를 사용하여 문서작성, 자료정리, 자료분석 등을 수행한다.
		하	컴퓨터 이론에 관한 기초적인 지식을 이해하고 인터넷을 통해 간단한 검색, 채팅, e-mail을 이용하며, 간단한 문서를 작성할 수 있는 소프트웨어를 이용한다.
	정보 처리 능력	상	다양한 매체와 방법을 이용해서 정보를 신속하게 수집하고 활용목적에 따라 평가하며 DB화하여 관리하고 정보를 목적에 맞게 활용하였는지 평가한다.
		중	다양한 매체와 방법을 이용해서 정보를 수집하고 활용목적에 따라 종합하며 업무목적에 맞게 관리하고 적절한 정보를 선택·활용한다.
		하	한두 가지의 방법을 이용해서 정보를 수집하고 목적에 따라 분석하며 관리하는 방법을 이해하고 필요한 정보를 수집한다.

정보능력 필수 유형

01 아래는 창고에 있는 총 36개 건설 장비의 코드 목록이며 이 건설 장비들은 모두 한 회사에서 생산된 제품이다. 코드 부여 방식을 참고할 때, 다음 중 올바른 설명은? [NCS 국가직무능력표준 예제]

BU-35-KRC-5C-1202	EX-70-KRA-4C-1505	DU-12-KRC-3A-1505
CR-23-KRB-2C-1302	DU-12-KRC-3A-1410	FO-10-KRC-5C-1302
BU-35-KRC-5C-1201	DU-11-KRC-4A-1207	CM-20-KRB-2C-1311
DU-12-KRA-4C-1401	EX-69-KRC-5C-1302	LO-62-KRC-4A-1403
BU-35-KRC-1A-1509	DU-12-KRA-4C-1504	RO-62-KRA-4C-1510
DU-12-KRA-4C-1503	CR-23-KRV-2C-1305	CU-44-KRB-2C-1309
CM-20-KRB-2C-1203	BU-35-KRC-1A-1403	LO-62-KRA-4C-1507
FO-10-KRA-4C-1405	BU-35-KRC-5C-1302	BU-35-KRC-5C-1302
DU-11-KRC-3A-1206	BU-35-KRC-5C-1009	DU-12-KRC-5A-1412
BU-35-KRC-1A-1304	BU-35-KRC-4A-1406	BU-35-KRC-5C-1307
CM-20-KRB-2C-1305	DU-12-KRA-4C-1502	CR-23-KRB-2C-1308
BU-35-KRC-2A-1212	DU-12-KRC-2A-1501	BU-35-KRC-1A-1109

〈코드 부여 방식〉

[장비 종류]-[모델 번호]-[생산 국가 도시]-[공장과 라인]-[제조연월]

〈예시〉

DU-12-KRA-4C-1503
2015년 한국 인천 4공장 C 라인에서 생산된 덤프트럭 12번 모델

장비 종류 코드	장비 종류	생산 국가 도시 코드	생산 국가 도시
BU	불도저	CNA	중국 톈진
CM	콘크리트믹서트럭	CNB	중국 다롄
CR	기중기	CNC	중국 항저우
CU	쇄석기	KRA	한국 인천
DU	덤프트럭	KRB	한국 군산
EX	굴삭기	KRC	한국 창원
FO	지게차		
LO	로더		

① 창고에 있는 장비 중 굴삭기와 로더는 있지만 쇄석기는 없다.

② 창고에 있는 장비 중 2013년 이전에 생산된 것이 절반 이하이다.

③ 창고에 있는 불도저는 모두 한국의 한 도시에서 생산된 것들이다.

④ 창고에 있는 덤프트럭의 모델 종류는 최소 3가지 이상이 존재한다.

⑤ 2014년 2월 중국 톈진 5공장 C 라인에서 생산된 지게차 12번 모델은 FO-12-CNB-5C-1402 라고 코드를 표시해야 한다.

정답 ➠ ③

창고에 있는 불도저 BU의 생산 국가 도시 코드는 모두 KPC이므로 전부 한국 창원에서 생산된 것들이다.

02 T사에 입사한 당신은 시스템 모니터링 및 관리 업무를 담당하게 되었다. 시스템을 숙지한 후 이어 지는 상황에 알맞은 입력코드를 고르시오. [NCS 국가직무능력표준 예제]

〈시스템 상태 및 조치〉

※아래 모니터에 나타나는 정보를 이해하고 시스템 상태를 판독하여 적절한 코드를 입력하는 방식을 파 악하시오.

> System is processing requests…
> System code is S
> Run
>
> Error Found!
> index AXNGR of file WOANMR
>
> Final code? _____

항목	세부사항
Index@@ of File@@	• 오류 문자 : Index 뒤에 나타나는 문자 • 오류 발생 위치 : FIle 뒤에 나타나는 문자
Error Value	오류 문자와 오류 발생 위치를 의미하는 문자에 사용된 알파벳을 비교하여 일치하는 알파벳의 개수를 확인
Final Code	Error value를 통하여 시스템 상태 판단

판단기준	Final Code
일치하는 알파벳의 개수 = 0	Svem
0 < 일치하는 알파벳의 개수 ≤ 1	Atur
1 < 일치하는 알파벳의 개수 ≤ 3	Lind
3 < 일치하는 알파벳의 개수	Nugre

System is processing requests⋯

System code is S

Run

Error Found!

index AXNGR of file WOANMR

Final code? _____

① Svem   ② Atur   ③ Lind   ④ Nugre

정답 ▥▶ ④

시스템의 정보를 통해 INDEX 뒤에 나타나는 문자 TLENGO와 File 뒤에 나타나는 문자 MEONRTD에서 일치하는 알파벳의 개수를 확인하면 알파벳 T, E, N, O가 일치하는 것을 확인할 수 있다. 일치하는 알파벳 개수가 4개이므로 판단 기준에 따라 File code는 ④ Nugre가 정답이다.

● 정보능력 기본 문제 ●

01 ( ) 안에 공통으로 들어갈 용어를 고르시오.

> 우리는 흔히 필요한 정보를 수집할 수 있는 원천을 ( )(이)라 부른다. ( )은(는) 정보를 수집하는 사람의 입장에서 볼 때 공개된 것은 물론이고 비공개된 것도 포함되며 수집자의 주위에 있는 유형의 객체 가운데서 발생하는 모든 것이 ( )(이)라 할 수 있다.

① 정보(data)　　　　　　② 파일(files)　　　　　　③ 인포메이션(information)

④ 정보원(sources)　　　　⑤ 인텔리전스(intelligence)

02 정보원(sources)은 크게 1차 자료와 2차 자료로 구분된다. 다음의 빈칸에 각 자료의 성격에 맞게 1차 자료와 2차 자료를 구분하여 써넣으시오.

단행본	
백과사전	
논문	
편람	
신문	
연감	

03 다음은 정보를 분석하는 과정이다. 다음 빈칸에 알맞은 작업을 써넣으시오.

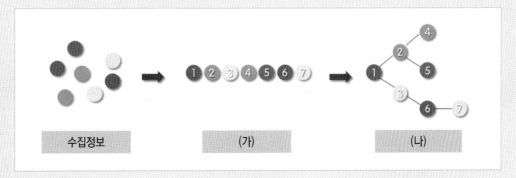

수집정보　　　　　　(가)　　　　　　(나)

04 다음 그림은 정보분석의 절차를 표로 나타낸 것이다. 빈칸을 채우시오.

분석과제의 발생	

분석과제의 발생
↓
과제의 분석
↓
(가)
↓
관련정보의 수집
(나)　　　관련정보의 수집　　　신규자료 조사
↓
(다)
↓
항목별 분석
↓
종합 결론
↓
활용 · 정리

05 효율적인 정보관리를 위해 이용할 수 있는 세 가지 방법을 나열해보고 각각의 특징을 설명하시오.

( ) 이용	정보에서 중요한 항목을 찾아 기술한 후 정리
( ) 이용	( )나 ( )로 소장 정보원을 관리하는 방식
분류 이용	개인이 가지고 있는 정보를 유사한 것끼리 모아 체계화하여 정리 ( ) 기준 ( ) 기준 ( ) 기준 ( ) 기준

06 우리가 활용할 수 있는 정보는 크게 정적정보와 동적정보로 구분할 수 있다. 특징으로부터 각각의 정보가 어떤 정보인지 적고, 알맞은 예를 써넣으시오.

예) 신문기사, 잡지, 텔레비전 뉴스, 이메일, 책, CD-ROM

[(   )정보]
특징 : 되도록 실시간에 가깝게 파악하여야 하고, 유효기간이 길어야 며칠인 정보
예 :

[(   )정보]
특징 : 유효기간이 비교적 길고 보존이 가능한 정보
예 :

07 엘렌 켄트로의 지식삼각형에 근거하여 다음의 빈칸에 적절한 포함관계를 표시해 보시오.

정보 [   ] 지식 [   ] DATA

08 다음은 어떠한 용어에 대한 설명이다. 괄호 안에 들어갈 적절한 용어를 순서대로 나열한 것을 고르시오.

1. (   ) : 객관적 실제의 반영이며, 그것을 전달할 수 있도록 기호화한 것을 의미한다.
2. (   ) : 자료를 특정한 목적과 문제해결에 도움이 되도록 가공한 것을 의미한다.
3. (   ) : 정보를 집적하고 체계화하여 장래의 일반적인 사항에 대비해 보편성을 갖도록 한 것을 의미한다.

① 정보, 지식, 자료   ② 지식, 정보, 자료   ③ 자료, 지식, 정보   ④ 자료, 정보, 지식

09 괄호 안에 적절한 용어를 기입하시오.

정보화 사회란 이 세상에서 필요로 하는 정보가 사회의 중심이 되는 사회로서 (   )(IT), (   )(BT), (   )(NT), (   )(ET), (   )(CT), (   )(ST)을 뜻하는 6T가 포함된다.

10 정보는 일정한 절차에 따라 활용하는 것이 효과적이다. 일반적인 정보처리 절차를 생각하여 다음 빈 칸에 적절한 용어를 적으시오.

	➡ 수집 ➡		➡ 활용

11 정보를 수집, 관리, 활용하기에 앞서 효과적으로 정보를 활용하기 위한 전략적 기획을 하는 것이 중요하다. 보통은 5W2H에 의해 기획을 하게 된다. 다음에서 맞는 설명에 해당 번호를 써넣으시오.

① WHAT(무엇을?)   (   ) 정보의 소스(정보원)를 파악한다.

② WHERE(어디에서?)   (   ) 정보의 입수대상을 명확히 한다.

③ WHEN(언제까지?)   (   ) 정보의 필요목적을 염두에 둔다.

④ WHY(왜?)   (   ) 정보의 요구(수집)시점을 고려한다.

⑤ WHO(누가?)   (   ) 정보의 수집방법을 검토한다.

⑥ HOW(어떻게?)   (   ) 정보활동의 주체를 확정한다.

⑦ HOW MUCH(얼마나?)   (   ) 정보수집의 효용성을 중시한다.

12 사이버공간에서 지켜야 할 예절을 네티켓이라고 부른다. 네티켓은 두 가지 용어의 합성어로 (   ) 와 (   )을 합성한 용어이다. 빈칸에 적절한 용어를 써넣으시오.

13 인터넷이 발달함에 따라 정보를 쉽게 얻을 수 있는 장점이 있는 반면, 개인정보의 유출 또한 심각한 문제로 대두되고 있다. 다음 중 개인정보 유출을 방지하기 위한 것으로 옳지 않은 것은?

① 개인정보 입력 전 보안이 확실한 사이트인지 알아보기

② 정기적인 비밀번호 교체하기

③ 불법 운영 사이트 방문하지 않기

④ 회원가입 시 이용약관 읽기

⑤ 비밀번호를 잊지 않도록 나의 개인정보를 조합하여 만들기

14 인터넷의 문제점(역기능)이 아닌 것은?

① 사이버 언어폭력 　　② 저작권 침해 　　③ 인터넷 중독
④ 컴퓨터 바이러스 유포 　　⑤ 정보통신의 활성화

15 다음은 업무수행 중에 활용하고 있는 인터넷 서비스의 특징을 나열한 것이다. 각각의 인터넷 서비스의 특징에 알맞은 인터넷 서비스를 적어보시오.

인터넷 서비스	특징
①	• 일반우편에 비해 빠르고 정확 • 유료로 이용하거나 무료로 이용 • 회사에서 제공하는 시스템에 계정을 만들어서 활용 가능
②	• 전자적인 매체를 통한 재화 및 용역 거래 • 물리적 상품 및 디지털 상품의 거래
③	• 대용량의 파일을 손쉽게 저장할 수 있음 • 언제 어디서든 인터넷 접속 시 파일 관리 가능

16 전자상거래(Electronic Commerce)에 관한 설명으로 옳은 것을 〈보기〉에서 고른 것은?

> **보기**
>
> ㄱ. 내가 겪은 경험담도 전자상거래 상품이 될 수 있다.
> ㄴ. 인터넷 서점, 인터넷 쇼핑몰 등도 전자상거래 유형이다.
> ㄷ. 개인이 아닌 공공기관이나 정부는 전자상거래를 할 수 없다.
> ㄹ. 블로그마켓이나 전자우편 등을 이용하게 되면 전자상거래가 될 수 없다.

① ㄱ, ㄴ 　　②ㄱ, ㄷ 　　③ ㄴ, ㄷ
④ ㄴ, ㄹ 　　⑤ ㄷ, ㄹ

17 여러 곳에 분산되어 있는 수많은 정보 중에서 특정 목적에 적합한 정보만을 신속하고 정확하게 찾아내어 수집, 분류, 축적하는 과정을 정보검색이라고 한다. 일반적인 정보검색단계를 나타낸 다음 빈칸을 채우시오.

①	➡	②	➡	③	➡	④ 결과 출력

18 검색엔진을 사용하여 중국 춘추전국시대의 유학자 맹자의 어머니가 어떠한 사람인지 알아보려고 한다. 키워드 검색방법을 사용할 때 가장 적절한 검색식은 무엇인가? (단, 사용하려는 검색엔진은 AND 연산자로 '&', OR 연산자로 '+', NOT 연산자로 '!'을 사용한다)

① 유학자&맹자　　　　② 유학자!어머니　　　　③ 춘추전국시대+맹자
④ 맹자+어머니　　　　⑤ 맹자&어머니

19 워드프로세서는 글이나 그림을 입력하여 편집하고, 작업한 문서를 저장하고 인쇄할 수 있다. 다음은 워드프로세서의 주요기능을 요약한 것이다. 빈칸에 적절한 용어를 기입하시오.

( ) 기능	키보드나 마우스를 통하여 언어, 숫자, 특수문자, 그림, 사진, 도형 등을 입력하는 기능
( ) 기능	입력한 내용을 표시 장치를 통해 화면에 나타내주는 기능
( ) 기능	입력된 내용을 저장하여 필요할 때 사용할 수 있는 기능
( ) 기능	문서의 내용이나 형태 등을 변경해 새롭게 문서를 꾸미는 기능
( ) 기능	작성된 문서를 프린터로 출력하는 기능

20 다음의 유틸리티 프로그램과 프로그램의 설명을 올바르게 연결하시오.

① 파일 압축 프로그램	② 화면 캡처 프로그램
③ 동영상 재생 프로그램	④ 이미지 뷰어 프로그램

(가) 그림 파일을 볼 수 있도록 해주는 프로그램이다.　　　　( )

(나) 파일의 크기를 압축하거나 줄여주는 프로그램이다.　　　　( )

(다) 영화나 음악을 감상할 수 있도록 해주는 프로그램이다.　　　　( )

(라) 움직이는 영상을 그림 파일로 변환시켜 주는 프로그램이다.　　　　( )

21 다음 빈칸에 공통으로 들어갈 적절한 단어를 적으시오.

> 파일시스템에서는 하나의 파일은 독립적이며, 어떤 업무를 처리하는 데 필요한 모든 정보를 가지고 있다. 파일도 데이터의 집합이므로 (　　　)라고 볼 수도 있으나 일반적으로 (　　　)라 함은 여러 개의 서로 연관된 파일을 의미한다. 이런 여러 개의 파일이 서로 연관되어 있으므로 사용자는 여러 개의 파일에 있는 정보를 한 번에 검색해 볼 수 있다. (　　　) 관리시스템은 데이터와 파일, 그들의 관계 등을 생성하고, 유지하고 검색할 수 있게 해주는 소프트웨어이다. 반면에 파일 관리시스템은 한 번에 한 개의 파일에 대해서 생성, 유지, 검색을 수행하는 소프트웨어다.

22 데이터베이스의 필요성에 관한 옳은 설명만을 〈보기〉에서 고른 것은?

> **보기**
>
> ㄱ. 데이터의 중복을 낮추고 안정성을 높인다.
> ㄴ. 방대한 데이터를 이용하는 프로그램의 개발 기간은 증가한다.
> ㄷ. 데이터의 무결성을 높인다.
> ㄹ. 데이터가 한 곳에만 기록되어 있어 결함 없는 데이터를 유지하기 어려워졌다.

① ㄱ, ㄴ　　　　　　② ㄱ, ㄷ　　　　　　③ ㄴ, ㄷ
④ ㄴ, ㄹ　　　　　　⑤ ㄷ, ㄹ

23 데이터베이스의 작업 순서에서, 빈칸의 (가)와 (나)에 알맞은 것은?

시작 ➡ (가) ➡ (나) ➡ 저장 ➡ 자료 검색 ➡ 보고서 인쇄 ➡ 종료

국 가 직 무 능 력 표 준

기술능력

정보능력		상	업무에 필요한 복잡한 기술을 이해하고, 자신의 객관적 판단에 따라 기술을 선택하여 다양한 상황에 기술을 적용한다.
		중	업무에 필요한 기본적인 기술을 이해하고, 상사의 지시에 자신의 생각을 적용하여 기술을 선택하고, 업무와 관련된 상황에 기술을 적용한다.
		하	업무에 필요한 간단한 기술을 이해하고, 상사의 지시에 따라 기술을 선택하여, 한 가지 상황에 기술을 적용한다.
하위 능력	기술 이해 능력	상	업무수행에 필요한 복잡한 기술의 원리 및 절차를 확실하게 이해한다.
		중	업무수행에 필요한 기본적인 기술의 원리 및 절차를 대략적으로 이해한다.
		하	업무수행에 필요한 단순한 기술의 원리 및 절차를 부분적으로 이해한다.
	기술 선택 능력	상	업무수행에 필요한 기술을 자신이 비교 · 분석한 후 장 · 단점을 파악하여 선택한다.
		중	업무수행에 필요한 기술을 기존에 적용된 것 중에서 자신이 선택한다.
		하	업무수행에 필요한 기술을 상급자의 지시대로 선택한다.
	기술 적용 능력	상	업무수행에 필요한 기술을 실제로 여러 가지 상황에 적용하고, 그 결과를 분석한다.
		중	업무수행에 필요한 기술을 실제로 몇 가지 상황에 적용하고, 그 결과를 이해한다.
		하	업무수행에 필요한 기술을 실제로 한 가지 상황에 적용하고, 그 결과를 있는 그대로 확인한다.

● 기술능력 필수 유형 ●

[01~03] 신입사원이 입사함에 따라서 정보기획팀에서는 신입사원들의 컴퓨터에 스캔 복합기를 설정하려고 한다. C 주임은 다음 제시된 내용을 참고하여 윈도우 7, 8에서 스캔 복합기를 설정하는 업무를 부여받았다. 다음 설치 방법 및 설명서를 읽고 물음에 답하시오.

[NCS 국가직무능력표준 예제]

폴더 공유 보안 설정 변경/확인

▶ 시작 → 설정 → 제어판 → 네트워크 및 공유센터를 클릭한다.
▶ 네트워크가 홈 또는 회사 네트워크인지 확인한다.
　주의) 공용으로 되어 있을 경우 설정이 정상으로 되어 있어도, 스캔 문서가 저장이 되지 않는 문제가 발생함.
▶ 홈 또는 회사네트워크 확인 후, 고급 공유 설정 변경을 클릭한다.
▶ 고급 공유 설정 변경에서 다음 항목의 설정을 변경한다. (필수사항)
　• 네트워크검색 : 네트워크 검색 켜기
　• 파일 및 프린터 공유 : 파일 및 프린터 공유 켜기
　• 파일공유연결 : 40비트 또는 54비트 암호화를 사용하는 장치에 대해 파일 공유
　• 암호로 보호된 공유 : 암호 보호 공유 끄기
▶ 시작 → 설정 → 제어판 → 네트워크 및 공유 센터에서 로컬 영역 연결을 더블 클릭한다.
▶ 로컬 영역 연결 '속성'에서 Internet Protocol Version(TCP/IPv4) '속성'을 클릭한다.

폴더 공유 보안 설정 변경/확인, IP 주소확인

▶ Internet Protocol Version(TCP/IPv4) '고급'에서 NetBIOS over TCP/IP 사용을 선택한다.
　단, IP 취득방법이 '다음 IP 주소사용'으로 되어 있는 경우, 'IP 주소'를 메모한다.
▶ 제어판 – Windows 방화벽을 선택한다.
▶ 'Windows 방화벽을 통해 프로그램 또는 기능 허용'을 선택한다.
▶ 파일 및 프린터 공유를 체크한다.

폴더 공유 권한 부여

▶ 스캔 문서가 저장될 폴더를 만들고 마우스 오른쪽 버튼 클릭 후 '속성'에서 '공유'를 선택한다.
▶ Everyone 계정을 추가하고, 읽기/쓰기 권한 부여 후, '공유'를 클릭하여 공유 설정을 완료한다.

PC 이름 확인

▶ 바탕화면 '컴퓨터' – 속성 또는 '시작' – 컴퓨터 – 속성 또는 제어판 – 시스템 항목을 클릭한다.

▶컴퓨터 이름을 메모한다. (IP 취득방법이 자동으로 되어 있을 경우임) IP가 고정으로 설정되어 있을 경우는 PC의 IP 주소를 메모한다.

로그인 계정 확인

▶제어판 → 사용자 계정 및 가족보호 → 사용자 계정 항목에서 로그인 계정을 확인하거나 컴퓨터 → 관리 → 로컬 사용자 및 그룹 → 사용자 항목에서 로그인 계정을 확인한다. 단, 2개의 계정이 틀린 경우 컴퓨터 관리에서 확인한 계정을 메모한다.

01 신입사원들의 컴퓨터에 스캔 복합기를 설정을 공유하는 업무를 끝낸 후 C 주임은 스캔을 끝낸 문서가 저장되지 않는 것을 발견하였다. 원인을 파악하기 위해서 반드시 확인해야 할 사항은 무엇인가?

① 네트워크가 공유로 되어 있는지 여부
② PC 계정에서 사용자 계정 항목에서의 로그인 계정과 사용자 항목에서의 로그인 계정이 다른지 여부
③ 폴더의 이름이 정확한지 여부
④ 로컬 영역 연결 '속성'에서 Internet Protocol Version 6(TCP/IPv6) '속성'이 클릭이 되어 있는지 여부

정답 ⏭▶ ①

스캔 복합기의 설명서에 따르면 주의할 점으로 네트워크 설정이 스캔 후에 문서 저장에 영향을 미칠 수 있음을 제시하고 있다.

02 앞에서 확인한 사항이 스캔문서가 저장되지 않는 원인이 아니였음을 발견하였다. 그렇다면 다른 원인으로 추가로 살펴보아야 할 것이 아닌 것은 무엇인가?

① 고급 공유 설정 변경에서 네트워크 검색이 켜져 있는지 여부
② 고급 공유 설정 변경에서 파일 및 프린터 공유가 켜져 있는지 여부
③ 고급 TCP/IP 설정에서 NetBIOS over TCP/IP 사용 선택이 되었는지 여부
④ 고급 TCP/IP 설정에서 LMHOSTS 조회 가능이 선택되었는지 여부

정답 ⏭▶ ④

①, ②, ③에 제시된 것들은 01문항에서 선택된 해결책으로 상황이 해결되지 않았을 경우에 시도해 볼 수 있는 해결책이나, ④은 관련성이 없는 내용이다.

03 C 주임은 신입사원 A로부터 B 팀장의 컴퓨터의 공유폴더에 저장된 파일을 프린트하려고 했으나, B 팀장의 공유폴더를 자신의 컴퓨터에서 찾을 수가 없다며 도움을 요청받았다. 신입사원 A가 B 팀장의 공유폴더를 볼 수 없는 이유를 찾기 위해 확인해야 할 사항은 무엇인가?

① 제어판 – Windows 방화벽에서 원격 데스크톱이 설정되어 있는지 여부
② 고급 공유 설정 변경에서 파일 및 프린터 공유 켜기를 설정했는지 여부
③ 내 컴퓨터 → 관리 → 로컬 사용자 및 그룹 → 사용자 항목에서 로그인 계정이 설정되어 있는지 여부
④ 고급 TCP/IP 설정에서 LMHOSTS 조회 가능이 선택되었는지 여부

정답 ▪▶ ②

스캔복합기에서 본인의 문서 외에 상대방의 문서에 접근하여 업무를 보아야 할 상황에 폴더공유에 문서공유가 선택되어 있지 않은 경우 다른 사람은 문서를 볼 수 없다. 따라서 ②가 가장 적절하다.

04 귀하는 건설 회사에 근무하면서 프로젝트를 관리한다. 최근 대규모 건설 프로젝트의 하청 업체가 중간 보고회를 열고, 아래와 같이 자신들이 이번 프로젝트의 성공적 마무리를 위해 노력하고 있다고 설명했다. 다음 중 프로젝트 총괄 PM으로서 귀하가 하청업체의 올바른 추진 방향으로 인정해야 하는 부분이 모두 제대로 묶인 것은 무엇인가?

[NCS 국가직무능력표준 예제]

A : 저희는 이번 프로젝트의 성공을 위해 기술적 효용과 함께 환경 효용도 추구하고 있습니다.
B : 당연히 환경에 대해서는 철저히 대비해 사전 평가보다 사후 평가 방식으로 노력하고 있습니다.
C : 오염 예방을 위한 청정 생산기술을 진단하고 컨설팅하면서 협력회사와 연대하고 있습니다.
D : 정부 및 환경 단체가 요구하는 환경 성과평가의 실천 방안을 연구, 반영하고 있습니다.

① A, C, D   ② B, C, D   ③ A, B, D   ④ A, B, C, D

정답 ▪▶ ①

최근 중요성이 더해지고 있는 환경 경영에 관한 것으로, 어떤 개발 계획을 수립할 때는 그것으로 인해 주변 환경에 어떤 영향이 있는가를 평가하여 환경 훼손이 발생하지 않도록 하는 것이 중요하다. 이런 환경영향평가는 개발에 앞서 사전에 하는 것이지, 사후에 하는 것은 소 잃고 외양간 고치는 격이 될 수 있다. 따라서 주어진 상황의 B가 잘못된 내용이며, 선택지에서 B가 들어 있지 않은 것을 고르면 된다. 정답은 ①이다.

01 다음 설명에 알맞은 용어는?

> 특허받지 않은 기술로, 경쟁력 있는 수단이나 정보

① Know - Why ② Know - How ③ Know - Where ④ Know - Way

02 다음 중 기술능력이 뛰어난 사람의 특징으로 옳지 않은 것은?

① 문제에 알맞은 지식 및 자원을 잘 활용한다.
② 문제점을 잘 인식한다.
③ 문제에 대해 팀원들에게 도움을 요청하고 함께 해결한다.
④ 문제에 주어진 한계가 있어도 잘 극복해서 해결한다.

03 다음 중 기술능력을 향상시키기 위한 방법으로 옳지 않은 것은? (2개 이상)

① OJT를 활용한 기술교육을 받는다. ② 본인이 해왔던 업무를 평가한다.
③ 팀에 적응을 하도록 노력한다. ④ 전문연수원에서 교육을 받는다.

04 다음은 산업재해의 예방대책에 대한 설명이다. 다음 중 짝지어진 내용이 알맞지 않은 것은?

① 시정책 적용 및 뒤처리 – 안전에 대한 교육 및 훈련 실시, 안전시설과 장비의 결함 개선, 안전 감독 실시 등의 선정된 시정책을 적용한다.
② 원인 분석 – 재해의 발생 장소, 재해 형태, 재해 정도, 관련 인원 및 직원 감독의 적절성, 공구 및 장비의 상태 등을 정확히 분석한다.
③ 시정책의 선정 – 사고 조사, 안전 점검, 현장 분석, 작업자의 제안 및 여론 조사, 관찰 및 보고 서 연구, 면담 등을 통하여 사실을 발견한다.
④ 안전 관리 조직 – 경영자는 사업장의 안전 목표를 설정하고, 안전 관리 책임자를 선정해야 하며, 안전 관리 책임자는 안전 계획을 수립하고, 이를 시행·후원·감독해야 한다.

05 다음 설명에 해당되는 용어는?

> 기술이 개별적으로 발전할 수 없는 특성에 따라 각각의 기술이 결합된 네트워크 시스템으로, 회사, 정치, 과학, 자연 자원 등을 모두 포함하는 시스템

① 기술 과학   ② 기술 시스템

③ 기술능력 시스템   ④ 기술보존 시스템

06 다음 기술선택을 위한 절차 중 '사업전략 수립'의 다음 단계는?

① 요구기술 분석   ② 외부환경 분석

③ 내부역량 분석   ④ 핵심기술 신뢰

07 다음 중 기술선택을 위한 우선순위를 결정하는 요소는?

> ⓐ 모방이 어려운 기술   ⓑ 기술을 활용한 제품이 잠재력이 큰 기술
> ⓒ 오랫동안 인정받아온 기술   ⓓ 한 분야에서만 적용할 수 있는 기술
> ⓔ 광범위하게 적용할 수 있는 기술

① ⓐ, ⓑ, ⓓ   ② ⓐ, ⓑ, ⓔ   ③ ⓒ, ⓓ, ⓔ   ④ ⓑ, ⓒ, ⓓ

08 다음 중 벤치마킹의 종류에 해당되지 않는 것은?

① 경쟁적 벤치마킹   ② 외부 벤치마킹   ③ 비경쟁적 벤치마킹   ④ 글로벌 벤치마킹

09 다음은 매뉴얼 작성 노하우에 관한 대화이다. 대화의 내용이 틀린 사람은?

① A 씨 : 매뉴얼은 업무를 설명하는 것이니까, 당연히 설명이 쉽게 되어 있어야 해.

② B 씨 : 내용은 업무에 맞게 일관성이 있어야 하지.

③ C 씨 : 매뉴얼은 다루기 힘드므로 사전에 교육을 받아야 하지.

④ D 씨 : 사용자가 정보를 잘 찾을 수 있도록 정리가 잘 되어 있어야 해

10 다음 설명이 뜻하는 용어로 알맞은 것은?

> 산업 활동과 관련된 창작물이나 아이디어를 보호하는 권리로, 독점적 권리이지만 기한이 지나면 창작물이나 아이디어를 같이 공유 하는것에 의의를 두고 있다. 또한 특허권, 실용신안권, 의장권, 상표권을 총칭하기도 한다.

① 산업 보호권 ② 산업 시스템권

③ 지식 재산권 ④ 산업 재산권

11 다음 중 기술을 적용할 시 고려해야 할 것이 아닌 것은?

> ⓐ 예산비용 ⓑ 기술의 인지도 ⓒ 기술의 중요도
> ⓓ 기술의 수명 ⓔ 기술의 난이도 ⓕ 잠재적 응용 가능성
> ⓖ 팀 내의 매뉴얼

① ⓑ, ⓔ, ⓖ ② ⓐ, ⓔ, ⓕ ③ ⓑ, ⓒ, ⓓ ④ ⓒ, ⓓ, ⓖ

12 다음 중 네트워크 혁명의 역기능으로 잘못된 것은 무엇인가?

① 디지털 격차 ② 정보화에 따른 실업 문제

③ 정보기술을 이용한 감시 ④ 창조적인 긴장 관계

국 가 직 무 능 력 표 준

조직이해능력

조직이해 능력	상	직장생활에서 업무와 관련된 국제동향을 업무에 적용하고, 전반적인 조직체제에 대해 설명하며, 조직의 경영을 평가한다.
	중	직장생활에서 업무와 관련된 국제동향을 파악하고, 자신이 속한 조직의 체제를 설명하며, 조직의 운영을 설명한다.
	하	직장생활에서 일반적인 국제동향을 이해하고, 자신이 속한 조직체제를 이해하며, 조직의 운영을 이해한다.

하위 능력	경영 이해 능력	상	조직 전체의 경영 목표와 경영 방법을 이해하고, 이를 바탕으로 업무를 수행한다.
		중	자신이 속한 부서와 관련 부서의 목표와 운영 방법에 대해 이해하고, 이를 바탕으로 업무를 수행한다.
		하	자신이 속한 부서의 목표와 운영 방법에 대해 이해하고, 이를 바탕으로 업무를 수행한다.
	체제 이해 능력	상	조직 전체의 목표와 구성을 이해하고, 조직의 전체적인 규칙, 규정을 파악하여, 이를 바탕으로 업무를 수행한다.
		중	자신이 속한 부서와 관련 부서의 목표와 구성을 이해하고, 자신이 속한 부서 구성원들에게 적용되는 규칙, 규정을 파악하고, 이를 바탕으로 업무를 수행한다.
		하	자신이 속한 부서의 목표와 구성을 이해하고, 자신에게 해당하는 규칙, 규정을 파악하여, 이를 바탕으로 업무를 수행한다.
	업무 이해 능력	상	조직 전체의 업무에 대해 이해하고, 자신에게 주어진 업무를 분석하여 업무처리계획 및 절차를 수립한다.
		중	자신이 속한 부서와 관련 부서의 업무에 대해 이해하고, 자신에게 주어진 업무를 이해하여 업무를 처리하기 위한 계획과 절차를 이해한다.
		하	자신이 속한 부서의 업무에 대해 이해하고, 자신에게 주어진 업무를 확인하여 업무를 처리하기 위한 간단한 절차를 확인한다.
	국제 감각	상	직장생활에서 관련된 국제적인 동향을 분석하여, 이를 대부분의 업무상황에서 활용한다.
		중	직장생활에서 일반적인 국제동향을 이해하여, 이를 특정한 업무상황에서 활용한다.
		하	직장생활에서 특정한 국제동향을 이해하여, 이를 한 가지 업무상황에서 활용한다.

●　조직이해능력 필수 유형　●

01 귀하는 두 번의 인턴 경험을 쌓은 후, 아래와 같은 조직을 가진 모 중견기업의 기획팀에 취업했다. 팀장은 반갑게 맞이하면서 "인턴 경험도 많으니, 회사에 대해 잘 알겠군. 다른 팀장들에게 인사는 천천히 하기로 하고, 일단 해외 출장자 경비처리 지침을 좀 알아봐서 얘기해 주세요. 그리고 급한 것은 아니지만, 신입사원 교육훈련 계획이 어떻게 잡혀 있는지도 좀 물어봐요. 그래야 피해서 환영식도 잡을 수 있을 테니."라고 하셨다. 팀장 지시대로 하기 위해 귀하는 다음 중 어떤 행동을 취하는 것이 적절한가?

[NCS 국가직무능력표준 예제]

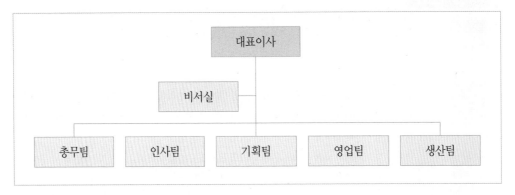

① 인사팀에 가서 경비처리 지침을 확인하고, 총무팀에 가서 신입사원 교육훈련 계획을 묻는다.
② 총무팀에 가서 경비처리 지침을 확인하고, 인사팀에 가서 신입사원 교육훈련 계획을 묻는다.
③ 인사팀에 가서 경비처리 지침과 신입사원 교육훈련 계획을 확인한다.
④ 총무팀에 가서 경비처리 지침과 신입사원 교육훈련 계획을 확인한다.

정답 ▶ ②

부서 명칭을 듣고 개략적으로나마 어떤 업무를 다루는 곳인가를 이해하는 것이 필요하다. 문제에서 주어진 상황은 총무팀과 인사팀이 나뉘어 있는 회사라는 것이다. 팀장이 얘기하는 해외 출장자 경비처리 지침은 총무팀에 문의하는 것이 적절하며, 교육훈련 계획은 인사팀의 소관 업무로 볼 수 있다. 따라서 정답은 ②이다.

02 다음 결재규정을 보고 주어진 상황에 알맞게 작성된 양식을 고르시오. [NCS 국가직무능력표준 예제]

결재규정

✓ 결재를 받으려는 업무에 대하여 최고결재권자(대표이사) 포함 이하 직책자의 결재를 받아야 한다.

✓ '전결'이라 함은 회사의 경영활동이나 관리활동을 수행함에 있어 의사결정이나 판단을 요하는 일에 대하여 최고결재권자의 결재를 생략하고, 자신의 책임 하에 최종적으로 의사결정이나 판단을 하는 행위를 말한다.

✓ 전결사항에 대해서도 위임 받은 자를 포함한 이하 직책자의 결재를 받아야 한다.

✓ 표시내용 : 결재를 올리는 자는 최고결재권자로부터 전결 사항을 위임받은 자가 있는 경우 결재란에 전결이라고 표시하고 최종 결재권자란에 위임받은 자를 표시한다.

✓ 최고결재권자의 결재사항 및 최고결재권자로부터 위임된 전결사항은 아래의 표에 따른다.

※ ●: 기안서, 출장계획서, 접대비지출품의서
※ ▲: 지출결의서, 발행요청서, 각종신청서 및 청구

구분	내용	금액기준	결재서류	팀장	본부장	대표이사
영업비	영업처 식대비, 판촉물 구입비 등	30만 원 이하	접대비지출품의서, 지출결의서	●	▲	
		40만 원 이하			●	▲
		40만 원 초과				● ▲
출장비	출장 유류비, 출장 식대비	10만 원 이하	출장계획서, 청구서	● ▲		
		40만 원 이하			● ▲	
		40만 원 초과		●		▲
서류결재비	법인카드 사용		대행서비스신청서, 법인카드청구서	▲		
교육비	내부교육비	50만 원 이하	기안서, 법인카드신청서	● ▲		
	외부교육비	100만 원 이하			● ▲	
		100만 원 초과				● ▲

영업팀 사원 S는 거래업체 Z사의 구매팀과 점심 식사를 위해 25만 원을 지불하였다. S가 작성한 결재 양식으로 옳은 것은?

①

접대비지출품의서				
결재	담당	팀장	본부장	최종 결재
	S		전결	본부장

②

접대비지출품의서				
결재	담당	팀장	본부장	최종 결재
	S	전결		대표이사

③

지출결의서				
결재	담당	팀장	본부장	최종 결재
	S	전결		팀장

④

지출결의서				
결재	담당	팀장	본부장	최종 결재
	S		전결	본부장

정답 ➡ ④

30만 원 이하의 접대비지출품의서는 최고결재권자(대표이사) 또는 전결을 위임받은 팀장에게 결재를 받아야 하며 30만 원 이하의 지출결의서는 최고결재권자(대표이사) 또는 전결을 위임받은 본부장의 결재를 받아야 한다.

① 접대비지출품의서의 전결 사항은 팀장이 위임받는다.
② 팀장이 전결 받았으므로 최종 결재란에 팀장이 기입되어야 한다.
③ 지출결의서의 전결은 본부장의 결재를 받아야 한다.
④ 전결을 위임받은 본부장이 전결 사항을 정확하게 기록했으므로 정답이다.

01 다음과 같은 특징을 가진 조직 구조는?

> • 장점 : 조직원들의 권한과 책임이 명확하다.
> • 단점 : 경영자는 만능이어야 하므로 경영자의 양성이 어렵다.

① 라인 조직   ② 기능직 조직
③ 프로젝트 조직   ④ 라인−스태프 조직

02 능력주의에 따라 직무내용의 종류와 난이도 및 책임 정도를 기준으로 직무자격요건에 적합한 경험 및 능력을 가진 사람을 승진시키는 것은?

① 대용 승진   ② 준승진
③ 직위 승진   ④ 연공 승진

03 경영에 대한 설명 중 옳지 않은 것은?

① 경영은 경영목표 설정 → 경영활동 실행 → 경영활동 평가의 순서로 이루어진다.
② 마케팅은 경영활동 중 내부경영활동이다.
③ 경영 구성요소는 경영목적, 인적 자원, 자금, 전략의 4요소이다.
④ 경영이란 목적달성을 위한 전략, 관리, 운영활동이다.

04 조직의 경영전략에 대한 설명으로 옳지 않은 것은?

① 조직의 경영전략은 위계적 수준을 갖는다.
② 경영전략은 조직, 사업, 부문전략으로 구분한다.
③ 경영전략에는 원가우위전략, 차별화전략 등이 있다.
④ 사업전략이란 부서별로 사업전략을 구체화하여 세부적 수행방법을 결정하는 것이다.

05 경영자는 조직의 전략, 관리 및 운영활동을 주관하며, 조직구성원들과 의사결정을 통해 조직이 나아갈 바를 제시하고 조직의 유지와 발전에 대해 책임을 지는 사람이다. 다음 중 경영자의 역할로 잘못된 것은?

① 조직구성원들이 조직의 목표에 부합한 활동을 할 수 있도록 이를 결합하고 관리하는 역할을 한다.

② 수평적 체계에 따라 최고경영자, 중간경영자 및 하부경영자로 구분한다.

③ 민츠버그(Mintzberg)는 경영자의 역할을 대인적, 정보적, 의사결정적 활동의 3가지로 구분하였다.

④ 최고경영자는 조직의 최상위층으로 조직의 혁신기능과 의사결정기능을 조직 전체의 수준에서 담당하게 된다.

06 다음에서 설명하고 있는 경영전략은 무엇인가?

> 조직이 생산품이나 서비스를 차별화하여 고객에게 가치가 있고 독특하게 인식되도록 하는 전략이다. 이 전략을 활용하기 위해서는 연구개발이나 광고를 통하여 기술, 품질, 서비스, 브랜드 이미지를 개선할 필요가 있다.

① 차별화전략   ② 원가우위전략   ③ 집중화전략   ④ MATRIX전략

07 다음 중 조직변화의 유형에 대한 설명으로 틀린 것은?

① 조직변화는 환경변화에 따른 것으로 어떤 환경변화가 있느냐는 어떻게 조직을 변화시킬 것인가에 지대한 영향을 미친다.

② 조직목표는 조직이 달성하려는 장래의 상태이다.

③ 조직도는 조직구성원들의 임무, 수행과업, 일하는 장소를 알아보는 데에는 유용하다.

④ 조직의 규칙과 규정은 조직구성원들의 행동범위를 정하고 일관성을 부여하는 역할을 한다.

08 조직이해능력이 필요한 이유로 적절하지 않은 것을 고르시오.

① 조직과 개인은 영향을 주고받는 관계이므로
② 조직이 정한 범위 내에서 업무를 효과적으로 수행하기 위해서
③ 조직구성원을 안다고 조직의 실체를 완전히 이해할 수 없으며 이를 연결하는 체제, 경영 등을 이해해야 하므로
④ 구성원 간의 정보를 공유하여 개인적인 목표와 성과를 달성하기 위해서

09 경영의 과정은 경영계획 → 경영실행 → 경영평가로 이루어진다. 다음 중 '경영계획' 부분에 해당하지 않는 것은?

① 미래상 설정　　　② 대안 분석　　　③ 실행방안 설정　　　④ 조직구성원 관리

10 인사부에서 담당하는 업무로 볼 수 없는 것은 무엇인가?

① 조직기구의 개편 및 조정 업무　　　② 업무분장 및 조정
③ 노사관리　　　④ 집기비품 및 소모품의 구입과 관리

11 SWOT 분석은 조직의 내·외부 환경을 분석하는 데 유용하게 이용될 수 있는 방법이다. SWOT 분석의 의미가 잘못된 것은?

① 조직 내부 환경으로는 조직이 우위를 점할 수 있는 장점(Strength)이 있다.
② 조직의 효과적인 성과를 방해하는 자원, 기술, 능력 면에서의 약점(Weakness)이 포함된다.
③ 조직의 내부 환경은 기회요인(Opportunity)과 위협요인(Threat)으로 나뉜다.
④ 조직 활동에 불이익을 끼치는 요인을 위협요인(Threat)이라 한다.

12 다음은 경영참가제도에 대한 설명이다. (A), (B)에 각각 들어갈 적절한 용어를 적으시오.

[NCS 국가직무능력표준 예제]

> 점차 산업민주주의의 발달과 함께 근로자 또는 (A)을/를 경영의 파트너로 인정하는 (B)이/가 중시됨에 따라 이들을 조직의 경영의사 결정과정에 참여시키는 경영참가제도가 논의되고 있다.

(A) = _____

(B) = _____

13 조직목표는 공식적 목표와 실제적 목표가 다를 수 있다. 즉, 조직이 존재하는 이유와 관련된 조직의 사명과 사명을 달성하기 위한 세부목표를 가지고 있다. 다음 중 조직목표의 기능으로 잘못된 것은?

① 조직이 존재하는 정당성과 합법성을 제공하지는 못한다.
② 조직구성원 의사결정의 기준이 될 수 있다.
③ 조직구성원 행동수행의 동기유발을 할 수 있다.
④ 조직설계의 기준이 될 수 있다.

직업윤리

직업윤리	상 중 하	근로자에게 요구되는 기본적인 윤리를 준수하고 있는가? 공동체의 유지 · 발전에 필요한 기본적인 윤리를 준수하고 있는가?
하위 능력	근로 윤리	근면성	직장생활에 있어 부지런하고 꾸준한 자세를 유지하고 있는가?

하위 능력	**근로 윤리**	근면성	직장생활에 있어 부지런하고 꾸준한 자세를 유지하고 있는가?
		정직성	직장생활에 있어 속이거나 숨김이 없이 참되고 바르게 행동하는가?
		성실성	맡은 업무에 있어서 자신의 정성을 다하여 처리하는가?
	공동체 윤리	봉사정신	자신의 이해를 먼저 생각하기보다는 국가, 기업 또는 남을 위하여 애써 일하는 자세를 가졌는가?
		책임의식	주어진 업무 또는 맡은 업무는 어떠한 일이 있어도 하는 자세를 가졌는가?
		준법성	직장에서 정해진 규칙이나 규범 등을 지키고 따르는가?
		직장예절	직장생활과 대인관계에서 절차에 맞는 공손하고 삼가는 말씨와 몸가짐을 가졌는가?

● 직업윤리 필수 유형 ●

01 다음 윤리에 대한 바른 설명으로 묶은 것을 고르시오.   [NCS 국가직무능력표준 예제]

> 가. 윤리의 한자는 '倫理'와 같이 쓴다.
> 나. '倫'이라는 글자는 동료, 친구, 무리, 또래 등의 인간 집단 등을 뜻한다.
> 다. '倫'이라는 뜻은 길, 도리, 질서, 차례, 법 등을 뜻한다.
> 라. '理'는 다스린다, 바르다, 원리, 이치, 밝히다 등의 여러 가지 뜻이 있다.
> 마. '倫理'는 인간과 인간 사이에서 지켜져야 할 도리를 바르게 하는 것이다.
> 바. 윤리는 바로 인간사회의 결과와 같다.
> 사. 동양사회에서는 예로부터 인간관계를 천륜과 인륜 두 가지로 나누어 왔다.
> 아. 천륜은 인간으로서는 생명과 같이 필연적인 부자관계와 같은 관계를 말한다.
> 자. 인륜은 후천적으로 인간사회에서 맺는 관계를 말한다.

① 가, 나, 다, 라   ② 가, 나, 다, 라, 마, 바

③ 가, 나, 다, 라, 마, 바, 사, 아   ④ 가, 나, 다, 라, 마, 바, 사, 아, 자

정답 ▦▶ ④

윤리라는 것은 '인간과 인간 사이에서 지켜져야 할 도리를 바르게 하는 것'으로서 이 세상에 두 사람 이상이 있으면 존재하고, 반대로 혼자 있을 때는 의미가 없는 말이 되기도 한다.

---

02 같은 일을 하더라도 누구는 즐겁게 하고, 누구는 억지로 하는 것은 어떠한 자세가 결여되었기 때문인가?   [NCS 국가직무능력표준 예제]

① 능동적이고 적극적인 자세   ② 수동적인 자세

③ 우울한 자세   ④ 소극적인 자세

정답 ▦▶ ①

근면에는 능동적이고 적극적인 자세가 필요하다.

---

01 다음 중 인사예절로 옳지 않은 것은?

① 밝고 활기차게 인사한다.   ② 사람에 따라 인사법이 달라야 한다.

③ 상대방보다 먼저 인사한다.   ④ 기분에 따라 인사의 자세가 달라서는 안 된다.

02 서비스(service)의 약자에 담긴 의미로 옳은 것은?   [한국산업인력공단 기출]

① R : respect   ② V : voluntary

③ I : impression   ④ E : effect

03 윤리에 대한 서술 중 바르지 못한 것은?

① 사람이 윤리적으로 살아야 하는 이유는 윤리적으로 살 때 개인의 행복, 타인의 행복을 보장할수 있기 때문이다.

② 윤리적인 인간은 공동의 이익을 추구하고, 도덕적 가치 신념을 기반으로 형성되는 것이다.

③ 모든 윤리적 가치는 만고불변의 진리로서 시간과 공간을 초월해 영향을 끼친다.

④ 윤리의 형성은 공동생활과 협력을 필요로 하는 인간생활에서 형성되는 공동행동의 룰을 기반으로 한다.

04 다음은 직업윤리에 대한 서술이다. 잘못된 내용은 무엇인가?

① 직업윤리란 개인윤리를 바탕으로 직업에 종사하는 과정에서 요구되는 특수한 윤리규범이다.

② 모든 사람은 직업의 성격에 따라 각각 다른 직업윤리를 가질 수밖에 없다.

③ 개인윤리를 바탕으로 성립되는 규범이기는 하지만, 상황에 따라 양자가 서로 충돌하거나 배치하는 경우도 발생한다.

④ 직업윤리는 신뢰성과는 연관되어 있지 않기 때문에 국가경쟁력에는 영향을 미치지 않는다.

05 다음에서 설명하는 근면의 예시 중 성격이 다른 하나는 무엇인가?

① 보다 완성도 있는 프레젠테이션으로 좋은 평가를 받기 위해 야근을 한다.

② 열악한 노동환경에서 기계적으로 12시간 이상씩 일을 한다.

③ 해외지사로 발령받기 위해 열심히 외국어공부를 한다.

④ 공부에 대한 미련이 남아 쉰 살이 넘어 대학 입학시험을 준비한다.

06 정직과 신용을 구축하기 위한 지침으로 바르지 않은 것은 무엇인가?

① 정직과 신뢰의 자산을 매일 같이 쌓는 것이 중요하다.

② 잘못된 것을 정직하게 밝히려는 노력이 필요하다.

③ 관행으로 내려오는 경미한 부정직은 효율성을 위해 넘어간다.

④ 부정직한 관행은 인정하지 않는다.

07 직장예절에 대한 다음 내용 중 옳지 않은 것은?

① 자신이 속한 기업의 사람을 먼저 다른 회사 사람에게 소개한다.

② 명함을 받으면 바로 넣지 않고 명함에 대해 간단하게 이야기한다.

③ 정부 고관이 퇴직한 경우에는 직급명을 사용하지 않는다.

④ 명함은 지위가 낮은 사람이 먼저 꺼낸다.

08 직장에서의 전화 받기 예절 중 잘못된 행동은 무엇인가?

① 당신이 누구인지를 즉시 말한다.

② 전화벨이 3~4번 울리기 전에 받는다.

③ 전화는 정상적인 업무가 이루어지고 있는 근무시간에 걸도록 한다.

④ 비서를 통해 고객에게 전화를 연결함으로써 고객이 당신으로 하여금 존중받고 있다는 느낌이 들도록 한다.

09 비즈니스에서 상대방을 서로에게 소개하는 예절로 잘못된 행동은 무엇인가?

① 내가 속해 있는 회사의 관계자를 타 회사의 관계자에게 먼저 소개한다.
② 소개받는 사람의 별칭은 그 이름이 비즈니스에서 사용되지 않더라도 관계 향상을 위해 사용하는 것이 좋다.
③ 비임원을 임원에게 먼저 소개한다.
④ 동료임원을 고객, 손님에게 먼저 소개한다.

10 다음 중 부패의 특성으로 옳지 않은 것은?

① 부패를 밝힘으로써 발생하는 혼란을 막기 위해 부패는 방치되거나 처벌을 약하게 받는다.
② 개인의 이득을 위한 정직하지 못한 행위는 부패로 이어질 수 있다.
③ 부패는 국가와 사회의 정상적인 발전을 가로막고 있다.
④ 불완전한 경쟁상황 하에 부패와 같은 문제가 나타난다.

11 직장 내 성희롱 성립조건 중 잘못된 것은 무엇인가?

① 지위를 이용하거나 업무와의 관련성이 있을 것
② 가해자는 남성일 것
③ 성적인 언어나 행동, 또는 이를 조건으로 하는 행위일 것
④ 고용상의 불이익을 초래하거나 성적 굴욕감을 유발하여 고용환경을 악화시키는 경우일 것

PART02

NCS 실전문제
국가직무능력표준 핵심 유형 10항목

직업기초능력평가 핵심 유형

다음은 NCS 국가직무능력표준에서 제시하는 10개 항목에 대한 필수유형이다. 시험 전 반드시 핵심유형을 파악하고 지원회사별 경영전략 · 핵심이슈 · 기관자료 · 보도자료 등을 확인해야 한다.

자료 : www.ncs.go.kr

국 가 직 무 능 력 표 준

의사소통능력

01 H 사의 신입사원 A, B는 클레임 현황에 대한 조사 및 보고 업무를 담당하였다. A, B 사원이 작성한
문서를 비교할 때, 적절하지 않은 것을 고르시오. [NCS 국가직무능력표준 사례 활용]

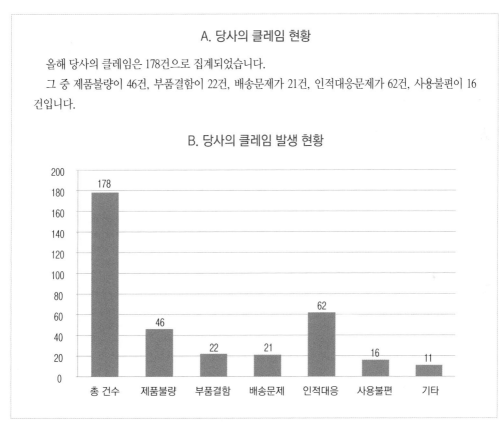

A. 당사의 클레임 현황

　올해 당사의 클레임은 178건으로 집계되었습니다.
　그 중 제품불량이 46건, 부품결함이 22건, 배송문제가 21건, 인적대응문제가 62건, 사용불편이 16
건입니다.

B. 당사의 클레임 발생 현황

① 최근 파워포인트를 활용한 프레젠테이션의 중요성이 강조되고 있음을 감안할 때, B 사원의 문
　서가 시각적으로 알아보기 쉽군.
② 일반적으로 수치를 말로 쓴 내용보다는 그래프 등이 이해하기가 쉽다는 점을 알 수 있어.
③ 문서작성에 있어서 A, B 사원 중 누가 더 잘 썼다고는 말할 수 없어.
④ 문서를 보다 효과적으로 표현하기 위해서 어려운 용어를 사용하는 것이 좋아.

02 다음 사례들이 공통적으로 나타내는 것을 고르시오.

> **사례 1** : 스티븐 코비의 「성공하는 사람의 7가지 습관」과 「성공하는 사람의 8번째 습관」
>
> "성공하는 사람과 그렇지 못한 사람의 대화 습관에는 뚜렷한 차이가 있다. 그 차이점이 무엇인지 단 하나만 꼽으라고 한다면, 나는 주저 없이 "○○하는 습관"을 들 것이다."
>
> **사례 2** : 피터 드러커
>
> "내가 만일 ○○의 습관을 갖지 못했다면, 나는 그 누구도 설득하지 못했을 것이다."
>
> **사례 3** : 스콧 맥닐리, 선마이크로시스템의 창업자이자 CEO
>
> "선마이크로시스템에서 주는 월급의 40퍼센트는 ○○의 대가이다."

① 배려   ② 경청   ③ 인도   ④ 성실

[03~05] 다음 지문을 읽고 이어지는 질문에 답하시오.

> 기업은 소비자가 자기 회사의 상품을 선택하도록 많은 노력을 기울인다. 기업은 소비자의 구매 행동이 소비자가 각 상품에 대해 취하는 태도의 영향을 받을 것이라는 전제하에 소비자의 태도를 중요하게 여긴다. 소비자의 태도는 경제성, 내구성 등 개별 상품의 속성에 대한 소비자의 평가를 바탕으로 형성된다. 소비자의 평가가 어떻게 태도를 형성하는지를 설명하는 대표적인 모델이 '속성 만족도-중요도 모델'이다.
>
> 만족도란 상품의 어떤 속성이 얼마나 만족스러운가에 대해서 소비자가 주관적으로 느끼는 정도이다. 중요도는 소비자가 상품의 특정 속성에 대해 중요하게 여기는 정도를 의미한다. 한 소비자가 동일 종류의 다른 제품을 동시에 평가할 때, 중요도는 제품별로 동일하게 적용한다. 그리고 개별 상품에 대한 어떤 소비자의 태도는 각 속성에 대한 만족도와 각 속성에 대한 중요도를 곱한 후, 이 곱한 값들을 합한 점수로 나타낼 수 있다. 이를 수식으로 표현하면 다음과 같다.
>
> 태도 점수[A] = (B1×I1)+(B2×I2)+……+(Bn×In)
>
> [B : 속성 만족도, I : 속성 중요도]
>
> 이때 만족도는 만족하는 경우는 (+)로, 불만족인 경우는 (-)로 표시하고, 그 정도는 숫자의 크기로 표현한다. 즉 …, +2, +1, 0, -1, -2, …와 같은 숫자로 표시하는 것이다. 중요도는 소비자가 상품을 구매할 때 그 속성이 중요하다고 여기는 정도를 전혀 중요하지 않은 경우부터 매우 중요한 경우까지 0, +1, +2, +3, …과 같은 숫자의 크기로 표현할 수 있다. 속성이 여러 가지일 경우는 더 중요하다고 생각하는 속성을 더 큰 값으로 표현하면 된다. 속성 만족도-중요도 모델에서는 소비자는 여러 상품들을 평가한 후 가장 높은 태도 점수가 나오는 상품을 구매할 가능성이 가장 크다고 본다.

자동차를 구매하면서 소비자는 안전성과 경제성만을 고려한다고 가정하자. 소비자는 '갑' 자동차의 안전성에 대해서는 만족하여 +1점을 주고, 경제성에 대해서는 매우 만족하여 +2점을 줄 수 있다. 반면에 '을' 자동차는 안전성은 매우 만족하여 +2점을 주고, 경제성에 대해서는 불만족하여 -1점을 줄 수 있다. 이때, 이 소비자가 안전성을 경제성보다 중요하게 생각한다면 안전성의 중요도는 +2로 주고, 경제성의 중요도는 +1로 줄 수 있다. 속성 만족도-중요도 모델에 의하면 '갑' 자동차의 태도 점수는 4(1×2+2×1=4)이고, '을' 자동차의 태도 점수는 3(2×2+(-1)×1=3)이 된다. 따라서 속성 만족도-중요도 모델에 의하면 소비자는 '갑' 자동차를 구매할 가능성이 크다고 본다.

기업은 속성 만족도-중요도 모델을 바탕으로 소비자가 자사 제품에 대해 갖는 태도를 변화시키기 위해서 몇 가지 전략을 사용할 수 있다. 우선 경쟁사와 비교하여 ㉠ 상대적으로 만족도가 낮게 나오는 속성을 개선하고, 이를 소비자에게 알려 만족도를 변화시키는 것이다. 또한 광고 등을 통하여 소비자들이 상대적으로 중요하게 생각하지 않던 속성의 중요도를 높이도록 유도하여 제품에 대한 평가를 변화시킬 수도 있다. 물론 소비자가 생각하지 못했던 새로운 속성을 부각시켜서 소비자가 그것을 중요하게 고려하도록 하는 방법도 사용할 수 있을 것이다.

03 윗글을 통하여 알 수 있는 내용으로 적절한 것은?

① 구매 행동은 소비자의 태도와 무관하게 이루어진다.
② 소비자의 태도는 중요도에서 만족도를 뺀 값으로 나타낸다.
③ 소비자의 만족도는 속성에 대해 객관적으로 느끼는 정도를 나타낸다.
④ 제품의 어떤 속성은 소비자의 태도 점수에 영향을 미치지 않을 수 있다.

[04~05] 〈보기〉는 '[가], [나], [다]' 텔레비전에 대한 어느 소비자의 '속성 만족도-중요도'를 조사한 결과이다. 윗글과 〈보기〉를 바탕으로 아래 두 물음에 답하시오.

보기 :

속성	중요도	만족도		
		[가]	[나]	[다]
화질	+7	+5	+5	+5
가격	+5	0	+1	+2
사후 관리	+5	+4	+1	-3
디자인	+1	-1	+2	+1
각 제품에 대한 태도 점수		+54	+47	+31

04 윗글을 읽고 〈보기〉에 대해 보인 반응으로 적절하지 않은 것은?

① 이 소비자는 텔레비전을 구매할 때 [가], [나], [다] 제품의 순서로 선호하겠군.
⑤ 이 소비자는 [나] 제품의 디자인에 대해서는 다른 제품에 비해 만족하지 못하고 있겠군.
③ 이 소비자가 가격의 중요도를 바꾸어도 [가] 제품에 대한 태도 점수는 변화가 없겠군.
④ 이 소비자는 [가] 제품에 대해서는 다른 속성들에 비해 화질에 대한 만족도가 높겠군.

05 ㉠과 관련하여 [다] 제품을 만드는 회사가 선택할 전략으로 적절한 것은?

① 사후 관리가 부족하다고 판단하여 서비스 센터를 증설한다.
② 제품의 화질을 개선하여 자사 제품에 대한 만족도를 높인다.
③ 회사의 사회 공헌 내역을 홍보하여 기업의 이미지를 개선한다.
④ 해당 제품의 음질이 우수하다면 이를 알리는 광고를 제작한다.

[06~07] 다음 지문을 읽고 이어지는 질문에 답하시오.

중세 사회가 단일 가치로 통일된 절대주의적 사회라면, 현대 사회는 다양한 가치의 공존을 인정하는 상대주의적 사회라고 할 수 있다. 조선 건국과 함께 성리학이 통치 이념으로 자리 잡은 이래로 조선 성리학자들은 하늘이 인간에게 준 본성이 착하다는 성선(性善)을 절대적인 가치관으로 받아들이고 ㉠ 이것을 수양과 교화의 근거로 삼았다. 그러나 불교와 양명학은 이러한 인간관에 대해 의심을 품고 있었다. 만약 성선의 가치관이 파기된다면, 선악 판단이 불가능한 혼란으로 떨어지게 될 것이기 때문에 조선 성리학자들에게 상대주의적 가치관에 대한 대응은 조선 전기 동안 중요한 문제였다.

17세기 말 시작된 호락논쟁(湖洛論爭)은 상대주의적 가치관에 대한 대응이면서 성리학이 태생적으로 안고 있던 가치상대주의의 가능성에 대한 심각한 내부적 논쟁이었다. 이들은 인간의 본성인 인성과 타 존재의 본성인 물성이 다르다고 주장하는 인물성이론(人物性異論)의 호론과 근본적으로 서로의 본성은 같다는 인물성동론(人物性同論)의 낙론으로 나뉘었다. 호론은 불교, 양명학 등이 불러일으키는 성선의 절대성 약화를 우려하였다. 그래서 호론은 인성과 물성이 다르다는 입장을 기본으로 하여 인간 본성인 성선의 회복을 주창하였다.

반면 낙론은 현실적 대응 방법이 호론과 달랐다. 낙론의 선조격인 김창협은 호론의 주장을 따를 경우 발생할 도덕적 규율에 의한 억압과 욕망의 질식 상태를 인정할 수 없었다. 즉 욕망은 부정되어야 하지만 엄연한 현실이라고 본 것이다. 욕망을 인간 본성의 또 다른 모습으로 인정함으로써 결국 낙론은 모든 사물마다 고유한 가치가 있음을 인정하였다. 이러한 상대적 가치에 대한 인정으로 고유한 가치를 지닌 모든 사물을 관찰을 통해 새롭게 이해하려는 태도가 대두하였다.

19세기의 조선 성리학자에게 모든 것이 가치 있다는 낙론의 주장은 사물에 대한 관심을 불러일으켰다. 그래서 추사 김정희는 고증을 통해 과거의 사물에 대해 철저하게 탐구하고자 하였고, 최한기는 김정희와 달리 사물을 과학적이고 합리적으로 이해할 수 있는 방법으로 지리·천문·의학 등의 서양 학문에 관심을 가졌다.

스스로의 노력을 통해 조선 성리학자들은 근대의 상대주의적 가치관이 자리 잡을 수 있는 토대를 마련하는 데까지 나아갔다. 하지만 봉건적 사고에서 벗어나기 위한 마지막 탈피의 순간이 일본의 강점으로 역사적, 학문적 단절을 맞게 됨으로써 이러한 노력은 더 이상의 발전을 보지 못하고 중단되고 말았다.

06 윗글을 통해 이끌어낸 내용으로 적절하지 않은 것은?

① 불교와 양명학에는 상대주의적 가치관이 들어 있다.
② 호론의 본성관은 전통 성리학자들의 태도와 상반된다.
③ 호락논쟁은 필연적인 성리학적 과제로부터 비롯하였다.
④ 낙론의 주장은 사물에 대한 학문적 탐구의 길을 열었다.

07 ㉠의 본질을 담고 있는 주장은?

1428년 진주에 사는 김화가 저지른 인륜을 어긴 범죄에 대하여 ① 김화를 엄벌하자는 주장과 ② 제도를 정비해야 한다는 주장이 대립했다. 이때 세종은 ③ 무엇보다 천성을 회복해야 한다며 세상에 효행의 풍습을 널리 알릴 수 있는 서적을 간행해서 ④ 백성들이 항상 읽게 하는 것이 좋겠다는 취지에서 『삼강행실도』를 만들었다. 이 책에는 모든 사람이 알기 쉽게 하자며 매 편마다 그림을 넣었다.

08 윗글을 바탕으로 〈보기〉를 이해한 것으로 적절하지 않은 것은?

보기

연암 박지원은 「허생전」을 통해 당대 사회에 대한 자신의 가치관을 드러내고 있다. 글공부에 매진하던 허생은 상업 행위로 이룬 거대한 부를 바탕으로 사회적 문제를 해결하였다. 그리고 청나라를 오랑캐로 규정한 북벌론으로 기득권을 유지하던, 당대의 지배층을 맹공하였다. 특히 청나라의 선진 문물을 수용하자는 북학파의 주장에 이러한 박지원의 사고가 큰 영향을 주었다.

① 허생은 인물성동론의 태도로 청인을 인식하고 있었겠군.

② 북벌론은 낙론보다는 호론의 입장에 근거한 것이었겠군.

③ 북학파와 지배층은 사회적 문제 해결의 관점이 달랐겠군.

④ 지배층은 조선인과 청인의 본성을 모두 성선으로 보았겠군.

[09~11] 다음 지문을 읽고 이어지는 질문에 답하시오.

A 씨가 인터넷 쇼핑몰에서 악기를 구입하려고 할 때 어떻게 하면 안전하게 구매할 수 있을까? 바로 '전자상거래 등에서의 소비자보호법'이 도움을 줄 수 있다. 약칭 '전자상거래소비자 보호법'은 전자상거래나 통신 판매에서 소비자 피해를 예방하고 소비자의 권익을 보호하기 위한 법이다.

안전한 구매를 위해 A 씨는 이 법률에서 규정하고 있는 여러 보호 장치를 잘 이해하고 확인할 필요가 있다. 우선 판매자의 신원 정보 확인, 청약확인 등을 거쳐야 한다. 신원 정보 확인이란 판매자의 상호, 사업자등록번호, 연락처 등을 쇼핑몰 초기 화면에서 확인하는 것을 말한다. 청약확인은 소비자의 계약 체결 의사인 청약의 내용을 확인하는 것으로 대금 결제 전 특정 팝업창에서 확인할 수 있다. 이러한 팝업창을 통해 소비자의 컴퓨터 조작 실수나 주문 실수를 방지할 수 있다. 또한 에스크로 가입 여부를 확인하는 방법도 있다. ⊙ 에스크로란 소비자가 지불한 물품 대금을 은행 등 제3자에게 맡겼다가 물품이 소비자에게 배송 완료된 후 구매 승인을 하면 은행에서 판매자 계좌로 대금을 입금하는 거래 안전장치로 결제 대금 예치제라고도 하며, 소비자는 에스크로 가입 여부를 쇼핑몰 초기 화면이나 결제 화면에서 확인할 수 있다. A 씨의 경우, 에스크로 가입 여부를 확인하고 악기를 구입하면 안전한 구매를 할 수 있다.

현재, 선불식 현금 거래에서 사업자는 의무적으로 에스크로에 가입해야 한다. 단, 신용카드 거래의 경우 별도의 시스템을 이용하며, 음원처럼 제3자가 배송을 확인하는 것이 불가능한 재화의 경우 제품 배송 여부를 에스크로를 통해 파악할 수 없기 때문에 의무 적용에서 제외된다. 이러한 장치들을 확인하지 않는다면 소비자가 피해를 입을 가능성이 높다.

제품 구매 후 소비자 보호 장치로는 청약철회가 있다. 만약 A 씨가 악기를 배송받았는데 마음에 들지 않는다면 제품 하자여부와 관계없이 청약을 철회할 수 있다. 단, 통상 제품을 받은 날로부터 7일 이내에 청약을 철회해야 한다. 하지만 A 씨처럼 단순 변심일 경우 반송비를 자신이 부담해야 한다. 제품이 광고 내용과 다를 경우에도 청약을 철회하는 것이 가능한데, 이때에는 A 씨가 제품을 훼손했더라도 청약철회가 가능할 뿐만 아니라 배송비도 환불받을 수 있다. 아울러 청약 및 철회에 관한 기록들은 5년 동안 보존되므로 분쟁이 생겼을 때 관련 기록을 열람할 수 있다.

하지만 이 법률이 소비자의 권리만을 보호하는 것은 아니다. 소비자 잘못으로 제품이 훼손되었거나, 시간 경과나 사용으로 인해 제품 가치가 현저히 떨어진 경우, 서적 등 복제가 가능한 제품의 포장을 훼손한 경우에는 원칙적으로 청약철회가 불가능하다. 이는 소비자가 의도적으로 제도를 악용하는 것을 막아 판매자의 최소한의 권리를 보호하기 위한 것이다.

09 윗글을 통해 알 수 있는 내용으로 적절하지 않은 것은?

① 분쟁이 생겼을 경우 소비자는 자신의 청약과 관련된 기록을 열람할 수 있다.
② 전자상거래소비자보호법에는 판매자를 보호하기 위한 내용도 포함되어 있다.
③ 소비자는 판매자의 신원 정보를 확인함으로써 제품을 안심하고 구매할 수 있다.
④ 전자상거래소비자보호법은 소비자 피해를 예방하는 것보다 보상에 초점을 둔다.

10 ㉠의 효과로 가장 적절한 것은?

① 소비자가 물품을 직접 확인한 후 구매 의사를 결정할 수 있다.
② 소비자가 판매자로부터 물품 대금을 회수할 수 있다.
③ 판매자가 소비자의 구매 승인 과정에 관여할 수 있다.
④ 판매자가 물품 대금을 받기까지의 시간을 단축할 수 있다.

11 윗글을 읽고 〈보기〉에 대해 이해한 내용으로 적절하지 않은 것은?

> **보기**
>
> (가) 김 씨는 인터넷 쇼핑몰에서 아들에게 선물할 축구공을 주문했다. 이틀 후 축구공을 배송받았는데 포장을 뜯어 본 아들이 디자인이 마음에 들지 않는다고 해서 당일에 그대로 반품을 요청했다.
> (나) 이 씨는 온라인 서점에서 학습 만화책을 주문했다. 이후 홈페이지에서 주문 내역을 다시 확인하지 않았고, 다음날 배송을 받고 무심결에 비닐 포장을 뜯었다. 그런데 자신이 이미 가지고 있던 책을 다시 구매했음을 알게 되어 당일에 반품을 요청했다.

① (가) : 김 씨의 청약철회 시점에는 문제가 없군.
② (가) : 김 씨는 제품의 반송료를 자신이 부담해야겠군.
③ (가) : 판매자는 김 씨의 청약철회를 받아들이지 않아도 되겠군.
④ (나) : 판매자는 이 씨의 청약철회를 받아들이지 않아도 되겠군.

[12~15]   다음 지문을 읽고 이어지는 질문에 답하시오.

도덕적 판단이란 어떤 행위나 의도를 일정한 기준에 따라 좋은 것 혹은 정당한 것으로 판단하는 것을 의미한다. 그런데 도덕적 판단의 기준은 사람이 성장하면서 달라질 수 있다. 도덕성 발달 단계를 연구한 콜버그는 사람들에게 '하인즈 딜레마'를 들려주고 하인즈의 행동의 옳고 그름에 대한 질문을 하였다. 그리고 그는 사람들의 대답에서 단순하게 '예' 혹은 '아니오'라는 응답에 관심을 둔 것이 아니라 그 판단 근거를 기준으로 도덕성 발달 단계를 '전 관습적 수준', '관습적 수준', '후 관습적 수준'의 세 수준으로 나누었다. 그리고 이를 다시 세분화하여 총 여섯 단계로 구성했다.

콜버그가 구성한 가장 낮은 도덕성 발달 단계는 ㉠ 전 관습적 수준이다. 이 수준은 판단의 기준이 오로지 행위자에게 미치는 직접적인 결과와 연관되어 있기 때문에 자기중심적인 단계라고 할 수 있다. 이 수준은 다시 두 단계로 구성된다. 가장 낮은 도덕성인 1단계에서 판단의 기준은 처벌이다. 벌을 받으면 나쁜 것이고 칭찬을 받으면 좋은 것으로 인식한다. 2단계에 도달하면 자신의 이익이 판단의 기준이 된다. 즉 자신의 욕망을 충족하는 것을 옳다고 간주한다.

전 관습적 수준을 넘어서면 대다수의 사람들이 속하는 ㉡ 관습적 수준에 다다르게 된다. 이 수준에서는 행위자에게 미치는 결과를 고려하는 것에서 벗어나 사회 집단이나 국가의 기대를 따르게 된다. 관습적 수준의 첫 단계인 3단계에서는 자신이 속한 사회의 구성원들이 동의하는 것을 좋은 것으로 인식한다. 즉 사회에 속한 사람들이 추구하는 것이 도덕적 판단의 기준이 되는 것이다. 4단계에 이르면 모든 잘잘못은 법에 의해 판단되어야 한다고 생각하며, 어떤 예외도 허용하지 않는다. 질서 유지를 위한 법의 준수가 도덕적 판단의 기준이 되는 것이다.

관습적 수준을 넘어서면 ㉢ 후 관습적 수준에 도달하게 된다. 이 수준은 자신의 가치관과 도덕적 원칙이 자신이 속한 집단과 별개임을 깨닫고 집단을 넘어 개인의 양심에 근거하는 단계라고 할 수 있다. 후 관습적 수준의 첫 번째 단계인 5단계에 이르면 법의 합리성이 도덕적 판단의 기준이 된다. 법이 합리적이지 못할 경우, 법적으로는 잘못이지만 도덕적으로는 옳다고 판단하는 것이다. 6단계에 이르면 도덕적 판단은 스스로 선택한 양심의 결정을 따르는 것이라고 인식한다. 따라서 법이나 관습과 같은 제약을 넘어 인간 존엄, 생명 존중과 같은 본질적 가치가 중요한 판단의 기준이 되는 것이다.

콜버그 이론의 특징으로는 우선 인간의 도덕성 발달이 단계에 따라 순차적으로 이루어진다고 보았다는 점을 들 수 있다. 즉 사람은 각 단계를 순서대로 거쳐 간다는 것이다. 그리고 도덕성 발달은 자기 수준보다 높은 도덕적 난제를 스스로 해결하는 과정에서 이루어진다고 보았다는 점을 들 수 있다. 이러한 콜버그의 이론은 도덕성 발달을 이끌어 줄 수 있는 유용한 ⓐ 도덕교육의 틀을 제시했다는 점에서 가치가 있다.

12 윗글에 대한 설명으로 가장 적절한 것은?

① 특정한 이론을 소개한 후 그 의의를 밝히고 있다.

② 권위자의 이론을 설명한 후 그 장단점을 분석하고 있다.

③ 다양한 이론을 제시한 후 각각의 한계를 지적하고 있다.

④ 상반된 두 이론의 차이점을 설명한 후 이를 절충하고 있다.

13 〈보기〉는 윗글에 소개된 하인즈 딜레마에 대한 콜버그의 연구 과정을 정리한 것이다. 〈보기〉의 [A], [B]에 들어갈 내용을 바르게 묶은 것은?

보기 :

〈하인즈 딜레마〉

하인즈의 부인이 암으로 죽어가고 있었다. 부인을 살릴 수 있는 약은 같은 마을에 사는 어떤 약사가 만든 약뿐이었다. 그런데 그 약사가 원가의 10배나 되는 가격을 책정했기 때문에 하인즈는 그 약을 구입할 수가 없었다. 하인즈는 약사에게 약을 싸게 팔거나 외상으로라도 달라고 간청했지만 거절당했다. 절망을 느낀 하인즈는 그날 밤 약방을 부수고 들어가 부인을 위해 약을 훔쳤다.

〈콜버그의 연구 과정〉

질문	하인즈의 행동은 옳은 것인가? 왜 그렇게 판단했는가?	

판단	판단 기준	단계
예	[A]	2
아니오	마을 사람들의 비난을 받기 때문에	3
아니오	[B]	4
예	생명이 소중하다는 양심에 따른 행동이기 때문에	6

	[A]	[B]
①	자신의 욕망을 충족했기 때문에	법이 합리적이지 못하기 때문에
②	자신이 필요로 하는 약을 얻었기 때문에	법을 어기고 도둑질을 했기 때문에
③	아내에게 칭찬을 받기 때문에	사회적 정의를 저버렸기 때문에
④	마을 사람들에게 좋은 인상을 주기 때문에	약사가 약값을 부당하게 책정했기 때문에

14 ㉠~㉢을 이해한 내용으로 가장 적절한 것은?

① ㉠은 소수의 사람들이, ㉡은 대다수의 사람들이 거쳐 가는 수준이라고 할 수 있겠군.
② ㉠은 이기적인 욕망을, ㉡은 집단의 가치를 추구하는 수준이라고 할 수 있겠군.
③ ㉠은 집단의 질서를, ㉢은 보편적인 도덕 원칙을 지향하는 수준이라고 할 수 있겠군.
④ ㉡은 개인의 자율성이, ㉢은 집단에 의한 강제성이 중시되는 수준이라고 할 수 있겠군.

15 ⓐ의 내용을 바르게 추론한 것은?

① 각자의 도덕성 발달 단계 수준보다 낮은 도덕적 원리에 대한 지식을 제공하는 것이다.

② 사람들에게 도덕성 발달 단계의 최고 수준의 도덕 원리에 대한 지식을 제공하는 것이다.

③ 보편적인 도덕성 발달 단계 수준의 도덕적 딜레마를 제공하여 이를 해결하게 하는 것이다.

④ 각자의 도덕성 발달 단계 수준보다 한 단계 높은 도덕적 문제를 제기하여 이를 스스로 해결하게 하는 것이다.

[16~18] 다음 지문을 읽고 이어지는 질문에 답하시오.

과거 수도 시설이 보편화되기 이전에는 가정마다 수동 펌프로 물을 끌어 올려 사용했는데, 펌프질만으로는 물을 끌어 올리기 어려워 물 한 바가지를 넣어 펌프질을 했다. 이때 펌프에서 물이 나오게끔 도움을 주는 소량의 물이 바로 마중물이다. 이렇게 마중물과 같이 작은 자극이 원인이 되어 더 큰 효과를 일으키는 것을 마중물 효과라 한다.

처음 ㉠ 정부의 마중물 효과는 경제 불황의 극복을 위해 일시적으로 재정 지출을 확대하거나 재정 수입을 감소하는 등의 자극을 주어 경제 활동을 활성화시켜 침체된 경기가 회복되도록 하는 것이었다. 이런 마중물 효과는 정부의 경제 활성화 정책을 넘어 장학 사업 같은 사회사업 분야 및 기업의 마케팅 활동 등 우리 생활 전반에까지 그 영역이 확대되었다. 특히 기업은 마중물 효과를 마케팅 전략으로 활발히 사용하게 되었다.

기업이 마중물 효과를 통해 도달해야 하는 목표는 단순한 단기간의 이윤 증대가 아니다. 기업은 다양한 종류의 마중물을 이용해 타사 제품에 비해 자사 제품이 가지고 있는 제품의 가치를 홍보하여 자사 제품에 대한 소비자의 긍정적 평가를 높이려 한다. 이를 바탕으로 마중물의 제공이 중단되더라도 소비자의 꾸준한 구매를 통해 기업의 이익이 장기적으로 지속되도록 하는 것이 마중물을 활용한 마케팅의 궁극적인 목표이다. 그래서 기업은 적지 않은 자금을 투입하여 제품 체험 행사, 1개를 사면 1개를 더 주는 덤 마케팅, 대형 마트의 시식 행사, 할인 쿠폰 제공 등 다양한 형태의 마중물로 소비자의 구매를 유도한다. 이때 소비자가 마중물을 힘들이지 않고 거저 얻은 것으로 생각하여, 지나친 소비 활동을 하는 공돈 효과*를 일으킨다면 기업은 더 큰 이윤 창출을 기대할 수도 있다.

하지만 기업의 마중물 마케팅이 항상 성공적인 결과를 얻는 것은 아니다. 기업의 의도가 소비자에게 제대로 전달되지 못하여 마중물을 제공하지 않자 제품에 대한 구매가 원상태로 돌아가거나 오히려 하락했다면, 마중물 효과는 단지 광고나 판매 촉진 활동과 같은 일시적인 매출 증대 행위에 그칠 수밖에 없다. 또한 마중물에 투입한 비용이 과도하여 매출은 증가하였지만 이윤이 남지 않는 경우와, 마중물을 투입하였는데도 기업의 매출에 변화가 없어서 오히려 기업의 이윤이 감소하는 경우가 있다. 뿐만 아니라 마중물이 일반 소비자들에게 골고루 혜택을 주지 못하고 일부 체리피커*들에게 독점된다면 기업의 이윤 창출은 더욱 어려워질 수도 있다.

그러나 이런 위험을 알면서도 지금도 많은 기업에서는 소비자의 지갑이 열리기를 기대하며 다양한 마중물을 동원하여 이익을 극대화하는 데에 총력을 기울인다. 그러므로 소비자는 할인이나 끼워주기와 같은 기업의 조삼모사(朝三暮四)식 가격 정책에 흔들리기보다는 합리적인 소비를 해야 한다. 단순하게 마중물이 주는 혜택에 집중하기보다는 자신에게 꼭 필요한 상품을 꼭 필요한 만큼만 구매하려는 소비자의 현명한 선택이 필요하다.

*공돈 효과 : 기대하지 않았던 이익(공돈)을 얻게 되면 전보다 더 위험을 감수하려는 현상
*체리피커 : 상품의 구매 실적은 낮으면서 제공되는 다양한 부가 혜택이나 서비스를 최대한 활용하는 소비자

16 윗글의 집필 의도로 가장 적절한 것은?

① 대상에 대한 통념의 반박을 통해 기업의 의식 개선을 유도하기 위해
② 효과적인 마케팅 방법의 안내를 통해 기업의 이익을 극대화하기 위해
③ 마중물 효과 이론의 변천사를 구체적 사례 제시를 통해 설명하기 위해
④ 대상이 지닌 특성에 대한 설명을 통해 소비자가 갖추어야 할 바람직한 태도를 당부하기 위해

17 윗글을 이해한 내용으로 가장 적절한 것은?

① 마중물 효과는 기업의 마케팅 전략으로 처음 시작되었다.
② 마중물 효과로 기업이 이익을 높이는 데 체리피커들은 큰 기여를 한다.
③ 마중물로 제공되는 혜택이 크면 클수록 마중물 효과는 더욱 잘 일어난다.
④ 마중물 효과는 상품 구매에 대한 소비자의 심리 변화를 기반으로 발생한다.

18 ㉠의 구체적 사례로 가장 적절한 것은?

① 담뱃값을 인상하여 국민의 건강 증진을 도모함.
② 신차 구매 시 등록세를 감면해 주어 침체된 자동차 시장을 활성화시킴.
③ 부동산을 매매할 때 내는 취득세를 올려 과열된 부동산 경기를 안정시킴.
④ 각종 선심성 정책에 소요되는 예산을 삭감하여 세금이 낭비되는 것을 막음.

[19~21] 다음 지문을 읽고 이어지는 질문에 답하시오.

　　빅 데이터(Big Data)란 기존의 일반적인 기술로는 관리하기 곤란한 대량의 데이터를 가리키는 것으로, 그 특성은 데이터의 방대한 양과 다양성 및 높은 데이터 발생 빈도로 요약된다. 이전과 달리 특수 학문 분야가 아닌 일상생활과 밀접한 환경에서도 엄청난 분량의 데이터가 만들어지게 되었고, 소프트웨어 기술의 발달로 이전보다 적은 시간과 비용으로 대량의 데이터 분석이 가능해졌다. 또한, 이를 분석하여 유용한 규칙이나 패턴을 발견하고 다양한 예측에 활용하는 사례가 늘어나면서 빅 데이터 처리 기술의 중요성이 부각되고 있다.

　　이러한 빅 데이터의 처리 및 분류와 관계된 기술에는 NoSQL 데이터베이스 시스템에 의한 데이터 처리 기술이 있다. 이를 이해하기 위해서는 기존의 관계형 데이터베이스 관리 시스템(RDBMS)에 대한 이해가 필요하다. RDBMS에서는 특정 기준이 제시된 데이터 테이블을 구성하고 이 기준을 속성으로 갖는 정형적 데이터를 다룬다. 고정성이 중요한 시스템이므로 상호 합의된 데이터 테이블의 기준을 자의적으로 추가, 삭제하거나 변용하는 것이 쉽지 않다. 또한 데이터 간의 일관성과 정합성*이 유지될 것을 요구하므로 데이터의 변동 사항은 즉각적으로 반영되어야 한다. 〈그림 1〉은 RDBMS를 기반으로 은행 간의 상호 연동되는 데이터를 정리하기 위해 사용하는 데이터 테이블의 가상 사례이다.

한예금 씨의 A은행 거래내역

	거래일자	입금액	출금액	잔액	거래내용	기록사항	거래점
㉠ ······							
㉡ ······	2013.10.08	30,000		61,217	이체	나저축	B 은행
㉢ ······	2013.10.09		55,000	6,217	자동납부	전화료	A 은행
㉣ ······							

〈그림 1〉 RDBMS에 의해 구성된 데이터 테이블의 예

　　NoSQL 데이터베이스 시스템은 특정 기준을 적용하기 어려운 비정형적 데이터를 효율적으로 처리할 수 있도록 설계되었다. 이 시스템에서는 선형으로 데이터의 특성을 나열하여 정리하는 방식을 통해 데이터의 속성을 모두 반영하여 처리한다. 〈그림 2〉는 NoSQL 데이터베이스 시스템으로 자료를 다루는 방식을 나타낸 것이다.

ㄱ씨,34세, 간호사, 남	27세,여,ㄴ씨, 서울 거주	ㄷ씨, 남, SNS 사용	...

[A]	행=1, 이름=ㄱ씨, 나이=34세, 직업=간호사, 성별=남
	행=2, 나이=27세, 성별=여, 이름=ㄴ씨, 거주지=서울
	행=3, 이름=ㄷ씨, 성별=남, SNS=사용

〈그림 2〉 NoSQL 데이터베이스 시스템에 의한 데이터 처리의 예

〈그림 2〉에서는 '이름=', '나이=', '직업='과 같이 데이터의 속성을 표시하는 기준을 같은 행 안에 포함함으로써 데이터의 다양한 속성을 빠짐없이 기록하고, 처리된 데이터를 쉽게 활용할 수 있도록 하고 있다. 또한 이 시스템은 데이터와 관련된 정보의 변용이 상대적으로 자유로우며, 이러한 변화가 즉각적으로 반영되지 않는다는 특성을 지닌다.

*정합성 : 논리적 모순이 없는 성질이나 상태

19 윗글의 설명 방식으로 가장 적절한 것은?

① 시간의 흐름에 따른 빅 데이터 개념의 변화를 설명하고 있다.
② 빅 데이터를 다루는 기술을 기존 기술과 비교하여 설명하고 있다.
③ 빅 데이터가 활용되는 유형을 기준에 따라 구분하여 제시하고 있다.
④ 다양한 사례를 들어 빅 데이터의 특성을 구체적으로 설명하고 있다.

20 ㉠~㉣에 대한 설명으로 적절하지 않은 것은?

① ㉠행에 제시된 것은 은행 거래 데이터를 처리하기 위한 기준이다.
② ㉠행의 각 항목은 'A 은행'의 개별 지점에서 임의로 변경하기 어렵다.
③ ㉣행에 기준과 다른 항목을 지닌 데이터가 올 경우 ㉠행의 기준을 즉시 변경하여 데이터를 처리한다.
④ ㉡행과 ㉢행의 데이터는 특정 기준을 속성으로 갖는 정형적 데이터이다.

21 [A]에 'ㄱ씨의 취미는 독서이다.'라는 정보를 추가하고자 한다. 윗글에 비추어 그 방법에 대한 설명으로 가장 적절한 것은?

① 1행의 '성별=남' 다음에 '취미=독서'를 기록한다.
② 1행과 2행 사이에 행을 삽입하여 '취미=독서'를 기록한다.
③ 3행 다음에 행을 추가하여 '행=4, 이름=ㄱ씨, 취미=독서'를 기록한다.
④ 기준에 맞는 데이터 테이블을 구성하여 해당란에 '독서'를 기록한다.

22 △△대리는 부장으로부터 필리핀에서 바나나를 수입할 때 필요한 서류를 확인하라는 지시를 받았다. △△대리가 부장에게 보고할 내용으로 가장 적절한 것은?

품명	바나나
기본 세율	30%
수입 요건	1. 식품방역법에 의거 식물검역기관의 장에게 신고하고 식물검역관의 검역을 받아야 하며 수입 금지지역이 있으므로 식물검역기관에 문의하여 수입 가능지역인지 확인할 것 2. 식품위생법에 의거 지방식품의약품 안전청장에게 식품검역을 받아야 하며 초도물량 수입 시 식품 정밀검역을 받을 것
수입 시 유의사항	1. 사업자등록증, 영업신고증을 필히 구비할 것 2. 수출국 검역증 원본을 필히 첨부할 것 3. 수입신고서를 작성하여 통관시스템에 전송할 것 4. 최소단위 포장에 '식품위생법에 의한 한글표시사항'을 필히 표기할 것 5. 컨테이너로 운송 시 냉장 컨테이너로 운송할 것

① 사업자등록증을 반드시 준비하겠습니다.

② 수출신고서를 반드시 첨부하겠습니다.

③ 수출국 검역증은 복사본을 제출하겠습니다.

④ 영업신고증은 필요 없는 경우도 있을 것 같습니다.

23 귀하는 유아용 학습교재를 제작하는 회사의 교재 연구팀에서 근무하고 있다. 어느 날 팀장이 신문 기사 하나를 건네주며 "자녀 교육에 관해서는 이 분을 따라올 사람이 없으니 잘 연구해서 사례로 쓰라."고 지시했다. 기사에서 활용 가능한 메시지를 찾아 팀장에게 보고했더니, "그 메시지는 아닌 것 같은데."라고 지적했다. 다음 중 귀하의 보고를 듣고 팀장이 아니라고 지적하는 내용은 무엇인가?

> **자료**
>
> "저는 '행동이 말보다 낫다'는 표현을 참 좋아합니다. 잔소리할 시간에 사소한 실천 하나라도 먼저 행하자는 것이지요."
>
> 전 여사 부부는 처음부터 집안에 책상 18개를 구해놓고 애들이 보든 말든 거기서 책을 읽었다. 전 여사는 공부 습관을 들이는 데는 '규칙적 학습'이 열쇠라는 평범한 경험담을 강조했다. 엄마는 아이들의 나이와 성향에 맞춰 공부시간과 양을 함께 정했다. 계획에 무리가 없도록 했고, 아이들은 자신이 정한 양을 해낼 수 있었다. 또 하나, 가족은 무슨 일이 있어도 아침 식사를 같이했다. 매주 금요일 밤은 '가족의 밤'으로 TV를 함께 보며 의견을 나누었고, 토요일 아침 식사 후에도 반드시 가족회의를 열었다.

① 세 살 버릇 여든까지 간다.
② 아이들은 자율을 보장하면 알아서 성장한다.
③ 가화만사성이다.
④ 무리한 계획보다 약속의 실천이 중요하다.

24 다음 두 자료를 연계하여 앞으로의 추이를 예측한 내용으로 알맞은 것은?

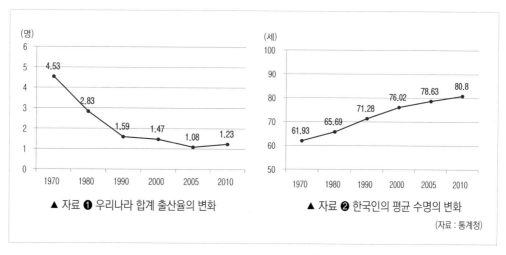

▲ 자료 ❶ 우리나라 합계 출산율의 변화   ▲ 자료 ❷ 한국인의 평균 수명의 변화

(자료 : 통계청)

① 우리나라 인구가 일정하게 유지될 것이다.
② 우리나라 합계 출산율이 점차 증가할 것이다.
③ 젊은 사람 한 명이 부양해야 할 노인 인구가 늘어날 것이다.
④ 출산을 억제하고 노인 부양을 강화하는 정책이 실시될 것이다.

[25~26] 다음 글을 읽고, 물음에 답하시오.

　　한 통계 조사는 우리나라 여성의 평균 임금이 남성의 평균 임금에 비해 39%나 적다고 한다. 이는 여성이 출산이나 육아를 이유로 중간에 일을 그만두는 경우가 많아 임금이나 승진 등에서 불이익을 당하기 때문이다. 또한, 다른 설문 조사에 따르면 우리나라 여성의 80% 이상이 가정에서 가사를 주로 부담하고 있다고 한다. 과거와 달리 맞벌이를 하는 비율이 증가했음에도 불구하고 여성의 가사 부담률은 줄어들지 않고 있다. 우리 사회에 남아 있는 '남아선호사상'이나 '남존여비' 등 유교 문화의 잔재도 양성평등을 이루는 데 문제가 된다. 이와 같이 우리 사회는 실질적인 양성평등을 이루기 위해 개선해야 할 부분이 많다.
　　실질적인 양성평등을 이루기 위해서는 여성이 직장에서 출산이나 육아 때문에 경제적으로 불이익을 당하지 않도록 사회 제도가 보수되어야 한다. 이와 함께 적극적인 홍보와 교육을 통해 사람들이 합리적인 가사분담 등 실질적인 양성평등에 대한 필요성을 느끼고 공감대를 형성할 수 있도록 해야 한다. 또한, Ⓐ 양성평등의 장애가 되는 유교 문화도 하루빨리 타파해야 한다.

25 밑줄 친 Ⓐ를 고쳐야 하는 이유로 가장 적절한 것은?

① 문장의 의미가 명확하지 않기 때문이다.

② 글 전체의 내용과 어울리지 않기 때문이다.

③ 주장을 뒷받침하는 논거로 적절하지 않기 때문이다.

④ 언어 공동체의 사회 · 문화적 관습을 고려할 때 적합하지 않기 때문이다.

26 이 글에서 단어 선택이나 문장 표현이 잘못된 부분은 모두 몇 군데인가?

① 1　　　　　　② 2　　　　　　③ 3　　　　　　④ 4

[27~28] 다음 자료를 읽고, 물음에 답하시오.

〈표〉 똑똑손전화 인터넷 이용과 컴퓨터 인터넷 이용 중 이용량 조절의 어려움

(단위 : %)

구분	똑똑손전화를 통한 인터넷 이용이 더 조절하기 어렵다.	컴퓨터를 통한 인터넷 이용이 더 조절하기 어렵다.	둘 다 모두 조절하기 어렵다.	잘 모르겠다.
전체	32.9	18.8	13.7	34.6
초등학생	28.5	22.2	16.8	32.5
중학생	39.5	22.3	14.1	24.1
고등학생	35.0	18.1	14.0	32.9
대학생	33.4	16.3	16.8	33.5

'표'를 보면 인터넷 사용자의 32.9%가 똑똑손전화를 통한 인터넷 이용이 더 조절하기 어렵다고 응답하고 있습니다. 10대 청소년들 역시 컴퓨터보다 똑똑손전화를 통한 인터넷 이용이 더 조절하기 어렵다는 반응을 보였습니다. '그래프 1'은 청소년의 똑똑손전화 보급률인데, 2011년에 20%를 약간 넘었던 수치가 2012년에는 65%로 증가했고, 2013년에는 90%에 이르고 있습니다. 그러므로 앞으로 똑똑손전화에 의한 인터넷 중독을 예방하고 치료하기 위한 대책을 빨리 마련해야 한다고 생각합니다. (※똑똑손전화=스마트폰)

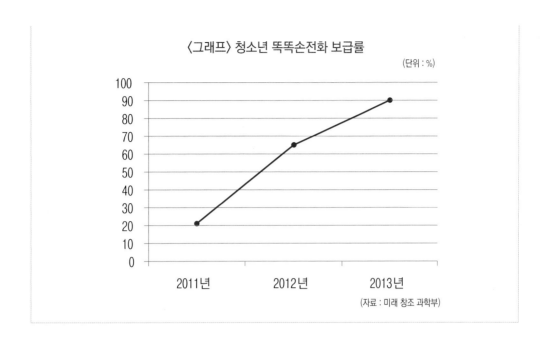

〈그래프〉 청소년 똑똑손전화 보급률

(단위 : %)

2011년 2012년 2013년

(자료 : 미래 창조 과학부)

27 '표'와 '그래프'를 연계하여 해석한 심층 정보로 가장 적절한 것은?

① 청소년의 똑똑손전화 보급률이 증가함에 따라 청소년이 있는 가정의 경제적인 부담이 커졌다.

② 똑똑손전화를 통한 인터넷 이용의 조절의 어려우므로 청소년의 똑똑손전화 사용을 금지해야 한다.

③ 똑똑손전화를 통한 인터넷 이용이 더 조절하기 어려운데, 청소년의 똑똑손전화 보급률이 증가하고 있어 문제가 심각하다.

④ 청소년의 똑똑손전화 보급률이 증가함에 따라 똑똑손전화를 통한 인터넷 이용의 조절이 용이해질 것이다.

28 다음은 이 발표를 듣고 수지가 질문한 내용이다. 수지가 한 질문의 유형으로 알맞은 것은?

> 수지 : 똑똑손전화에 의한 인터넷 이용이 더 조절하기 힘든 이유가 무엇일까?

① 내용 이해를 위한 질문   ② 추가로 궁금한 내용에 관한 질문

③ 핵심 정보를 확인하기 위한 질문   ④ 정보의 신뢰성을 평가하기 위한 질문

⑤ 정보의 정확성을 평가하기 위한 질문

29 다음은 원문을 공익 광고문으로 바꿔 쓴 것이다. 이에 대한 반응으로 적절하지 않은 것은?

> **원문**
>
> 　요즘 악플로 인해 심적 고통을 겪는 사람들이 많습니다. 악플을 쓰는 사람들은 별생각 없이 남긴 글일지 몰라도 당사자는 고통의 구렁텅이에 빠지고 맙니다. 익명성에 기대어 함부로 드러낸 비판과 냉소의 글은 삶의 의지를 꺾고, 인신공격은 자존감을 해칩니다. 자신의 감정을 여과 없이 드러내는 악플은 인터넷 공간 속 아름다운 소통 문화의 가장 큰 적입니다.
>
> **공익 광고문**
>
> 악플은 감정의 배설구
> - '배설'하는 언어에서 '배려'하는 언어로
>
> 악! 소리 나는 악플로 인터넷은 악천후
> 냉소는 삶을 꺾고 위로는 삶을 살려
> 원고지에 글을 쓰듯 한 번 더 생각할 때 인터넷 속 꽃피는 아름다운 소통 문화

① 주의를 끌 수 있는 간결한 표현을 사용했군.

② 구체적인 대상에게 말하듯 표현하여 친근감을 주고 있군.

③ 언어유희를 사용하여 전달 효과를 높이고 있군.

④ 부제는 표제의 내용을 부연 설명하여 주제를 드러내는군.

30 귀하는 모 전자회사의 인사 지원 부서에 근무한다. 최근 전사적으로 팀장 리더십에 대한 360° 진단이 있었는데, 아무래도 귀하의 팀장은 그다지 좋은 평가를 받지 못한 것 같다. 팀장이 앞으로 팀 운영에서 기본을 중시하겠다며, 아래와 같이 강조했다. 다음 중 팀장이 얘기하는 취지에 가장 부합하는 것은 무엇인가? (360° 진단은 대상자의 상사, 동료, 부하 직원이 그 사람에 평소 모습을 근거로 진단 항목에 응답하는 방식을 말한다)

> **자료**
>
> 　"말하지 않아도 통하는 것이 '최고의 관계'이지만, 비즈니스 현장에서 필요한 것은 마음으로 아는 눈치의 미덕보다는 정확한 업무 처리임을 명심해야 합니다."

① "비즈니스 현장에서는 눈치를 봐서라도 정확한 업무처리를 해야 한다."
② "말하지 않아도 통하는 관계는 비즈니스 현장에서 최고의 관계이다."
③ "비즈니스 현장에서는 눈치 없다는 지적을 받더라도 정확히 물어야 한다."
④ "비즈니스 현장에서 정말 중요한 것은 마음으로 아는 눈치의 미덕이다."

31 다음 글을 고쳐 쓰기 위한 방안으로 적절하지 않은 것은?

> 궁궐은 왕실의 생활공간이기도 했지만 현실정치의 중심이기도 했다. 그래서 조상들은 궁궐에 왕조의 정치적 이상을 드러내기 위한 장식물을 ㉠ 둔다.
> 그 예로 경복궁 광화문 앞에 있었던 '해태상'을 들 수 있다. ㉡ 이러한 해태상을 세운 것은 궁궐을 출입하는 관료들에게 경계하는 마음을 갖게 함으로써 투명한 정치를 꿈꾸던 조선 왕조의 정치철학을 실현하려는 의도로 볼 수 있다. 해태는 옳지 않은 일을 하는 사람을 뿔로 받아버린다는 상상의 동물이다. 그리고 경복궁의 근정전, 창덕궁의 인정전, 창경궁의 명정전 계단 중앙에는 '답도'라는 ㉢ 넓직한 돌이 박혀 있다. 여기에는 봉황이 새겨져 있는데 조상들은 봉황이 출현하면 훌륭한 왕이 태어나서 태평성대가 펼쳐진다고 믿었다. ㉣ 그러므로 궁궐에 새긴 봉황은 태평성대를 바라는 소망을 나타낸 것으로 볼 수 있다.
> 이처럼 조선 왕조의 궁궐에 있는 다양한 장식물에는 정의롭고 태평한 시대를 실현하려는 정치적 이상이 드러나 있다.

① ㉠은 시간 표현이 자연스럽지 않으므로 '두었다'로 고친다.
② ㉡은 문장 간의 의미 관계를 고려하여 바로 뒤의 문장과 순서를 바꾼다.
③ ㉢은 맞춤법이 잘못되었으므로 '널찍한'으로 고친다.
④ ㉣은 앞의 내용과 자연스럽게 연결하기 위해 '그런데'로 바꾼다.

32 외국인과의 비언어적인 의사소통의 특징으로 옳지 않은 것은? [한국산업인력공단 기출]

① 말의 속도가 빠른 것은 긴장감이나 거부감을 나타내는 것으로 파악될 수 있다.
② 눈을 마주치지 않는 것은 상대에게 무관심함을 나타내는 것으로 파악될 수 있다.
③ 낮은 어조는 안도감과 흡족함을 나타내는 것이다.
④ 큰 목소리는 불만족스러움을 나타내는 것이다.

33 다음 대화에 대한 설명으로 적절하지 않은 것은?

> 김철수 : 차 과장, 잠깐 와 봐.
> 차승조 : 부장님, 부르셨습니까?
> 김철수 : 지난달 사원들의 판매실적 현황표 다 작성했나?
> 차승조 : 아, 그거 제가 박 대리한테 지시해 두었습니다. (박상진을 보며) 박 대리, 지난번에 내가 지시했던 것 빨리 가져와 봐.

① 수직적인 의사소통 문화가 나타난다.
② 상사가 부하 직원에게 하대의 표현을 사용한다.
③ 구성원 간에 서로 존중하고 배려하는 태도를 보인다.
④ 구성원 간에 지시·명령조의 표현을 사용한다.

34 신문 기사의 내용과 어울리지 않는 한자성어는?

> 축구 신동 김삼식, 컴백 초읽기
> 지난 2014년 월드컵의 영웅 김삼식 선수의 **팀 복귀가 급물살을 타고 있다. **구단 관계자는 "김삼식의 방황은 이제 끝났다고 본다. 우리는 뛰어난 공격수가 필요하다"라고 언급해 그의 복귀에 무게를 실었다. 이에 대해 김삼식 선수는 "영입 제의가 들어온 건 사실이며, 다시 뛸 수 있는 기회를 얻은 것에 감사한다."고 밝혀 조만간 **팀 유니폼을 입을 것으로 보인다. 김 선수는 지난 월드컵에서 20세의 어린 나이에도 눈부신 활약을 보여 축구 신동이라고 불렸으나 이후 음주 폭행 사건과 무릎 부상이 연이어 터지며 극도로 부진, 소속팀에서 방출되어 2부 리그를 전전했다. 그러나 최근 1년간 기량 회복을 위해 매일 강도 높은 체력 단련과 철저한 자기 관리로 팀 동료들로부터 수도승이라 불릴 정도로 훈련에 매진한 것으로 알려졌으며, 현재 2부 리그 득점 1위를 달리며 과거 전성기의 기량을 보이고 있다.

① 영고성쇠(榮枯盛衰)   ② 허장성세(虛張聲勢)
③ 설상가상(雪上加霜)   ④ 권토중래(捲土重來)

35 유사한 의미를 가진 것끼리 연결되지 않은 것은?

① 주마간산(走馬看山) – 수박 겉핥기
② 하석상대(下石上臺) – 언 발에 오줌 누기
③ 금지옥엽(金枝玉葉) – 쥐면 꺼질까 불면 날까
④ 방약무인(傍若無人) – 낫 놓고 기역 자도 모른다

수리능력

● 유형 1 기초연산능력 ●

유형 1

   2명의 사원에게 보고서 작업을 할당하려 한다. 한 사람은 경험이 많아 2시간에 이 보고서를 쓸 수 있고, 다른 사람은 경험이 적어 3시간 정도 걸린다. 만약 가장 짧은 시간에 보고서 쓰기를 끝마치려면 두 사람에게 어떻게 보고서를 나누어 쓰게 하는 것이 좋을까?

[NCS 예시문제]

해설 경험이 많은 기술자가 경험이 없는 기술자보다 1.5배 빠르게 작업을 하므로 전자가 후자의 1.5배 양을 가지고 작업을 한다면 일이 똑같이 끝난다. 그러므로 전자는 3/5을 후자는 2/5를 쓰면 된다.
경험이 많은 기술자가 전체 작업을 하는 데 두 시간이 걸리므로 3/5의 작업은 2 X (3/5) = 6/5시간 동안 할 수 있다. 그 시간 동안 두 번째 기술자도 자기가 맡은 일을 해낼 수 있다. 그러므로 두 기술자가 똑같이 1시간 12분 동안 일을 하면 된다.

정답 1시간 12분

---

01 홍철이가 1층에서 6층까지 올라가는 데 45초 걸렸다면, 1층에서 8층까지 올라가는 데 걸리는 시간은?

① 63초   ② 72초   ③ 96초   ④ 108초

02 제시된 일련의 숫자들의 규칙을 찾아 마지막 숫자 다음의 빈칸에 올 숫자를 구하시오.

5	7	11	13	17	19	23	( )

① 25   ② 27   ③ 26   ④ 30

03 10%의 소금물 300g에 6%의 소금물을 첨가한 후, 30g을 증발시켰더니 9%의 소금물이 되었다. 첨가한 소금물의 양은 얼마인가?

① 190g   ② 195g   ③ 200g   ④ 205g

04 3시 30분일 때, 긴 바늘과 짧은 바늘 사이의 각도는?

① 62도   ② 75도   ③ 77.7도   ④ 80도

05 어떤 소설책을 펼쳤더니, 펼쳐진 두 페이지 쪽수의 곱이 342였다. 이때 두 페이지의 쪽수의 합은 얼마인가?

① 45   ② 62   ③ 59   ④ 37

06 24km의 거리를 시속 12km인 자동차로 간다면 몇 시간이 걸리는가?

① 1시간   ② 1.5시간   ③ 2시간   ④ 3시간

07 1,200km 떨어진 두 지점 사이를 6시간에 걸쳐 가는 기차는 시속 몇 km인가?

① 50km   ② 60km   ③ 120km   ④ 200km

08 A 지점에서 B 지점까지의 거리는 120km이다. 명수가 자전거를 타고 A에서 B까지 시속 30km로 가고, 올 때는 시속 60km로 왔다. 왕복 시간의 평균 시속은?

① 35km   ② 40km   ③ 45km   ④ 50km

09 3,300m 떨어진 두 지점에서 분속 70m인 선희와 분속 62m인 진희가 서로 마주하여 동시에 출발했다. 두 사람이 만나는 것은 몇 분 후인가?

① 12분 후   ② 15분 후   ③ 20분 후   ④ 25분 후

10 철수는 집에서 학교까지 분속 80m로 걸어갔다. 9분 후, 도시락을 잊었다는 것을 안 어머니가 분속 140m로 자전거를 타고 뒤쫓아 갔다. 어머니는 몇 분 후 철수를 따라잡겠는가?

① 12분 후   ② 15분 후   ③ 20분 후   ④ 24분 후

11 분속 180m로 달리는 철수와 분속 140m로 달리는 철민이가 4km 떨어진 반환점까지 왕복하는 경주를 했다. 반환점에서 되돌아오는 철수와 철민이가 만나는 것은 출발한 지 몇 분 후인가?

① 21분 후　　　　② 22분 후　　　　③ 25분 후　　　　④ 27분 후

12 수수께끼를 좋아하는 사람에게 나이가 몇 살이냐고 물어보았더니 다음과 같이 대답하였다. 그는 지금 몇 살일까?

"내 나이에 3을 더하고 3을 곱한 수에서 내 나이에서 3을 뺀 후에 3을 곱한 수를 빼면 내 나이입니다."

13 한 사람이 우의, 모자 그리고 장화를 사는 데 150원을 지불하였다. 우의는 모자보다 80원 비쌌으며 우의와 모자의 값을 합친 것은 두 켤레의 장화보다 120원이 비쌌다. 각각의 물건의 가격은 얼마일까?

14 어떤 배가 강을 따라 42km 떨어진 P 마을과 Q 마을 사이를 왕복했을 때, 거슬러 올라갈 때는 7시간, 내려올 때는 3시간 걸렸다. 이 강물의 속도는 시속 몇 km인가?

① 3km　　　　② 4km　　　　③ 6km　　　　④ 7km

15 어떤 배가 강을 60km 거슬러 올라갈 때는 6시간 걸리고, 내려올 때는 3시간 걸렸다. 이 배는 호수처럼 흐르지 않는 곳에서 시속 몇 km로 나아가는가?

① 12km　　　　② 14km　　　　③ 15km　　　　④ 17km

16 프로야구에서 4할대(10타수 4안타)의 타율은 모든 타자들의 희망사항이다. 안타 수가 120개이고 타율이 정확하게 4할이라면 타수는 얼마인가?

① 60　　　　② 84　　　　③ 200　　　　④ 300

17 1,600원을 P 군과 Q 군의 비율이 3 : 5가 되도록 두 사람에게 배분할 때, Q 군은 얼마를 받게 되는가?

① 600원　　　　② 960원　　　　③ 1,000원　　　　④ 1,300원

18 둘레가 400m인 원형 연못의 주위에 8m 간격으로 나무를 심으려고 한다. 몇 그루의 나무가 필요한가?

① 47그루　　　　② 48그루　　　　③ 49그루　　　　④ 50그루

19 1층부터 5층까지 오르는 데 20초 걸리는 엘리베이터가 있다. 이 엘리베이터로 1층부터 15층까지 오르려면 몇 초가 걸릴까? (단, 엘리베이터는 도중에 정지하지 않는다)

① 65초　　　　② 67초　　　　③ 70초　　　　④ 75초

20 어떤 정수에 6을 더한 수는 18보다 크고 50에서 어떤 정수의 3배를 뺀 수는 10보다 크다. 이와 같은 정수를 구하시오.

① 10　　　　② 11　　　　③ 12　　　　④ 13

21 + 와 − 중 알맞은 기호를 빈칸에 넣으시오.

1) 800 ☐ 445 ☐ 279 = 634
2) 523 ☐ 78 ☐ 356 = 89

22 +, −, ×, ÷ 중 알맞은 기호를 빈칸에 넣으시오.

1) 12 × 15 − 72 ☐ 8 = 171
2) 154 ☐ 36 × 12 ÷ 6 = 82

23 다음은 이진법으로 나타낸 수를 표현한 것이다. 다음 그림에 표시된 이진법으로 나타낸 수를 계산하면?

(예)　□■□■■　$1011_{(2)}$　　　　□□■■□$110_{(2)}$
(문제)　■□□■□ － □■■□■

① $10_{(2)}$　　　　② $100_{(2)}$　　　　③ $101_{(2)}$　　　　④ $110_{(2)}$

24 다음 주어진 규칙에 맞게 괄호 안에 들어갈 알맞은 수를 고르면?

14, 2, 8　　20, 4, 6　　(　　), 6, 5

① 22　　　　② 24　　　　③ 26　　　　④ 28

25 다음은 규칙에 따라 채워진 정사각 수열이다. 물음표에 알맞은 숫자는?

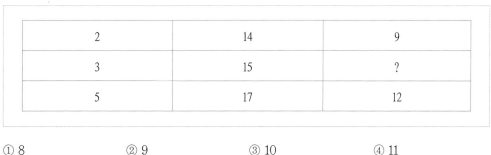

2	14	9
3	15	?
5	17	12

① 8　　　　② 9　　　　③ 10　　　　④ 11

26 1g, 2g, 4g, 8g, 16g, 32g 저울추가 각각 1개씩 있다. 이들 저울추를 사용하여 47g의 무게를 측정할 때, 사용하지 않는 저울추는 어느 것인가?

① 2g　　　　② 4g　　　　③ 8g　　　　④ 16g

27 일정한 규칙으로 숫자가 아래와 같이 배열되어 있을 때, ?에 들어갈 알맞은 수는?

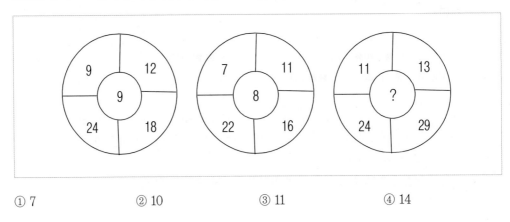

① 7   ② 10   ③ 11   ④ 14

28 1에서 출발하여 반시계방향으로 3칸씩 뛰어 1, 6, 3, 8, … 과 같은 수열을 만들 때, 이 수열의 47번째 수는?

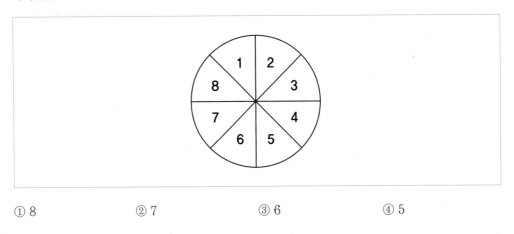

① 8   ② 7   ③ 6   ④ 5

29 아래 숫자들이 일정한 규칙으로 나열되어 있을 때 괄호에 들어갈 알맞은 숫자는?

| 2 | 3 | 5 | 11 | 15 | 21 | 39 | 53 | 70 | 121 | ( ) |

30 아래 숫자들이 일정한 규칙으로 나열되어 있을 때 괄호에 들어갈 알맞은 숫자는?

| 100 | 70 | 55 | ( ) | 39 | 34 | 31 | 29 | 28 |

① 45　　　　　② 44　　　　　③ 43　　　　　④ 42

31 다음과 같이 1에서 8까지의 수를 각 꼭짓점에 넣어서 윗면, 아랫면, 옆면의 각 꼭짓점들의 합을 모두 같게 만들 때, A + B의 값을 구하면?

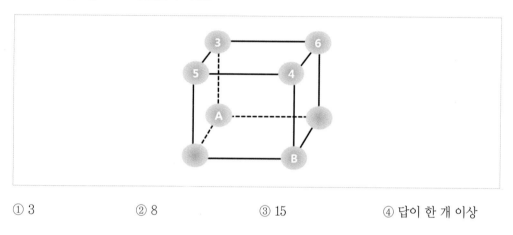

① 3　　　　　② 8　　　　　③ 15　　　　　④ 답이 한 개 이상

32 다음과 같이 일정한 규칙으로 수를 나열할 때, 빈칸에 알맞은 수를 구하면?

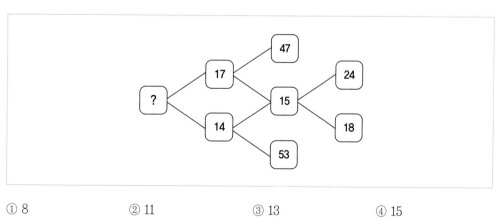

① 8　　　　　② 11　　　　　③ 13　　　　　④ 15

33 ○○증권 사원 A는 다음 주 투자설명회 행사에 참가하는 VIP 고객에게 나누어줄 사은품을 쇼핑백에 담아 놓으려고 한다. VIP 고객 1인당 1개의 쇼핑백을 나누어줄 예정인데 각 쇼핑백에는 ○○증권 로고가 찍힌 고급 타월 2개, 다이어리 1개, 아로마 향초 3개가 들어가야 한다. 수납장에 아래와 같은 물량이 보관되어 있다면 최대 몇 명에게 사은품을 줄 수 있겠는가? (단, 사은품 구성 물품과 수량은 1개라도 부족해서는 안 되며 쇼핑백은 충분하다고 가정한다)

고급 타월 260개
다이어리 170개
아로마 향초 450개

① 130명   ② 140명   ③ 150명   ④ 170명

34 A 씨는 시내 공영 주차장에서 주차 관리 업무를 총괄하고 있으며, 수용 가능한 자동차와 시간을 계산하면 업무에 효율이 증가할 것이라고 생각하고 있다. 아래 내용을 보고 물음에 답하시오.

〈주차장에 차를 수용할 수 있는 조건과 입·출차 조건〉
- 총 주차 가능 자동차 수는 100대이다.
- 주차장에 차량은 4분에 한 대 출차한다.
- 주차장에 차량은 3분에 두 대 입차한다.

현재 시간 오후 2시 5분, 주차장에 차가 1대 나가고 2대 들어왔다. 그래서 주차장에는 총 78대의 차가 주차되어 있다. 주차장에 100대의 차가 다 들어오는 시간은 언제인가?

① 오후 2시 48분   ② 오후 2시 50분   ③ 오후 2시 53분
④ 오후 2시 56분   ⑤ 오후 2시 59분

유형 2 기초통계능력

유형 2

다음은 어떤 시험에 응시한 남, 여의 응시생과 합격생 수를 나타낸 것이다. 이에 대한 설명이 틀린 사람은 누구인가?

[NCS 예시문제]

(단위 : 명)

구분	응시생	합격생
남자	11,153	1,929
여자	4,293	763

K군 : 총 응시자 중 합격률은 17.43%이다.
M군 : 여자의 응시생 대비 합격률은 17.77%이다.
L군 : 총 응시생 중 여자는 27.79%이다.
M양 : 응시생 대비 합격률은 남자가 더 높다.

해설 남자의 응시대비 합격률은 1,929/11,153 = 17.29%, 여자의 응시대비 합격률은 763/4,293 = 17.77%로 여자가 더 높다.

정답 M양

---

01 아래 그림은 어느 집단의 사람들이 하루에 읽은 책의 쪽수를 조사한 것이다. 하루에 30쪽 미만 책을 읽는 사람은 전체의 몇 %인가?

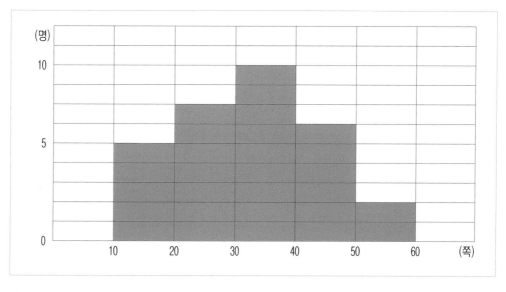

① 10%   ② 20%   ③ 30%   ④ 40%

02 다음은 신재생 에너지 및 절약 분야 사업 현황표이다. '신재생 에너지' 분야의 사업별 평균 지원액이 '절약' 분야의 사업별 평균 지원액의 5배 이상이 되기 위한 사업 수의 최대 격차는?

<표> 신재생 에너지 및 절약 분야 지원금과 사업 수

(단위 : 억 원, %, 개)

구분	신재생 에너지	절약	합
지원금(비율)	3,500(85.4)	600(14.6)	4,100(100.0)
사업 수	( )	( )	600

※ '신재생 에너지' 분야의 사업 수는 '절약' 분야의 사업 수보다 큼.

① 44　　　　　② 46　　　　　③ 48　　　　　④ 54

03 어느 기업에서 3명의 지원자(종현, 유호, 은진)에게 5명의 면접위원(A, B, C, D, E)이 평가점수와 순위를 부여하였다. 비율점수법과 순위점수법을 적용한 결과가 <표>와 같을 때, 이에 대한 설명으로 옳은 것은?

<표 1> 비율점수법 적용 결과

(단위 : 점)

지원자 \ 면접위원	A	B	C	D	E	전체합	중앙3합
종현	7	8	6	6	1	28	19
유호	9	7	6	3	8		
은진	5	8	7	2	6		

※ 중앙3합은 5명의 면접위원이 부여한 점수 중 최곳값과 최젓값을 제외한 3명의 점수를 합한 값임.

<표 2> 순위점수법 적용 결과

(단위 : 순위, 점)

지원자 \ 면접위원	A	B	C	D	E	순위점수합
종현	2	1	2	1	3	11
유호	1	3	3	2	1	
은진	3	2	1	3	2	

※ 순위점수는 1순위에 3점, 2순위에 2점, 3순위에 1점을 부여함.

① 순위점수합이 가장 큰 지원자는 '종현'이다.

② 비율점수법 중 중앙3합이 가장 큰 지원자는 순위점수합도 가장 크다.

③ 비율점수법 적용 결과에서 평가점수의 전체합과 중앙3합이 큰 값부터 등수를 정하면 지원자의 등수는 각각 같다.

④ 비율점수법 적용 결과에서 평가점수의 전체합이 가장 큰 지원자는 '은진'이다.

04 귀하는 모 가전업체의 고객서비스센터에 근무한다. 내방 고객들을 대상으로 서비스 만족도를 100점을 만점으로 삼고 설문조사를 요청, 취합했더니 아래 [자료]와 같이 나타났다. 귀하가 팀장에게 조사 결과를 설명하는데, 팀장이 잘못된 것이 있다고 한다. 다음 중 팀장이 잘못된 것이라고 지적한 것은 어느 것인가?

점수(점)	응답자 수(명)	비율(%)
20 미만	7	14
20 이상~40 미만	6	12
40 이상~60 미만	15	C
60 이상~80 미만	12	24
80 이상~100 미만	8	16
100	A	D
합계	B	100

① "직접 방문한 고객 중 50명을 대상으로 서비스 만족도 조사를 했습니다."

② "만족도 40 이상 ~ 60 미만 구간의 비율이 30%를 차지하기 때문에 고객 서비스 교육에 더 힘을 써야 할 것 같습니다."

③ "조사에 참여한 고객 중 4분의 1이 만족도 80점 이상을 줬습니다."

④ "100점을 준 고객은 4%로, 앞으로 만점을 받기 위해 많은 노력을 해야 할 것 같습니다."

05 X = {3, 7, 15, 23}일 때, 분산은?

① 59   ② $\sqrt{59}$ ③ 48   ④ $\sqrt{48}$

06 관측 자료의 표준편차가 0일 때, 다음 중 올바르게 서술된 항목은?

① 관측 자료들 사이에는 아무런 관계가 없다.

② 평균값은 항상 0이다.

③ 분산값은 1보다 크다.

④ 관측 자료의 모든 값들은 동일하다.

07 A반 20인의 평균은 92점이고, B반 25인의 평균은 83점이다. 두 반을 합쳤을 때 평균점수는 얼마인가?

① 87

② 88

③ 89

④ 평균점수를 구하기 위해서는 더 많은 정보가 필요하다.

08 대학수학능력시험의 전국평균이 300점이고 표준편차가 50점이라고 가정한다. 만약 모든 응시자의 점수를 25점씩 올려준다면 새로운 평균점수와 표준편차는 얼마인가?

① 300, 50   ② 300, 75   ③ 325, 50   ④ 325, 75

09 임의의 사건을 A, 전사건을 S, 공사건을 φ라고 할 때, 확률의 기본 성질에 해당하지 않는 항목은?

① $0 \leq P(A) \leq 1$ ② $P(S) = 1$

③ $P(S) < P(A)$ ④ $P(\varphi) = 0$

10 어떤 사건 A에 대한 확률이 1[즉 P(A) = 1]이라는 의미를 가장 잘 서술한 항목은 무엇인가?

① 사건 A가 반드시 일어난다.

② 사건 A가 결코 일어나지 않는다.

③ 사건 A가 일어날 수도 있고 일어나지 않을 수도 있다.

④ 세 가지 서술 내용이 모두 틀렸다.

11 사건 A의 확률과 여사건 Ac의 확률 사이에 항상 성립하는 관계식은?

① P(A) − P(Ac) = 1　　　　　　　② P(A) + P(Ac) = 1

③ P(Ac) + P(A) = 0　　　　　　　④ P(Ac) = P(A)

12 두 사건 A, B가 배반사건일 때, P(A∪B)의 관계식은?

① P(A∪B) = P(A) ∪ P(B)　　　　② P(A∪B) = P(A) ∩ P(B)

③ P(A∪B) = P(A) + P(B)　　　　④ P(A∪B) = P(A) − P(B)

13 사건 A와 사건 B가 서로 독립일 때, P(A∩B)의 관계식은?

① P(A∩B) = P(A) + P(B)　　　　② P(A∩B) = P(A) − P(B)

③ P(A∩B) = P(A)×P(B)　　　　　④ P(A∩B) = P(A) / P(B)

14 사건 A가 일어났을 때의 사건 B의 조건부확률 즉 P(B｜A)의 관계식을 정확하게 표현한 항목을 고르시오.

① P(B｜A) = P(A∩B) / P(A)　　　② P(B｜A) = P(A∪B) / P(A)

③ P(B｜A) = P(A∩B) / P(B)　　　④ P(B｜A) = P(A∪B) / P(B)

15 자료 전체의 특징을 하나의 수로 나타낸 것을 그 자료의 대푯값이라 하는데, 다음 중 대푯값이 아닌 것을 고르시오.

① 평균　　　　② 표준편차　　　　③ 중앙값　　　　④ 최빈값

16 출현 기대 정도가 동일한 두 주사위 A, B를 동시에 던졌을 때, 두 개가 모두 같은 눈이 나올 확률은?

① 1/6　　　　② 5/36　　　　③ 2/9　　　　④ 3/4

17 주머니 속에 흰 공 4개, 검은 공 3개, 붉은 공 5개가 들어 있다고 가정한다. 이 중에서 4개의 공을 꺼낼 때, 흰 공 1개, 검은 공 1개, 붉은 공 2개일 확률은?

① 1/99　　　　　② 2/55　　　　　③ 56/165　　　　　④ 8/33

18 다섯 개의 동전을 던질 때, 적어도 한 개가 앞면이 나올 확률은?

① 1/32　　　　　② 7/32　　　　　③ 31/32　　　　　④ 23/32

19 사건 A, B에 대하여 사건 A가 일어날 확률이 0.5이고, 사건 A와 사건 B가 함께 일어날 확률이 0.25이다. 사건 A가 일어났을 때, 사건 B가 일어날 확률은?

① 1/10　　　　　② 1/4　　　　　③ 1/2　　　　　④ 3/4

20 두 사건 A, B에 대하여 P(A) = 0.3, P(A | B) = 0.25, P(AC∩BC) = 0.4일 때, 공식 P(AC∩BC) = 1−P(A∪B)와 P(A∩B) = P(B) · P(A | B)를 이용하여 P(B)를 구하시오.

① 0.4　　　　　② 0.5　　　　　③ 0.6　　　　　④ 0.7

21 어떤 부부가 30년 후까지 생존할 확률은 남편이 0.4이고, 부인이 0.5라고 가정한다. 두 사람 중 한 사람만 30년 후까지 생존할 확률은?

① 0.4　　　　　② 0.5　　　　　③ 0.6　　　　　④ 0.7

22 결혼정보회사 고객을 조사하였더니 60%가 수도권 거주자이고, 40%가 수도권 여성고객이었다. 임의로 뽑은 한 고객이 수도권 거주자일 때, 그 고객이 여성일 확률은?

① 1/4　　　　　② 1/2　　　　　③ 2/3　　　　　④ 2/5

23 어느 공간정보 생산회사에서 세 개의 팀 A, B, C가 각각 전체 공간정보제품의 20%, 30%, 50%를 생산하고 있으며, 각각의 팀에서 생산되는 공간정보제품의 5%, 4%, 2%가 불량품이라고 한다. 공간정보제품 가운데 임의로 꺼낸 하나의 공간정보제품이 불량품이었다고 할 때, 그것이 A팀에서 만들어졌을 확률은?

① 1/8   ② 3/8   ③ 3/16   ④ 5/16

24 어느 회사에서 2013년 20명, 2014년 30명, 2015년에 50명이 시험을 보았다. 2014년의 평균은 2013년의 평균보다 10점이 높고, 2015년의 평균은 2014년의 평균보다 20점이 높다. 또, 2015년의 평균은 2013년의 평균의 2배이다. 이때, 이 회사의 3년간 시험 평균을 구하시오.

25 서로 다른 두 개의 주사위를 동시에 던질 때, 나오는 눈의 수의 합이 3 또는 4가 되는 경우의 수를 구하시오.

26 6개의 문자 a, b, b, c, c, d를 일렬로 나열할 때, 같은 문자는 이웃하지 않도록 하는 경우의 수는?

① 60   ② 66   ③ 84   ④ 120

27 3명의 학생이 특별활동 시간에 방송반, 서예반, 문예반, 컴퓨터반 중 한 반에 가입하는 경우의 수는?

① 12   ② 27   ③ 64   ④ 81

Chapter 02 수리능력   **141**

28 다음 그림과 같은 바둑판 모양의 도로가 있다. A 지점에서 B 지점까지 갈 때, C 지점을 거치지 않고 최단거리로 가는 방법은 몇 가지인가?

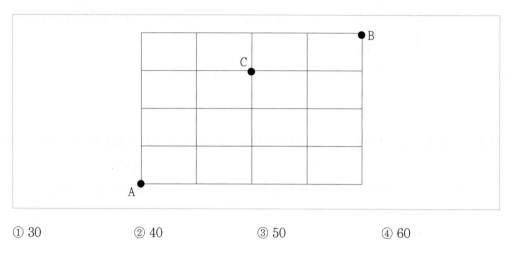

① 30   ② 40   ③ 50   ④ 60

29 다음 그림과 같은 직사각형 모양의 탁자에 남학생 3명과 여학생 5명이 앉는다. 이때 남학생끼리 이웃하지 않게 앉는 방법의 수는? (단, 모서리를 사이에 두고 앉는 경우도 이웃한 경우로 생각한다)

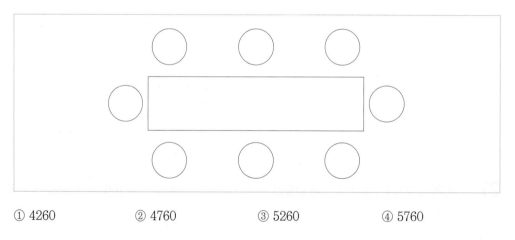

① 4260   ② 4760   ③ 5260   ④ 5760

30 10명 중 4명을 뽑아 원형 식탁에 앉히는 경우의 수는?

① 1260   ② 960   ③ 720   ④ 360

31 사과주스 5병, 포도주스 4병, 감귤주스 3병이 있다. 세 종류의 주스를 세 명의 학생에게 나누어 주는 경우의 수는? (단, 한 병도 못 받는 학생이 있을 수 있다)

① 3150　　　　　② 3000　　　　　③ 2850　　　　　④ 2700

32 남자 6명, 여자 4명 중에서 대표로 남자 3명, 여자 2명을 각각 선출하는 방법은 모두 몇 가지인가?

① 120　　　　　② 100　　　　　③ 90　　　　　④ 80

33 자연수 8을 3개의 자연수의 합 $a + b + c$로 나타내는 방법의 수는? (단, $a > b > c$)

① 1　　　　　② 2　　　　　③ 3　　　　　④ 4

34 0000에서 9999까지의 4자리 전화번호 중 3과 7의 번호가 들어있는 전화번호의 개수는?

① $(10^4 - 9^4)$　　② $(10^4 - 9^4 + 8^4)$　　③ $(10^4 - 9^4 \times 2 + 8^4)$　　④ $(9^4 \times 2 - 8^4)$

35 다음 그림과 같은 바둑판 모양의 도로가 있다. A 지점에서 B 지점으로 갈 때, 두 도로 PQ, RS 중 적어도 한 도로를 거쳐서 최단 거리로 가는 방법의 수는?

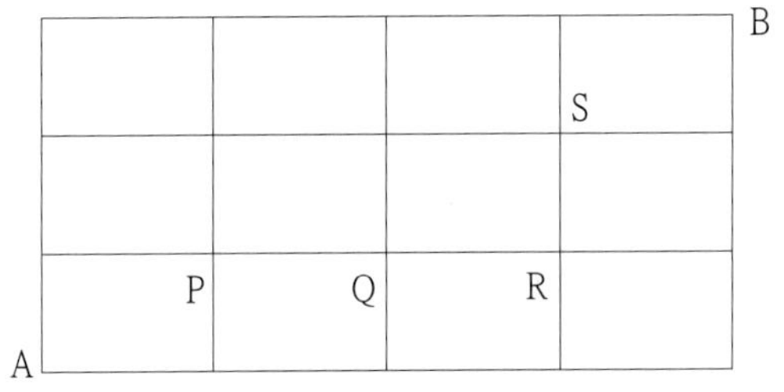

① 16　　　　　② 19　　　　　③ 20　　　　　④ 24

36 2009년에 어느 회사에 입사한 직원의 수는 남자 직원 4명과 여자 직원 6명이라고 한다. 이 회사에서는 이들 신입사원을 서로 다른 3개의 부서에 각각 3명, 3명, 4명을 배치할 계획이다. 임의로 이들 10명의 직원을 배치할 때 여자 직원 6명이 각 부서에 2명씩 고르게 배치되는 방법의 수를 구하시오.

● 유형 3 도표분석 및 도표작성능력 ●

유형 3

　어느 날 팀장이 아래 자료를 주며 "이번에 회사에서 전략 사업으로 자동차 부품 시범 판매점을 직접 운영해 보기로 했다"며 "일단 자동차가 많이 운행되고 있는 도시에 판매점을 둬야겠다"고 말했다. 다음 중 귀하는 후보 도시를 어떻게 추천해야 하는가?　　　　　　[NCS 예시문제]

(단위 : 명)

도시	인구(만 명)	도로 연장(km)	자동차 대수(1,000명 당)
A	108	198	205
B	75	148	130
C	53	315	410
D	40	103	350

① 무조건 인구가 많은 A-B-C-D시 순으로 추천해야 한다.
② 결국 1,000명 당 자동차 대수가 많은 C-D-A-B시 순으로 추천해야 한다.
③ B시는 인구수는 두 번째이지만 추천 순위에서는 가장 밀린다.
④ 도로가 잘 정비돼 있는 C시를 강력 추천해야 한다.

해설 자동차가 많이 운행되고 있는 도시를 후보 도시로 추천해야 하며 이는 1,000명 당 자동차 대수를 비교함으로써 알 수 있다. 따라서 C-D-A-B이다.

정답 ②

01 다음 〈표〉는 2006~2008년 동안 국립공원 내 사찰의 문화재 관람료에 관한 자료이다. 이에 대한 설명 중 옳은 것은?

〈표〉 국립공원 내 사찰의 문화재 관람료

(단위 : 원)

국립공원	사찰	2006년	2007년	2008년
지리산	쌍계사	1,800	1,800	1,800
	화엄사	2,200	3,000	3,000
	천은사	1,600	1,600	1,600
	연곡사	1,600	2,000	2,000
경주	불국사	0	0	4,000
	석굴암	0	0	4,000
	기림사	0	0	3,000
계룡산	동학사	1,600	2,000	2,000
	갑사	1,600	2,000	2,000
	신원사	1,600	2,000	2,000
한려해상	보리암	1,000	1,000	1,000
설악산	신흥사	1,800	2,500	2,500
	백담사	1,600	0	0
속리산	법주사	2,200	3,000	3,000
내장산	내장사	1,600	2,000	2,000
	백양사	1,800	2,500	2,500
가야산	해인사	1,900	2,000	2,000
덕유산	백련사	1,600	0	0
	안국사	1,600	0	0
오대산	월정사	1,800	2,500	2,500
주왕산	대전사	1,600	2,000	2,000
치악산	구룡사	1,600	2,000	2,000
소백산	희방사	1,600	2,000	2,000
월출산	도갑사	1,400	2,000	2,000
변산반도	내소사	1,600	2,000	2,000

※ 해당 연도 내에서는 관람료를 유지한다고 가정함.

① 문화재 관람료가 한 번도 변경되지 않은 사찰은 4곳이다.

② 2006년과 2008년에 문화재 관람료가 가장 높은 사찰은 동일하다.

③ 지리산국립공원 내 사찰에서 전년대비 2007년의 문화재 관람료 증가율이 가장 높은 사찰은 화엄사이다.

④ 설악산국립공원 내 사찰에서는 2007년부터 문화재 관람료를 받지 않고 있다.

02 다음 〈표〉는 2009~2011년 동안 ○○편의점의 판매량 상위 10개 상품에 대한 자료이다. 〈조건〉을 이용하여 〈표〉의 B, C, D에 해당하는 상품을 바르게 나열한 것은?

〈표〉 2009~2011년 ○○편의점의 판매량 상위 10개 상품

(단위 : 점)

순위 \ 연도	2009	2010	2011
1	바나나우유	바나나우유	바나나우유
2	A	A	딸기맛 사탕
3	딸기맛 사탕	딸기맛 사탕	A
4	B	B	D
5	맥주	맥주	B
6	에너지음료	D	E
7	C	E	C
8	D	에너지음료	맥주
9	카라멜	C	에너지음료
10	E	초콜릿	딸기우유

※ 순위의 숫자가 클수록 순위가 낮음을 의미함.

조건

- 캔커피와 주먹밥은 각각 2009년과 2010년 사이에 순위변동이 없다가 모두 2011년에 순위가 하락하였다.
- 오렌지주스와 참치맛 밥은 매년 순위가 상승하였다.
- 2010년에는 주먹밥이 오렌지주스보다 판매량이 더 많았지만 2011년에는 오렌지주스가 주먹밥보다 판매량이 더 많았다.
- 생수는 캔커피보다 매년 순위가 낮았다.

	B	C	D
①	주먹밥	생수	오렌지주스
②	주먹밥	오렌지주스	생수
③	캔커피	생수	참치맛 밥
④	생수	주먹밥	참치맛 밥

03 다음은 연령별 저축률에 대한 자료이다. 자료를 읽고 이어지는 질문에 답하시오.

〈연령별 저축률〉

	2006년		2008년		2010년		2012년	
	저축중인 인원(명)	저축률(%)	저축중인 인원(명)	저축률(%)	저축중인 인원(명)	저축률(%)	저축중인 인원(명)	저축률(%)
30대 이하	63	72.8	68	68.2	117	81.1	99	69.9
40대	271	60.5	277	61.4	184	70.3	210	65.4
50대	440	59.2	538	54.9	383	58.6	383	55.4
60대	469	47.6	538	53.5	536	41	542	39.9
70대 이상	582	27.7	562	37	768	24.7	754	21.9

1) 다음 중 연령별 저축률에 대한 자료를 바르게 해석한 것은?

① 30대 이하의 경우 2006년에 비해 2012년의 저축액이 더 적다.
② 모든 연령대에서 2010년의 저축률이 2008년보다 높았다.
③ 2008년 대비 2010년 저축률 증감 추이는 50대가 가장 적은 폭의 변화를 보이고 있다.
④ 2008년 대비 2012년에 저축 인원이 가장 큰 폭으로 변한 연령대는 60대이다.

2) 2010과 2012년 사이 연령대별 증감률 추이만큼 2014년에 증감률이 변화한다면 2014년 30대 이하의 저축률은 몇 퍼센트가 되겠는가? (증감률은 소숫점 셋째 자리에서 반올림할 것)

① 56.09   ② 58.70   ③ 60.25   ④ 83.77

04 다음 〈표〉는 2015년 ○○방송 중 개그프로그램의 코너별 시청률과 시청률 순위에 관한 자료이다. 이에 대한 설명으로 옳은 것은?

〈표 1〉 코너별 시청률 및 시청률 순위(7월 마지막 주)

코너명	시청률(%)		시청률 순위	
	금주	전주	금주	전주
체포왕자	27.6	–	1	–
세가지	27.5	22.2	2	13
멘붕학교	27.2	23.2	3	10
생활의 문제	26.9	30.7	4	1
비겁한 녀석들	26.5	26.3	5	4
아이들	26.4	30.4	6	2
편한 진실	25.8	25.5	7	6
비극배우들	25.7	24.5	8	7
엄마와 딸	25.6	23.9	9	8
김여사	24.7	23.6	10	9
예술성	19.2	27.8	11	3
어색한 친구	17.7	–	12	–
좋지 아니한가	16.7	22.7	13	11
합기도	14.6	18.8	14	14

〈표 2〉 코너별 시청률 및 시청률 순위 (10월 첫째 주)

코너명	시청률(%)		시청률 순위	
	금주	전주	금주	전주
체포왕자2	27.4	–	1	–
세가지	27.0	19.6	2	7
멘붕학교	24.9	21.9	3	3
생활의 문제	24.5	20.4	4	5
비겁한 녀석들	23.4	23.2	5	1
아이들	22.7	22.5	6	2
편한 진실	21.6	21.1	7	4

비극배우들	21.4	16.5	8	12
엄마와 딸	21.4	19.6	8	7
김여사	21.1	19.1	10	9
예술성	20.7	19.0	11	10
어색한 친구	19.8	19.9	12	6
좋지 아니한가	18.2	17.8	13	11
합기도	15.1	12.6	14	14

※ 1) 개그프로그램은 매주 14개의 코너로 구성됨.
  2) '—'가 있는 코너는 금주에 신설된 코너를 의미함.

① 7월 마지막 주~10월 첫째 주 동안 신설된 코너는 3개이다.

② 신설 코너를 제외하고, 10월 첫째 주에는 전주보다 시청률이 낮은 코너가 없다.

③ 7월 마지막 주와 10월 첫째 주 시청률이 모두 20% 미만인 코너는 '합기도'뿐이다.

④ 신설된 코너와 폐지된 코너를 제외하고, 7월 마지막 주와 10월 첫째 주의 전주 대비 시청률 상승폭이 가장 큰 코너는 동일하다.

05 아래 표는 주간 환율이다. 다음 물음에 답하시오.

구분	미국 달러화	유럽 유로화	일본 엔화	영국 파운드화	중국 위안화
첫째 주	947.50	1213.80	8.42	1770.46	118.14
둘째 주	947.35	1212.71	8.38	1763.51	118.16
셋째 주	958.62	1207.63	8.36	1765.58	119.69
넷째 주	957.34	1207.27	8.30	1763.62	119.67

1) A 회사가 첫째 주에 미국으로 전자시계 8,000개를 단가 72달러에 수출했다. 만약 같은 수량의 전자시계를 환율이 오른 넷째 주에 수출했다면 원화로 얼마의 이익을 더 볼 수 있었는가?

① 5,667,840원　　② 6,924,156원　　③ 7,084,984원　　④ 7,273,951원

2) 중국에 미꾸라지를 수입하는 B 회사가 첫째 주에는 7,500kg, 둘째 주에는 4,200kg, 셋째 주에
는 3,700kg, 넷째 주에는 8,000kg을 들여왔다면 총 지출 금액은 얼마인가? (1kg당 100위안)

① 1,152,000원
② 269,154,400원
③ 274,954,200원
④ 278,253,500원

06 다음 〈표〉는 2009~2013년 A국의 연도별 지방세 징수액 현황에 관한 자료이다. 이를 정리한 것으
로 옳지 않은 것은?

〈표〉 A국의 연도별 지방세 징수액 현황

(단위 : 조 원, %)

			2009년	2010년	2011년	2012년	2013년
지방세 징수액 (조 원)			43.5	45.5	45.2	49.2	52.3
조세총액 대비 지방세 징수액 비율(%)			21.2	21.4	21.5	21.7	21.4
GDP 대비 지방세 징수액 비율(%)			4.8	4.4	4.2	4.2	4.2
지역별 징수액 (조 원)	도시지역	'가' 지역	10.8	11.3	10.8	11.0	11.7
		'나' 지역	8.3	8.3	8.4	9.4	9.7
		'다' 지역	11.4	11.6	11.4	13.8	14.1
	농촌지역	'라' 지역	8.8	10.1	10.4	10.8	11.6
		'마' 지역	1.6	2.0	2.1	2.1	2.1
		'바' 지역	2.6	2.2	2.1	2.1	3.1

① A국의 2009~2013년 연도별 조세총액

(단위 : 조 원)

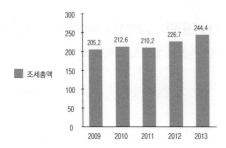

② 2011~2013년 A국의 전년대비 GDP 증가율

(단위 : %)

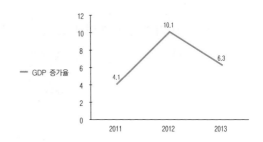

③ 2013년 지방세 징수액 대비 지역별 징수액 비율

(단위 : %)

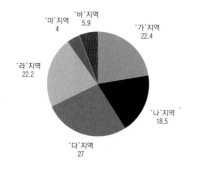

'마'지역 4
'바'지역 5.9
'가'지역 22.4
'라'지역 22.2
'나'지역 18.5
'다'지역 27

④ 2009~2013년 A국의 GDP 대비 조세총액 비율

(단위 : %)

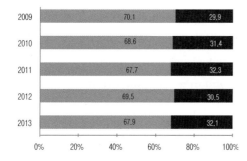

⑤ 2009~2013년 도시지역과 농촌지역별 지방세 징수액의 구성비율

(단위 : %)

연도	도시지역	농촌지역
2009	70.1	29.9
2010	68.6	31.4
2011	67.7	32.3
2012	69.5	30.5
2013	67.9	32.1

07 다음 〈그림〉은 국민의료비 중 총 진료비와 1인당 진료비에 대한 자료이다. 이를 해석한 것으로 옳지 않은 것은?

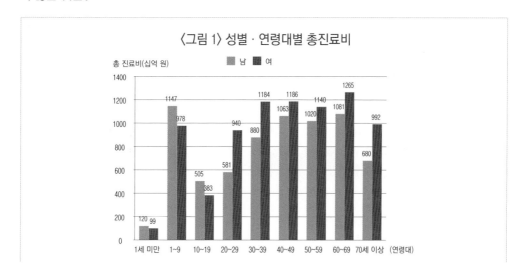

〈그림 1〉 성별 · 연령대별 총진료비

총 진료비(십억 원)   ■ 남 ■ 여

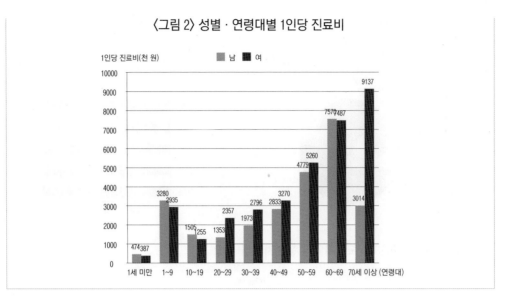

〈그림 2〉 성별 · 연령대별 1인당 진료비

① 19세 이하 남성의 총진료비는 19세 이하 여성의 총진료비보다 많다.

② 20세 이상 여성의 총진료비는 20세 이상 남성의 총진료비보다 많다.

③ 20세 이상 남녀의 1인당 진료비는 연령대가 높아짐에 따라 증가한다.

④ 남녀간 총진료비의 차이는 20~29세에서 가장 크고, 1세 미만에서 가장 작다.

08 아래 보고서를 검토한 상사의 지시에 따라 작성한 그래프로 적절한 것은?

에너지 개발회사에서 근무하는 L은 태양광 사업부문의 전망에 대하여 조사하여 보고서를 작성하고 있다. 다음은 L이 보고서 작성을 위해 조사한 자료의 일부이다.

태양광 시장의 전망 – 위기와 기회

1. 태양광 산업의 위기

태양광 산업이 빙하기에 진입하면서 퇴출 업체도 속출하고 있다. 시황의 시금석인 제품가격은 연일 하락세다. 태양광 밸류체인(Value Chain) 전 제품에 걸쳐 가격 하락세가 뚜렷하다. 2007년 300달러를 밑돌았던 킬로그램(Kg)당 폴리실리콘 가격이 2008년 1분기 485달러까지 치솟았지만 2011년 51.2달러, 2012년 9월 말 기준 19.65달러까지 추락한 게 대표적이다.

시황이 나락으로 떨어진 원인은 공급과잉 탓이 크다. 태양광 시장조사업체에 따르면 2011년 말 기준 태양광업계의 생산능력은 53GW로 태양광발전 설치수요(23.2GW)의 두 배를 웃돌았다. 2012년에는 생산능력이 62GW로 증가할 전망이다.

2. 태양광 산업의 전망

회복세 접어든 폴리실리콘 가격
(단위 : 1kg 당 달러)

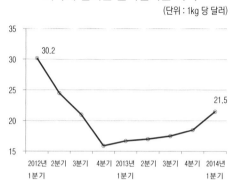

늘어나는 글로벌 태양광 발전 수요
(단위 : GW)

폴리실리콘 가격에 대한 정보들이 흩어져 있어 파악하기 어렵습니다.
통합하여 하나의 그래프로 작성해주세요.

①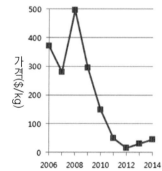

②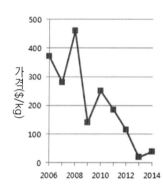

③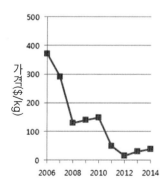

④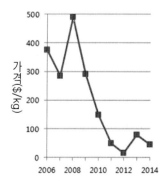

09 다음 〈표〉와 〈그림〉은 K 기업의 콜센터에 접수된 고객 불만내역을 정리한 것이다. 이에 대한 〈보기〉
의 설명 중 옳은 것을 모두 고르면?

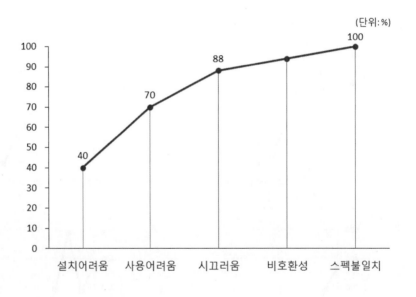

〈표〉 고객 불만내역 정리

(단위 : 건)

불만항목	응답수
설치어려움	20
사용어려움	( )
시끄러움	9
비호환성	( )
스펙불일치	3
합계	50

〈그림〉 불만항목별 누적비율

보기

ㄱ. '사용어려움'과 '비호환성' 문제를 해결하면 전체 불만사항의 36%가 해결된다.

ㄴ. K 기업이 임의의 두 불만항목을 먼저 해결하였다면 두 항목이 어떤 것인지에 따라 해결된 비율은 전체 불만사항의 70% 이상일 수도 있고 10% 미만일 수도 있다.

ㄷ. 각 불만사항별 응답 수의 대소관계를 부등호로 표시하면 '설치어려움' > '사용어려움' > '시끄러움' > '비호환성' > '스펙불일치'이다.

ㄹ. 상담원의 실수로 인해 원래는 '비호환성'으로 접수되어야 할 6건이 '사용어려움'으로 잘못 기록되었다고 한다. 바르게 기록하였다면 5가지 불만항목 중 3가지 항목의 비율이 동일해진다.

① ㄱ, ㄴ   ② ㄱ, ㄹ   ③ ㄴ, ㄹ   ④ ㄱ, ㄴ, ㄹ

문제해결능력

[01~02] 다음 조건이 성립한다고 가정할 때, 반드시 참인 것은 무엇인가?

01

> • 김 씨는 한국인이다.
> • 영국인이라면 한국인이 아니다.
> • 최 씨 아니면 김 씨이다.

① '김 씨가 아니면 한국인이다'는 참이다.　② '한국인이 아니면 영국인이다'는 참이다.
③ '한국인이 아니면 최 씨이다'는 참이다.　④ 알 수 없다.

02

> • 모든 수학은 유용하다.
> • 경제학은 수학이다.

① '어떤 경제학은 수학이 아니다'는 참이다.
② '유용한 것은 모두 수학이다'는 참이다.
③ '모든 경제학은 유용한 것이다'는 참이다.
④ 알 수 없다.

03 철규, 지용, 형준, 영인, 가연, 선화가 원탁에 앉아 있다. 이들의 진술이 다음과 같을 때, 철규의 맞은 편에 앉아 있는 사람은?

> • 철규 : 내 오른쪽 옆에는 선화가 앉아 있다.
> • 지용 : 형준은 영인과 가연 사이에 앉아 있다.
> • 형준 : 지용은 영인 맞은편에 앉아 있다.
> • 영인 : 내 왼쪽에는 선화가 앉아 있다.

① 형준　　　　② 가연　　　　③ 지용　　　　④ 영인

04 영인은 동생이 가지고 놀던 다섯 개 공을 일렬로 정리한 후에 노트에 적어 동생에게 주었다. 노트의 내용이 다음과 같을 때, 앞에서부터 공이 배열된 순서로 올바른 것을 고르시오.

> • 파란색은 검은색 바로 앞에 있다.
> • 맨 앞에 있는 것은 빨간색이다.
> • 노란색은 검은색보다 뒤에 있는데, 두 공 사이에는 초록색이 있다.

① 빨간색, 파란색, 검은색, 초록색, 노란색
② 빨간색, 파란색, 검은색, 노란색, 초록색
③ 빨간색, 검은색, 파란색, 노란색, 초록색
④ 빨간색, 검은색, 파란색, 초록색, 노란색

05 A, B, C, D, E 5개의 나라에서는 제시된 내용과 같이 수출입을 하고 있다. 각 나라의 수입품과 수출품을 바르게 짝지은 것은 무엇인가?

> • 한 국가에서 수입할 수 있는 물건은 한 가지뿐이고, 생산할 수 있는 물건도 한 가지뿐이다.
> • 모든 나라들은 생산한 물건을 전부 외국으로 수출한다.
> • A국의 수출품은 자동차이지만 A국에서는 자동차의 재료인 철이 생산되지 않는다.
> • B국은 D국으로부터 물건을 수입하고 E국으로 물건을 수출한다.
> • C국은 비행기를 수입하고 철을 수출한다.
> • D국은 A국으로부터 물건을 수입하고 TV를 수출한다.
> • E국은 수입한 엔진으로 비행기를 만든다.

	수입품	수출품
① A국	철	자동차
② B국	자동차	엔진
③ D국	비행기	철
④ E국	엔진	TV

06 한 강의실에서 공부 중인 철규, 준영, 지환, 영인, 진주, 혜지는 각각 한 사람과만 친구이고 다른 네 사람은 친구가 아니라고 한다. 다음을 진술한 사람 중 두 명이 거짓말을 하고 있다면, 거짓말을 한 사람은 누구인가? [한국산업인력공단 기출]

- 철규 : 준영과 혜지는 친구 사이이다.
- 준영 : 지환과 철규는 친구 사이이다.
- 지환 : 내 친구는 진주이다.
- 영인 : 내 친구는 철규이다.
- 진주 : 내 친구는 혜지이다.
- 혜지 : 지환과 준영은 친구 사이가 아니다.

① 준영, 진주   ② 지환, 준영   ③ 지환, 영인   ④ 철규, 진주

07 3개의 방에 아래와 같은 안내문이 붙어 있다. 그중 2개의 방에는 각각 보석과 왕자가 들어 있고, 나머지 방은 비어 있다. 왕자가 들어 있는 방의 안내문은 거짓이며 3개의 안내문 중 단 하나만 참이라고 할 때, 가장 올바른 결론은 무엇인가?

- 방 A의 안내문 : 방 B에는 왕자가 들어 있다.
- 방 B의 안내문 : 이 방은 비어 있다.
- 방 C의 안내문 : 이 방에는 보물이 들어 있다.

① 방 B에 보물이 들어 있을 수 있다.   ② 왕자와 결혼하려면 방 B를 택하면 된다.
③ 방 C에는 반드시 왕자가 들어 있다.   ④ 방 A에는 반드시 보물이 들어 있다.

08 다음 조건이 성립할 때, 참인 것은 무엇인가?

- 물에 가라앉는 모든 물체는 얼음이 아니다.
- 물에 뜨는 모든 물체의 밀도는 적어도 물만큼이거나 그 이상의 물체가 아니다.

① 물에 뜨는 모든 물체는 물보다 밀도가 높다.
② 모든 얼음은 물보다 밀도가 낮다.
③ 물보다 밀도가 낮은 모든 물체는 물에 가라앉지 않는다.
④ 물보다 밀도가 높은 물체는 얼음이다.

09 다음 설명서의 내용과 일치하는 것은?

○○캠코더 사용 설명서

■ 배터리 사용 안내
- 전원이 꺼져도 날짜, 시간 등의 기본 설정값이 유지되도록 충전식 배터리가 내장되어 있습니다. 단, 충전식 내장 배터리가 방전된 경우에는 설정된 값이 초기화됩니다.
- 캠코더에 전원 공급기가 연결되어 있는 동안, 또는 배터리가 장착되어 있는 동안에는 충전식 내장 배터리가 자동으로 충전됩니다.
- 배터리를 장착하지 않은 상태로 약 2주간 캠코더를 전혀 사용하지 않으면 충전식 내장 배터리가 완전히 방전됩니다. 이러한 경우 캠코더의 전원이 꺼진 상태에서 전원 공급기를 사용하여 약 2시간 정도 충전해야 사용이 가능합니다.

■ 동영상 촬영 중 일시 정지 기능
- 본 캠코더는 동영상 촬영 중 원하지 않는 장면에서 촬영을 일시 정지시킬 수 있는 기능이 있습니다.
- [일시 정지] 버튼을 한 번 누르면 촬영이 일시 중지되고, 같은 버튼을 한 번 더 누르면 이전 촬영분에 이어 계속 촬영됩니다.

■ 동영상 촬영 시간

(단위 : 분)

해상도	화질	내장 메모리		
		8GB	16GB	32GB
720/60p	최고급	84	175	355
	고급	113	233	472
	표준	168	348	705

① 2시간 동안 동영상 촬영을 하려면, 반드시 16GB 이상의 내장 메모리를 갖춘 캠코더를 사용하여야 한다.

② 내장 메모리와 관계없이 일시 정지 기능을 사용하면 최고급 화질의 영상을 2시간 이상 촬영할 수 있다.

③ 전원 공급기나 배터리가 장착되지 않은 캠코더는 적어도 2주 이내에는 충전해 주어야 기본 설정값이 지워지지 않는다.

④ 720/60p의 해상도에서 표준 화질로 촬영하면 최고급 화질로 촬영할 때보다 약 1.5배 더 오래 촬영할 수 있다.

다음 보도 자료를 보고 물음에 답하시오.

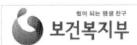

2012년 하반기 이렇게 달라집니다.

□ 7월 1일 이후 임신·출산 진료비 지원(고운맘 카드)을 신청하는 다태아를 임신한 산모는 20만 원을 추가로 지원받게 되며, 75세 이상 노인의 경우 완전 틀니를 할 때 건강 보험 지원을 받게 되어 비용의 50%만 본인이 부담하면 틀니 시술을 받을 수 있게 된다.

  - 지금까지는 다태아 산모라 할지라도 태아 수와 관계없이 50만 원을 동일하게 지원받았으나 앞으로는 20만 원을 더 받게 된다. 7월 이전 신청한 경우라도 다태아를 임신 중인 사실을 증명하면 추가 지원을 받을 수 있다.
  - 또한 그동안 건강 보험이 적용되지 않았던 노인 완전 틀니에도 건강 보험이 적용되어 비용의 50%인 48만 7천 원만 부담하면 되고, 완전 틀니 제작 기간 동안 필요한 임시 틀니 역시 비용의 50%인 11만 원만 내면 된다. 또한 틀니 장착 후 3개월까지는 6회까지 무상 유지관리가 제공된다.

□ 고소득 직장 가입자의 종합 소득에 보험료가 부과되는 등 건강 보험료 부과 체계도 개선된다.

  - 9월부터는 근로 소득을 제외한 연간 종합 소득이 7,200만 원을 초과하면 직장 가입자라도 종합 소득에 보험료가 부과된다. 종합 소득 보험료율은 소득의 2.9%로 가입자가 전액을 부담한다.
  - 또한 직장 가입자의 피부양자 중 사업·금융 소득 외 종합 소득이 4,000만 원을 넘는 사람은 지역 가입자로 전환되어 보험료가 부과된다. 이로써 소득 종류에 관계없이 모든 소득을 고려하여 부담 능력이 있는 사람은 보험료를 내게 된다.

□ 11월 15일부터는 해열제, 감기약, 소화제 등 일부 상비약을 24시간 운영하는 편의점에서 구입할 수 있게 된다.

  - 구매 가능한 안전 상비 의약품은 성분, 부작용, 인지도 등을 고려한 20개 이내의 품목이며, 오남용을 막기 위해 한 번에 구매할 수 있는 양과 구매할 수 있는 연령도 제한된다.

□ 8월부터는 학대 아동 및 입양 아동에 대한 보호 조치가 강화된다.

  - 아동 학대 신고 의무자 범위가 확대되고, 미신고 시 100만 원 이하의 과태료가 부과된다. 또한 친권 상실 청구 요청권자 범위에 가정 위탁 지원센터장, 아동 복지 시설의 장, 학교의 장이 추가된다.
  - 입양 기관을 통한 입양의 경우 아동의 원가정 보호를 위해 친부모가 출산 후 7일이 지나야만 입양에 동의를 할 수 있도록 '입양 숙려제'가 도입된다.

10 보도 자료에 대한 반응으로 적절하지 않은 것은?

① 쌍둥이나 다태아를 임신하고 있는 산모들에게는 반가운 소식이겠군.

② 경제적 어려움으로 틀니를 마련하지 못했던 노인들에게 매우 좋은 소식이겠군.

③ 직장 의료보험 가입자라도 근로 소득이 많은 사람들은 보험료 부담이 늘어나겠군.

④ 한밤에 아이 해열제를 구하지 못해 고생했었는데, 올겨울에는 크게 염려할 필요가 없겠군.

11 보도 자료를 읽고 질문할 수 있는 내용으로 가장 적절한 것은?

① 3명의 다태아를 임신한 경우에는 지원 금액이 어떻게 달라지는가?

② 2012년 전반기에 틀니를 한 노인들은 어떤 지원을 받을 수 있는가?

③ 직장 가입자의 피부양자가 지역 가입자로 전환되는 기준은 무엇인가?

④ 편의점에서 약을 구매할 수 있는 사람의 연령 제한은 어떻게 되는가?

12 다음 〈그림〉은 외환위기 전후 한국의 경제상황을 나타낸 자료이다. 이에 대한 설명 중 옳은 것은?

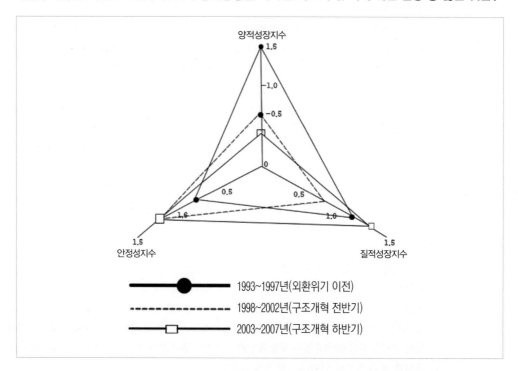

① 안정성지수는 구조개혁 전반기와 구조개혁 후반기에 직전기간 대비 모두 증가하였으나, 구조개혁 후반기의 직전기간 대비 증가율은 구조개혁 전반기의 직전기간 대비 증가율보다 낮다.

② 구조개혁 전반기와 후반기 모두에서 양적성장지수의 직전기간 대비 증감폭보다 안정상지수의 직전기간 대비 증감폭이 크다.

③ 세 지수 모두에서 구조개혁 전반기의 직전기간 대비 증감폭보다 구조개혁 후반기의 직전기간 대비 증감폭이 크다.

④ 외한위기 이전에 비해 구조개혁 전반기에는 양적성장지수와 질적성장지수 모두 50% 이상 감소하였다.

13 다음 〈그림〉은 국내 7개 시중은행의 경영통계(총자산, 당기순이익, 직원 수)를 나타낸 그림이다. 이에 대한 〈보기〉의 설명으로 옳은 것을 모두 고르면?

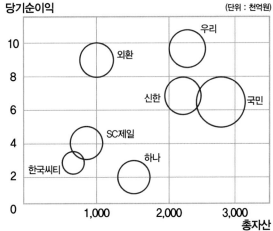

〈그림〉 국내 7개 시중은행의 경영통계

※ 1) 원의 면적은 직원 수와 정비례함.
   2) 직원수는 한국씨티은행(3,000명)이 가장 적고, 국민은행(16,000명)이 가장 많음.
   3) 각 원의 중심 좌표는 총자산(X축)과 당기순이익(Y축)을 각각 나타냄.

보기

ㄱ. 직원 1인당 총자산은 한국씨티은행이 국민은행보다 많다.

ㄴ. 총자산순이익률$\left(= \dfrac{당기순이익}{총\,자산} \right)$이 가장 낮은 은행은 하나은행이고, 가장 높은 은행은 외환은행이다.

ㄷ. 직원 1인당 당기순이익은 신한은행이 외환은행보다 많다.

ㄹ. 당기순이익이 가장 많은 은행은 우리은행이고, 가장 적은 은행은 한국씨티은행이다.

① ㄱ, ㄴ　　　　② ㄱ, ㄷ　　　　③ ㄴ, ㄷ　　　　④ ㄴ, ㄹ

[14~15] 다음 글을 읽고 물음에 답하시오.

세계의 각 지역에는 다양한 화폐와 화폐 제도가 존재했다.

(가) 상품 화폐들은 실용적 가치는 높지만 보관이 어렵고 가치가 보존될 수 없었기 때문에 화폐의 기능에 제한이 있었다.

(나) 화폐 제도가 발달하면서 금, 은, 구리 같은 금속이 화폐의 재료가 된 것은 금속이 다른 물질에 비해 희귀성을 가진 데다가 오랫동안 그 가치를 보존할 수 있기 때문이다.

(다) 고대와 중세 시대 아스텍 세계의 카카오, 인도 일부 지역의 아몬드 열매, 바빌로니아의 보리, 노르웨이의 버터, 북아프리카의 소금 등이 역사적으로 널리 알려진 상품 화폐들이다. 근대 세계의 중요한 특징 중의 하나는 금과 은처럼 화폐용으로 사용되는 귀금속이 대규모로 산출되었다는 것이다. 아메리카와 아프리카 대륙에서 대규모로 산출된 금과 은은 기축 통화*로서 전 세계적으로 유통되었다. 그로 인해 국제 무역이 크게 활성화되었으며, 세계 각 지역 화폐 체계가 크게 영향을 받았다. 화폐의 유통 체계가 점차 방대하게 그리고 정교하게 구성됨으로써 세계 경제 체제가 형성되었다고 볼 수 있다.

* 기축 통화 : 국제 간의 결제나 금융거래의 기본이 되는 화폐

14 다음 중 (가)~(다)의 순서로 옳은 것은?

① (가)-(다)-(나) ② (다)-(가)-(나) ③ (나)-(가)-(다)
④ (나)-(다)-(가) ⑤ (다)-(나)-(가)

15 다음 중 윗글과 일치하지 않는 것은?

① 금속화폐는 희귀성이 있기 때문에 그 가치가 있다.
② 상품화폐의 보존기능의 제한으로 금속이 화폐의 재료가 되었다.
③ 상품화폐의 장점은 실용적 기능이다.
④ 금과 은같은 금속은 희귀하기 때문에 소량만 발행되었다.

16 다음을 읽고 MECE의 적용사례 중 잘못된 것을 고르시오.

> 문제를 해결하기 위하여 논리적/효과적인 분석 기법인 MECE의 사고방식이 강조되고 있다. 먼저, MECE란 Mutually Exclusive Collectively Exhaustive의 약자로써 상호배타적이고, 전체집합적인 사고를 의미한다.
> 예) A,B,C 는 ME(상호배타적)/CE(전체집합적) 모두를 만족시킨다.

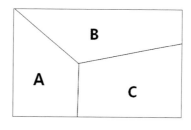

사례

ㄱ. 고객은 잠재고객, 신규고객, 기존고객으로 나눌 수 있다.
ㄴ. 제품을 유통, 상품, 가격, 프로모션 측면에서 분석한다.
ㄷ. 우리나라 사람들은 썸 타면 이뤄지거나 안 이뤄지거나 둘 중 하나다. (개그콘서트 대사 中)
ㄹ. 컴퓨터는 Software, OS, SSD로 구성된다.

① ㄱ   ② ㄴ   ③ ㄷ   ④ ㄹ

[17~18] 공공기관에서 운영부분에 있어서 문제점을 발견하고 문제점에 대한 개선안을 제시하였다. 다음을 읽고, 이어지는 물음에 답하시오.

〈 문제점 〉

□ 선정 · 평가 심사위원회 구성 · 운영의 객관성 결여
    ○ 입점 · 납품업체 선정 및 재계약 평가 위원회가 내부 직원 위주로 구성되어 심사결과의 공정성 저하 및 특정업체 선정 개연성 상존
       - 심사위원 POOL의 협소로 인한 이해관계 위원의 참여, 장기 계약업체의 로비 가능성 및 부적절 업체의 계약연장 가능성 증대
       ※ 붙임 1 : 기관별 선정 · 평가 심사위원회 구성 · 운영 현황

□ 입점업체 · 신규 구매처 선정 심사위원회 위원 전원을 내부 직원으로 위촉
  ○ ▽▽기관은 '○○백화점'에 입점하는 600여 개 업체의 선정을 사업이사 1인, 본부장 4인 등 내부직
    원 5인으로 구성된 심사위원회에서 결정
  ○ ○○기관은 16개 직영 유통매장 및 2,070개 전국 ○○마트 납품 농산물 등의 신규 구매처와 ○○쇼
    핑 입점업체에 대한 내부 심사결과 70점 미만 업체의 입점 여부를 내부 직원(공산품 5인, 농산물 9
    인, ○○쇼핑 6인)으로만 구성된 선정협의회에서 결정
    - ○○기관 직영 유통매장의 자체 상품구매협의회를 내부직원으로만 구성(유통센터는 5인 이상,
      ○○클럽은 3인 이상)
□ 운영서비스 평가위원회의 60% 이상을 이해관계인으로 구성
  ○ △△공사는 임대시설 운영서비스 비계량부문 평가단의 75%와 평가심의위원회의 60%를 담당 부서
    직원 및 임대사업자 단체 구성원 등 이해관계인으로 구성
  ※ 비계량평가의 30%는 해당 사업장을 관할하는 지역본부 평가 반영
□ 심사위원 위촉기준 불명확 및 특정위원 편중 선정
  ○ ●●기관은 전문점 및 용역편의점 선정심사위원회 위원 6인의 과반수를 외부위원으로 위촉한다
    면서 6인의 과반수에 대한 기준 미규정, 외부위원 POOL이 적어 특정 위원 편중 선정(13회 회의 중
    7회, 8회 참석 등)
  ♠ 모범사례 : 한국우편사업진흥원 우체국 쇼핑
    - 우체국 쇼핑의 신규 입점업체 선정심사위원 전원을 외부위원으로 선정

17 다음은 위 문제점에 대한 개선안을 만든 것이다. 개선안의 내용 중 잘못된 것을 고르시오.

〈심사위원회 구성 · 운영 투명성 제고방안 도입〉

○ 선정 심사위원회의 투명성 제고를 위한 제도 도입
  - 전문가 포함 위원 POOL제(심사위원 정원의 3배 이내) 도입 및 기관 감사부서에서 위원 POOL 관리
  - 심사위원회에 ① 내부위원 과반수 이상 참석 의무화
  - ② 이해관계 위원의 제척 · 기피 · 회피제 도입(위원 또는 배우자가 신청자이거나 공동권리자인 경
    우, 위원이 신청자와 친족관계에 있거나 있었던 경우 등)
    ※ 관련기관 : 농협중앙회, 중소기업유통센터, 코레일유통(주)
○ 내부위원의 교차평가 및 순환평가 방식 도입
  - 평가 관련 사전교육을 통해 사업장 운영서비스 평가 시 ③ 업무담당부서 이외 부서의 임직원 참
    여비율 확대(현행 0% → 25%)
  - 지역본부 평가는 ④ 본부 간 교차평가로 대체

18 위 문제점과 개선안을 살펴본 후의 반응으로 적절하지 않은 것을 고르시오

① 이해관계 위원의 참여에 의한 비리차단을 위해 이해관계 위원의 기피 · 회피제를 도입하는 게 좋겠군.
② 공정한 심사를 위해 감사부서에서 위원 POOL을 관리하는 게 좋겠군.
③ 위원 POOL 감사위원회 구성 시에는 내부위원의 과반수 이상 참여를 의무화하는 것이 좋겠어.
④ 내부위원의 경우 담당부서 이외 부서의 임직원 참여비율 확대하는 것이 좋겠어.

19 다음 〈그림〉은 A기업 남성의 성인병과 비만을 조사한 것이다. A기업 남성 가운데 20%가 성인병이 있다고 하면, 이 기업에서 비만인 남성 가운데 성인병이 있는 남성의 비율은?

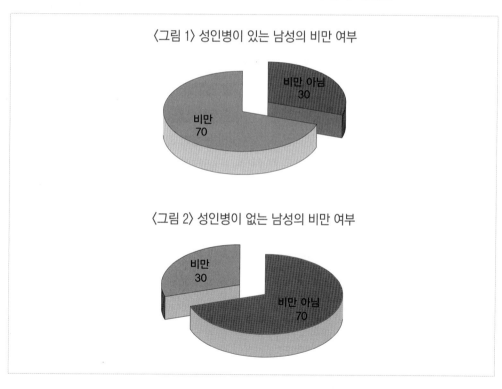

〈그림 1〉 성인병이 있는 남성의 비만 여부

비만 아님
30

비만
70

〈그림 2〉 성인병이 없는 남성의 비만 여부

비만
30

비만 아님
70

① 약 28% ② 약 37% ③ 약 32% ④ 약 34%

20 다음은 5Why 기업의 예시이다. 다음의 5Why 기법을 통해 이어지는 물음에 답하시오.

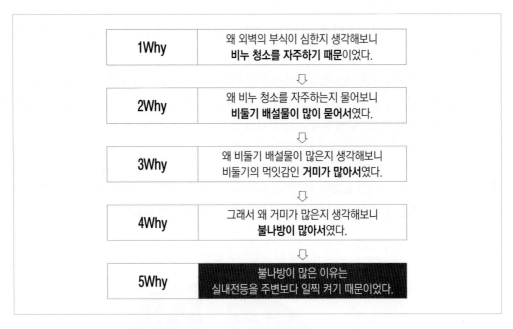

귀하의 팀은 본부 내 다른 팀과 비교할 때 계속 실적이 떨어지는 추세를 보이고 있다. 곰곰이 따져 아래와 같이 여러 가지 팀 내 현상을 정리한 귀하는 실적 하락의 근본 원인을 찾아 들어가 도식화하여 팀장에게 보고하려고 한다. 다음 중 현상 간의 인과관계를 따져볼 때 귀하가 (C) 부분에 입력할 내용으로 적절한 것은 무엇인가?

[NCS 국가직무능력표준 예제]

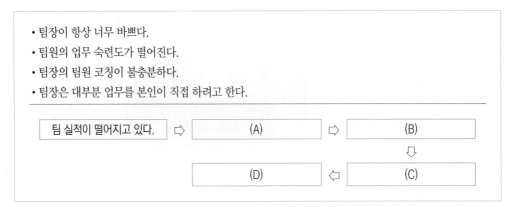

① 팀장이 너무 바쁘다.

② 팀원의 업무 숙련도가 떨어진다.

③ 팀장의 팀원 코칭이 불충분하다.

④ 팀장은 대부분 업무를 본인이 직접 하려고 한다.

Chapter 04 자기개발능력

01 △△ 회사의 한 부서에서는 사원들의 근무를 점검 및 확인하고, 사원들의 역량을 높이기 위해 각 사원들이 자기개발 계획서를 작성하여 제출하도록 하였다. 다음 중 자기개발 계획서 작성방법이 잘못된 사람은 누구인가?

① 사원 A 씨는 자신이 맡고 있는 직무와 이에 요구되는 역량, 적성 및 능력을 고려하여 자신에 맞게 자기개발 계획서를 작성하였다.
② 사원 B 씨는 자신이 속해 있는 환경과 인간관계를 고려하여 계획서를 작성하였다.
③ 사원 C 씨는 10년 계획은 너무 거창하기 때문에 1년으로 기간을 정하여 자기개발 계획서를 작성하였다.
④ 사원 D 씨는 자신이 현재 하고 있는 자기개발을 적고, 앞으로 더 피드백해야 할 부분을 고려하여 작성하였다.

02 사원 K 씨는 업무 외 시간에 중국어 학원에 다니려 한다. 부서 내에서 중국어를 사용하는 업무가 많아졌기 때문이다. K 씨는 업무에서 필요한 중국어를 습득하기 위한 중국어 학원을 알아보고 있다. 이 단계에서 K 씨는 어떤 행동을 해야 하는가?

① 일정을 세운다.   ② 분석 및 피드백을 한다.
③ 수행해야 할 과제들을 발견한다.   ④ 비전 및 목표를 세운다.

03 A부서에 입사한 K 씨는 직장 생활 중 자아인식에 대해 알아보고 있다. 다음 중 자아인식에 대한 구성 요소 중 잘못된 것은?

① 적성   ② 업무의 전망   ③ 장, 단점   ④ 흥미

04 다음 중 올바른 자아인식을 통해서 얻을 수 있는 이익이 아닌 것은?

① 자기개발 방법 결정   ② 자아정체감
③ 인간관계 발달   ④ 성장욕구 증가

05 사원 W 씨는 회사를 다니며 자기개발에 관한 도서를 읽고, 자기개발이 중요하다는 점에 대한 의문이 생겼다. 그래서 W 씨는 선배들에게 자기개발이 왜 중요한지 물어보았더니 다음과 같이 대답하였다. 다음 중 이유가 될 수 없는 대답은 무엇인가?

① A : 현대 사회는 급속도로 빠르게 성장하고 변화하고 있기 때문에, 내가 그 흐름을 따르려면 지속적인 자기개발이 필요하지.

② B : 내가 가진 사회적 목표와 비전을 달성하기 위해서는 반드시 자기개발을 해야 하고, 이때 인간관계가 조금 소홀해지더라도 상관없어.

③ C : 자기개발을 통해 업무를 좀 더 효과적으로 처리할 수 있고, 업무성과도 향상시킬 수 있기 때문에 중요하지.

④ D : 사실, 지속되는 업무를 통해 조금은 나태해질 수 있는 내 자신을 통제하고, 관리해서 보람된 삶을 살기 위해 자기개발을 하지.

06 직장인 S 씨는 자기개발을 통해 본인의 업무성과가 향상되고, 업무능력도 좋아져, 차별성을 갖추게 되었다. 그러나 본인의 PR이 부족해 사람들의 인식이 부족한 상태이다. 본인이 PR을 할 수 있는 방법으로 옳지 않은 것은?

① 자신만의 경력 포트폴리오를 만들어 본인만의 업무능력 및 특성을 정리한다.

② 명함을 만들어 인맥을 형성할 때마다 본인의 명함을 전달한다.

③ 주어진 업무에 성실하게 임하고, 팀원들과 협동한다.

④ 소셜 네트워크를 활용해 본인의 능력 및 직무의 특성 등을 홍보한다.

07 ◇◇ 네트워크 회사에 근무하는 Y 씨는 매일 반복되는 업무를 하던 중 업무의 성과를 좀 더 효율적으로 올릴 수 있는 방법을 생각하고 있다. 다음 중 업무성과를 향상시키는 방법으로 옳지 않은 것은?

① 가장 급한 일, 나중에 처리해야 할 일 등 일의 우선순위를 정해서 업무를 처리하도록 한다.

② 팀원들 중 업무처리를 가장 잘 하는 팀원에게서 업무방법을 배워 자신에게도 적용시켜서 업무를 처리한다.

③ 유사한 업무를 처리할 때 한 번에 업무를 모아서 일을 처리할 수 있도록 한다.

④ 회사에서 주어진 업무 지침을 고려하되 본인만의 업무 지침을 세워, 업무의 효율성을 높인다.

08 심리학자인 조셉과 해리에 의해서 만들어진 '조하리의 창(Johari's window)'의 네 가지 창에 대한 설명으로 옳지 않은 것은?

	자신이 아는 부분	자신이 모르는 부분
다른 사람이 아는 부분	열린 창	보이지 않는 창
다른 사람이 모르는 부분	숨겨진 창	미지의 창

① 열린 창 : 자신뿐 아니라 다른 사람도 아는 자아를 말하는 것으로 상대방과의 소통이 원활한 부분이라 할 수 있다.

② 보이지 않는 창 : 다른 사람은 알지만 본인은 모르는 자아로, 열릴 가능성이 있는 창을 말한다. 본인이 깨닫지 못한 자아를 다른 사람들의 조언을 통해 고친다면 얼마든지 열릴 가능성이 있기 때문이다.

③ 숨겨진 창 : 자신만 아는 자아로 본인이 숨겨둔 자아라고 할 수 있다. 또한 이 창은 동료들이 알 수는 있지만 관심을 갖지 않는 자아에 속한다.

④ 미지의 창 : '닫힌 창'으로 아무도 모르는 자아이다. 본인도 전혀 모르는 자아로 연구대상이 되는 부분이다.

09 △△발전공사에 근무하는 K 씨는 본인의 가치와 미래를 위해 경력개발을 하려 한다. 다음 중 미래 경력개발을 위해 K 씨가 행할 수 있는 행동이 잘못된 것은?

① 자신의 능력을 개발하기 위해 워크숍 등에 참석하여 필요한 교육을 받고, 목표를 세우도록 한다.

② 자신이 가장 잘하고, 관심을 갖고 있는 업무를 알아보고, 그에 따른 능력과 기술, 전망 등을 알아본다.

③ 자신이 관심 있는 업무에 대한 정보를 찾아보고, 자신의 적성이나 가치관과 부합하는지를 생각해 본다.

④ 자신이 관심 있어 하는 업무에 필요한 능력을 개발을 하기 위한 2~3년 정도의 단기 계획을 세우고, 직무 및 보상에 필요한 5~7년 정도의 장기계획을 세운다.

10 ♣♣공사에 근무하는 신입사원 H 씨는 지각도 하지 않고, 회사에서 열심히 일을 하고 있지만 서류에 실수하거나, 마감을 잘 지키지 못하는 등 업무에 있어서 실수가 잦은 편이다. 따라서 H 씨는 이러한 실수를 줄이고자 다음과 같은 행동을 하고자 한다. 다음 행동 중 옳지 않은 것은?

① 마무리된 업무의 과정과 결과를 다시 한번 살펴보고, 실수했던 점과 잘된 점 등을 잘 정리하여 다음 업무에 반영하도록 한다.
② 급히 해결해야 할 업무를 가장 먼저 하며 업무의 우선순위를 정하여 일을 하도록 한다.
③ 중점적으로 진행해 나가야 할 업무에 대한 계획을 철저히 세워 실천하도록 한다.
④ 업무에 대한 일정을 세분화하여 업무를 진행하도록 한다.

11 B 씨는 신입사원으로 본인의 업무에 좀 더 충실하기 위해 흥미와 적성을 개발하려 한다. 흥미와 적성을 개발하기 위한 방법으로 옳지 않은 것은?

① 주어진 일에 대한 흥미를 갖도록 노력한다.
② 기업의 문화 및 업무에 필요한 규칙사항을 잘 파악한다.
③ 작은 단위로 일을 나누어 하기보다는 큰 단위로 업무를 파악해 수행한다.
④ 업무에 대한 이해도를 높이기 위해 업무에 관련된 세미나 등을 참여한다.

12 H 공사의 직장인 E 씨는 본인의 업무효율성을 높이기 위해 자기개발 계획을 수립하려 했지만 어려움을 겪고 있다. 그 이유 중 옳지 않은 것은?

① 본인이 갖고 있는 흥미, 장점 등을 제대로 파악하지 못하였다.
② 미래를 위해 본인의 연령보다 5년 정도 높은 계획을 세웠다.
③ 업무는 일상생활에 영향을 끼치니 일상생활과는 개별적으로 계획을 세웠다.
④ 업무의 정보를 제대로 파악하지 못하고 계획을 세웠다.

13 S사에 갓 입사한 신입사원 B 씨는 업무를 좀 더 효율적으로 처리하여 회사 내에서 인정도 받고, 자신의 포부를 펼치기 위해 앞으로의 회사생활의 행동전략을 세웠다. 다음 중 옳지 않은 것은 무엇인가?

① 유사한 업무는 함께 처리하여 업무의 효율성을 높이도록 한다.
② 자기자본 이익률을 높이기보다는 팀과 협력하여 일을 하도록 한다.
③ 회사와 팀의 지침을 잘 익혀서 따르도록 한다.
④ 일의 성과가 높은 팀원을 보고 배워, 본인에게 맞추어 적용시켜본다.

14 △△산업에 근무하는 D 씨는 업무에 대한 흥미도가 떨어져 실수가 많아지고 있다. 이러한 문제를 해결하기 위해 D 씨가 할 수 있는 일로 알맞은 것은 무엇인가?

ⓐ 업무를 잘하는 팀원에게 상담을 한다.
ⓑ 본인의 흥미에 맞는 일을 찾아 이직을 한다.
ⓒ 문제점에 대한 정보를 많이 찾아보고, 해결책을 강구한다.
ⓓ 신입사원에게 업무지시를 하여 신입사원이 업무를 책임지도록 한다.

① ⓐ, ⓒ   ② ⓑ, ⓒ   ③ ⓐ, ⓑ, ⓓ   ④ ⓐ, ⓒ, ⓓ

15 □□해운에 근무하고 있는 D 씨는 자신의 경력개발을 위해 계획을 세우고 있다. 경력개발 계획을 세울 때는 자신에 대한 이해와 환경에 대한 이해로 나누어야 할 필요가 있다. 다음 중 자신에 대한 이해가 아닌 것은?

① 전문가와의 상담   ② 자기인식 테스트
③ 특정 직무에 대한 설명자료   ④ 본인의 성찰과정

16 직장인 N 씨는 직장생활을 하며 자기개발을 해야 할 필요성에 대해 느끼고, 자기개발을 하기로 결심했다. 다음 중 자기개발을 위해 가장 먼저 해야 할 일은 무엇인가?

① 업무에 대한 자신의 흥미도, 자신의 장·단점을 파악하도록 한다.
② 좋은 팀원이 될 수 있도록 팀원들과 협력하는 법을 알아본다.
③ 업무에 대한 전망 등을 알아보고, 미래계획을 수립한다.
④ 업무를 효율적으로 처리할 수 있는 방법을 연구하고, 파악한다.

17 J 기업의 홍보팀에서는 경력개발에 대해 다음과 같은 대화를 나누었다. 다음 대화 중 옳지 않은 것은?

① H : 현재 세상은 정보가 너무 빠르게 변화하고 있어, 그래서 그 빠른 변화에 우리도 발맞춰
나가야 하기 때문에 경력개발이 필요한 것 같다.

② L : 맞아, 그리고 점점 전문화 시대가 되면서 전문성을 더 기를 필요가 있어서도 그래.

③ P : 나도 이직을 하려면 내 가치가 좀 올라가 있어야 나중에 승진을 하거나 이직을 할 때 좋
지 않겠어?

④ R : 그 말도 맞는 말이야, 그리고 점점 세상은 경쟁이 심화되기 때문에 내 삶의 질을 높이기보
다는 자기개발을 우선으로 두어야겠지?

18 다음은 대부분의 기업에서 사원들이 거치는 단계를 나타내는 표이다. 빈칸에 알맞은 설명으로 짝지
어진 것은?

직업선택 → 입사 → 경력 초기단계 → (   ) → 경력 말기단계

⊙ 지난 업무 등을 다시 평가하고, 피드백함.
ⓒ 관련된 과에 대한 필수적인 교육 및 지식 공부
ⓒ 역량을 증대하도록 지속적인 노력을 함.
ⓔ 지속적으로 회사를 위해 열심히 일을 함.
ⓜ 조직의 규칙을 배움.

① ⓒ, ⓜ   ② ⊙, ⓔ   ③ ⓒ, ⓜ   ④ ⓔ, ⓜ

19 직장인 Y 씨는 인사팀에서 일하며 좀 더 전문적인 지식을 요하는 직업을 가질 필요성을 느끼고 있
다. 그러 던 중 자신이 웹디자이너에 대한 일이 잘 맞고, 본인이 그동안 관심 가져왔던 분야도 웹디
자이너라는 직업과 맞다는 생각이 들었다. 이러한 상황에서 Y 씨가 할 행동으로 옳지 않은 것은?

① 웹디자이너의 직업에 대한 설명 자료를 찾아본다.

② 평가기관의 전문가와 면담을 해 본다.

③ 웹디자이너와 관련된 자격증을 알아본다.

④ 평균연봉 및 근무환경 등을 알아본다.

20 주부인 O 씨는 임신과 함께 회사를 퇴직하여 경력단절여성이 되었다. 아이들이 어느 정도 큰 후에 O 씨는 재취업을 하기 위해 이곳저곳을 알아보고 있다. O 씨는 이전에 무역 회사에서 인정받을 정도로 업무도 잘하여 이를 바탕으로 경력개발을 위한 노력을 하려 한다. 다음 중 O 씨의 행동으로 잘못된 것은 무엇인가?

① 워크넷(취업알선정보)사이트에서 정보를 얻는다.
② 큐넷(한국인력공단)사이트에서 본인에게 맞는 자격증을 알아본다.
③ 직무환경에 대한 정보를 습득하도록 한다.
④ 고용노동부에서 상담을 받는다.

21 다음은 C 회사의 팀원들의 대화이다. 대화 중 매슬로우 욕구단계의 네 번째 단계를 이야기하는 사람은 누구인가?

① A 씨 : 곧 있으면 연봉협상에 들어가는데 연봉 좀 많이 올랐으면 좋겠어.
② B 씨 : 점심때 너무 적게 먹었나 봐. 좀 더 무언가를 먹어야 하겠어.
③ C 씨 : 우리 회사는 빌딩이 흔들리는 것 같은 기분이 들 때가 있어 안전점검은 했겠지?
④ D 씨 : 난 업무를 잘하는 편이라 곧 있으면 승진하겠지? 승진 좀 빨리 했으면 좋겠다.

22 홍보팀에 근무하는 J 씨는 A 과장님이 시킨 업무를 처리하고 있었다. 그런데 대리 B 씨가 급한 일을 처리해 달라고 요청했다. 이때 J 씨의 행동으로 알맞은 것은?

① 급한 업무부터 우선순위를 정해 처리하도록 한다.
② A 과장과 B 대리에게 양해를 구하고 일에서의 우선순위를 정해 처리한다.
③ A 과장이 시킨 업무를 먼저 처리한다.
④ 야근을 해서라도 모두 처리할 수 있도록 한다.

23 H개발의 인사팀에서는 사내에서 자기개발 프로그램을 만들기 위해 회의 중이다. 회의 중 직원들이 자기개발에 대한 이야기를 나눈 내용으로 옳지 않은 것을 고르시오.

① A : 자기개발은 어떻게 보면 참 중요한 것인데 필요성을 깨닫지 못한 사람들이 있는 것 같아요. 그래서 좀 더 필요성을 깨닫게 하기 위한 프로그램도 사전에 준비해 두면 좋을 것 같아요.

② B : 맞아요. 그리고 회사에서도 자기개발에 대한 관심이 없어서인지 자기개발 교육도 없
었던 것 같아요. 그래서 실제로 사원들이 자기개발을 하는데 방법을 모르니 어려워하지 않았
을까요?

③ C : 물론 사내에서의 자기개발이 부족하기도 했지만 정부 자체가 지원을 제대로 해주지 않은
것 같아요. 사회적으로 무언가 직장인을 위한 프로그램이 많이 만들어지면 직장인들도 필요성
을 느끼고, 그것에 대해 더욱 열심히 매진하겠죠.

④ D : 그렇지만 자기개발은 자기실현의 욕구잖아요. 이들이 자기개발을 못하는 이유는 자아실현
의 욕구보다 다른 욕구들이 강해서가 아닐까요?

24 다음은 H기업이 자기개발 프로그램에서 '자기개발 브랜드화'라는 내용으로 강의를 하는 내용을 발
췌한 것이다. 다음 각 빈칸에 알맞은 단어를 고르시오.

> 자기개발을 브랜드화할 때 필요한 세 가지 요건 : A, B, C
> A _____ : 브랜드에 있어서 편안하고 익숙한 느낌
> B _____ : 그 브랜드를 진정으로 가지고 싶은 욕구
> C _____ : 관계를 지속적으로 유지할 수 있는 것에 대한 신뢰감

①	A : 책임감	B : 친근감	C : 열정
②	A : 친근감	B : 책임감	C : 열정
③	A : 친근감	B : 열정	C : 책임감
④	A : 열정	B : 책임감	C : 친근감

25 K 씨는 후배 L 씨에게 자기개발 능력 중 자아인식능력을 개발해야 하는 이유를 설명하고 있다. 다
음 중 옳지 않은 설명은?

① 자아인식은 자신의 진정한 흥미, 능력 등을 파악할 수 있는 것이지.

② 그렇게 자아인식을 함으로써 자기정체감을 확실하게 확인할 수 있어.

③ 또한 이렇게 자아인식을 한다면 이를 통해 개인과 팀의 성과가 높아질 수 있어.

④ 그리고 업무를 하는 데 있어서 나를 도와줄 수 있는 인맥을 형성할 수 있지.

26 직원 J 씨는 동료 H 씨와 함께 한 달 전에 했던 프로젝트를 다시 보았다. 이러한 과정을 이해 못하는 H 씨는 불만을 품었고, J 씨는 H 씨에게 이 과정의 필요성을 설명하려 한다. J 씨가 한 말 중 옳지 않은 것은?

① 내가 했던 프로젝트를 다시 보면 현재의 부족한 부분을 채울 수 있는 장점이 있어.

② 물론 이런 과정을 진행하기 전에 실수를 하지 않도록 해야겠지, 실수를 위해서 이러한 과정을 다시 보는 것은 아니니까.

③ 지난 업무를 보게 되면 노하우가 좀 보일 거야. 그럼 업무 속도도 빨라지고, 업무의 만족도도 높아지겠지?

④ 이러한 업무의 과정이 반복되면, 기발한 생각이 떠오를 수도 있고, 또 그 생각이 업무에 많은 도움이 될 수도 있어.

27 직장인 M 씨는 자기관리를 하기로 하였다. M 씨가 1단계에서 해야 할 것으로 알맞은 것은?

> ㉠ 계획한 일정 수립
> ㉡ 자신에게 가장 중요하다고 생각하는 것 파악
> ㉢ 우선순위 결정
> ㉣ 본인만의 가치관 및 원칙 파악
> ㉤ 본인의 목적에 따른 과제 발견

① ㉠, ㉤   ② ㉡, ㉣   ③ ㉢, ㉤   ④ ㉣, ㉤

28 Y전자의 A 팀에서는 신입사원들을 조사한 결과 신입사원들의 주된 관심분야는 일과 생활의 균형임을 알았다. 이를 통해 회사에서는 직원들의 삶과 균형에 대한 복리후생 제도를 마련하려 한다. 복리후생제도를 마련하기 위해 회사는 S전자가 이러한 복리후생이 잘 되어있다는 소리를 듣고, S전자의 (   ) 사례에 대하여 조사해 보려 한다. 빈칸에 알맞은 단어는?

① GLP   ② GWP   ③ WLB   ④ SFP

29 직장인 B 씨는 친한 선배의 부탁을 거절하려고 한다. 다음 중 의사결정을 거절하는 방법으로 틀린 것은?

① 선배의 말을 무작정 거절하기보다는 거절에 대한 대안을 제시하도록 한다.

② 거절할 때에는 확실한 이유를 들어서 선배가 이해할 수 있게끔 한다.

③ 거절할 때에는 단시간에 빨리하기보다는 시간을 좀 더 두고 생각해 본다.

④ 선배가 제시한 내용 중 문제의 본질을 파악하도록 한다.

30 다음은 K건설에서 진행한 자기관리능력에 대한 세미나의 일부를 발췌한 내용이다. 내용 중 빈칸에 알맞은 것으로 짝지어진 것은?

〈합리적인 의사결정 과정〉

(   )

⇩

의사결정기준 정하기

⇩

(   )

⇩

가능한 대안책을 조사

⇩

각 대안 평가

㉠ 의사결정하기
㉡ 가장 적합한 해결책 모색
㉢ 문제의 근원을 파악
㉣ 문제에 대한 계획 수립
㉤ 결정에 필요한 정보를 수집

① ㉠, ㉤   ② ㉡, ㉣   ③ ㉢, ㉤   ④ ㉣, ㉤

자원관리능력

[01~02] C사는 다음과 같이 교대제 변화에 따른 근로시간의 변화 패턴을 시뮬레이션하고 있다. 시뮬레이션 표를 확인한 후 이어지는 물음에 답하시오.

항목	2조 2교대		3조 3교대		3.5조 3교대		4조 3교대	
	근무 시간	초과 근무 시간	근무 시간	초과 근무 시간	근무 시간	초과 근무 시간	근무 시간	초과 근무 시간
주간	53	13	47.7	7.7	44.3	4.3	42	2
월간	229.9	56.3	195.8	33.5	192.4	18.8	182.3	8.7
연간	2758.8	675.6	2349.6	402.6	2308.8	225.5	2187.4	104.2

01 C사는 현재 2조 2교대 근무를 하고 있다. 2017년부터 3.5조 3교대 근무로 전환을 계획할 때, 근무시간의 월간 변화는 어떻게 되는가?

① 34.1   ② 37.5   ③ 450   ④ 211.1

02 위 시뮬레이션표를 보고난 후의 반응으로 적절하지 않은 것을 고르시오.

① 교대제가 변화하면서 근로시간은 단축되는 긍정적 효과도 있지만, 근로시간단축으로 인한 임금하락에 있어서 임금보전방안 역시 강구되었으면 좋겠어.

② 현재 근무시간은 53시간인데 2017년부터는 44.3시간으로 단축될 수 있겠군.

③ 줄어드는 근로시간만큼 긍정적인 멤버십을 예상할 수 있겠어.

④ 현재는 150명의 근무 인원이 있는데 3.5조 3교대로 전환 시 근무 인원은 더 줄어들겠군.

[03~05] 운송회사에 근무 중인 H는 배송할 화물의 운송계획을 세우고 있다. 전체 노선의 길이는 720km이며 완행열차 기준으로 역 사이의 거리는 동일하다. 모든 노선은 출발역과 도착역을 제외하고 역에 들릴 때마다 10분씩 정차한다. [NCS 국가직무능력표준 예제 변형]

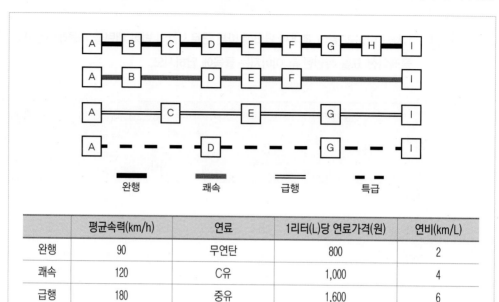

	평균속력(km/h)	연료	1리터(L)당 연료가격(원)	연비(km/L)
완행	90	무연탄	800	2
쾌속	120	C유	1,000	4
급행	180	중유	1,600	6
특급	240	가솔린	2,500	8

03 A역에서 화물을 실어 I역까지 배송할 때, 총 연료비가 가장 저렴하게 드는 철도 노선은?

① 쾌속　　　　② 완행　　　　③ 특급　　　　④ 급행

04 A역에서 화물을 실어 I역까지 배송할 때, 가장 빨리 도착하는 노선과 가장 늦게 도착하는 노선의 배송 시간 차는 어떻게 되는가?

① 3시간 30분　　　　② 4시간 40분
③ 5시간 50분　　　　④ 6시간 50분

05 A역에서 화물을 싣고 출발해 I역에 화물을 배송한 뒤 다시 I역에서 화물을 실어 F역까지 배송하고자 한다. 총 소요시간은 10시간을 넘어서는 안 되며 화물 상, 하차 시간은 고려하지 않는다면 어느 노선을 선택하겠는가?

① 완행   ② 쾌속   ③ 급행   ④ 특급

06 매우 중요한 계약을 맺기 위해 귀하가 손수 만든 계약서를 들고 해외 출장을 나갔다. 그런데 점심 식사 중 잠깐 화장실을 다녀온 사이에 서류가 든 가방을 소매치기당하고 말았다. 가장 적절한 행동 방법은 무엇인가?

① 계약을 포기하고 귀국하여 본사로 돌아온다.
② 현지 경찰에 신고하고 가방을 찾을 때까지 기다린다.
③ 거래처에 사실대로 말하고 양해를 구한 후 계약을 성사시킨다.
④ 수단과 방법을 가리지 않고 자신의 힘으로 해결한다.

07 2017년 귀하의 회사는 연봉협상을 마무리지었다. 연봉협상이 끝나자마자 직원들의 다양한 불만이 쏟아져 나왔으며, 인사 평가가 부당하게 이루어졌다는 원성이 들리고 있다. 귀하는 인사팀 소속 직원으로서 직원들의 불만에 귀를 기울여야 하는 상황이다. 다음 상황에서 귀하가 가장 시급히 상담을 하거나 조치를 취해야 하는 직원은 누구라고 생각하는가?   [NCS 국가직무능력표준 예제 변형]

① 사원 A는 직원성과평가에서 좋은 등급을 받았음에도, 조직적 차원에서의 연봉삭감에 불만이다.
② 사원 K는 회사가 급여정책을 변경해서 기본급을 조금 향상시키고 성과 및 인센티브를 지급하지 않는 것이 불만이다.
③ 사원 Y는 영업실적이 입사 동기보다 훨씬 뛰어남에도 불구하고 동기가 부장님과의 친분으로 자신보다 높은 평가를 받은 것이 불만이다.
④ 사원 B는 회사가 이례적인 영업이익을 달성했음에도 불구하고 작년과 인센티브가 동일한 것에 불만이다.

08 스타트업 회사인 H사는 사무실 이전을 계획하며 다가오는 여름을 맞아 에어컨을 설치하고자 비용 안내문을 확인하고 있다. 다음 대화를 읽고, 에어컨 설치 총 비용을 정확하게 나타내는 것을 고르시오.

*A동 B동 각 1대씩만 설치한다.
*부가세 별도

적용항목		수량	단가	금액	비 고
설치비	벽걸이형	대	40,000	원	23평형까지 적용
	스탠드형	대	50,000	원	
	중·대형	대	별도견적	원	평형대별 차등 적용
	냉난방기	대	별도견적	원	
	시스템(천정형)	대	별도견적	원	
배관비	벽걸이형(R-22)	M	12,000	원	일반 보온재 마감
	스탠드형(R-22)	M	15,000	원	
	벽걸이형(R-410)	M	14,000	원	고압관 단열
	스탠드형(R-410)	M	17,000	원	
	중·대형	M		원	소요 배간 규격 및 작업난이도에 따라 차등 적용
선배관 작업비	공통	M	20,000	원	23평형까지 적용(출장비 3만 원 별도)
특수관(주름관)	공통	M	30,000	원	매립된 배관 통로의 굴곡이 심한 경우 및 일반 배관 사용이 불가한 경우
기존 배관 재활용 작업비	벽걸이형(R-22)	M	8,000	원	기존 배관의 보온재 및 마감 테이핑을 절개하여 접힘부위 보수 후 새로운 보온재 및 테이프로 마감처리
	벽걸이형(R-410)	M	10,000	원	
실외기 거치대	벽걸이형	식	100,000	원	녹이 슬지 않는 고강도 알미늄 재질
	스탠드형	식	120,000	원	이사 시 재활용 가능
배수펌프 설치비	4~6m(~76w)	대	100,000	원	설치환경에 따라 자연배수가 불가능한 경우
	8m이상(77w~)	대	120,000	원	
난간 작업비	공통	식	30,000	원	• 기존 앵글을 재활용하는 경우(앵글작업비) • 실외기 난간이 외부에 위치하여 부득이 설치작업을 외부에 시행하는 경우(앵글이 설치된 경우 포함)
천공 작업비	공통	구	20,000	원	• 배관 관통을 위하여 벽체에 구멍을 뚫는 경우 • 외부 대리석 10,000원 추가
냉매 조정비	벽걸이형(R-22)	식	20,000	원	최적의 냉방성능을 위하여 적정 압력으로 조정하는 공정
	스탠드형(R-22)	식	30,000	원	
	2 in 1	식	50,000	원	
	벽걸이형(R-410)	식	30,000	원	

적용항목		수량	단가	금액	비 고
냉매 조정비	스탠드형(R-410)	식	50,000	원	최적의 냉방성능을 위하여 적정 압력으로 조정하는 공정
	2 in 1	식	70,000	원	
진공 작업비	공통	식	30,000	원	벽체 내에 배관이 매립된 경우 및 R-410 제품은 필수 공정
용접 작업비	공통	대	20,000	원	매립배관이 짧은 경우 또는 매립 배관 규격이 상이한 경우 적용(실내기 기준 1대당)
배수 작업비	공통	M	2,000	원	마모율이 낮은 고급재질 사용
질소 작업비	공통	대	50,000	원	매립배관 또는 기 설치된 배관 내부를 질소로 청소하는 경우
철거 작업비	공통	대	30,000	원	단순 철거만 의뢰하는 경우(23평형 미만/출장비 포함)
텍스 작업비	공통	식	협의	원	설치 구조상 또는 고객의 요청에 의해 배관을 천장 위로 설치하는 경우
운송 작업비	공통	식	실비	원	제품의 용량 및 운송거리에 따라 차등 적용
특급	공통	대	10,000	원	

※ 전기공사는 전기공사법 제8장 제42조에 의거 전기공사 자격소지자에게 의뢰(위반 시 1년 이하 징역 또는 1천만 원 이하 벌금형)

※ 설치 현장 구조상 크레인, 스카이 또는 사다리차 등을 대여하는 경우 사용실비는 고객님께서 부담하셔야 합니다.

A 사원 : 과장님. 에어컨 설치에 관하여 말씀드릴 게 있습니다.

B 과장 : 그래, 견적은 전부 산출한 건가?

A 사원 : 네, 견적 확인 차 의뢰를 하였는데 이전하는 곳인 A동 사무실은 스탠드형 설치비용과 배관비를 지불하면 설치가 가능할 것 같지만 B동의 사무실은 현장 구조상 직접 설치가 어렵다고 합니다. 사다리차를 통해서 설치해야 하는데 사다리차 대여비용이 부가세 포함 30만 원 정도 들고 실외기 거치대를 추가로 구입해야 할 것 같습니다. 이외의 견적은 A동 사무실과 동일합니다. 그리고 옵션별 가격이 차등 적용되는데 어떻게 할까요?

B 과장 : A 사원이 다른 경쟁사와 비교 견적을 산출한 것일 테니 A 사원이 맡아서 진행하도록 하고 옵션은 가격이 더 비싸더라도 좋은 걸 선택하도록 해. 이후에 비용결제 사항만 알려주면 될 것 같다.

① 554,000

② 579,400

③ 279,400

④ 제시된 정보만으로는 정확히 구할 수 없다.

09 다음의 사례를 읽고, 읽고 난 후의 반응으로 바르지 않은 것을 고르시오. [NCS 국가직무능력표준 사례]

生각하지도 못했던 돈

기업의 기획팀에 근무하는 A 씨는 근로자들의 업무 향상 방안을 구안하는 프로젝트를 수행하게 되었다. 프로젝트 팀장으로서 프로젝트 수행에 필요한 예산 수립을 담당해야 했다. 그리하여 프로젝트 수행 과정을 계획하여 과정별로 소요되는 비용을 산출하여 예산 수립하였다. 프로젝트를 본격적으로 시작하였고, 진행 역시 순조롭게 이루어지고 있었다.

이렇게 진행된 프로젝트의 결과(안)가 나올 때쯤, 프로젝트 팀원 회의에서 결과에 대한 전문가의 타당성 검토를 받는 것이 좋겠다는 의견이 나왔다. 전문가를 초빙하여 결과에 대한 타당성을 검토 받는 워크샵을 진행하였다.

그런데 타당성 검토를 도와준 전문가에게 수당을 주려고 할 때 문제가 발생하였다. 프로젝트 계획 단계에서 제출한 예산에 전문가 수당을 책정하지 않았기 때문이다. 또한 다른 항목에서 조절을 하려 하였지만 이 역시 어려운 상황이었다. 전문가 수당을 지불하기 위해 A 씨는 방안을 계속해서 찾아보았지만 해결되지 않았다.

A 씨는 결국 전문가들이 평소에 친분이 있던 사람이어서 사정을 설명하고 양해를 구하였다.

① A 씨가 예산 설정을 잘못했기에 개인적인 비용으로 상황을 마무리하는 것은 타당해.
② 워크샵을 진행하면서 예산 비용을 책정할 때, 직접비용 간접비용 등으로 나누어 예산을 작성했어야 해.
③ 워크샵 예산 책정 시 직접비용에는 전문가 수당비용이 있을 거야.
④ 간접비용은 잡비를 포함하여 프로젝트에 직접 소비되지 않는 것을 말하는 것이야.

10 다음 표는 A 기업의 최근 5년간의 사무용품과 보관 물품을 구별한 것이다. 이 표에 대해서 옳은 것은?

사무용품과 보관 물품 현황

(단위 : 개)

연도 / 종류 / 부서		B 부서	C 부서	D 부서	기타	전체
2011	사무용품	37	53	151	96	337
	보관 물품	956	584	53	127	1,720
2012	사무용품	28	68	247	120	463
	보관 물품	21	49	166	151	387
2013	사무용품	27	61	272	123	483
	보관 물품	3	187	181	212	583
2014	사무용품	32	33	218	102	385
	보관 물품	38	23	105	244	410
2015	사무용품	39	39	149	116	343
	보관 물품	1,223	66	30	143	1,462

① 2011년부터 2015년 사이의 사무용품 개수와 보관 물품 개수는 비례한다.

② 연도별 전체 사무용품 개수에 대한 B 부서 사무용품 개수의 비율은 매년 감소하고 있다.

③ 각 연도에서 사무용품 개수에 대한 보관 물품 개수의 비율이 가장 낮은 부서는 D 부서이다.

④ 전체 보관 물품의 개수가 가장 적은 연도에서 기타를 제외하고 사무용품의 개수에 대한 보관 물품의 개수의 비율이 가장 낮은 부서는 D 부서이다.

11 H 카드사의 홍보팀 사원 Y 씨는 VIP 초청 연회장 임대를 계획하고 있다. 임대료 조건표를 확인하고 물음에 답하시오.

12월

월	화	수	목	금	토	일
1	2	3	4	5	6	7
8	9	10	11	12	13	14

임대료

구분	임대 가격(1일 기준, 부가세 별도)	
	주중	주말
A홀(350명)	400만 원	600만 원
B홀(250명)	300만 원	400만 원
C홀(300명)	300만 원	400만 원
D홀(500명)	600만원	800만 원
E홀(100명)	100만 원	200만 원

장기간 사용에 따른 할인

구분	내용	할인율	비고
기간 할인	1일 ~ 3일 까지	0%	각 구간별 할인 금액 적용하여 합산
	4일 ~ 10일 까지 (단, C홀은 10% 할인)	20%	
	11일 이상 (단, C홀은 30% 할인)	40%	

다음 대화를 읽고, 사원 Y의 선택으로 가장 적합한 것을 고르시오.

홍보팀장 : Y 님, 이번 VIP 연회는 12월 5일부터 12월 8일까지 총 4일간 계획되어 있습니다. 참여 인원은 어떻게 되나요?

사원 Y : 금년도 참가 인원은 5, 6, 7, 8일 각 120명이고 동반 1인까지 참여가 가능하도록 공지가 되어 있습니다. 대관료가 다양하게 설정되어 있는데 임대료에 할당된 예산은 어떻게 되는지 궁금합니다, 팀장님.

홍보팀장 : 기타 비용을 제외한 총 임대료는 1,350만 원을 넘지 않도록 주의해 주세요.

① A홀   ② B홀   ③ C홀   ④ E홀

12 다음은 H 사 영업 1팀 구성원 스케줄 현황이다. 신입사원 K 씨는 다음 스케줄표를 참고하여 고객관리현황에 관련한 발표 및 팀 회의 시간을 선정하려고 한다. 전체 구성원의 스케줄을 고려하여 가장 효율적인 시간대는 언제인지 고르시오. (회의 시간은 1시간으로 가정한다)

[NCS 국가직무능력표준 예제 변형]

H 사 영업 1팀 구성원 스케줄

(단위 : 개)

시간	직급별 업무 스케줄				
	부장	차장	과장	대리	사원
9:00~10:00	부장업무회의	입찰제안서 확인	입찰제안서 작성	신규거래처관리	기존고객관리
10:00~11:00		제안서 보고	제안서 보고		
11:00~12:00	신규거래계약			신규고객유치 외근	서무 업무
12:00~13:00	점심식사				
13:00~14:00		예산안 편성			
14:00~15:00	실전전략수립		시장조사	고객관리	고객관리
15:00~16:00					
16:00~17:00			조사결과보고	고객관리 업무 보고	고객관리 업무 보고
17:00~18:00	예산결제				

① 9:00~10:00   ② 11:00~12:00

③ 14:00~15:00   ④ 15:00~16:00

[13~15] 구두회사 상품기획부에 근무하는 A 는 신제품 제작을 위해서 협력 업체들의 단가와 일정을 비교한 후, 제품의 원가를 책정하려고 한다. 이어지는 질문에 답하시오.

[NCS 국가직무능력표준 예제 변형]

〈상품 주문서〉

- 제작상품 : 구두
- 제품원단(제품 1개 제작 시 필요한 사이즈) : 외피 – 가죽(3평)/ 내피 – 스웨이드(2평)
- 제작수량 : 400개

원단별 내구성 및 단가

원단종류		내구성	단가(원/1평)
외피	플럽 가죽	중	15,000
	슈렁큰 가죽	상	18,000
	베지터블 가죽	중	18,000
	램스킨 가죽	상	17,500
내피	천연 스웨이드	중	4000
	인조 스웨이드	중	3000
	합성 스웨이드	상	4000

*가죽 1평 = 가로 30cm×세로 30cm

협력업체별 현황비교

공장	가	나	다	라
공임비(원/개)	24,000	20,000	25,000	20,000
일일 최대제작수량 (개)	60	60	70	55
휴무일	매월 1, 3주째 일요일	매주 토요일	매주 토, 일요일	매월 2, 4주째 토, 일요일

13 A는 제품 한 개당 제작 원가가 가장 저렴한 원단을 우선으로 선택하고자 한다. 그러나 제품 제작 시 각 원단의 제작 원가가 7,000원 이상 차이 나지 않을 때에는 내구성이 좋은 원단을 선택한다. 어떤 원단을 선택하겠는가? (내구성 이외의 가죽, 스웨이드의 종류는 무시한다)

① 플럽 가죽 – 인조 스웨이드
② 플럽 가죽 – 합성 스웨이드
③ 슈렁큰 가죽 – 합성 스웨이드
④ 램스킨 가죽 – 합성 스웨이드

14 아래는 2월의 달력이다. 현재는 2월 3일이며 디자인 시안은 6일에 완성되고 완성 후로부터 1주일 뒤에 제작주문한다고 한다. 제작주문이 들어간 날부터 제작했을 때, 가장 빨리 제품을 제작하기 위해서 A가 선택할 협력업체는 어느 공장인가?

2월

일	월	화	수	목	금	토
			1	2	3	4
5	6	7	8	9	10	11
12	13	14	15	16	17	18
19	20	21	22	23	24	25
26	27	28				

① 가 공장   ② 나 공장   ③ 다 공장   ④ 라 공장

15 앞의 문제를 통해서 결정한 원단과 협력업체를 통해 제품의 원가를 구하고자 한다. A가 책정한 제품 개당 원가는 얼마인가?

① 74,000원   ② 82,500원   ③ 75,000원   ④ 81,500원

[16~19] 아래 그림은 각 회사의 가방들의 특징을 정리한 것이다. 제시된 표를 읽고, 이어지는 물음에 답하시오.

[NCS 국가직무능력표준 예제 변형]

	브랜드 가치	가격	무게	디자인	실용성
D	★★★☆☆	★★★☆☆	★★★★☆	★★★★☆	★★★★☆
P	★★★☆☆	★★☆☆☆	★★★☆☆	★★★★☆	★★★☆☆
S	★★★☆☆	★★☆☆☆	★★★★☆	★★★☆☆	★★★☆☆
Q	★★★☆☆	★★★☆☆	★★★☆☆	★★★★☆	★★★☆☆
R	★★★★☆	★★☆☆☆	★★★☆☆	★★☆☆☆	★★☆☆☆

★★★★★매우 좋음   ★★★★☆좋음   ★★★☆☆보통   ★★☆☆☆나쁨   ★☆☆☆☆매우 나쁨

16 20대는 브랜드 가치가 좋고 가격이 저렴하며 디자인이 좋은 제품을 선호한다고 한다. 20대의 최상의 선택은 무엇인가?

① Q   ② S   ③ R   ④ P

17 다음 중 자신의 선호도에 맞게 합리적인 구매를 한 사람을 선택하시오

① 갑 : 브랜드 가치와 무게를 중요시하기 때문에 Q를 선택했다.
② 을 : 다른 무엇보다 나는 디자인을 선호하기 때문에 S를 선택했다.
③ 병 : 가격과 디자인이 좋은 두 회사 중에서 실용성이 더 좋은 Q를 선택했다.
④ 정 : 가격과 무게가 좋은 두 회사 중에서 실용성이 더 좋은 D를 선택했다.

18 브랜드 가치와 가격을 중시하는 A 씨는 R 제품을 선택하였다면 어떤 회사의 가방을 선택했을 때보다 나쁜 결정을 내린 것인가?

① Q   ② S   ③ D   ④ P

19 20대는 브랜드 가치와 가격을 중요시하는 반면에, 30대는 무게와 실용성을 선호하는 특성을 갖고 있다. 20대와 30대를 모두 만족시킬 수 있는 회사의 제품은 무엇인가?

① Q   ② S   ③ D   ④ P

20 다음 그림은 '갑' 제품의 제조사별 매출액에 대한 자료이다. '갑' 제품의 제조사는 A, B, C만 존재한다고 할 때, 〈보기〉 중 옳은 것을 모두 고르면?

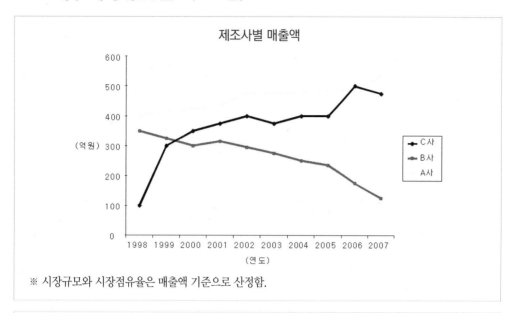

제조사별 매출액

※ 시장규모와 시장점유율은 매출액 기준으로 산정함.

사례 :

ㄱ. 1999~2007년 사이 '갑' 제품의 시장규모는 매년 증가하였다.

ㄴ. 2004~2007년 사이 B사의 시장점유율은 매년 하락하였다.

ㄷ. 2003년 A사의 시장점유율은 2002년에 비해 상승하였다.

ㄹ. C사의 시장점유율은 1999~2002년 사이 매년 상승하였으나 2003년에는 하락하였다.

① ㄱ, ㄴ, ㄷ   ② ㄱ, ㄹ   ③ ㄴ, ㄷ   ④ ㄴ, ㄷ, ㄹ

NCS
국 가 직 무 능 력 표 준

06 대인관계능력

01 타인과 원만한 관계를 형성하기 위한 대화 방식으로 적절하지 않은 것은?

① 자신에 대한 다른 사람의 평가를 방어적으로 받아들인다.
② 대화 상황에 적극적으로 참여한다.
③ 자신에 대해 긍정적인 태도로 말한다.
④ 다른 사람의 반응을 능동적으로 수용한다.

02 협상에 대한 설명으로 적절하지 않은 것은?

① 협상 참여자는 공동의 목표를 추구한다.
② 한 번의 협상에서는 하나의 주제만을 다룬다.
③ 협상 참여자가 셋 이상의 집단으로 이루어지기도 한다.
④ 협상 참여자는 이익과 관련된 갈등을 인식한 주체이다.

03 효율적으로 협상을 진행하기 위해 가장 먼저 해야 할 일은?

① 협상의 쟁점을 분석한다.
② 제시된 대안들을 재구성한다.
③ 다른 참여자들의 협력을 구한다.
④ 문제에 대한 기본 입장을 확인한다.

04 협상에 참여하는 태도로 적절하지 않은 것은?

① 자신의 관점이나 이익을 우선하지 않는다.
② 타협 가능한 협상의 목표를 설정하도록 한다.
③ 자신의 의견에 대한 근거를 최우선으로 여긴다.
④ 협상 결과를 받아들이고 책임지는 태도를 갖는다.

05 다음 중 대인관계능력에 대한 설명으로 올바르지 않은 것은?

① 인간관계 기법과 테크닉에 의해 결정된다.　② 인간의 내적 성품에서 시작된다.

③ 갈등해결능력을 포함한다.　④ 수평적 네트워크 관계에서 특히 중요하다.

06 다음 중 리더의 특징으로 옳지 않은 것은?

① 예상되는 위험을 감수한다.

② 조직과 기구보다 사람을 중시한다.

③ 비전을 제시하고 그것이 완성될 수 있는 환경을 만든다.

④ '무엇을 할 것인가'보다는 '어떻게 할 것인가'에 초점을 맞춘다.

07 (가)와 (나)에 나타난 의사소통 문화의 차이점을 가장 바르게 설명한 것은?

(가)

김철수 : 차 과장, 잠깐 와 봐.

차승조 : 부장님, 부르셨습니까?

김철수 : 지난달 사원들의 판매 실적 현황표 다 작성했나?

차승조 : 아, 그거 제가 박 대리한테 지시해 두었습니다. (박상진을 보며) 박 대리, 지난번에 내가 지시했
　　　　던 것 빨리 가져와 봐.

(나)

김철수 : 차승조 님, 잠깐 얘기 좀 할까요?

차승조 : 네, 김철수 님.

김철수 : 지난달 사원들의 판매 실적 현황표 다 작성하셨습니까?

차승조 : 아, 그거 제가 박상진 님한테 말해 두었습니다. (박상진을 보며) 박상진 님, 지난번에 제가 부탁
　　　　했던 거 지금 볼 수 있을까요?

---

① (가)에서는 지시나 명령의 표현을 통한 수직적인 의사소통 문화가, (나)에서는 높임과 존대의
　표현을 통한 수평적인 의사소통 문화가 나타나고 있다.

② (가)에서는 상대방의 정서와 감정을 중시한 감성적인 의사소통 문화가, (나)에서는 상황과 논
　리를 중시한 이성적인 의사소통 문화가 나타나고 있다.

③ (가)에서는 언어의 경제성을 바탕으로 한 효율적인 의사소통 문화가, (나)에서는 언어의 예술
　성을 고려한 비효율적인 의사소통 문화가 나타나고 있다.

④ (가)에서는 상대방에 대한 질문을 억제한 직접적인 의사소통 문화가, (나)에서는 상대방에 대한 질문을 바탕으로 한 간접적인 의사소통 문화가 나타나고 있다.

[08~10] 다음 글을 읽고, 물음에 답하시오.

> 중국에서 사업을 하는 한국 경영인들은 중국인들의 '하오(好, 좋다)'라는 말의 의미를 보다 정확하게 알아야 할 것 같다. 중국 현지에 진출해 있는 한국 기업 경영진들이 현지인들과 의사소통하는 과정에서 발생한 오해로 인해 사업에 큰 차질을 빚는 경우가 많다. 그 중 대표적인 것이 '하오'라는 말을 확정적인 결정을 의미하는 '오케이'로 인식한 데에서 생겨난 문제가 아닐까 싶다.
>
> 1994년 중국에 진출한 박 사장은 사업 초기 중국 고위 간부들과의 면담 자리에서 자신의 사업 얘기를 꺼냈다. 일이 잘 풀리지 않을 것 같아 노심초사하고 있었는데, 자신의 사업 계획을 들은 한 간부가 허심탄회하게 '하오'라고 말을 했다. 그는 그 말을 '오케이'라는 뜻으로 알아듣고 다음 날부터 일을 추진하기 위한 준비를 했다. 하지만 며칠 뒤 그 간부에게 다시 연락을 해 보니 "나는 동의한 적 없다."라고 하였고, 그는 사업 추진에 낭패를 보게 되었다. 그는 "중국에 진출한 한국인들이라면 한 번쯤은 겪어 봤을 일이다."라며 "중국인들이 사용하는 '하오'라는 말은 잠정적이거나 유보적인 결정을 뜻하는 말일 수 있으므로 이를 확답이라고 생각하지 말고 상황에 따라 의미를 정확하게 확인할 필요가 있다."라고 조언했다.
>
> 중국에서 '하오'라는 말은 반드시 영어의 '오케이'를 의미하지는 않는다. 따라서 '하오'라는 말을 들으면 '한 번 생각해 볼게.' 혹은 '네 말이 무슨 뜻인지 잘 알겠다.'라는 뜻이 아닌지 곰곰이 따져 보아야 한다.

08 이 글에 나타난 의사소통의 장애 요인으로 가장 적절한 것은?

① 부정확한 언어 표현   ② 개인의 특정한 말투
③ 국가 간의 문화적 차이   ④ 의사소통 참여자의 자세

09 이 글을 참고로 할 때, '하오(好, 좋다)'를 쓴 '중국 고위 간부'의 의도와 이에 대한 '박 사장'의 생각으로 가장 적절한 것은?

	'중국 고위 간부'	'박 사장'
①	네 조건 썩 좋진 않구나.	좋다는 거구나.
②	네 말의 뜻을 이해하지 못하겠다.	'오케이'는 아니라는 의미구나.
③	난 아직 잠정적인 선택일 뿐이다.	내 말이 무슨 뜻인지 알겠다는 말이구나.
④	네 말을 한 번 생각해 볼게.	'오케이'라는 의미구나.

10 이 글에 나타난 의사소통 장애 사례와 가장 유사한 것은?

① 태윤이는 평소 줄임말을 많이 써서 친구들이 태윤이의 말을 잘 이해하지 못할 때가 많다.

② 영희는 상대방에 대한 칭찬과 찬사를 연발하는데, 병민이는 영희가 과장이 심하며 지나치게 찬사를 남발하는 사람이라고 생각한다.

③ 메리는 한국인 친구가 시원하다라고 말한 육개장 국물을 먹었다가 너무 뜨거워서 소리를 지르고 말았다. 메리는 자신을 속인 것 같아 기분이 좋지 않다.

④ 유미는 한두 사람 정도 모인 사적인 모임에서 안락함을 느끼며 대화하지만, 범수는 오히려 잘 알지 못하는 사람들이 많이 모인 자리에서 하는 대화를 더 편하게 느낀다.

11 제시된 두 가지 사례를 읽고 두 상황을 정확히 이해하지 못한 사람을 고르시오.

[NCS 국가직무능력표준 사례]

(가) 일반적으로 오케스트라는 지휘자와 악단이 균형과 조화를 이룰 때 최고의 선율이 흘러나온다. 오케스트라가 팀이라면 지휘자는 리더이다. 통일성 속에서 개성이 살아나고 전체 선율 속에서 각 악기가 가진 고유한 소리를 낼 때 가장 빛난다. 최고의 팀워크가 만들어내는 산물이다. 그런데 여기 다른 유형의 오케스트라가 있다.

수요일 저녁, 카네기홀은 훌륭한 음악회에 대한 기대로 가득 차 있다. 오르페우스 실내 악단이 따뜻한 박수갈채를 받으며 무대에 자리를 잡았으며, 연주자는 모두 자신에 차 있었다. 이 오케스트라는 다른 오케스트라와 다른 점이 있다. 바로 지휘자가 없다는 점이다. 1972년 첼리스트 줄리안 파이퍼(Julian Fifer)가 창립한 오르페우스 악단은 구성원 모두에게 음악을 지휘할 권한을 준다. 오르페우스 지휘자의 단일 지도력에 의존하기보다 구성원의 기술, 능력, 정열적인 신뢰에 의존하도록 만들어졌다. 음악을 연주하는 사람에게 권한을 주려는 결정은 위계질서를 기본으로 하는 전통적인 오케스트라와는 근본적으로 다른 구조를 필요로 했다. 창립 멤버는 민주적 가치를 기반으로 하는 실내악에서 영감을 찾았는데, 작은 앙상블(10명 이내)은 자율지도 팀처럼 움직이면서 권한, 책임, 리더십, 그리고 동기부여를 함께 한다.

(나) 원활한 정시퇴근, 출산휴가와 육아휴직 등 복지 혜택 확대, 능력 중심 채용, 조직 성과의 공유, 가족 같은 분위기 조성을 통해 문화를 일신하려는 기업들이 늘고 있다. 이는 조직을 튼실하게 뒷받침함으로써 창의성과 도전정신을 북돋워 궁극적으로 기업가치를 높여주는 동력으로도 작용한다. 능동적인 기업문화 형성을 위해 톡톡 튀는 아이디어를 토대로 벤처정신을 강조하고 있는 롯데그룹이나 임직원 자녀를 위해 영어강의와 입시설명회를 진행하는가 하면, 부부 소통기회를 마련하기 위해 캠프를 열기도 하는 금호아시아나그룹의 노력 역시 이런 범주에 속한다.

지난해 10월 설립된 롯데그룹의 창업보육 전문법인인 롯데엑셀러레이터. 요즘 스타트업 기업인 '롯데 사내벤처'를 가동하기 위해 분주한 나날을 보내고 있다. 톡톡 튀는 발상으로 무장한 그룹 계열사 직원들의 참여 아래 본격적으로 벤처사업에 닻을 올린 것. 롯데그룹 관계자는 "롯데 사내벤처는 롯데 기업문화개선위원회가 지난해 내부 임직원들을 대상으로 실시한 기업문화개선 제안 공모전에서 최우수 아이디어로 뽑힌 '롯데를 떨게 할 아이디어를 찾아라'란 프로젝트를 발전시킨 것이다.

이에 맞춘 공모전에서는 참신한 아이디어 수백 건이 쏟아졌다. 이 중 전문가 평가를 거쳐 11건을 추렸고 제안자의 열정, 추진력을 중심으로 한 1차 프레젠테이션을 통해 6개 안을 뽑았다. 6개 안을 내놓은 직원들은 지난 1일부터 서울 영등포구 영중로 롯데리테일 아카데미에서 자신의 아이디어를 어떻게 발전시키고 사업계획을 구체화할지 치열하게 고민하는 교육을 받고 있다.

① 보라 : 구성원들에게 자율성을 부여함으로써 창의적인 활동이 가능할 것 같아.

② 소진 : 조직과 구성원 간의 신뢰를 바탕으로 열린 의사소통이 가능하기에 더 높은 성과를 기대할 수 있을 거야.

③ 하니 : 구성원 중에 뛰어난 기술, 역량을 지닌 사람은 리더로서 팀을 이끄는 자격이 주어져야 해.

④ 하늘 : 독립성, 자율성, 능동성 등의 가치도 중요하지만 조직 구성원으로서의 팀워크 역시 중요하다고 생각해.

12 다음과 같은 갈등 해결에 관한 설명으로 적절하지 않은 것은?

구리시는 소각장의 입지선정 때부터 네 차례에 걸쳐 주민 의견을 수렴했다. 또한, 인근 남양주시와 사업 교환을 통해 구리시는 소각장을, 남양주시는 매립장을 각각 건설해 공동 사용하는 방안에 합의했다. 구리시의 소각장에는 시민을 위한 사우나 시설을 겸한 수영장, 인조 축구장 등 다양한 편익 시설과 소각장 굴뚝을 이용한 전망대가 설치되어 있어 주민들의 사랑을 받고 있다.

① 힘 있는 지도자의 강력한 리더십 때문에 가능했다.

② 주민 의견의 수렴 등 해결 절차를 중시한 것이 갈등해결에 주효했다.

③ 갈등의 원인으로 왜 내가 사는 곳에 이런 시설을 설치해야 하는가라는 생각이 있었다.

④ 시민을 위한 여러 시설을 한 것은 기피시설 설치에 대한 보답이라고 할 수 있다.

13 다음 내용과 가장 관련 있는 학자는?

> • 동기 요인   • 감독, 기술, 불만족 해소
> • 직무에 만족하는 종업원은 직무 자체에 관심을 가짐.

① 페이욜   ② 허즈버그   ③ 맥그리거   ④ 매슬로

14 다음과 같은 내용을 가진 리더십 유형은?

> 리더가 조직 구성원 각자에게 책임과 권한을 주고 의사 결정에 참여하지 않는 유형

① 전제형   ② 민주형   ③ 자유 방임형   ④ 조직형

15 다음 중 갈등에 대한 설명으로 옳지 않은 것은?

① 갈등은 발생 즉시 해소해야 한다.
② 인신공격이나 편 가르기, 미묘한 감정공격 등이 갈등의 단서가 된다.
③ 어떤 문제에 대한 의견 차이에서 발생하기도 한다.
④ 갈등은 팀워크를 저해하므로 팀 내에서 발생하지 않는 것이 좋다.

16 다음 중 제시된 유형의 특징이 잘못된 것은?   [NCS 국가직무능력표준 사례]

> 리더십과 멤버십은 서로 다른 개념이며 각기 별도의 역할을 가지고 있다. 그러나 두 개념은 독립적인 관계가 아니라 상호 보완적이며 필수적인 존재이다. 두 역할 모두가 성공을 거둘 수도 있고, 실패할 수도 있다. 조직이 성공을 거두려면 양자가 최고의 기량을 발휘해야만 한다. 즉, 리더십을 잘 발휘하는 탁월한 리더와 멤버십을 잘 발휘하는 탁월한 멤버, 둘 다 있어야만 한다. 한편 멤버십 유형을 나누는 두 가지 축은 마인드를 나타내는 독립적 사고 축과 행동을 나타내는 적극적 실천 축으로 나누어진다. 이에 따라 멤버십 유형은 수동형, 실무형, 소외형, 순응형 등으로 구분할 수 있으며, 각각의 특징은 다음과 같다.

구분	① 소외형	② 순응형	③ 실무형	④ 수동형
자아상	• 자립적인 사람 • 조직의 양심	• 기쁜 마음으로 과업을 수행 • 리더나 조직을 믿고 헌신함.	• 조직의 운영방침에 민감 • 사건을 균형잡힌 시각으로 봄.	• 판단, 사고를 리더에게 의존 • 일부러 반대의견 제시

17 다음 기사 A와 사례 A를 잘 읽고, 사례 A의 의사소통 유형을 고르시오.

기사 A

'소통경영'의 바람이 불고 있다. 서로 '말이 통하지 않는다'고 느껴지면 작은 모임일지라도 곧 깨지고 마는 것처럼 이익 창출을 위한 기업에서 소통의 중요성은 아무리 강조해도 지나치지 않다. 기업의 성과가 소통에 달려 있다고 해도 과언이 아니다. 직장 내에서 이루어지는 소통은 크게 네 부분으로 나눌 수 있다. 업무적 소통, 창의적 소통, 정서적 소통, 무언의 소통이다. 업무를 지시하거나 보고하는 것, 정보를 공유하는 대화, 피드백 등이 업무적 소통의 범주에 들어간다. 이것이 잘 이루어지면 업무성과가 향상된다. 두 번째 창의적 소통은 새로운 아이디어를 제안하거나 비전을 제시하는 것, 또는 협업 요청 등을 포함하는 개념이다. 창의적 소통이 활발한 조직에서는 창조적인 성과 창출이 가능하다. 정서적 소통은 인간관계를 유지하기 위한 일상적 대화, 상호 이해 및 공감하는 대화 등으로, 조직원 간 관계의 질이 향상된다. 마지막으로 우리가 무의식적으로 상대방의 손동작, 자세, 표정, 어투 등을 통해 그 속에 담긴 메시지를 파악하는 것을 무언의 소통이라 한다. 이 네 가지 영역이 조화롭게 어우러져야 건강한 소통이 이뤄지고 있다고 말할 수 있다.

사례 A

C 사장은 서울 외곽, 그것도 북쪽에 위치한 골프장의 경영자다. 서울 도심에서 한 시간 반 이상 걸리는 거리여서 사람들이 심리적으로 멀다고 생각하는 곳임에도 항상 우리나라 10대 골프장 중 하나로 손꼽힌다.

그다지 좋지 않은 조건인데도 명성을 얻는 비결이 무엇인지 궁금했는데 놀랍게도 아주 간단한 이유 때문이었다. C 사장은 라운드할 때 만나는 직원들의 이름을 직접 불러주는데, 직원들은 자신이 인정받고 있다고 생각하고 최선을 다해서 업무에 임한다.

또한 더운 날씨에 잔디 보수공사로 땀 흘리며 일하는 인부들을 보고 그 자리에서 금일봉을 건네며 "시원한 음료수라도 사서 먹고 하라"는 배려심도 인상적이었다. 사장이 먼저 다가가 마음을 알아주니 직원들의 사기가 오르고 인정받았다는 생각에 잔디 위에 떨어진 것이 없을 정도로 열심히 일하게 돼, 불황에도 손님이 넘치고 대외 이미지까지 좋아졌던 것이다.

① 업무적 소통　　　② 정서적 소통　　　③ 창의적 소통　　　④ 무언의 소통

18 다음 〈표〉는 세계 38개 국가의 공적연금 체계를 비교한 자료이다. 이에 대한 설명 중 옳은 것은?

체계	부담 방식				비부담 방식		해당국가
	사회 보험식		퇴진준비금식	강제가입식	사회수당식	사회부조식	
	정액급여	소득비례급여	기여비례급여	기여비례급여	정액급여	보충급여	
일원체계	O						네덜란드, 아이슬란드
		O					독일, 오스트리아, 미국, 스페인, 포르투갈, 중국, 한국
					O		뉴질랜드, 브루나이
						O	호주, 남아프리카공화국
			O				싱가포르, 말레이시아, 인도, 인도네시아
이원 체계	O	O					일본, 영국, 노르웨이, 핀란드
	O					O	아일랜드
		O				O	이탈리아, 스웨덴, 프랑스, 벨기에, 불가리아, 루마니아, 스위스
		O		O			칠레, 멕시코, 아르헨티나, 페루, 콜롬비아
삼원 체계	O	O				O	이스라엘, 라트비아
	O				O	O	덴마크
		O			O	O	캐나다

※ 'O'은 해당 국가에서 해당 방식을 도입한 것을 의미함.

① 기여비례급여를 도입한 국가는 모두 10개이다.

② 삼원체계로 분류된 국가 중 비부담 방식을 도입한 국가는 3개이다.

③ 일원체계로 분류된 국가의 수와 이원체계로 분류된 국가의 수는 다르다.

④ 보충급여를 도입한 국가의 수는 소득비례급여를 도입한 국가의 수보다 적다.

19 몇 달 전부터 여자친구와 함께 보고 싶었던 연극의 티켓 2장을 어렵게 구했다. 여자친구와 약속을 잡고 연극공연을 보려는데 갑자기 진행 중이던 프로젝트에 문제가 생겨서 팀원 전원이 야근을 해야 한다. 가장 먼저 선택할 행동과 가장 마지막에 선택할 것을 바르게 나타낸 것을 고르시오.

> A. 팀장님께 양해를 구하고 여자친구와 영화를 보러 간다.
> B. 표를 환불하고 다른 날로 다시 예매한다.
> C. 여자친구에게 표를 전해주고 다른 사람과 함께 가라고 한다.
> D. 연극을 보고 돌아온 후에 남들보다 더 늦게까지 일한다.
> E. 다른 팀 동료에게 표를 판다.

① C–D   ② B–A   ③ D–E   ④ A–E

20 당신은 회사에서 우수한 CPI 평가를 받았고 성실하기로 소문이 났기에 진급 대상으로 선정되었다고 생각했다. 하지만 당신은 진급에서 누락되고 그 자리에 한 기수 후배이자 팀장님과 친밀한 사이인 후배가 진급이 되었다. 이러한 상황에서 가장 먼저 선택할 행동과 가장 마지막에 선택할 행동을 바르게 나타낸 것을 고르시오.

> A. 자신의 할 일을 더욱 성실히 하며 다음의 기회를 기다린다.
> B. 부당한 진급 평가에 대해 인사과에 공정한 평가를 다시 한 번 부탁한다.
> C. 자신의 진급 누락에 대해서는 겸허히 받아들이지만, 팀장님의 행동을 신고하고자 노력한다.
> D. 앞으로도 발전이 없기에 회사를 그만둔다.
> E. 팀장님에게 가서 따진다.

① E–D   ② C–A   ③ A–E   ④ B–D

국가직무능력표준

정보능력

01 전자 상거래(EC : Electronic Commerce)에 대한 옳지 않은 설명을 〈보기〉에서 골라 바르게 짝지은 것은?

> **보기**
>
> ㄱ. 컴퓨터나 정보통신망 등 전자화된 기술을 이용하여 기업과 소비자가 상품과 서비스를 사고파는 것을 의미한다.
> ㄴ. 기업의 상품이나 서비스 제공 대상은 특정 기업이나 특정 소비자만을 대상으로 한다.
> ㄷ. 전자상거래가 활성화되면 기업은 물류비용이 늘어나고 소비자는 값비싼 물건을 구매하게 된다.
> ㄹ. 홈쇼핑, 홈뱅킹, 인터넷 서점 등이 해당된다.

① ㄱ, ㄴ   ② ㄱ, ㄹ   ③ ㄴ, ㄷ

④ ㄴ, ㄹ   ⑤ ㄷ, ㄹ

02 컴퓨터 바이러스를 예방하는 방법으로 옳은 것을 〈보기〉에서 고른 것은?

> **보기**
>
> ㄱ. 정품 소프트웨어를 사용한다.
> ㄴ. 전자우편(E-mail)은 안전하므로 바로 열어서 확인한다.
> ㄷ. 중요한 파일은 별도의 보조기억 장치에 미리 백업해둔다.
> ㄹ. 좋은 자료가 많은 폴더는 정보공유를 위해 무조건 서로 공유하여 사용한다.

① ㄱ, ㄴ   ② ㄱ, ㄷ   ③ ㄴ, ㄷ

④ ㄴ, ㄹ   ⑤ ㄷ, ㄹ

03 다음은 스프레드시트로 작성한 워크시트이다. (가)~(마)에 대한 설명으로 옳지 않은 것은?

	항목	국어	영어	수학	합계	순위
			학년별 성적 현황			←(가)
					(단위 : 점)	
	항목	국어	영어	수학	합계	순위	←(나)
	공유	94	72	68	234	2
	김고은	87	79	91	257	1
	유인나	43	81	54	178	5	←(다)
	육성재	76	62	42	180	4
	이동욱	55	98	74	227	3
	합계	355	392	329	1076	

(라)   (마)

① (가)는 '셀 병합' 기능을 이용하여 작성할 수 있다.

② (나)는 '셀 서식'의 '채우기' 탭에서 색상을 변경할 수 있다.

③ (다)는 셀 F5를 = RANK(F5, E5 : E9)로 구한 후 '자동 채우기' 기능으로 구할 수 있다.

④ (라)는 '자동 합계' 기능을 사용하여 구할 수 있다.

⑤ (마)는 셀 E4의 값을 구한 후 '자동 채우기' 기능으로 구할 수 있다.

04 다음 중 엑셀의 정렬 기능에 대한 설명으로 옳지 않은 것은?

① 오름차순 정렬과 내림차순 정렬 모두 빈 셀은 항상 마지막으로 정렬된다.

② 영숫자 텍스트는 왼쪽에서 오른쪽 방향으로 문자 단위로 정렬된다.

③ 사용자가 [정렬 옵션] 대화 상자에서 대/소문자를 구분하도록 변경하여, 오름차순으로 정렬하면 대문자가 소문자보다 우선순위를 갖는다.

④ 공백으로 시작하는 문자열은 오름차순 정렬일 때 숫자 바로 다음에 정렬되고, 내림차순 정렬일 때는 숫자 바로 앞에 정렬된다.

05 Windows 7에서 프린터 설정에 대한 설명으로 옳지 않은 것은?

① 기본 프린터는 오직 1대만 설정할 수 있다.
② 네트워크 프린터는 기본 프린터로 설정할 수 없다.
③ 한 대의 프린터를 여러 대의 컴퓨터에서 네트워크로 공유 가능하다.
④ 네트워크, 무선 또는 Bluetooth 프린터를 설치할 수 있다.

06 다음 중 엑셀의 화면 구성 요소를 설명한 것으로 옳지 않은 것은?

① 엑셀에서 열 수 있는 통합 문서 개수는 사용 가능한 메모리와 시스템 리소스에 의해 제한된다.
② 워크시트란 숫자, 문자와 같은 데이터를 입력하고 입력된 결과가 표시되는 작업공간이다.
③ 각 셀에는 행 번호와 열 번호가 있으며, [A1] 셀은 A행과 1열이 만나는 셀로 그 셀의 주소가 된다.
④ 하나의 통합 문서에는 최대 255개의 워크시트를 포함할 수 있다.

07 다음 중 엑셀의 출력에 대한 설명으로 옳지 않은 것은?

① 엑셀에서 그림을 시트 배경으로 사용하면 화면에 표시된 형태로 시트 배경이 인쇄된다.
② 시트 배경은 통합 문서를 저장할 때 워크시트 데이터와 함께 저장된다.
③ 워크시트에 삽입된 그림, 도형 및 SmartArt 등 일러스트레이션은 출력할 수 있다.
④ 차트를 클릭한 후 [Office 단추]−[인쇄]를 선택하면 '인쇄' 대화상자의 인쇄 대상이 '선택한 차트'로 지정된다.

08 다음 기사를 읽고 내용과 관련이 있는 것을 고르시오.

> 한국전력(사장 조환익)은 전력사업 전반에 대하여 국민들의 아이디어나 문제해결 대안을 모으는 ○○○○ ○○ 플랫폼을 구축하여 국민과의 소통을 강화해 나갈 예정이다.
>
> 국민들에게 정보를 개방 · 공유하고, 소통 · 협력하는 정부3.0 기조에 맞추어, 내부역량 중심으로 수행해 오던 기존의 사업방식에서 벗어나 외부의 창의적이고 혁신적인 아이디어를 접목하여 국민들과 한전이 함께 미래 전력산업을 만들어 나가는 데 그 목적이 있다.

> 전기를 사용하는 국민이면 누구나 한전 ○○○○ ○○ 시스템에 접속하여 다양한 아이디어 참여가 가능하다. 아이디어 참여 분야는 서비스/요금/송배전 등 전력사업 전반에 대한 서비스 개선, 국민들을 위한 사회공헌활동 및 에너지 복지 제공 방안, 에너지신사업 및 해외사업 분야에 대한 수익모델 및 솔루션 제시이다.

① 아웃소싱   ② 크라우드 펀딩

③ 크라우드 소싱   ④ 테크 스타트업

09 H 출판사는 북미시장에 새롭게 진출하면서 KODIT의 종합지원 프로그램을 이용할 계획이다. H 출판사의 프로그램 문의에 대한 KODIT 종합지원 프로그램 담당자의 회신 응답으로 적절하지 않은 것을 고르시오.

[KODIT 수출중소기업 종합지원 상품 개요]

대상기업

지원대상	세부요건
수출희망기업 특례보상	• 수출을 희망 또는 준비 중인 중소기업으로서 '수출희망기업 지원 타당성 평가' 점수가 80점 이상인 기업
수출진입기업 보증	• 당기 또는 최근 1년간 수출실적 US$100만 미만(별도 지정한 서비스업 영위기업은 US$30만 미만) • 수출실적은 없으나, 신용장 또는 수출계약서를 보유 중인 기업
수출확장기업 보증	• 당기 또는 최근 1년간 수출실적 US$100만 이상 US$500만 미만(별도 지정한 서비스업은 US$30만 이상 US$150만 미만) • 중소기업청 선정 수출유망중소기업, 해외규격인증획득 지원사업 참여기업, 중소기업 브랜드 지원사업 참여기업 • 한국무역보험공사 수출 관련 환변동보험 가입기업
수출주력기업 보증	• 당기 또는 최근 1년간 수출실적 US$500만 이상(별도 지정한 서비스업은 US$150만 이상)

별도 지정한 서비스업

업종코드 (대분류)	분류명	업종코드 (대분류)	분류명
E	하수 · 폐기물처리, 원료재상 및 환경복원업	J	출판,영상, 방송통신 및 정보서비스업
M	전문, 과학 및 기술서비스업	N	사업시설관리 및 사업지원서비스업
P	교육서비스업	Q	보건업 및 사회복지서비스업
R	예술, 스포츠 및 여가관련서비스업	S	협회 및 단체, 수리 및 기타 개인서비스업

별도 지정한 서비스업

단계	수출희망기업 특례보증	수출진입 기업보증	수출확장 기업보증	수출주력 기업보증
지원 대상	수출을 희망 또는 준비 중인 기업(수출희망기업 지원 타당성 평가점수 80점 이상)	연 수출실적 US$100만 미만 등(별도지정 서비스업은 US$30만 미만)	연 수출실적 US$100만 ~ US$500만 등(별도지정 서비스업은 US$30만 ~ US$150만)	연 수출실적 US$500만 이상(별도지정 서비스업은 US$150만 이상)
대상채무	운전자금	운전자금 또는 시설자금		
기업당 한도	최대 3억 원	30억 원(최고보증한도 대상 보증은 70억 원)		
매출액 한도	사정특례	매출액의 1/2~1/4	매출액의 1/2~1/3	매출액의 1/2
보증료	0.3%p 차감		0.2%p 차감	
보증비율	100%	90% 이상		
비금융 지원	경영컨설팅 필요 시 지원			

담당부서 : 신용보증부 담당자명 : 고객센터 전화 : 1588-1234
자세한 안내를 위한 영업점 담당자 확인은 위의 연락처로 문의 바랍니다.

안녕하십니까. H 출판사 재무담당자 OOO입니다.

저희는 SAT, GRE 등 영어전문교재를 출판하는 회사입니다. 20년이 넘는 저희 출판사만의 전문 경쟁력을 바탕으로 국내 시장을 넘어 국외로 사업을 확대하고자 하고 있습니다.

금년에 북미 시장에 새롭게 진출을 계획하여 북미의 A 회사와의 거래 체결을 통해 수출계약서를 보유하고 있습니다.

현재 당기 수출실적은 없으나, 해당 내용을 통해 종합지원 프로그램을 받을 수 있는지 궁금합니다.

답변 *(기타 조건은 고려하지 않고 상품개요만을 고려)

ㄱ. 종합지원 개요를 보시면 귀사는 별도 지정 서비스업 업종 코드 J에 해당하며 매출액 1/2~1/4의 지원 대상이 될 수 있습니다.

ㄴ. 귀사는 지원 대상 中 수출진입기업 보증에 적용될 수 있습니다.

ㄷ. 귀사는 수출진입 기업 보증에 적용될 수 있지만, 수출실적 및 L/C가 없으시기 때문에 적용 대상이 될 수 없습니다.

ㄹ. 귀사는 보증비율 90% 이상으로 적용대상이 될 수 있으며, 경영컨설팅 지원 대상이 될 수 있습니다.

① ㄱ　　　　　　② ㄴ　　　　　　③ ㄷ　　　　　　④ ㄹ

[10~11] 다음 지문을 읽고 이어지는 질문에 답하시오.

> 지난해 세계 시가총액 상위 3대 기업은 애플, 구글, 마이크로소프트로, 이들 3사는 모두 정보통신기술(ICT) 업체다. ICT업체는 산업 전반을 이끌어 가는 중심축에 서 있으며 ICT는 4차 산업혁명의 중심에 놓여 있다. 이를 증명이라도 하듯 올해 1월 다보스포럼에서 글로벌 위기 극복 대안의 핵심 주제로 4차 산업혁명이 논의됐다. 이처럼 세계적 트렌드가 됐지만 4차 산업혁명이 무엇인지 궁금해하는 사람들이 아직 많을 것이다. 일반적으로 4차 산업혁명이란 로봇과 빅데이터, 사물인터넷(IoT), 인공지능(AI) 등 기술의 융합과 조화에 의해 촉발되는 혁신과 변화를 의미하는 것으로 알려져 있다. 우리가 4차 산업혁명을 쉽게 이해할 수 있는 사례는 바로 3월 세간의 관심을 끌며 이세돌 9단과 세기의 대결을 벌인 인공지능 프로그램 알파고(AlphaGo)의 등장이다.
>
> 4차 산업혁명 시대에 발맞춰 미국은 이미 인터넷의 우위성을 최대한 활용하기 위해 클라우드 서비스를 전면에 내세우고 첨단제조업파트너십(AMP) 프로그램을 운영하고 있다. 독일은 스마트공장, 일본은 로봇혁명 신전략, 중국은 '중국제조 2025'를 발표하고 4차 산업혁명을 추진 중이다. 우리나라도 지난해 산업통상자원부가 '제조업 혁신 3.0 전략실행 대책'을, 미래창조과학부가 '4차 산업혁명 대응을 위한 시범사업 실시 및 중장기 계획'을 수립해 주도권 잡기 경쟁에 가세했다.

10 위 지문과 연계하여 산업의 구분 방법이 잘못된 것을 고르시오.

> ㄱ. 제1차 산업이란 농업, 임업, 목축업, 수렵 및 수산업
> ㄴ. 제2차 산업이란 광업, 제조업, 건설업 및 가스, 전기공급업
> ㄷ. 제3차 산업이란 도 · 소매업, 금융업, 보험업, 부동산업, 운수통신업, 서비스업
> ㄹ. 제4차 산업이란 제3차 산업과 명확히 구분되는 공식적인 개념이 확립되었으며, 정보, 의료, 교육, 서비스 산업 등 노동 집약적 산업을 총칭한다.

① ㄱ   ② ㄴ   ③ ㄷ   ④ ㄹ

11 위 지문에서 언급된 사물인터넷 활용 사례로 잘못된 것은?

① 기업 덴소는 2020년까지 국내외의 약 130개에 달하는 전 공장을 인터넷으로 연결하고 하나로 연결된 공장처럼 운영할 수 있도록 주력해 수요 변화, 공급여건 변화에 신속하게 대응하게 된다.

② 미쓰비시화학의 경우 드럭스토어를 통해 소비자 스스로 간편하게 채혈해 바로 검사회사에 송부하고 검진 결과를 스마트폰으로 전달받는 사업 모델을 개발했다.

③ 헬스케어 신사업 분야에서 웨어러블 기기, 센서, AI 활용 데이터 분석 등을 통해 개인이 자신의 건강 상태를 모니터링하고 생활습관의 개선 방안을 제시한다.

④ 국내 · 외의 제조업들은 컴퓨터를 적극 활용한 생산자동화를 통해 제조원가 절감을 달성하며 가격경쟁력을 갖추는 노력을 하고 있다.

[12~13] 다음은 QR 코드 및 바코드에 관련된 내용이다. 이어지는 질문에 답하시오.

QR 코드란?

QR코드의 버전은 1~40으로 구성되어 있으며 각 버전마다 셀 구성(셀 수)이 정해져 있다. "셀 구성"은 코드 내부의 셀의 수이며, 버전1(21×21cell)로 시작하여 가로/세로 각각 4cell씩 늘어, 버전40(177×177cell)로 설정되어 있다.

기존의 바코드
정보 없음
세로배열에 정보를 가지고 있음

QR코드
가로배열 역시 정보를 가지고 있음
세로배열에 정보를 가지고 있음

버전 1   버전 2   ...   버전 40
21cell   25cell   177cell
21cell   25cell   177cell

12 QR 코드와 바코드를 비교하여 틀린 것을 고르시오.

① QR 코드가 오염 및 손상에 더 강하다.
② QR 코드가 바코드보다 대용량 정보를 취급하는 데 용이하다.
③ 공간 활용 측면에서는 바코드가 QR 코드보다 유리하다.
④ QR 코드는 어느 방향에서도 인식이 가능하다.

13 다음은 바코드의 구성 원리에 대한 것이다. 제시된 표의 해석을 읽고, 그림. 3을 정확히 나타낸 것을 고르시오.

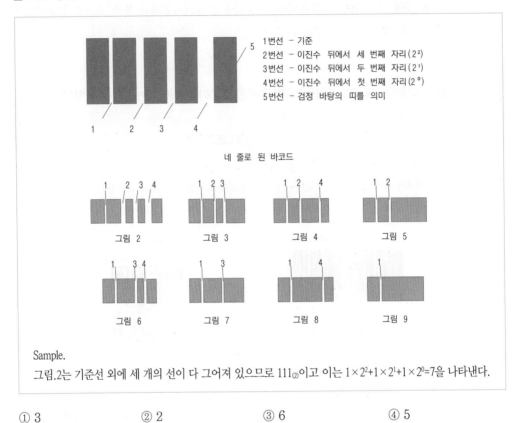

5
1번선 – 기준
2번선 – 이진수 뒤에서 세 번째 자리(2^2)
3번선 – 이진수 뒤에서 두 번째 자리(2^1)
4번선 – 이진수 뒤에서 첫 번째 자리(2^0)
5번선 – 검정 바탕의 띠를 의미

네 줄로 된 바코드

그림 2   그림 3   그림 4   그림 5

그림 6   그림 7   그림 8   그림 9

Sample.
그림.2는 기준선 외에 세 개의 선이 다 그어져 있으므로 $111_{(2)}$이고 이는 $1 \times 2^2 + 1 \times 2^1 + 1 \times 2^0 = 7$을 나타낸다.

① 3   ② 2   ③ 6   ④ 5

[14~15] 다음은 개인정보 취급이 제3자와 연관되는 경우에 관련된 표이다. 이어지는 물음에 답하시오.

제3자 제공 및 취급위탁의 구분		
구분	제3자 제공	취급위탁
처리목적	개인정보를 제공받는 자의 이익·목적을 위해 개인정보를 제3자에게 제공	사업자의 이익·목적을 위해 개인정보 취급업무를 제3자에게 위탁
관리범위	개인정보를 제공받는 자(제3자)의 관리범위에 속함.	취급위탁을 받은 자(수탁자)가 개인정보를 운영하지만, 사업자의 관리범위에 속함.

개인정보 제3자 제공 시	개인정보 취급 위탁 시
• ① 개인정보를 제공받는 자 ② 제공받는 자의 개인정보 이용목적 ③ 제공하는 개인정보 항목 ④ 제공받는 자의 개인정보 보유 및 이용기간을 이용자에게 알리고 동의	• ① 수탁업체명 ② 수탁 업무 내용을 알리고 동의 • 단, 서비스 이용 계약의 이행을 위해 필요한 경우에는 개인정보취급방침에 공개하거나 이용자에게 개별 통지

업무위탁의 종류 (예시)

구분	유형	제3자 제공
내부업무 위탁	기본업무 위탁	급여, 인사관리 업무, 직원채용 업무, 청소관리, 주차관리 업무 등의 위탁
	전산관리 위탁	전산시스템(웹, DB 등)의 개발·관리 업무, 시스템 보안관리 업무 등의 위탁
영업업무 위탁	계약체결 위탁	아웃바운드(비고객) 텔레마케팅, 방문판매 등 재화·용역의 판매 권유 업무위탁 **예** 대리점을 통한 통신서비스 가입, 전화 텔레마케팅 광고
	계약이행 위탁	상품 배송·설치 업무, 상담 업무, 고객 불만처리 업무, 채권추심 업무 등의 위탁

14 제시된 표를 참고하였을 때 제시된 사례에 대한 해석으로 잘못된 것은 무엇인가?

> A 통신사는 전화권유판매사업자(B 회사)에게 고객의 개인정보에 접근할 수 있도록 하고, B 회사는 A 통신사 고객에게 전화 통화를 통하여 제휴은행과의 제휴멤버스카드의 발급을 권유하였다. B 회사는 고객이 멤버스카드를 신청하겠다고 하면, 그 정보를 A 통신사와 C 은행에 넘겨주었다.

① B 회사는 실질적으로 A 통신사의 상품 안내 및 가입자 유치를 목적으로 설립된 회사로서 A 통신사와의 업무협약을 통해 전화영업을 함으로써 취급위탁에 적용될 것이야.

② B 회사는 제3자가 아니라 A 통신사를 위하여 A 통신사의 일부 업무를 위탁받아 수행하는 '수탁자'로서의 지위를 가지겠군.

③ B 회사가 제휴카드를 신청한 고객의 경우 그 개인정보를 제휴은행에 제공하기는 하였으나, 이는 A 통신사와의 업무협약 내용에 따른 것이기에 취급위탁에 해당되는 것이야.

④ 위 사례를 보면 개인정보를 제공받는 자인 B 회사의 이익·목적을 위해 사용되었군.

15 다음 사례들 중 그 성격이 다른 하나는 무엇인가?

① H 백화점이 L 카드사와 업무제휴를 맺고, 백화점 고객의 개인정보를 L 카드사에 제공하여 L 카드사는 자사의 카드 발급 마케팅에 고객정보를 활용함.

② H 백화점이 콜센터 업체와 위탁계약을 맺고, 백화점 고객 개인정보를 제공하여 콜센터 업체는 백화점의 고객 상담 업무에 백화점 고객정보를 이용함.

③ A 통신사는 요금고지서 발송을 위해 우편 DM 발송 업무를 외부 업체에 위탁하여 개인정보를 제공함.

④ I 제조회사는 원활한 고객 A/S 진행을 위하여 콜센터업체와 위탁계약을 맺고 개인정보를 제공함.

16 다음 〈그림〉과 〈표〉는 이동통신 사용자의 회사별 구성비와 향후 회사 이동성향에 관한 자료이다. 이 자료에 대한 〈보기〉의 설명 중 옳은 것을 모두 고르면?

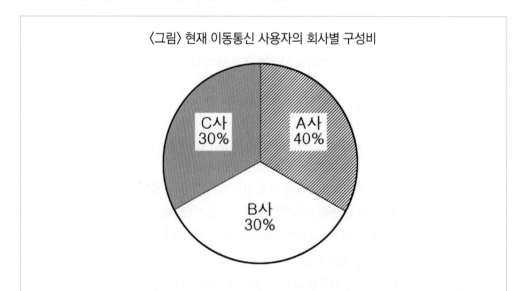

〈그림〉 현재 이동통신 사용자의 회사별 구성비

(단위 : %)

1년 뒤 현재	A사	B사	C사	합계
A사	80	10	10	100
B사	10	70	20	100
C사	40	10	50	100

※ 시장에 새로 들어오거나 시장에서 나가는 사용자는 없는 것으로 가정함.

ㄱ. 1년 뒤 B사 사용자 구성비는 증가할 것으로 예측된다.

ㄴ. 1년 뒤 총 사용자 가운데 A사 사용자가 47%일 것으로 예측된다.

ㄷ. 1년 뒤에는 전체 이동통신 사용자의 10%가 A사, B사에서 C사로 이동할 것으로 예측된다.

ㄹ. 1년 뒤에는 전체 이동통신 사용자의 32%가 다른 회사로 이동할 것으로 예측된다.

① ㄱ, ㄴ   ② ㄱ, ㄷ   ③ ㄱ, ㄴ, ㄷ

④ ㄱ, ㄷ, ㄹ   ⑤ ㄴ, ㄷ, ㄹ

17 다음 기사는 VRM(Vendor Relationship Management)과 CRM(Customer Relationship Management에 관련된 내용이다. 다음을 읽고 유추할 수 없는 내용을 고르시오.

> 개인이 기업에게 제공할 개인정보와 선호도를 직접 관리하는 기술인 '벤더관계관리(VRM)'가 기존의 '고객관계관리(CRM)'를 대체하거나 상호 보완관계를 가질 것이라는 전망이 조심스럽게 제기되고 있다.
> 진승헌 한국전자통신연구원 인증기술연구팀장은 10일 "VRM은 기업에서 고객의 구매내역이나 선호도를 관리하는 방법인 CRM과는 반대로 개인이 기업에게 제공할 개인정보와 선호도를 관리하는 개념"이라며 "CRM과 VRM은 서로 다른 장점을 갖고 있어 공존하면서 필요에 따라 사용자의 선택을 받게 될 것"이라고 말했다.

① 갑 : CRM은 고객의 구매내역을 분석해 선호도나 패턴을 분석해야 해 고객의 실제 요구사항을 정확히 반영하기 어렵다.

② 을 : CRM은 고객 정보를 많이 수집할수록 정확도가 높지만 프라이버시 문제를 야기하고 있어.

③ 병 : CRM의 보완 개념으로 VRM의 기본 전차는 개인이 기업들에게 어느 정도의 개인 정보를 제공할지를 담은 제안서를 제공하고, 서비스를 요청하는 것이야.

④ 정 : CRM은 소셜 네트워킹 분야에서도 친구에게 어느 정도의 개인정보를 노출할지 등을 판단하는 데 활용될 수 있어.

18 다음은 트리 구조 분류 시스템에 관련된 것이다. A행의 산출 영문자는 무엇인가?

	특징			
	V	H	O	C
A	1	1	0	0
B	1	0	0	1
C	0	0	0	1
D	1	3	0	0
E	0	0	1	1

특징 1 : 수직선의 개수(V) 특징 2 : 수평선의 개수(H)
특징 3 : 기울어진 수직선(O) 특징 4 : 커브의 개수(C)

① P ② E ③ L ④ O

19 다음 중 파일 삭제 시 파일이 [휴지통]에 임시 보관되어 복원이 가능한 경우는?

① 바탕 화면에 있는 파일을 [휴지통]으로 드래그 앤 드롭하여 삭제한 경우

② USB 메모리에 저장되어 있는 파일을 〈Delete〉키로 삭제한 경우

③ 〈Shift〉 + 〈Delete〉한 경우

④ 같은 이름의 항목을 복사/이동 작업으로 덮어쓴 경우

20 최근 정부 및 공공기관 소프트웨어 개발 프로젝트에서 전자정부 표준공통서비스 및 개발 프레임워크의 적용이 확대되고 있다. 다음은 전자정부의 표준프레임워크 적용 현황에 관한 것이다. 표준프레임워크에 관련하여 바르지 않은 것은 무엇인가?

표준프레임워크 공공, 민간 정보화사업 적용 현황

분야	주요사업명	분야	주요사업명	분야	주요사업명
행정	수요자맞춤형 행정정보공동이용	주민	주민서비스 통합	철도	도시철도 이용 시스템 구축
재난방재	119 신고서비스 확대	교육	충남대학사 정보시스템	통계	행정자료 통합관리 시스템
의료	결행정보 통합관리 시스템	도로	도로공사 호환카드 정산시스템	국방	국방통합 원가관리체계
복지	독거노인 응급 안전 돌보미	관세	글로벌 물류무역 정보망	보험	건강보험진료비 디지털시스템
농업	수입쇠고기 유통추적시스템	산림	국가산림 정보기반 조성	토지	한국토지 정보시스템
방송	방송통신정보 시스템	지방행정	송파구 정보화사업 통합	특허	3세대 특허넷 구축
정보통신	범정부클라우드 시범구축	검찰	대검찰청 홈페이지 개편사업	기록물	2010년 기록정보화 사업
항만	인천항만U단지	산업단지	공장설립온라인 지원시스템 확산	물류	글로벌 첨단 항만물류
국제	국세청 ITSM 고도화	문화	차세대 국회도서관	연금	사학연금 연계급여 정보시스템
체육	인천 아시안게임 인력/모바일 상황관리				

① 전자정부 서비스의 품질 향상을 목표로 한다.

② 정보화 투자 효율성 향상을 목표로 한다.

③ 정보시스템 개발은 주로 대기업의 경쟁으로 이루어진다.

④ 프레임워크 무상제공으로 중소기업 경쟁력 향상을 목표로 한다.

[01~03] 다음은 각 기호가 의미하는 변환조건을 나타낸다. 제시된 도형이 화살표 후 도형으로 바뀌었다면 어떤 과정이 필요한지를 선택하시오.

기호	조건
◈	1번과 2번 도형을 시계방향으로 90°회전
⊙	1번과 3번 도형을 시계방향으로 90°회전
♥	1번과 4번 도형을 시계방향으로 90°회전
♡	2번과 3번 도형을 시계방향으로 90°회전
▷	2번과 4번 도형을 시계방향으로 90°회전
◀	3번과 4번 도형을 시계방향으로 90°회전
◁	1번과 4번 도형을 시계 반대방향으로 90°회전
▶	3번과 4번 도형을 시계 반대방향으로 90°회전

01

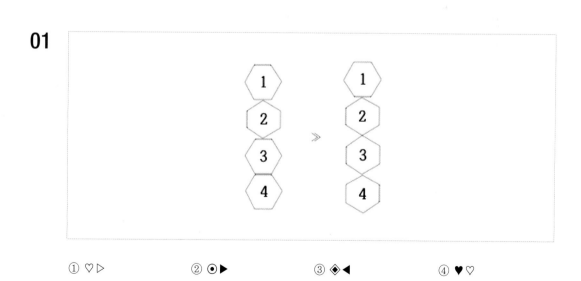

① ♡ ▷   ② ⊙ ▶   ③ ◈ ◀   ④ ♥ ♡

02

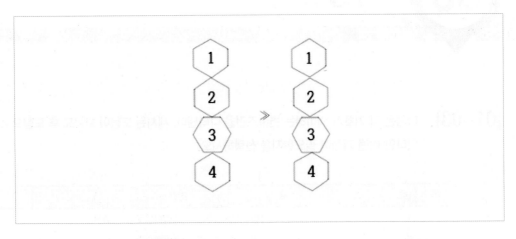

① ▶ ♡　　　　② ◀ ▶　　　　③ ◀ ⦿　　　　④ ◈ ♥

03

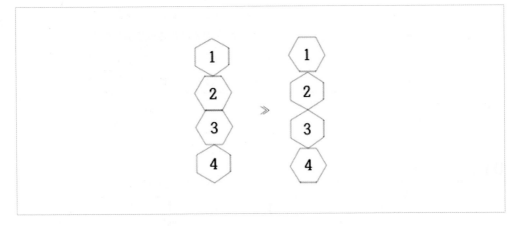

① ▷ ◁　　　　② ◈ ◀　　　　③ ◁ ▶　　　　④ ♡ ⦿

[04~10] 다음은 각 기호가 의미하는 변환조건을 나타낸다. 제시된 도형이 화살표 후 도형으로 바뀌었다면 어떤 과정이 필요한지를 선택하시오.

기호	조건
△	1번과 2번 도형을 시계방향으로 90° 회전
▢	1번과 3번 도형을 시계방향으로 90° 회전
◇	1번과 4번 도형을 시계방향으로 90° 회전
○	2번과 3번 도형을 시계방향으로 90° 회전
☆	2번과 4번 도형을 시계방향으로 90° 회전
▲	1번과 2번 도형을 색 반전
■	1번과 3번 도형을 색 반전
◆	1번과 4번 도형을 색 반전
●	2번과 3번 도형을 색 반전
★	2번과 4번 도형을 색 반전

04

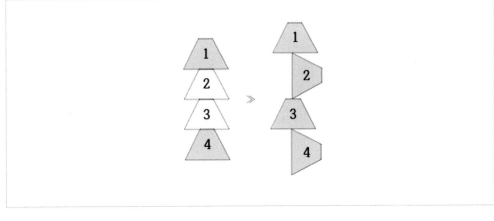

① △ ●   ② ■ ○   ③ ● ☆   ④ ▢ ★

05

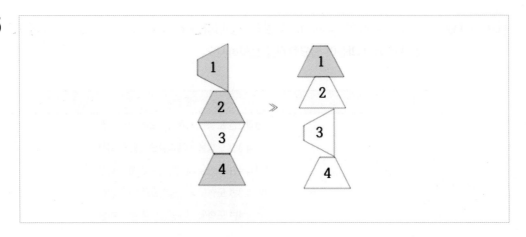

① ☆ ■   ② ○ □   ③ ■ ●   ④ □ ★

06

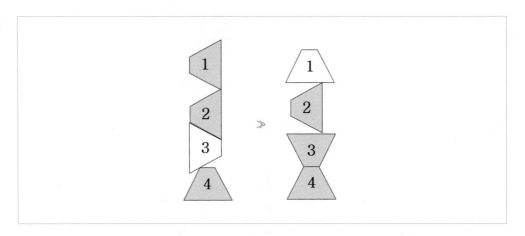

① ▲ ○   ② □ ■   ③ ☆ ◆   ④ □ ★

07

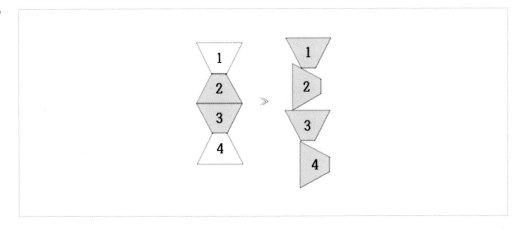

① ▲ ○   ② □ ■   ③ ☆ ◆   ④ □ ★

08

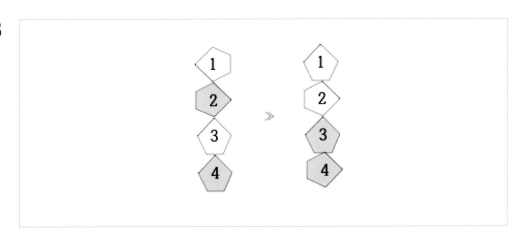

① ○ ▲   ② ◆ ○   ③ ★ ☆   ④ ● ◇

09

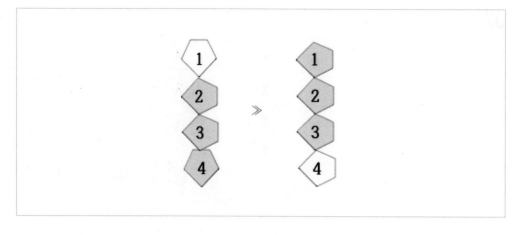

① ◇ ◆　　　　② ● ☆　　　　③ ■ ◆　　　　④ ☆ □

10

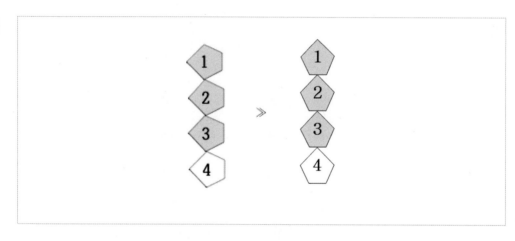

① ◇ ○　　　　② ☆ ●　　　　③ ○ ●　　　　④ ★ ◇

[11~14] 다음은 각 기호가 의미하는 변환조건을 나타낸다. 제시된 도형이 화살표 다음 도형으로 바뀌었다면 어떤 과정이 필요한지를 선택하시오.

기호	조건
①∞②	첫 번째 도형과 두 번째 도형을 180° 회전시킴
①∞③	첫 번째 도형과 세 번째 도형을 180° 회전시킴
①∞④	첫 번째 도형과 네 번째 도형을 180° 회전시킴
②∞③	두 번째 도형과 세 번째 도형을 180° 회전시킴
②∞④	두 번째 도형과 네 번째 도형을 180° 회전시킴
①×②	첫 번째 도형과 두 번째 도형의 상태를 다음 단계로 전환
③×④	세 번째 도형과 네 번째 도형의 상태를 다음 단계로 전환
②×③	두 번째 도형과 세 번째 도형의 상태를 다음 단계로 전환
①∪④	모든 도형의 상태를 다음 단계로 전환

※ 도형의 상태를 전환하는 방법

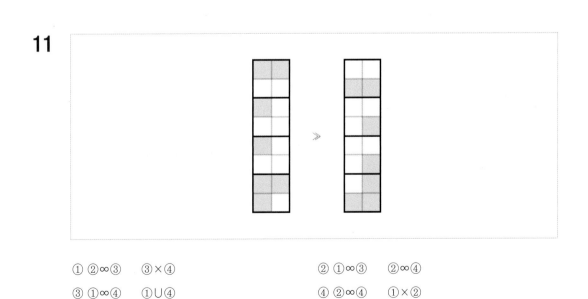

11

① ②∞③ ③×④   ② ①∞③ ②∞④

③ ①∞④ ①∪④   ④ ②∞④ ①×②

12

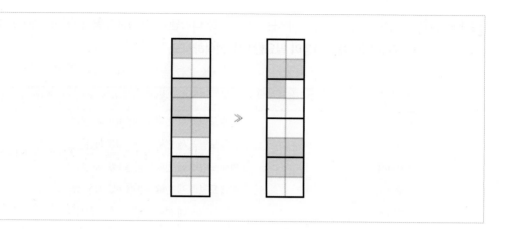

① ①∞②   ②×③   ② ①∞④   ②∞④
③ ②∞④   ①×②   ④ ①∞③   ①×②

13

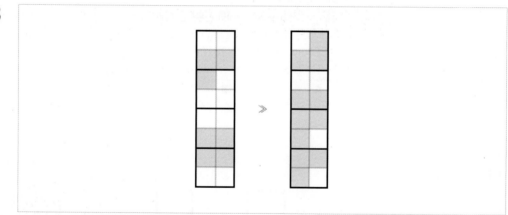

① ①×②   ③×④   ② ①∞④   ②∞④
③ ②∞④   ①×②   ④ ②∞③   ①∪④

14

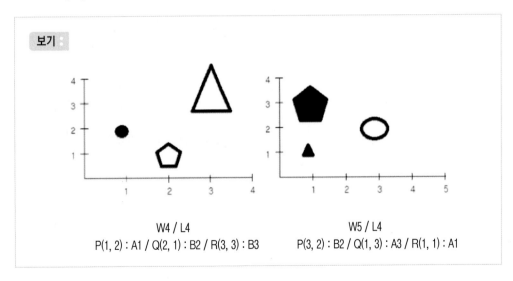

① ②∞③　①∞③
③ ③×④　①×②

② ②∞④　①×②
④ ②∞③　①∞④

[15~16] 아래 〈보기〉는 그래프 구성 명령어 실행 예시이다. 다음을 참고하여 이어지는 물음에 답하
시오.

[NCS 국가직무능력표준 예제 변형]

보기

W4 / L4
P(1, 2) : A1 / Q(2, 1) : B2 / R(3, 3) : B3

W5 / L4
P(3, 2) : B2 / Q(1, 3) : A3 / R(1, 1) : A1

15 다음 그래프에 알맞은 명령어는 무엇인가?

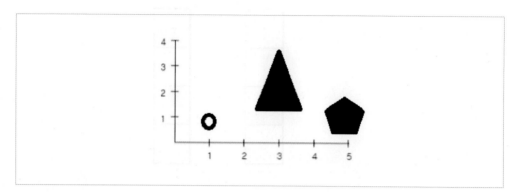

① W5 / L4 P(1, 1) : B1 / Q(5, 1) : A3 / R(3, 2) : A2
② W5 / L4 P(1, 1) : B1 / Q(1, 5) : A3 / R(3, 2) : A2
③ W4 / L5 P(1, 1) : B3 / Q(5, 1) : A2 / R(3, 2) : A2
④ W4 / L5 P(1, 1) : B3 / Q(1, 5) : A2 / R(3, 2) : A1

16 W5 / L3 P(3, 1) : A3, Q(5, 2) : B1, R(4, 1) : B2의 그래프를 산출할 때, 오류가 발생하여 아래와
같은 그래프가 산출되었다. 다음 중 오류가 발생한 값은?

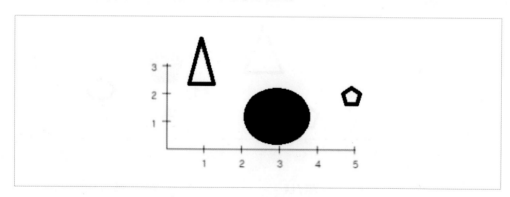

① W5 / L3   ② P(3, 1) : A3
③ Q(5, 2) : B1   ④ R(4, 1) : B2

다음은 A 부서에서 새로 구매한 프린트 기기에 대한 설명이다. 다음 글을 참고하여 물음에 알맞은 대답을 선택하시오.

[NCS 국가직무능력표준 예제 활용]

설치하기 전에 본 설명서를 읽어보십시오.

■ 중요정보
- 본 제품을 인터넷에 연결하려면 라우터나 액세스 포인터 같은 네트워크 장치가 필요합니다.
- USB 연결을 하실 경우 미리 USB 연결 장치를 준비하십시오.
- CD/DVD 드라이브가 없는 컴퓨터의 경우, 본사의 웹사이트를 방문해 주십시오.

■ 주의사항
- 알코올 같은 인화성 용액을 가까이에 두지 마십시오.
- 제품과 함께 제공된 전원 플러그 외에는 사용하지 마십시오.
- 전원코드가 확실히 끼워져 있는지 확인하고 작동하십시오.
- 젖은 손으로 전원코드를 만지지 마십시오.
- 전선을 당기거나, 꼬임, 묶임으로 인해 손상되었을 경우, 사용하지 마십시오.
- 제품 위에 전자기기를 놓지 마십시오.
- 잉크에 물이 묻었을 경우 버리고, 새것으로 교체하십시오.
- 제품 내에 금속이 들어갔을 경우에는 제품을 끄고, 반드시 꺼낸 후 1시간 뒤에 사용하십시오.
- 규격에 맞는 용지를 사용하십시오.
- 용지가 구겨진 경우에는 제품에 이상이 생길 수 있으니 반드시 사전에 확인한 후 작동하십시오.
- 제품에 물이 들어갔을 경우에는 걸레 등을 이용하여 닦지 마시고, 약 5시간 동안 열린 상태로 건조하십시오.

1. A 부서의 K 사원은 노트북으로 프린트기기를 설치하려 하였으나 본인의 노트북에는 CD/DVD 드라이브가 없는 것을 알았다. 다음 중 K 사원이 해야 할 일은?
   ① USB 연결선을 연결한다.
   ② 프린트기기 회사의 웹사이트를 방문한다.
   ③ 본인 회사의 웹사이트를 방문해 정보를 얻는다.
   ④ 와이파이를 통해 연결한다.

2. K 사원은 실수로 금속 USB를 프린트기기 내로 떨어뜨렸다. K 사원이 해야 할 일은?
   ① 바로 제거하지 않고, 1시간 기다렸다가 제거한 후 이용한다.
   ② 기기를 끄고, 제거한 후, 1시간 뒤에 이용한다.
   ③ 바로 제거한 후 5시간 동안 기기를 열어둔다.
   ④ 반드시 A/S센터에 문의한다.

3. 다음 중 프린트기기에 대한 대화 중 옳지 않은 말을 한 사람은?

① A : 인화성 용액은 기기에 위험할 수 있으니까 반드시 주변에서 없애줘야 해.

② B : 제품의 전원코드에 손상이 갔을 때에는 꼭 새 걸로 교체해야 해.

③ C : 기기에 물이 들어갔을 때에는 걸레로 닦지 않는 것도 중요해.

④ D : 잉크에 물이 들어갔을 때에는 잉크를 5시간 동안 건조해 주는 것도 중요해.

해설

1. 프린트기기 설치 시에는 CD/DVD 드라이브를 이용해야 하는데, 만약 없다면 당사 홈페이지를 통해서 정보를 얻어야 한다.

정답 ②

2. 프린트에 금속기기가 들어갔을 경우에는 프린트를 끄고, 금속기기를 제거한 후 1시간 뒤에 이용하는 것이 맞다.

정답 ②

3. 잉크에 물이 들어갔을 경우에는 반드시 새 잉크를 사용하여야 한다.

정답 ④

[17~19] A 부서에서는 여러 가지 밥솥을 1년 동안 테스트를 하고 있다. 다음 글을 참고하여 물음에 알맞은 답을 고르시오.

[안전상 경고]

1. 제품을 직사광선이 있는 곳, 가스레인지, 전열기구 등의 가까이에서 사용하지 마세요.

2. 제품을 분해하거나 개조하지 마세요.

3. 제품 내부에 물을 넣지 마세요.

4. 전원코드 위에 무거운 물건을 올려놓거나 코드가 눌리지 않도록 주의해 주세요.

5. 제품 내에 살충제나 화학물질을 뿌리거나 투입하지 마세요.

6. 내 솥이 파손되었을 경우 사용하지 마세요.

[A/S 신청 전 확인사항]

제품에 문제가 발생하였을 경우, A/S에 신청하기 전에 아래 사항을 다시 한 번 확인해 주세요.

증상	확인사항	조치사항
밥이 제대로 되지 않을 때	• 압력취사 버튼을 눌렀습니까? • 취사 중 정전이 되지 않았습니까?	• 원하는 메뉴를 선택 후 압력취사 버튼을 눌러 "》》" 표시가 나는지 확인해 주세요. • 정전이 된 경우는 약 5분 후에 다시 취사를 눌러주세요.

증상	확인사항	조치사항
밥이 설익거나 퍼석할 때	• 물 조절이 정확했습니까? • 쌀을 개봉한 지 너무 오래되지 않았습니까?	• 물은 반드시 계량컵으로 넣어 주세요. • 쌀이 오래된 경우에는 물을 계량컵 반 눈금 정도 더 넣고 취사해 주세요.
취사 중 밥물이 넘칠 때	• 물 조절이 정확했습니까? • 메뉴선택은 확실히 하셨습니까?	• 물은 반드시 계량컵으로 넣어 주세요. • 반드시 내용물과 일치하는 메뉴를 설정해 주세요.
T라는 단어가 나타날 때	• 온도감지기의 이상입니다.	• 전원 차단 후 고객 상담실에 문의하세요.
U라는 단어가 나타날 때	• 내솥이 들어있습니까? • 제품과 일치하는 제품 외의 제품이 들어있지 않습니까?	• 내솥은 반드시 제품의 규격에 맞는 내솥만 가능합니다.
밥이 심하게 눌을 때	• 온도감지기에 이물질이 있는지 확인하세요.	• 온도감지기에 이물질이 있는 경우 전원을 끄고 제거한 후 반드시 10분 뒤에 사용하세요.
뚜껑이 열리지 않는 경우	• 뚜껑 결합 손잡이가 '열림'으로 되었습니까? • 증기가 완전히 배출되었습니까?	• 열리지 않을 경우에는 반드시 '열림'표시를 확인하고 여세요. • 증기가 완전히 배출되지 않을 경우에는 열리지 않는 경우가 있으니 배출 후에 여세요.
뚜껑 사이로 증기가 누설되거나 바람이 새는 소리가 날 때	• 뚜껑 고무패킹에 이물질이 묻어 있지 않습니까? • 고무패킹이 헐겁지 않습니까?	• 뚜껑 고무패킹에 이물질이 묻어 있을 경우 반드시 깨끗이 세척하여 이용해 주세요. • 고무패킹이 헐거울 경우엔 새 것으로 교체해 주세요.

17 Y 사원은 새로운 밥솥은 테스트하기로 하여 포장을 뜯고 설치하였다. 다음 중 Y 사원이 한 행동으로 옳지 않은 것을 모두 고르시오.

ⓐ 깨끗하게 하기 위해 내솥 및 밥솥 내부를 물로 세척하였다.
ⓑ 가스레인지와의 접촉을 피하기 위해 멀리 떨어진 곳에 설치하였다.
ⓒ 취사를 할 경우 환기를 위해 창문 앞에 설치하였다.
ⓓ 테스트를 위해 제품을 개봉한 시기를 잘 적어서 붙여두었다.
ⓔ 코드에 물이 닿지 않도록 코드 거치대를 마련해 두었다.

① ⓐ, ⓓ   ② ⓑ, ⓓ, ⓔ   ③ ⓐ, ⓒ   ④ ⓒ, ⓓ

18 J 사원은 밥솥을 테스트하기 위해 밥을 하던 중 밥솥에서 이상한 소리가 나는 것을 발견했다. 이때 확인해야 할 것은 무엇인가?

① 뚜껑 결합 손잡이가 제대로 되었는지 확인해 본다.

② 뚜껑의 고무 패킹에 이물질이 묻어 있는지 확인해 본다.

③ 내솥이 제품의 규격에 맞는 것인지 확인해 본다.

④ 온도 감지기에 이물질이 묻어 있는지 확인해 본다.

19 K 사원은 실수로 테스트하려는 제품의 내솥을 다른 제품의 내솥으로 넣어버렸다. 이런 경우 밥솥에서는 어떤 상황이 일어나는가?

① 밥솥의 표시판에 T라는 표시가 나온다.　　② 밥이 설익는다.

③ 취사 중 정전이 일어난다.　　④ 밥솥의 표시판에 U라는 표시가 나온다.

[20~23] 다음은 한 사무실의 공기청정기에 관한 사용 설명서이다. 다음 물음에 알맞은 대답을 고르시오.

[사용 전 확인사항]	
전원 연결	• 전원 플러그는 반드시 220V 전용 콘센트에 꽂아주세요.
제품 설치 확인	• 반드시 평평하고 습기가 적은 곳에 설치해 주세요. • 제품 주변에 인화물질이 없는지 확인해 주세요. • 제품 주변에는 공기 흡입구 및 배출구를 막을 물건이 없도록 해 주시고, 벽면과의 거리는 최소 10cm를 유지해 주세요.
필터 사용 및 손질	• 제품을 사용하기 전에 집진필터의 포장을 제거해 주세요. • 반드시 필터가 제대로 끼워져 있는지 확인 후 사용해 주세요. • 집진필터에는 물이 들어가지 않도록 주의하세요. (물 세척 금지) • 집진필터는 1년에 한 번씩 교체하는 것을 추천합니다. • 먼지거름필터는 물 세척이 가능하며 반드시 한 달에 한 번씩은 세척해 주세요. • 제품을 이용할 시에는 반드시 창문을 닫고 이용하며, 만약 탈취를 위한 목적이라면 창문을 열고 사용하시면 좋습니다. • 제품 작동 시 주변에 스프레이를 사용하지 마세요. • 요리 시에 이용할 경우에는 반드시 요리가 끝난 후 사용하세요.
센서 관리	• 물을 제외한 휘발성 물질로 센서부를 닦지 마세요. • 센서에 이물질이 묻어 있을 경우에는 면봉으로 깨끗이 닦아 주세요. • 센서는 최소 6개월에 한 번씩 청소해야 합니다.

[안전을 위한 주의사항]

설치 관련	• 정격전원 이상의 콘센트를 사용하지 마세요. • 직사광선, 열기구 주변에서 사용하지 마세요. • 습기가 많은 곳, 기름, 먼지가 많은 곳에서 사용하지 마세요.
전원 관련	• 정기적으로 전원플러그를 빼고, 전원플러그를 잘 닦아 주세요. • 손상된 전원 플러그는 사용하지 마세요. • 장시간 사용하지 않을 경우, 천둥 및 번개가 칠 경우에는 전원을 차단하세요.
사용 관련	• 제품이 침수된 경우 전원을 차단하고 서비스센터에 문의하세요. • 제품에서 이상한 소리, 타는 냄새, 연기가 나는 경우, 즉시 전원을 차단하고 서비스센터에 문의하세요. • 제품을 임의로 분리하지 마세요. • 제품에 무거운 물건을 올려놓지 마세요. • 제품의 공기 배출구 또는 흡입구에 손가락, 이물질 등을 넣지 마세요. • 제품에 살충제나 가연성 스프레이를 뿌리지 마세요. • TV, 오디오 등의 전자제품과는 가급적 5m 이상의 거리를 두고 사용하세요.
청소 관련	• 제품 내부에 물이 들어가지 않도록 하세요. • 청소 시에는 반드시 전원을 차단하세요. • 청소시 벤젠, 시너, 알콜 등을 사용하지 마세요.

20 직원 K 씨는 사무실에 공기청정기를 설치하고 있다. 다음 직원 K 씨의 행동 중 옳지 않은 것을 고르시오.

ⓐ 센서부를 면봉으로 닦는다.
ⓑ 벽면과의 거리를 10cm 떨어지게 둔다.
ⓒ 화장실의 탈취를 위해 화장실 입구 앞에 설치한다.
ⓓ 센서를 깨끗이 닦기 위해 알콜 솜으로 닦는다.
ⓔ 처음 사용 전에 내부를 열지 않고, 포장만 벗겨 시범적으로 작동시켜본다.

① ⓐ, ⓒ, ⓓ   ② ⓒ, ⓓ, ⓔ   ③ ⓐ, ⓓ, ⓔ   ④ ⓑ, ⓒ, ⓓ

21 다음 사무실에서 나눈 대화 중 공기 청정기를 제대로 관리하지 않은 사람은 누구인가?

① L : 공기청정기는 관리가 중요할 것 같아서 센서도 깨끗이 닦아주고 외부도 가끔씩 먼지제거를 해주고 있어.

② K : 맞아 깨끗하게 관리하는 게 중요하지. 그래서 난 꼭 필터들을 정기적으로 점검해서 물로 세척하고 꼭 물기가 없도록 깨끗이 말리고 있어.

③ U : 난 안전을 위해 전원플러그가 손상되었는지 안 되었는지 가끔씩 확인해.

④ M : 난 직사광선을 피해서 이용하라고 해서 해가 안 들어오는 구석에 두고 있어.

22 다음 중 공기청정기 관리에서 주의해야 할 사항과 관련 없는 내용은?

① 오디오와 가급적 떨어져서 관리하고, 작동시킨다.

② 오래 쓰지 않는 경우에는 반드시 플러그를 뽑고, 먼지가 안 묻도록 포장해서 보관한다.

③ 난로 이용 시에는 반드시 멀리 떨어져서 이용한다.

④ 제품이 제대로 작동하지 않는 경우에는 반드시 내부를 열어서 확인한다.

23 공기청정기가 작동 중 갑자기 '탁! 탁!' 소리가 나기 시작했다. 다음 중 올바른 행동은?

① A 사원은 전원을 끄고, 내부를 열어 확인했다.

② B 사원은 전원을 끄고, 공기 환기구에 이물질이 들어갔는지 확인했다.

③ C 사원은 전원을 끄고, 고객센터에 바로 전화를 해 문의를 했다.

④ D 사원은 전원을 끄고, 사무실 내에 전기가 문제가 있는지 확인을 했다.

[24~27] 다음 A 회사의 사무실의 에어컨에 대한 설명서이다. 다음 글을 참고하여 물음에 알맞은 답을 고르시오.

[사용 전 확인사항]

• **실외기 근처의 장애물 확인**
 - 덮개나 기기 앞의 물건은 제품 고장의 원인이 되고, 바람이 잘 통하지 않아 냉방효과가 떨어집니다.
 - 또한 실외기는 실내가 아닌 실외에 설치해 주어야 제대로 작동됩니다.

• **전원플러그 및 콘센트 확인**
 - 전원플러그는 220V전용 콘센트에 꽂아주세요.
 - 플러그 및 콘센트에 먼지 등 이물질이 끼지 않았는지 확인해 주시고, 반드시 마른 걸레로 닦아주세요.

• **에어컨을 운전할 수 있는 온도/습도**
 - 적절온도 및 습도를 벗어난 곳에서는 보호장치가 작동되어 운전이 되지 않을 수도 있습니다. 특히 실외 온도가 15℃ 이하일 때는 에어컨을 가동하지 마세요.

구분	실내온도	실외온도	실내습도
냉방운전	21℃ ~ 32℃	21℃ ~ 43℃	상대습도 80% 이하
제습운전	21℃ ~ 30℃	21℃ ~ 43℃	-

※ 습도가 높은 곳에서 오랫동안 냉방운전을 하면 에어컨에 이슬이 맺히는 경우가 있습니다.

[A/S신청 전 확인사항]

증상	확인사항	조치사항
운전이 안 돼요.	정전이 발생한 건 아닌가요?	전기가 들어오는지 확인 후, 정전 시 전기가 들어오면 5분 정도 기다린 후에 다시 작동하여 주십시오.
	전원플러그가 꽂혀 있나요?	전원플러그를 꽂은 후 다시 운전해 보세요.
	꺼짐예약을 한 건 아닌가요?	[운전/정지]버튼을 눌러 다시 운전해 보세요.
온도조절이 안 돼요.	절전운전을 선택하셨습니까?	절전운전 시 희망온도는 26℃ ~ 30℃에서만 조절이 됩니다.
	스피드 운전을 선택하셨습니까?	희망온도는 스피드 운전에 맞춰 자동 설정되므로 따로 조절되지 않습니다.
바람세기 조절이 안 돼요.	자동/제습/절전/스피드/열대야 쾌면운전을 선택하셨습니까?	바람의 세기는 운전의 설정에 맞춰 조절되므로 따로 조절되지 않습니다.
리모컨이 작동하지 않아요.	건전지의 수명이 다된 것은 아닌가요?	새 건전지로 교체하세요.
	리모컨 수신부가 가려져 있는 것은 아닌가요?	가려져 있는 부분을 없애 주세요.
	강한 빛 근처인가요?	강한 빛 근처는 전파 방해로 리모컨이 작동되지 않습니다.

	희망온도가 현재온도보다 높은 것은 아닌가요?	희망온도는 현재온도보다 낮게해 주어야 잘 작동이 됩니다.
찬바람이 나오지 않아요.	송풍운전을 선택한 것은 아닌가요?	송풍운전은 찬 바람이 나오지 않습니다.
	먼지거름필터가 먼지로 막힌 것은 아닌가요?	먼지 거름필터가 막힌 경우에는 냉방효과가 떨어질 수 있으므로 자주 세척해 주셔야 합니다.
	실외기에 덮개가 덮여 있거나 근처에 장애물이 있는 것은 아닌가요?	실외기의 바람이 통하지 않으면 냉방효과가 떨어지므로 장애물을 반드시 치워 주세요.
	햇빛이 비치는 곳에 설치해 두었나요?	반드시 커튼 등으로 햇빛을 가려주세요.
실외기 배관연결부에서 물이 떨어져요.	온도 차에 의해 물방울이 생길 수 있습니다. 하지만 고장이 아니므로 안심하세요.	

24 다음 사무실에서 직원들끼리 나눈 대화에서 옳지 않은 말을 한 직원은 누구인가?

① K 씨 : 에어컨을 설치할 때 실외기는 꼭 외부에 있어야 해, 내부에 있으면 작동이 잘 안 될 수도 있다고 하더라고.

② M 씨 : 맞아, 그리고 실외기 주변에 장애물이 있으면 안 된다고 하더라고.

③ J 씨 : 아, 그렇구나. 참! 에어컨이 요즘생활에 참 편리한 건 제습기능도 있다는 거야. 그래서 에어컨을 못 쓰는 계절엔 제습기로 사용할 수 있다는 거지.

④ T 씨 : 그래? 그렇구나~ 참, 에어컨을 사용할 때엔 먼지필터도 가끔 닦아주어야 한다고 하더라고.

25 Y 직원은 여름에 에어컨이 작동함에도 불구하고 찬바람은 나오지 않고, 더 덥게만 느껴진다고 생각했다. 다음 중 Y 직원이 체크해야 할 사항을 모두 고르시오.

ⓐ 실외기 근처에 장애물이 있는지 확인

ⓑ 꺼짐예약이 되었는지 확인

ⓒ 블라인더가 제대로 햇빛을 차단하고 있는지 확인

ⓓ 실외기 외부 호스에 물이 맺혔는지 확인

ⓔ 절전운전으로 설정되었는지 확인

ⓕ 송풍운전으로 설정되었는지 확인

ⓖ 스피드 운전으로 설정되었는지 확인

① ⓑ, ⓒ, ⓓ   ② ⓐ, ⓒ, ⓕ   ③ ⓐ, ⓓ, ⓔ   ④ ⓒ, ⓓ, ⓕ

26 다음 K 사원은 출근하자마자 에어컨을 작동시키려 했지만 작동하지 않는 것을 발견했다. 다음 중 K 사원이 확인해야 하는 것으로 옳지 않은 것은?

① 먼지 거름필터에 먼지가 많이 껴 있는지 확인한다.

② 리모콘에 건전지를 확인하여 리모콘이 제대로 작동하는지 확인한다.

③ 실내 온도가 21℃ ~ 32℃인지를 확인한다.

④ 사무실에 정전이 발생한 것은 아닌지 확인해 본다.

27 사무실이 너무 더워 에어컨 온도를 낮추려고 한다. 그런데 에어컨은 작동하고 있지만 조절이 안 되는 상황이다. 다음 체크해야 할 것은 무엇인가?

① 꺼짐 예약을 해두었는지 확인한다.

② 자동운전으로 설정해두었는지 확인한다.

③ 햇빛이 강하게 비추는지를 확인한다.

④ 스피드 운전으로 설정되었는지 확인한다.

[28~29] 다음 글은 공연 시 홍보물에 관한 홍보물 규정을 다룬 매뉴얼이다. 다음 글을 참고하여 물음에 알맞은 답을 고르시오.

[포스터 규정]

내용	공연명, 공연일시, 장소 및 기타 유의사항
규격	길이 53cm × 넓이 38cm (고정규격)
수량	공연 내용에 따라 상이
제출	공연 시작 2달 전까지 홍보팀에 전달
유의사항	• 공연과 관련 없는 사진은 포함할 수 없음. • 이미 전시된 포스터물은 정정 또는 철회할 수 없음. • 다만 전시된 내용이 공연내용과 다를 경우 수정사항을 서면으로 제출 가능(단, 공연시작 1달 전까지)
Tip	포스터를 QR코드를 통해 인터넷으로 게시 가능

[리플렛 규정]

내용	공연명, 공연일시, 장소 및 출연진 정보, 협찬사 등 기타 유의사항
규격	길이 27cm × 넓이 20cm (고정규격, 단 가로세로 방향은 바꿀 수 있음)
수량	공연 내용에 따라 상이
제출	공연 시작 2달 전까지 홍보팀에 전달
유의사항	• 반드시 앞면에 공연명, 일시 및 장소가 들어가도록 제작 • 반드시 맨 마지막 면에는 협찬사의 로고 및 명단이 들어가도록 제작
Tip	인터넷 www.t-gong.co.kr을 통해 리플렛 게시 가능

[현수막 규정]

내용	공연명, 공연장소, 시간을 반드시 게재
규격	10㎡ 이내
수량	각 당동 2개씩
제출	공연 시작 2달 전까지 홍보팀에 전달
게재시기	공연 1달 전 게재
유의사항	• 네온사인, 애드벌룬 등 눈에 띄는 홍보품과 함께 게시 불가 • 현수막에 비닐재질을 붙여서 게시하는 것은 위반사항임.

28 뮤지컬 공연 A팀은 다음 위 사항에 맞춰서 홍보를 하려 한다. 다음 A팀의 대화 내용 중 옳지 않은 것을 고르시오.

① K : 포스터 같은 경우는 인터넷에서도 볼 수 있게끔 만들어 주니 참 좋은 것 같아. 다만 인터넷에서도 선명하게 보일 수 있도록 심혈을 기울여서 만들어야겠어.

② C : 리플렛도 인터넷으로 볼 수 있으니 리플렛 같은 경우도 잘 만들어야겠어. 요즘엔 사람들이 핸드폰으로 간편하게 보는 것을 좋아하니.

③ L : 참! 직접 게시할 때에는 규격을 잘 지켜야겠어. 모두 고정규격이라 규격에 잘 맞춰서 만들도록 지시해야 할 것 같아

④ P : 아, 그렇구나. 그리고 현수막에는 비닐 같은 것을 추가해서 붙이는 게 금지사항이래. 현수막은 나오는 그 상태 그대로 붙여야 하겠어.

29 다음은 A팀에서 홍보물을 만들기 위해 만들어 놓은 가 기획안이다. 잘못된 사항을 모두 고르시오.

[포스터]

- ㉠ 길이 53cm × 넓이 38cm
- 600개 제작
- ㉡ 2015년 11월 25일부터 게시 시작(공연날짜 : 2016년 1월 25일)
- 포스터 사진은 뮤지컬 내용 중 가장 하이라이트 장면을 담기
- ㉢ 인터넷을 통해 볼 수 있도록 사이트 주소를 꼭 게재

[리플렛]

- 길이 27cm × 넓이 20cm
- 5,000개 제작
- ㉣ 2015년 11월 25일까지 홍보팀에 전달(공연날짜 : 2016년 1월 25일)
- 뒷면에 꼭 일시 및 장소, 협찬로고가 들어가도록 제작
- ㉤ 인터넷 QR코드를 통해 볼 수 있도록 만들기

[현수막]

- ㉥ 10㎡
- 24개 제작
- 2015년 11월 25일까지 홍보팀에 전달(공연날짜 : 2016년 1월 25일)
- 시간과 날짜는 게재하도록 함.
- ㉦ 코팅지를 부착하여 게시하도록 홍보팀에 전달

---

① ㉡, ㉢, ㉤, ㉦ 　　　　　　② ㉡, ㉤, ㉥, ㉦

③ ㉠, ㉢, ㉤, ㉥ 　　　　　　④ ㉠, ㉤, ㉥, ㉦

Chapter 09 조직이해능력

01 세계 각국의 에티켓에 대한 다음 설명 중 옳지 않은 것은?

① 미국에서는 악수할 때 상대방에게 예의를 갖추기 위해 손끝만 살짝 잡는다.
② 아프리카에서는 상대방의 눈을 보며 대화하면 실례이므로, 코끝이나 다른 곳을 본다.
③ 러시아와 라틴아메리카에서는 주로 포옹을 하며 인사한다.
④ 아랍인들은 약속시간을 잘 지키지 않으며, 상대방이 기다려 줄 것을 당연하게 생각한다.

02 시간의 흐름을 나타내는 데는 한계가 있으나, 업무의 각 단계와 결과를 스스로 점검할 수 있는 업무 수행 시트는 무엇인가?

① 갠트 차트   ② 퍼트
③ 워크 플로 시트   ④ 체크리스트

03 다음 그림과 관련된 용어를 고르시오.

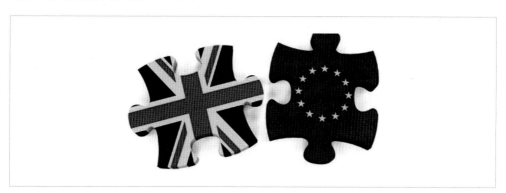

① 미국   ② 브렉시트
③ 블랙시트   ④ 유럽연합

04 다음 중 현재 각 나라에서 주로 통용하고 있는 화폐를 잘못 짝지은 것은?

① 스위스 – 프랑
② 영국 – 파운드
③ 독일 – 마르크
④ 스페인 – 유로

05 다음 신문기사를 읽고, 밑줄 친 부분의 다른 명칭을 고르시오.

> #### 니스에서 베를린까지, 끝없는 테러
>
> 2016년에도 세계 곳곳에서 테러가 끊이지 않았다. **프랑스 대혁명 기념일인 7월 14일** 프랑스 남부 해변 도시 니스에서 이슬람 극단주의의 영향을 받은 남성이 트럭을 몰고 돌진해 86명이 숨졌다. 프랑스는 지난해 130명이 희생된 파리 테러에 이어 올해도 대형 테러라는 참사를 겪었다. 12월 19일에는 독일 수도 베를린에서 니스 테러를 흉내 낸 듯한 트럭 돌진 테러가 일어나 적어도 12명이 숨졌다.

① 바스티유의 날
② 어머니의 날
③ 잔다르크 축일
④ 노동절

[06~07] 다음 설명을 읽고 분석 결과에 대응하는 전략을 고르시오. [NCS 국가직무능력표준 예문 활용]

> SWOT이란, 강점(Strength), 약점(Weakness), 기회(Opportunity), 위협(Threat)의 머리글자를 모아 만든 단어로 경영 전략을 수립하기 위한 분석 도구이다. SWOT분석을 통해 도출된 조직의 외부/내부 환경을 분석 결과를 통해 각각에 대응하는 전략을 도출하게 된다.
>
> SO 전략이란 기회를 활용하면서 강점을 더욱 강화하는 공격적인 전략이고, WO 전략이란 외부환경의 기회를 활용하면서 자신의 약점을 보완하는 전략으로 이를 통해 기업이 처한 국면의 전환을 가능하게 할 수 있다. ST 전략은 외부환경의 위험요소를 회피하면서 강점을 활용하는 전략이며, WT 전략이란 외부환경의 위협요인을 회피하고 자사의 약점을 보완하는 전략으로 방어적 성격을 갖는다.

내부환경 외부환경	강점(Strength)	약점(Weakness)
기회(Opportunity)	SO 전략(강점-기회전략)	WO 전략(약점-기회전략)
위협(Threat)	ST 전략(강점-위협전략)	WT 전략(약점-위협전략)

06 아래 환경 분석결과에 대응하는 가장 적절한 전략은? [NCS 국가직무능력표준 변형]

강점(Strength)	• 높은 브랜드 인지도 • 매우 많은 매장 : 접근성이 매우 좋음. • 한국인에 맞는 제품 개발 능력
약점(Weakness)	• 브랜드 Logo에 대한 호감도가 가장 낮음. • 높은 임금과 노후 생산시설에 따른 고비용 경영
기회(Opportunity)	• 계열사와 연계 가능(가맹점 개설 용이) • 중국시장의 한류 열풍과 유사 문화권으로 인한 중국시장 진입이 용이
위협(Threat)	• 외국 경쟁 업체의 국내 진입과 가격할인 경쟁으로 수익성 악화 • 패스트푸드에 대한 부정적 인식 확산

외부환경＼내부환경	강점(Strength)	약점(Weakness)
기회(Opportunity)	① 한류 열풍에 높은 브랜드 인지도 연계	② 가격 할인 프로모션
위협(Threat)	③ 중국시장 진출	④ 한국인 맞춤 브랜드 강화

07 아래 환경 분석결과에 대응하는 적절하지 않은 전략은? [NCS 국가직무능력표준 변형]

강점(Strength)	• 경영자의 높은 마인드 • 다양한 채널 홍보 진행 • 넓고 편안한 시설
약점(Weakness)	• 직원 이직률 높음. • 회원 관리 능력 부족 • 광고효과성 측정 미비
기회(Opportunity)	• 사진인화시장 확대 • 정부의 출산장려정책 • 아이에 대한 투자 증가
위협(Threat)	• 저가위주 경쟁자 증가 • DSLR 카메라 일반화 • 고객의 가격탄력성 높음.

외부환경＼내부환경	강점(Strength)	약점(Weakness)
기회(Opportunity)	① 인터넷 홍보 강화 및 영업 확장	② 직원 역량강화교육 실시
위협(Threat)	③ 광고 채널 다양화 및 투자	④ 직원 성과/보상체계수립

08 아래의 국가기관은 효율적 조직운영을 위해 조직을 개편하였다. 다음의 조직 개편 사례를 확인하고 갑, 을, 병, 정 중에서 아래 조직도를 올바르게 이해한 사람을 모두 고르면?

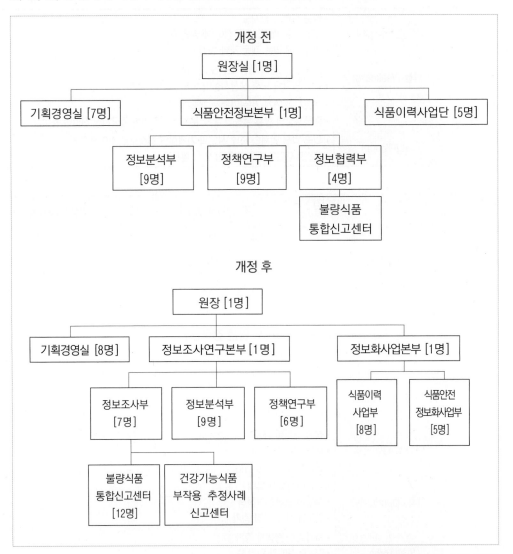

갑 : 기존 1실 1본부 1사업단 3개 부서 1센터 조직을 1실 2본부 5개 부서 2센터 조직으로 확대 구성했다.
을 : 건강기능식품 부작용 추정사례 관리를 내실화하기 위해 신고센터를 새로 마련하였다.
병 : 사업의 안정적 수행을 위해 정보화사업본부 및 식품안전정보화사업부를 신설하였다.
정 : 건강기능식품 부작용 신고센터와 성격이 유사한 불량식품신고센터를 정보분석부 소관으로 두었다.

① 갑, 을   ② 갑, 병   ③ 갑, 을, 병   ④ 병, 정

[09~10] 다음 발표 자료를 읽고 이어지는 물음에 답하시오.

> 「직무 중심 보상 체계 대두」
> - 통상 임금 등의 이슈와 맞물려 연공서열 기반의 임금 체계 개편 필요성이 꾸준히 제기
> - 직무급제가 대안으로 부상. 적용 가능성 검토 및 도입을 위한 사전 준비 필요
>
> 「다양성 고려한 인력 운영 최적화」
> - 고용형태, 세대 구성 등의 측면에서 인적 구성의 다양성은 더욱 심화
> - 필요 인력의 절대 규모뿐만 아니라 직무와 인력 특성을 고려한 인력 운영 계획 필요
>
> 「스펙보다는 역량 중심으로 채용 기준 변화」
> - 옥석을 가리기 위해 기업의 눈은 지원자의 스펙보다는 역량 검증에 보다 초점
> - 채용 방식의 변화, 면접 스킬 강화 등이 뒷받침될 필요
>
> 「내부 인력 개발을 위한 전문성 검증 강화」
> - 저성장으로 인력의 유입과 유출 모두가 줄어들면서 일종의 '인맥경화'에 직면
> - 적극적인 내부 인력 활용, 개발을 위해 각 개인의 전문성 검증 한층 강화
>
> 「조직 문화와 인력 운영에서 실행력 강조」
> - 불확실성이 큰 한 해인 만큼 급진적인 변화보다는 기존 사업에서의 안정적인 성장과 미래 준비 사업에서의 가시적인 성과 창출을 위해 실행력이 더욱 강조

09 발표 자료의 내용을 바르게 이해한 사람을 모두 고르시오.

> 갑 : 직무 중심 보상 체계는 예를 들어, 인사 부서와 마케팅 부서 직원들이 각기 하는 일이나 필요한 역량이 다르고 시장에서의 몸값 역시 차이가 있기 때문에 임금 수준을 달리해야 한다는 것이다.
> 을 : 다양성 고려한 인력 운용의 최적화 사례로, TESCO는 사업이 글로벌화되고 인적 구성이 다양해짐에 따라 직무를 지역과 사업 영역, 일의 특성에 따라 세분화하고 인재 유형을 구체화한 것을 들 수 있다.
> 병 : 기업이 지원자의 스펙을 보더라도 스펙의 양이나 다양성이 아니라, 본인이 지원하는 분야와 관련된 스펙을 얼마나 깊이 있게 쌓았고 이를 통해서 어떤 역량을 축적했는지 더욱 관심 있게 볼 것이다.
> 정 : 내부 인력 개발을 위한 방법으로 평가 시스템을 성과 평가와 역량 평가로 크게 구분하고 역량 평가는 모든 구성원에게 필요한 기본 역량과 업무 수행에 필요한 전문 역량으로 나누어 평가하는 것이 하나의 방법이 될 수 있다.

① 갑, 을   ② 갑, 병   ③ 갑, 을, 병   ④ 갑, 을, 병, 정

10 해당 연구 발표 자료의 제목으로 적절한 것을 고르시오.

① 채용 기준, 스펙에서 역량 검증으로
② 한국 기업들이 주목해야 할 2017년 인사, 조직 관리 이슈
③ 안정적 성장을 위한 임금체계 개편
④ 조직 인력 전문성 증대 방안

11 V 모바일 게임 개발 회사는 사무환경을 다음과 같이 변경하기로 결정하였다. 다음의 업무 환경이
갖는 특징으로 올바르지 않은 것을 고르시오.

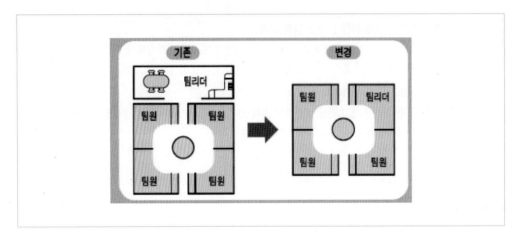

① 역동적   ② 유연성
③ 업무는 수행 과업에 의해 정의됨.   ④ 지시지향

[12~13] 다음은 한국주택금융공사에서 제공하는 상품에 대한 설명이다. 다음을 읽고 질문에 답하
시오.

[한국주택금융공사 기출]

- 신청대상 : 부부합산 연소득 6천만 원(단, 생애 최초의 경우 7천만 원까지) 이하의 무주택 세대주
- 신청시기 : 소유권 이전 등기일로부터 3개월 이내
- 대출금리 : 연 0.0 ~ 0.0%(우대금리 추가적용 가능)
  ※ 대출금리는 2017년 9월을 기준으로 한다.

12 위 상품 소개에 해당하는 명칭을 고르시오.

① 주택연금　　　　　② 디딤돌대출　　　　　③ 보금자리론　　　　　④ 아낌 e

13 위 상품에 해당하는 대출금리를 고르시오. (단, 대출금리는 2017년 9월을 기준으로 한다)

① 2.25 ~ 3.15%　　　　　　　　② 2.50 ~ 3.75%

③ 2.40 ~ 3.65%　　　　　　　　④ 2.60 ~ 3.15%

14 다음과 같은 조직의 개편에 의해 나타나는 변화로 옳은 것은?

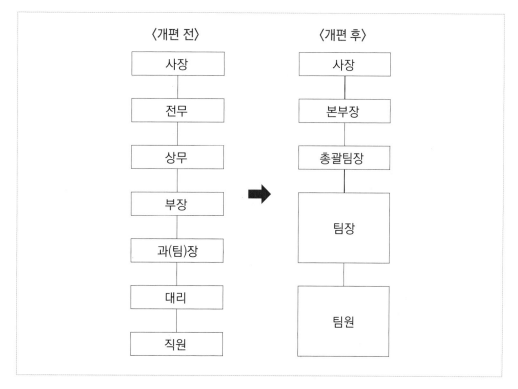

① 실적보다는 경력을 중시할 것이다.

② 조직 구조의 경직성이 낮아질 것이다.

③ 업무에 대한 개인의 재량권이 낮아질 것이다.

④ 목적 전치 현상과 같은 문제점이 나타날 것이다.

15 그림은 사회 조직의 유형을 나타낸 것이다. A에 비해 B가 갖는 일반적 특징으로 옳은 것을 〈보기〉
에서 고른 것은?

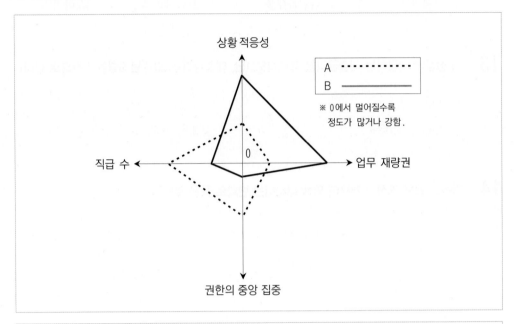

보기

㉠ 업무 수행에서 규칙과 절차의 준수가 강조된다.
㉡ 조직 운영에 있어서 중간 관리층의 역할이 크다.
㉢ 사회 변동에 유연하고 신속하게 대응할 수 있다.
㉣ 구성원의 자발성과 창의성을 발휘하기에 유리하다.

① ㉠, ㉡   ② ㉠, ㉢   ③ ㉡, ㉢   ④ ㉢, ㉣

16 다음 기사를 읽고 유추할 수 없는 내용은?

> ### 아메바 경영으로 승승장구, 교세라
>
> 아메바 경영이란 회사를 소집단으로 잘게 나누고 그 조직을 독립채산으로 운영하는 방식이다. 각 조직의 책임과 성과를 세부적으로 파악하고, 구성원들의 주인의식과 자율성을 높여주는 효율적인 조직관리방식이다. 교세라에는 아메바 조직이 약 3,000여 개에 이르고 있다. 아메바 경영은 조직경영실태를 파악하는 데 유리해 어느 부문에서 개선이 필요한지, 어느 부문에 더 힘을 쏟을 것인지 쉽게 찾을 수 있다. 아메바 경영의 구성요소는 크게 '부문별 독립채산제도'와 '전원 참가경영'으로 나뉜다. 부문별 독립채산제도는 사내매매제도, 시간당 채산표를 통해 이뤄지고 있고, 전원 참가경영은 대가족주의, 경영이념 공유, 회사정보 공개를 통해 이뤄내고 있다.
>
> 부문별 독립채산제도는 기업 내에서 일정한 사업부문을 독립시켜 경영하고 결산하는 것이다. 사내매매제도는 매출을 최대화하고 경비를 최소화하는 것으로 일례로 제조공정상에서도 원료부문과 성형부문 사이에 거래가 이뤄진다. 시간당 채산표는 누구나 이해할 수 있고 작성할 수 있게 만든 채산표를 통해 관리하고 책임경영을 실현하는 것이다. 시간당 채산은 총부가가치를 총노동시간으로 나눠서 산출한다.
>
> 아메바 경영에서 가장 중요한 것이 전원참가 경영이다. 사원들이 더 이상 단순한 노동자가 아닌 함께 일하는 파트너라는 사명감을 줘 기업 발전에 장애가 되는 노사 대립을 해소할 수 있다. 대가족주의에 기반해 '전 사원의 물심양면에 걸친 행복을 추구함과 동시에 인류, 사회의 진보발전에 공헌한다'는 경영이념을 공유하고 있다. 또 회사 경영실태, 회사의 문제점까지 전 사원에 공개함으로써 구성원들에게 경영자 마인드를 심어주고 있다.

> ㄱ. 아메바 경영은 구성원의 자율성을 중시하는 것으로, 구성원이 인간답게 일하는 환경을 만드는 데서 나아가 기업의 성과창출에도 매우 중요한 요인으로 작용하고 있다는 믿음에서 비롯된다.
> ㄴ. 경영 환경이 비교적 예측 가능하고, 변화의 속도가 느린 기업환경에서 위 사례가 경쟁력을 갖출 수 있다.
> ㄷ. 작은 벤처 회사이거나 괴짜들이 모여 있는 소규모의 광고회사를 넘어 최근 구글, 고어, 셈코 등의 실제 사례 중 하나이다.
> ㄹ. 찰스 만츠와 헨리 심스 주니어는 「슈퍼 리더십」에서 자율성의 키워드로 솔선수범, 자기 책임, 자신감, 스스로의 목표 설정, 긍정적 사고, 스스로의 문제 해결을 꼽고 있다.

① ㄱ   ② ㄴ   ③ ㄴ, ㄹ   ④ ㄴ, ㄷ, ㄹ

17 다음은 정부의 스마트워크 추진 계획에 관련된 것이다. 다음 중 스마트워크 추진에 관련하여 유추할 수 없는 것은?

〈정부의 스마트워크 추진 계획〉

스마트워크 활성화
전체 노동 인구의 30%까지 스마트워크 근무율을 높여 감(2015년까지)

스마트워크센터 도입 및 확산
2015년까지 총 500개 스마트워크센터 구축 (정부 50개, 민간 450개)

원격영상회의 및 통합커뮤니케이션 구축
공공부문 표준모델 개발(2011년) → 적용 범위 확대 추진(2012년 이후)

① 스마트워크로 인한 분산된 업무 환경이 초래될 것이다.

② 구성원과의 대면 기회가 부족할 수 있다.

③ 개인별 일하는 방식 편차로 인한 문제가 발생할 수 있다.

④ 공통의 업무수행, 커뮤니케이션 Rule이 축소되어야 한다.

[18~19] 다음은 A사의 정기 노사협의회 결과보고 내용이다. 이어지는 질문에 답하시오.

2017년 1/4 분기 정기 노사협의회 결과보고	
회의 일시	2017.04.25. (화) 15:00
회의 장소	본사 3층, 제2세미나실
의결 안건	1. 창사기념일(5월 27일) 근무에 관한 건 2. 5월 6일 임시지정일 지정 시 근무에 관한 건 3. 제1세미나실 공간 협소에 따른 개선 요청 건 4. 창사 5주년 기념 문화행사 개최의 건

의결된 안건 및 그 이행에 관한 사항	1. 창사기념일 (5월 27일) 정상근무 　- 휴일근로에 따른 통상임금 100분의 50을 가산하여 지급 　- 휴무 희망자는 자유롭게 휴무 가능 　　※ 휴무 신청은 개별적으로 팀장 보고 후 일괄 합산하여 서무팀 제출 2. 5월 6일 (금) 정상 근무 　- 휴일근로에 따른 통상임금 100분의 50을 가산하여 지급 　- 휴무 희망자는 자유롭게 휴무 가능 　　※ 휴무 신청은 개별적으로 팀장 보고 후 일괄 합산하여 서무팀 제출 3. 공간관리 위원회를 통해 적정 공간을 조속히 검토 4. 2017년 체육대회 행사는 문화행사로 개최 　- 주제 : 상호존중, 창의적 혁신 콘서트 　- 장소 및 시간에 관하여 추후 공지

18　창사기념일 휴무 신청 절차가 맞는 것을 고르시오.

① 개별적으로 서무팀에 보고

② 개별적으로 팀장 보고 후, 팀장 결재 승인

③ 개별적으로 팀장 보고 후, 종합하여 서무팀에 보고

④ 서무팀이 개별 확인

19　결과보고서를 보고 확인할 수 없는 내용은?

① 안건 주제　　　　　　　　② 회의 날짜

③ 결과 내용　　　　　　　　④ 전 분기 안건 내용

20 제시된 조직형태에 대한 설명으로 옳지 않은 것을 고르시오.

① 조직운영의 원리인 명령일원화의 원리를 따르는 것이다.

② 고객의 요구나 시장에서의 급격한 변화에 신속하게 대응할 수 있다.

③ 조직의 유연성을 높일 수 있다.

④ 조직구성원이 기능 부서에 소속됨과 동시에 프로젝트 팀에도 소속되는 조직을 말한다.

21 다음은 한국무역협회에서 제공하는 위탁판매방식에 의한 수출에 관련된 그림이다. 다음을 확인하고 일치하지 않는 내용을 고르시오.

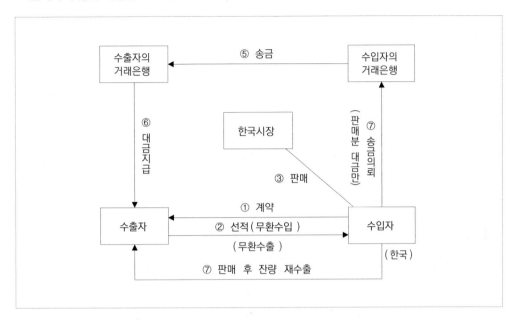

① 물품 등을 무환으로 수출하여 해당 물품이 판매된 범위 안에서 대금을 결제하는 계약에 의한 수출을 말한다.

② 위탁자는 자신의 계산과 위험 하에 물품을 수출하므로 물품이 이동되더라도 소유권은 수탁자(수입자)에게 있다.

③ 이 거래방식은 수탁자 입장에서 보면 물품관리 책임만 있고 자금부담과 위험부담이 없다.

④ 위 방식은 위탁자가 자금여유가 있는 상태에서 적극적으로 새로운 수출시장을 개척하고자 할 때 주로 사용된다.

Chapter

10 직업윤리

01 다음 글을 통해 내릴 수 있는 결론으로 가장 적절한 것은?

> 우리나라가 경제 성장을 한창 하던 시기인 1970~1980년대에는 수출을 하는 대기업이나 은행 등에 취직하는 것을 가장 선호하였다. 높은 임금과 장래성이 보장되었기 때문이다. 그러나 1990년대 말 금융 위기가 발생한 이후에는 공무원, 교사 등을 선호하였다. 정년이 보장되며 연금 등 노후에도 안정적으로 생활할 수 있기 때문이다.

① 직업에는 귀천이 없다.
② 직업은 시대적 흐름에 따라 생성·소멸된다.
③ 직업에 대한 인식은 시대에 따라 달라질 수 있다.
④ 직업을 선택할 때 안정성을 우선적으로 고려해야 한다.

02 밑줄 친 경찰관의 행동에 대한 설명으로 옳은 것은?

> 경찰관 A는 신호를 위반한 운전자에게 과태료를 부과하기 위하여 운전자를 불러 세웠다. 그러나 알고 보니 신호를 위반한 그 운전자는 다름 아닌 자신의 아버지였다. 순간 아버지를 그냥 보내드려야 할지 고민하였으나 준법정신을 지키기 위하여 아버지에게 과태료를 부과하였다.

① 경찰의 역할을 포기하였다.
② 역할 갈등 상황을 해결하지 못하였다.
③ 역할의 우선순위를 정하여 행동하였다.
④ 공적인 관계보다 사적인 관계를 중시하였다.

03 다음과 같은 주장의 문제점으로 옳지 않은 것은?

> • 남성은 관리직에 적합하고, 여자는 사무직이나 쉬운 일에 적합하다.
> • 여성은 아이를 낳아야 하니까 직장을 그만두고 애를 돌보고 살림을 해야 한다.

① 사회 발전과 통합을 저해할 수 있다.

② 개인의 자아실현 기회를 박탈할 수 있다.

③ 자유권, 평등권, 행복 추구권을 침해한다.

④ 양성의 차이를 인정하고 상호 보완할 수 있게 한다.

04 **다음과 같은 현상의 원인으로 알맞은 것은?**

> 3개월 전 출산을 하게 된 ○○씨는 아이를 위해 회사에 육아 휴직 신청서를 냈다. 그러자 회사에서는 명목상 육아 휴직 조항이 있지만 오랜 휴직은 회사에 많은 불이익을 준다며, 사직할 것을 종용하였다.

① 가정 경제는 남성이 전적으로 꾸려 나가야 하기 때문이다.

② 남성과 여성의 성 역할을 고정된 것으로 보지 않는 관점 때문이다.

③ 육아 휴직 조항을 지키지 않았을 때의 벌금이 크지 않기 때문이다.

④ 남성과 여성의 차이를 인정하고 배려하려는 자세가 부족하기 때문이다.

05 **다음은 서술형 문제와 학생 답안이다. 학생 답안의 ㉠~㉢ 중 옳지 않은 것은?**

> • 문제 : 기업 윤리가 중요한 이유를 서술하시오.
> • 답안 : ㉠ 기업이 윤리적 경영을 하지 않으면 무절제한 이윤 추구로 인해 사회에 여러 가지 해악을 끼칠 수 있다. 또한, ㉡ 기업의 영향력이 큰 현대 사회에서 기업의 비윤리적인 행위는 사회 구성원의 윤리 의식에 부정적인 영향을 준다. 그뿐만 아니라 ㉢ 비윤리적 기업에서 일하는 근로자는 윤리적 기업에서 일하는 근로자보다 윤리적 갈등과 스트레스를 훨씬 더 많이 받는다. ㉣ 장기적인 발전과는 무관하지만 비윤리적인 기업은 사회 구성원에게 부정적인 이미지를 심어 줘, 단기적인 이윤 하락을 겪게 된다.

① ㉠   ② ㉡   ③ ㉢   ④ ㉣

06 **다음 글에 나타난 문제점을 해결하기 위한 방안으로 적절한 것은?**

> 한국의 무역 회사에서 근무하고 있는 이슬람교도인 A 씨는 라마단 기간마다 고충을 겪는다. 점심시간에 금식하는 A 씨에게 왜 식사를 안 하느냐고 묻는 회사 직원들에게 매번 라마단 기간을 설명하는 것도 번거롭지만, A 씨의 설명을 듣고도 "한국에서는 그런 것을 지키지 않아도 돼요. 식사를 해야 일을 제대로 하지요."라고 무심히 말하는 직원들의 무례함도 참아야 하기 때문이다.

① 라마단 기간에는 회사 직원 모두에게 휴가를 준다.

② 회사 업무에 지장이 없도록 A 씨를 다른 종교로 개종시킨다.

③ 해가 저문 후에 근무가 시작되도록 회사의 근무 시간을 변경한다.

④ 회사 내 다문화 교육을 실시하여 회사 직원에게 타 문화를 존중하는 자세를 지니게 한다.

07 다음 중 올바른 명함 교환 예절로 가장 적절한 것은?

① 모르는 한자가 있을 경우 질문하는 것은 실례가 아니다.

② 앉아서 대화를 나누는 동안 받은 명함을 테이블 위에 놓고 이야기하는 것은 실례이다.

③ 명함은 만나자마자 교환하는 것이 원칙이다.

④ 아랫사람이나 용건이 있는 사람이 자기를 소개한다는 차원에서 먼저 건네는 것은 실례이다.

08 다음의 논쟁에서 의견 차이가 발생하는 원인으로 가장 적절한 것은?

> 갑 : 남자들에게 군 가산점을 주는 것은 차별이야.
> 을 : 제대 군인에게 보상해 주는 것은 당연하지.
> 갑 : 그건 여성이나 장애인에게 불이익을 주는 거야.
> 을 : 병역 의무의 이행으로 인한 희생에 대해 보상해 주는 것이기 때문에 차별이라고 볼 수 없어.
> 갑 : 그건 평등권에 위배되는 거야.
> 을 : 그러면 여성이나 장애인 등 사회적 약자에 대한 보상이나 지원책도 문제가 있는 게 아닌가?

① 제대 군인의 병역 의무 이행이 희생인가?

② 제대 군인에 대한 군 가산점이 적정한가?

③ 사회적 약자에 대한 보상이나 지원책이 정당한가?

④ 제대 군인에 대한 군 가산점제 시행이 차별 정책인가?

09 다음 문제 상황에서 어떤 윤리 의식이 문제가 되고 있는가?

> 짝퉁은 밀거래를 통해 거래되기 때문에 유통 과정에서 세금 탈루가 발생하고 가계 지출이 지하 경제로 유출된다. 국세청 관계자는 "짝퉁은 결국 이를 소비하려는 사람들이 있기 때문에 계속해서 만들어지는 것"이라면서 "단속으로는 한계가 있고 시민들의 의식이 바뀌어야 한다."고 말했다.

① 소비자의 준법정신   ② 공직자의 법 집행

③ 국세청의 탈세 적발   ④ 거래의 투명성

10 직장에서의 전화예절에 대한 설명으로 가장 올바른 것은?

① 전화를 걸고 인사한 후 결론부터 말한 뒤 부연설명을 한다.

② 상대방을 먼저 확인한 뒤 자신의 신분을 밝힌다.

③ 상대방이 신원을 밝히지 않을 경우, 먼저 물어서는 안 된다.

④ 상사와 통화 시, 용건이 끝나면 먼저 공손히 전화를 끊는다.

11 다음 사례 중 성희롱에 해당하지 않는 것은 어느 것인가?

① 김 대리는 여직원에게 일을 부탁할 때면 어깨와 손을 은근히 건드리곤 한다.

② 이 과장은 항상 웃는 얼굴로 인사를 한다. 동료 여직원 김 씨에게 '멋지군요. 김 씨는 정장이 잘 어울려요.'라고 말했다.

③ 허 과장은 유쾌한 성격으로 농담하기를 즐긴다. 남녀직원이 함께 모인 자리에서 성적인 농담을 재미있게 하기로 유명하다.

④ 정 상무는 부하직원들과 회식할 때 여직원을 항상 옆에 앉히고 '술은 여자가 따라줘야 제맛'이라며 즐거워한다.

12 다음은 ▲▲ 보험공단에서 제공하는 배우자의 금품 등 수수 금지 기준이다. 다음의 금품 수수 금지 기준을 읽고 이어지는 질문에 답하시오.

수수 금지 금품
금전, 유가증권, 부동산, 물품, 숙박권, 회원권, 입장권, 할인권, 초대권, 관람권, 부동산 등의 사용권 등 **일체의 재산적 이익**
음식물, 주류, 골프 등의 **접대/향응** 또는 교통, 숙박 등의 **편의 제공**
채무 면제, 취업 제공, 이권 부여 등 그 밖의 **유형/무형의 경제적 이익**

예외적으로 허용되는 금품 등

1	2	3	4
공공기관이 소속, 파견 공직자 등에게 지급하거나 상급 공직자 등이 위로, 격려, 포상 등의 목적으로 하급 공직자 등에게 제공하는 금품 등	원활한 직무수행, 사교, 의례, 부조의 목적으로 제공되는 음식물, 경조사비, 선물 등으로서 대통령령으로 정하는 가액 범위 안의 금품 등	사적 거래(증여는 제외)로 인한 채무의 이행 등 정당한 권원에 의하여 제공되는 금품 등	공직자 등의 친족(민법 제777조)이 제공하는 금품 등 * 친족의 범위 : 8촌 이내 혈족, 4촌 이내 인척, 배우자
5	6	7	8
공직자 등과 관련된 단체 등이 정하는 기준에 따라 구성원에게 제공하는 금품 등 및 장기적, 지속적인 친분관계를 맺고 있는 자가 질병 등으로 어려운 처지에 있는 공직자 등에게 제공하는 금품 등	공직자 등의 직무와 관련된 공식적인 행사에서 주최자가 참석자에게 통상적인 범위에서 일률적으로 제공하는 교통, 숙박, 음식물 등의 금품 등	불특정 다수인에게 배포하기 위한 기념품 또는 홍보용품 등이나 경연, 추첨을 통하여 받는 보상 또는 상품 등	그 밖에 다른 법령기준 또는 사회상규에 따라 허용되는 금품 등

다음은 대외 사업부 A 과장과 K 대리의 대화이다. 다음을 읽고, A 과장이 마지막에 할 말로 적절한 것을 고르시오.

> A 과장 : K 대리! 2주 뒤 열리는 고용노동부 주관 스마트근로시스템 워크숍 관련 내용 보고서 작성 다 되었나? 참석인원과 필요예산 관련해서 빨리 받아 봤으면 하는데.
>
> K 대리 : 네, 과장님. 지금 과장님 메일로 보내드렸습니다. 현재 참석인원은 작년과 동일한 인원으로 구성했고, 금년에는 고용노동부에서 참석자에 대한 교통비 및 숙식비를 지원하겠다고 합니다.
>
> A 과장 : ＿＿＿＿＿＿＿＿＿＿＿＿＿＿＿＿＿＿＿＿＿＿＿＿＿＿

① 교통, 숙박 등은 수수금지 품목에 적용될 테니까 필요 예산 다시 작성해봐.

② 그럼 이외의 기타 예산안은 작성되어 있지? 그리고 지원 범위가 타당한지 확인해봐.

③ 수수금지 품목은 아니더라도 주최 측 지원은 받지 않는 것이 좋아.

④ 교통, 숙식비를 지원한다고? 지금 바로 조속히 부장님께 말씀드려.

13 다음 그림과 관계가 있는 것을 고르시오.

① 자동차 기능 안전 국제 규격이다.

② 기업의 사회적 책임의 세계적인 표준이다.

③ 의료기기 위험관리 요구조건이다.

④ 국제회계기준이다.

14 다음은 A 제조회사의 제조공정에 부착된 하인리히 법칙에 관한 포스터이다. 해당 포스터를 확인한
직원들의 반응 중 잘못된 것은 무엇인가?

① 갑 : 사소하게 생각하고 무시하거나 개인적으로 처리했던 실수들이 있는데 앞으로는 작은 실
수라도 동료들과 의견을 나누며 주의 깊게 행동해야겠어.

② 을 : 큰 사고는 우연히 또는 어느 순간 갑작스럽게 발생하는 것이 아니라 그 이전에 반드시 작
은 사고들이 반복되는 과정에서 발생한다는 것을 나타내는 것이구나!

③ 병 : 마가렛 대처의 "습관을 조심해라. 운명이 된다."라는 말이 떠오르는군!

④ 정 : 경미한 사건, 사고에 과잉대처를 한다면, 정해진 물량을 소화할 수 없을 텐데.

15 다음은 중요한 상황에서 교통 법규를 위반하고 달려온 차에 대한 반응을 통해 한국인, 미국인, 일본인의 준법의식을 비교한 것이다. 다음의 사례를 읽고 올바르지 않은 추론은 무엇인가?

[NCS 국가직무능력표준 예제 변형]

> • 한국 : 빨리 와서 고맙다고 인사한다.
> • 미국 : 법규위반사실을 경찰에 신고한다.
> • 일본 : 다시는 그런 사람의 차를 타지 않겠다고 다짐한다.

① 우리나라의 준법의식 부재가 얼마만큼 심각한지 알 수 있어.

② 미국인의 윤리의식은 정의감에서 나오고, 일본인은 수치심에서 나온다고 한다는 게 맞는 말이군.

③ 선진국들과 경쟁하기 위해서는 개개인의 의식변화가 중요한 것이 아니라 제도적, 시스템적 기반의 확립이 필요할 거야.

④ 준법이라 하는 것은 민주 시민으로서 기본적으로 지켜야 하는 의무이며 생활 자세야.

16 다음 현 과장의 사례를 읽고 난 후의 반응 중 바르지 않은 것을 고르시오. [NCS 국가직무능력표준 사례 中]

> ### 일이 먼저? 사람이 먼저?
>
> 중소기업 영업부에서 수주업무를 담당하는 현 과장은 충실한 직업인이다. 최근 몇 개월째 수주가 저조하여 회사는 어려움을 겪게 되었고, 모든 영업사원에게 각각 고객(회사)을 방문하여 적극적으로 유치하라는 지시가 있었다. 현 과장은 거래처 한 곳에서 큰 프로젝트를 수주할 좋은 기회를 얻게 되었고 이 일을 위하여 전 기술부 직원과 영업부 직원이 며칠 밤을 새우며 프로젝트를 추진했다. 드디어 입찰하는 날(계약일) 현과장은 뿌듯한 기분으로 운전을 하며 입찰장소로 향하고 있었다. 그런데 앞에서 달리고 있던 승용차 한 대가 사람을 친 후 도망가는 것을 목격했다. 현 과장은 출혈도 심하고 의식이 없어 그대로 두면 거의 사망할 것 같은 환자를 차에 태우고 인근병원으로 가다 보니 상당한 시간이 지체되었다. 그 후 황급히 입찰장소로 향했으나 교통체증이 너무 심했다. 현장에 도착하니 입찰은 이미 다 끝나 버렸고 담당자는 오질 않아서 입찰을 포기한 줄 알고 끝냈다는 것이었다.

① 현 과장은 사회적으로 좋은 일을 했기 때문에 회사에서 자신의 책임에 대한 면제를 받을 수 있어.

② 현 과장의 행동은 직업인으로서 책임과 본분을 망각한 행위야.

③ 현 과장은 시의적절한 보고를 해야 했음에도 임의로 판단하고 그것을 실행하지 않았어.

④ 직업을 가진 사람에게 자기가 맡은 임무는 수많은 사람과 관련된 공적인 약속이자 최우선의 과제라고 생각해.

17 다음은 성인과 청소년의 정직지수에 관하여 설문조사 후 얻은 결과이다. 다음의 결과를 읽고 제시
할 수 있는 응답 중 바르지 않은 것을 고르시오.

3번 항목. 근무 시간에 개인적인 볼일을 본다.

나이	전체	20대	30대	40대	50대 이상
괜찮다	66%	78%	73.8%	62.3%	56.5%

6번 항목. 10억이 생긴다면 잘못을 하고 1년 정도 감옥에 들어가도 괜찮다.

나이	청소년	20대	30대	40대	50대 이상
괜찮다	33%	44.7%	43%	36.1%	32.5%

8번 항목. 자신의 이익을 위해 탈세해도 괜찮다.

나이	청소년	20대	30대	40대	50대 이상
괜찮다	5%	25.3%	26.2%	24.1%	22.8%

10번 항목. 돈 계산이 잘못되어도 나에게 이득이 되면 그냥 넘어간다.

나이	전체	20대	30대	40대	50대 이상
괜찮다	42.6%	54.3%	52.9%	37.7%	34.7%

① 도덕적 자본이 건강한 국가의 기초가 된다는 점을 강조해야 한다.

② 윗물이 맑아야 아랫물이 맑다

③ 산업시대에서의 경쟁을 통한 효율 증대와 성공주의가 창조경제를 구현한다.

④ 경쟁보다는 협업, 자신의 이익보다는 공익과 이웃에 대한 배려를 중시하는 사회가 필요하다.

18 다음은 21세기 고객의 니즈 및 트렌드에 관련된 기사이다. 다음 기사의 내용과 관련있는 용어는 무엇인가?

"밖에 나가면 다 돈" 경기침체 속 집에서 여가 주방용품·家電 수출 늘어

삼광유리의 밀폐용 유리용기 글라스락, 더페이스샵 마스크팩, 삼성전자 LED TV, LG전자 LCD TV…. 이들 제품의 공통점은 주방용품·미용제품·가전 등 집에서 많이 쓰는 제품들로 세계 경기 침체 속에서 좋은 수출 실적을 올린다는 점이다.

해외 기업들도 ○○○ 트렌드에 맞는 제품이 인기를 끌고 있다. 커피 전문점 스타벅스가 매출 급감으로 고전하는 반면, 미국의 커피 메이커(원두커피를 내려 마시는 기구) 제조업체 큐릭은 올 상반기 매출이 작년 같은 기간보다 2배 늘었다. 미국의 DVD업체 넷플릭스는 매월 9~17달러만 내면 무제한으로 DVD를 빌려볼 수 있는 서비스를 앞세워 2분기 3,240만 달러의 매출을 기록, 작년 같은 기간 대비 21.8% 증가했다.

---

① 코쿠닝 트렌드   ② 유유상종 트렌드
③ 환상모험 트렌드   ④ 작은사치 트렌드

19 다음 사례가 나타내는 시사점으로 가장 올바른 것을 고르시오.

아뿔싸!! 한순간에...

1997년 1월 23일, 한보철강이 부도처리됨으로써 아산만에 100여만 평 규모로 세워졌던 당진제철소가 침몰하였다. 5조 원 이상의 은행 빚을 쏟아부었던 역사(役事)가 한꺼번에 무너져 내리는 순간이었다. 그러나 한보철강의 부도는 당진제철소를 침몰시키는 것에 그치지 않고 '주식회사 대한민국'을 벼랑 끝으로 내몰았다. 약 10개월 후인 그 해 12월 3일, 정부는 국제통화기금(IMF)에 긴급자금을 요청한다고 발표했다. 길고도 험난한 IMF체제의 시작이었다. 한보사태로 국회 청문회를 진행하는 등 나라전체가 소란하던 그 해 4월까지도 한보사태가 경제위기의 서막이 될 줄은 누구도 생각하지 못했다. 2000년 10월 2일, 법정 관리에 들어간 한보철강을 인수하겠다며 본 계약까지 맺고 막바지 협상을 벌이던 미국의 네이버스 컨소시엄이 계약을 파기한다는 입장을 채권단 측에 통보해 왔다. 이로써 3년 8개월을 끌어오던 한보철강의 매각 협상은 다시 원점으로 돌아갔다. 포드사의 대우자동차 인수포기에 이은 한보철강 매각실패는 경제 회복의 중대한 걸림돌이 될 수 있다는 우려마저 자아내고 있다. IMF체제 3년 차 증후군이 현실로 나타난 것이 아니냐는 지적이다. 일단 채권단은 한보철강은 대우자동차와는 달리 금융권의 추가지원 없이도 다달이 20여억 원의 영업이익을 내고 있기 때문에 1~2년 정상가동하면서 천천히 다른 원매자를 찾는 쪽으로 결론을 내렸다. 부실기업의 가치를 높여주는 조건으로 매각만 할 수 있다면 더 바랄 것이 없겠지만 최소 1년 이상은 악몽의 역사(歷史)를 떨칠 수 없게 되었다.

---

① 기업인으로서 재무관리의 필요성   ② 직업인이 갖추어야 할 책임의식
③ IMF체제 증후군   ④ 악몽의 역사

20 다음 〈그림〉은 지난 5년 동안 A~Q 기업 간에 발생한 소송 관계를 나타낸 것이다. 이에 대한 설명 중 옳은 것은?

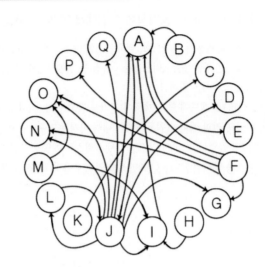

※ '→'는 기업 간의 소송관계를 나타냄. 예를 들어, B→A는 B 기업이 원고가 되어 A 기업을 피고로 한 번의 소송을 제기했음을 의미함.

① 소송을 제기하지 않은 기업의 수는 7개이다.

② 가장 많은 수의 기업으로부터 소송을 제기받은 기업은 J 기업이다.

③ J 기업은 가장 많은 7개의 소송을 제기했다.

④ 소송을 제기하기만 하고 소송을 제기받지 않은 기업의 수는 6개이다.

⑤ 서로가 소송을 제기한 경우는 A 기업과 J 기업, L 기업과 J 기업의 경우뿐이다.

NCS

국 가 직 무 능 력 표 준

PART03

NCS Big 3 기업분석자료
국 가 직 무 능 력 표 준

NCS
국가직무능력표준

국민건강보험공단

1 기본정보

- 기관설립일 : 2000년 07월 01일
- 설립근거 : 국민건강보험법 제13조(보험자)
- 건강보험의 보험자는 국민건강보험공단(이하 "공단"이라 한다)으로 한다.
- 정관 제1조(목적) : 이 법인은 『국민건강보험법』에 따른 건강보험사업, 『노인장기요양보험법』에 따른 장
기요양사업, 그 밖의 다른 법령에 따라 위탁받은 사업을 합리적이고 효율적으로 수
행하여 국민보건 및 사회보장을 증진함으로써 국민의 삶의 질 향상에 기여함을 목
적으로 한다.
- 설립목적 : 국민의 질병·부상에 대한 예방·진단·치료·재활과 출산·사망 및 건강증진에 대하여 보
험급여를 실시함으로써 국민보건 향상과 사회보장 증진에 기여함은 물론 일상생활을 혼자
서 수행하기 어려운 노인에게 신체활동 또는 가사활동 지원 등의 요양급여를 실시함으로써
노후의 건강증진과 생활안정 도모를 목적으로 설립
- 주무기관 : 보건복지부
- 홈페이지 : www.nhis.or.kr
- 소재지 : 강원도 원주시 건강로 32(반곡동, 국민건강보험공단)

1. 미션

2. 비전선언문

우리는 최상의 건강서비스로 국민의 평생건강을 지켜 행복한 세상을 열어가며, 글로벌 건강보험의 리더로 나아가기 위해 다음 사항을 실천한다.

하나, 우리는 건강보험의 지속가능한 발전을 추구하고, 건강수명 향상을 위한 맞춤형 건강서비스를 제공하여 국민의 평생건강을 지켜 나간다.

하나, 우리는 모든 국민이 의료비 걱정 없도록 더 나은 건강보장을 실현하며 노후 삶의 질 향상으로 국민행복을 위해 최선을 다한다.

하나, 우리는 건강보장의 보편적 가치 공유를 위해 국제사회와 협력하고, 세계표준이 되는 글로벌 건강보장 리더가 되기 위해 노력한다.

이러한, 새로운 10년의 뉴비전을 실현하기 위해 가입자 · 공급자 · 정부 · 보험자가 함께 상생협력하여, 국민과 직원에게 한 줄기 빛과 같은 희망을 주는 건강보험제도와 공단을 만드는 데 앞장서 나갈 것을 다짐합니다.

3. 핵심가치

희망과 행복
(Happiness)
평생 건강서비스를 강화하여 국민에게 한줄기 빛과 같은 희망을 주고, 행복한 삶을 영위할 수 있도록 건강의 가치를 나누어 가자는 의미

소통과 화합
(Harmony)
내외부 이해관계와 신뢰를 바탕으로 소통과 화합을 통해 건강보험제도의 지속가능한 발전과 보건의료체계전반의 도약을 추구해 나가자는 의미

변화와 도전
(Challenge)
기존의 제도와 틀에 안주하지 않고 변화와 혁신을 통해 제도의 미래가치를 창출할 수 있도록 도전해 나가자는 의미

창의와 전문성
(Creativity)
창의적인 사고와 최고의 전문역량을 함양하여 글로벌 Top 건강보장제도로 도약할 수 있도록 혁신을 주도하는 전문가를 지향하자는 의미

4. 2016-2020 중장기 경영목표

미션 — 국민보건과 사회보장 증진으로 국민의 삶의 질 향상

비전 — 평생건강, 국민행복, 글로벌 건강보장 리더

핵심가치 — 희망과 행복(Happiness), 소통과 화합(Harmony), 변화와 도전(Challenge), 창의와 전문성(Creativity)

경영방침 — 공정신뢰, 상생발전, 창조혁신

전략목표

01. 전략목표	02. 전략목표	03. 전략목표	04. 전략목표	05. 전략목표
지속가능하고 의료비 걱정 없는 건강보험	건강수명 향상을 위한 전국민 맞춤형 건강관리	노후 삶의 질 향상을 위한 품격 높은 장기요양보험	보험자 기능 정립으로 글로벌 표준이 되는 제도	자율과 혁신으로 생동감과 자긍심 넘치는 공단

전략 과제	안정적 재원 기반 확대	건강증진 연계협력 강화	장기요양보험 보장성 확대	보험자 기능 및 거버넌스 재정립	경영관리체계 선진화
	보장성 강화 정책 지원	만성질환 예방체계 강화	수요자중심의 서비스질 향상	新보건의료 생태계창출 기반 조성	국민 신뢰의 선도적 책임강화
	합리적 진료비 관리 체계 수립	건강검진 체계 고도화	서비스 제공기반 선진화	국제협력, 통일 등 미래대비	정보보호 및 IT 시스템 선진화
	효율적 재정관리체계 구축	ICT기반 건강정보활용 체계 정립	안정적 장기요양 재정관리	빅 데이터 활용 지식기반 구축	창의와 소통의 조직문화 구축

5. 경영개선로드맵

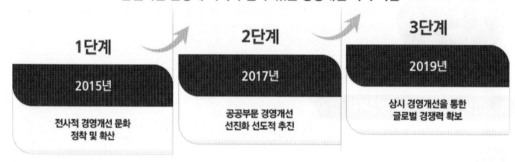

급변하는 환경에 최적화 할 수 있는 경영개선 리더 기관

1단계
2015년
전사적 경영개선 문화
정착 및 확산

2단계
2017년
공공부문 경영개선
선진화 선도적 추진

3단계
2019년
상시 경영개선을 통한
글로벌 경쟁력 확보

6. 경영개선전략

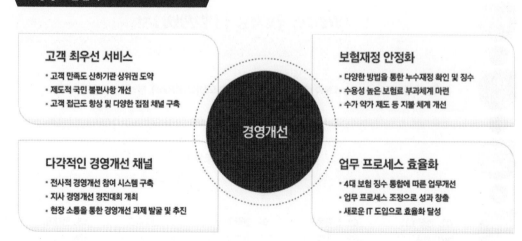

고객 최우선 서비스
- 고객 만족도 산하기관 상위권 도약
- 제도적 국민 불편사항 개선
- 고객 접근도 향상 및 다양한 접점 채널 구축

보험재정 안정화
- 다양한 방법을 통한 누수재정 확인 및 징수
- 수용성 높은 보험료 부과체계 마련
- 수가 약가 제도 등 지불 체계 개선

경영개선

다각적인 경영개선 채널
- 전사적 경영개선 참여 시스템 구축
- 지사 경영개선 경진대회 개최
- 현장 소통을 통한 경영개선 과제 발굴 및 추진

업무 프로세스 효율화
- 4대 보험 징수 통합에 따른 업무개선
- 업무 프로세스 조정으로 성과 창출
- 새로운 IT 도입으로 효율화 달성

시사점	내부강점(S)	내부약점(W)
	1. 제안제도의 활성화로 다양한 노하우 축적 2. 경영개선 필요성에 대한 직원인식 상승	1. 부서 간 상호협력 체계 다소 미흡 2. 성과 측정의 어려움 상존
외부기회(O)	성장 전략방향	역할강화 변화방향
1. 4대보험 징수통합으로 개선과제 다양 2. 지역본부 간 선의의 경쟁 체제 강화	1. 지속적인 혁신 수준의 경영개선 2. 우수사례 전문성 확보	1. 실용 가능한 사업과제 선정 2. 내부평가와 연계
외부위협(T)	환경대처 전략방향	필수변화 방향
1. 정부의 공공기관 선진화 요구 2. 경영공시 게시로 타기관과의 비교	1. 경영개선과제 발굴 분야의 다양화 2. 지속가능한 기업으로의 성장	1. 제도개선과 연계한 상호 보완적 역할 2. 전사적인 개선 노력

| SWOT 분석 참고 경영개선계획 |

경영개선 기본계획

본부 경영개선
· 본부 각 부서의 지속적인 과제 발굴 및 추진
· 뉴비전 및 미래전략 실행과 연계하여 재정절감 및 대국민서비스 질 제고 자체추진

경영개선 경진대회
· 지사 자체추진 가능한 혁신적인 개선과제를 발굴 추진하고 우수한 과제를 전파
· 내부평가반영으로 성과창출 극대화

제안제도 운영
· 직원의 창의적인 아이디어를 장려하고 개발하여 공단 운영에 반영함으로써 업무개선 및 능률향상도모

규제개혁 추진
· 정부의 규제개혁 정책에 동참하고 공단의 규제개혁 추진을 효율적으로 운영하여 국민이 체감하는 규제개선 효과 극대화

3 건강보험공단 핵심 분석

① 사업내용

건강보험 사업	장기요양 사업	사회보험 통합징수 사업
• 가입자 및 피부양자의 자격관리 • 보험료 기타 국민건강보험법에 의한 징수금의 부과 · 징수 • 보험급여의 관리, 보험급여비용의 지급 및 사후관리 • 가입자 및 피부양자의 건강 유지 · 증진을 위하여 필요한 예방사업 • 자산의 관리 · 운영 및 증식사업, 의료시설의 운영 • 건강보험에 관한 교육훈련, 홍보, 조사 · 연구 및 국제협력 • 국민건강보험법 또는 다른 법령에 의하여 위탁받은 업무 • 기타 건강보험과 관련하여 보건복지부장관이 필요하다고 인정한 업무	• 장기요양보험가입자 및 그 피부양자와 의료급여수급권자의 자격관리 • 장기요양보험료 등의 부과 · 징수 • 신청인에 대한 조사, 등급판정위원회의 운영 및 장기요양등급 판정 • 장기요양인정서의 작성 및 표준장기요양이용계획서의 제공 • 장기요양급여의 관리 및 평가 • 장기요양급여 관련 이용지원에 관한 사항 • 재가 및 시설 급여비용의 심사 및 지급과 특별현금급여의 지급 • 장기요양급여 제공내용 확인 • 장기요양사업에 관한 조사 · 연구 및 홍보 • 노인성질환예방사업 • 장기요양기관의 설치 및 운영 • 그 밖에 장기요양사업과 관련하여 보건복지부장관이 위탁한 업무	• 사회보험료 통합고지, 징수 • 체납 사회보험료 징수, 보험료 수납 · 정산 및 기금별 이체

| 전략목표별 전략과제 |

1. 지속 가능하고 의료비 걱정 없는 건강보험	1-1. 안정적 재원 기반확대 1-2. 보장성 강화 정책 지원 1-3. 합리적 진료비 관리체계 수립 1-4. 효율적 재정 관리체계 구축
2. 건강수명 향상을 위한 전국민 맞춤형 건강관리	2-1. 건강증진 연계협력 강화 2-2. 만성질환 예방체계 강화 2-3. 건강검진 체계 고도화 2-4. ICT 기반 건강정보 활용체계 정립

3. 노후 삶의 질 향상을 위한 품격 높은 장기요양보험	3-1. 장기요양보험 보장성 확대
	3-2. 수요자 중심의 서비스 질 향상
	3-3. 서비스 제공기반 선진화
	3-4. 안정적 장기요양 재정관리
4. 보험자 기능 정립으로 글로벌 표준이 되는 제도	4-1. 보험자 기능 및 거버넌스 재정립
	4-2. 新 보건의료생태계 창출 기반 조성
	4-3. 국제협력, 통일 등 미래대비
	4-4. 빅 데이터 활용 지식기반 구축
5. 자율과 혁신으로 생동감과 자긍심 넘치는 공단	5-1. 경영관리체계 선진화
	5-2. 국민 신뢰의 선도적 책임강화
	5-3. 정보보호 및 IT 시스템 선진화
	5-4. 창의와 소통의 조직문화 구축

② 건강보험 및 노인장기요양보험 운영체계

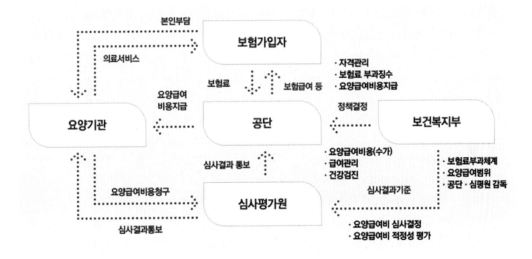

③ 경영평가 사항 중, 면접 대비 핵심 대비 문제점

1. 취약계층의 건강보험료 부담을 완화하기 위하여, 이들에 대한 건강보험료 감면이나 면제 등 종합적인 대책을 마련할 것
   • 현재, 취약계층에 대한 다양한 보험료 경감 및 결손처분 제도를 운영
   • 추가적인 경감 또는 면제는 부과 체계 개편 및 보험재정 등을 고려, 정책적으로 결정할 사항임.
   • 특히, 보험료 면제가 필요한 취약계층은 공적 부조 확대를 통한 지원 방안이 필요하다고 판단됨.

2. 베이비붐 세대가 건강보험 직장가입자에서 지역가입자로 전환되어 보험료가 급증하는 것에 대비하여, 건강보험 부과체계에서의 선제 대책을 마련할 것
   - 건강보험 부과체계를 형평성 있고 합리적으로 개편하기 위해 당정협의체 구성, 운영하여 논의
   - 국민이 보다 공감할 수 있는 방안 마련을 위해 최신자료를 활용한 시뮬레이션 진행
   - 공단은 정부 정책 진행을 위한 사항을 적극 지원

3. 건강보험 추가증 발급 제도에 대한 대국민 홍보를 강화할 것
   - 대학생 전세임대주택 입주자를 위한 추가증 홍보 협조 요청(한국토지주택공사, SH공사)
   - 대학교에 추가증 제도 홍보 및 안내문 게시 요청(동국대학교 등 343개소)
   - 19세 미만 지역단독세대에 추가증 및 피부양자 제도 안내 및 자체 자격 정비(전국 3,513세대)
   - 대학교기숙사에 주민등록 전입자를 위한 추가증 일괄 등록방법 추진(충남 소재 한서대학교)
   - 전국 대학교에 추가증 홍보용 포스터 제작 배포 예정
   - 공단 발간 매체(월간 "건강보험") 활용 홍보
   - 26세 미만 지역단독세대 추가증 안내문 발송 계획

4. 임직원의 개인정보 유출에 대한 처벌 수준을 강화할 것
   - 개인정보보호 위반으로 징계위원회 심의의결 시 무관용 원칙 적용, 고의성 적용으로 처벌수준 강화
     - 개인정보보호교육을 받은 임직원이 ① 부정이용 및 유출한 경우 최소 해임 처분, ② 무단조회·열람한 경우 최소 정직 처분으로 강화

5. 담배부담금 증액으로 인하여 증가한 건강보험료 지원금이 불필요하게 낭비되지 않도록 사업계획을 철저하게 세우고 집행할 것
   - 담뱃값 인상으로 증액되는 담배부담금은 금연치료 지원사업과 예방, 증진사업 등 사용처에 맞게 사업운영계획을 수립하여 집행
     - 금연치료지원사업 운영
       *공단 사업비로 2월부터 개시, 하반기부터 정식 급여 적용
       *예산은 사업비 1,000억 원을 활용하고, 하반기부터 급여비로 편성, 운영
     - 건강증진센터 운영
     - 생활습관개선사업 실시
       *담배연기 없는 건강한 사회 만들기 캠페인 등
     - 노인백세운동교실 운영
     - 흡연으로 인한 질병 및 65세 이상 노인에 대한 보험급여 등

6. 자살시도자에 대한 실태파악, 예방관리 및 건강보험 적용 방안을 검토할 것
   - 복지부 주관 전문가 간담회 참석(2013.12.)
     - 모든 자살시도자에 대한 급여적용 시 부작용 최소화 방안 등 논의
       *정부(복지부)에서 자살시도자에 대한 건강보험 급여 적용 방안을 검토 중에 있음.

- '업무처리지침' 세부개정 내용 등 정부와 업무협의 추진(2014.3.~)
  - 건강증진센터 운영
  - 생활습관개선사업 실시
    *담배연기 없는 건강한 사회 만들기 캠페인 등
  - 노인백세운동교실 운영
  - 흡연으로 인한 질병 및 65세 이상 노인에 대한 보험급여 등

④ 국민건강보험공단 면접 기출
- 지원동기를 포함한 자기소개를 30초 이내로 하시오.
- 자신의 단점과 극복방안에 대해 말하시오.
- 공단인으로서 중요한 점은 무엇이라 생각하는지 말하시오.
- 고보장 고부담 VS 저보장 저부담 중 무엇이 더 옳다고 생각하는가?
- 능력 있지만 젊은 사람 VS 연륜 있는 사람 중 누구를 승진시킬지 말하고 그 이유를 설명하시오.
- 최근에 읽은 뉴스기사는 어떤 것이 있는지 날짜와 내용을 설명하시오.
- 신입사원으로서 갖춰야 할 자세는 무엇이라 생각하는가?
- 요즘 자살하는 사람이 많은데 이는 사회책임인가, 개인책임인가?
- 인턴으로 근무하며 힘들었던 일과 보람 있었던 일, 개선이 필요한 지점을 말하시오.
- 조직이나 동아리에서 나와의 가치관과 달랐던 경험은 무엇이고 어떻게 해결했는가?
- 약속을 어겼던 경험에 대해 말하시오.
- 문제를 해결했던 경험에 대해 설명하시오.
- 엘리베이터 앞에 고객이 3명이 있다. 한 명은 85세 이상 노인, 한 명은 휠체어 탄 장애인, 한 명은 아이를 안고 있는 임산부일 때 누구를 먼저 응대할 것이며 이유는 무엇인가?

Chapter 02 한국전력공사

02

1 기본정보

- 기관설립일 : 1961년 07월 01일
- 설립근거 : 한국전력공사법
- 설립목적 : 1. 전력자원의 개발
  2. 발전 · 송전 · 변전 · 배전 및 이와 관련되는 영업
  3. 제1호 및 제2호의 사업에 관련되는 사업에 관한 연구 및 기술개발
  4. 제1호부터 제3호까지의 사업에 관련되는 해외사업
  5. 제1호부터 제4호까지의 사업에 관련되는 사업에 대한 투자 또는 출연
  6. 제1호부터 제5호까지의 사업에 딸린 사업
  7. 보유부동산 활용사업으로서 다음 각 목의 요건 중 하나에 해당하는 사업
     가. 변전소 또는 공사의 사무소 등의 이전 · 통합, 옥내화, 지하화, 노후화 등 외부적 요인의 발생으로 보유부동산을 개발할 필요성이 있을 것
     나. 보유부동산이 도시계획에 편입되었거나 연접되어 있어서 지역개발의 개발방향에 적합하게 보유부동산을 개발할 필요성이 있을 것
  8. 그 밖에 정부로부터 위탁받은 사업
- 주무기관 : 산업통상자원부
- 홈페이지 : www.kepco.co.kr
- 소재지 : 전라남도 나주시 전력로 55
- 기관연혁 : −한성전기회사 설립(1898.1)
  −한국전력주식회사 설립(1961.7) [조선전업, 경성전기, 남선전기 3사 통합]
  −한국전력공사 설립(1982.1)
  −한전주 주식시장 상장(1989.8)
  −한전 주식 뉴욕증권거래소 상장(1994.10)
  −한전에서 발전부문 6개 자회사 분리(1901.4)
  −개성공단 전력공급 개시(2005.3)
  −세계 최우수 전력회사 선정 에디슨상 수상(1997, 2006)

-UAE 원전사업 4기 수주(2009.12)
-반부패 경쟁력 평가 8년 연속 우수기관 선정(2006~2013, 국민권익위원회)
-공기업 고객만족도 16년 연속 최고등급 달성(1999~2014, 기획재정부)
-본사 나주 이전에 따른 본사 소재지 변경(2014.12)
• 주요 기능 및 역할 : KEPCO는 전원개발 촉진, 전력수급 안정화, 국민경제 발전 기여를 목적으로 '한국전력공사법'에 의해 설립된 법인으로서, 공공기관의 운영에 관한 법률에 따라 시장형 공기업으로 분류되며, KEPCO는 설립목적에 따라 전력자원의 개발, 발전, 송전, 변전, 배전 및 이와 관련되는 영업, 연구 및 기술 개발, 해외사업, 투자 또는 출연, 보유부동산 활용사업을 수행

1. 미션

⁶미래 에너지산업을 이끌 글로벌 기업으로 도약하겠습니다.⁹

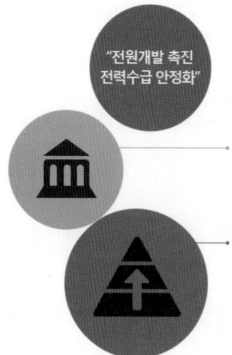

"전원개발 촉진 전력수급 안정화"

KEPCO는 고품질 전략의 안정적인 공급과 차별화된 고객서비스 제공 및 글로벌 경쟁력 강화를 위해 노력하며, 끊임없는 도전과 혁신으로 미래 에너지산업을 이끌 글로벌 기업으로 도약합니다.

01. 설립목적(한전법 제1조)
전원개발을 촉진하고 전기사업의 합리적인 운영을 기함으로써 전력수급의 안정을 도모하고 국민경제 발전에 이바지하게 함을 목적으로 한다.

02. 임무(한전법 제13조)
① 전력자원의 개발 ② 발전, 송전, 변전, 배전 및 이와 관련되는 영업 ③ 상기 ①~②호 관련 사업에 대한 연구 및 기술개발 ④ 상기 ①~③호 관련 사업에 대한 해외사업 ⑤ 상기 ①~④호 관련 사업에 대한 투자 또는 출연 ⑥ 상기 ①~⑤호에 부대되는 사업 ⑦ 보유부동산 활용사업(2010. 10. 13부터 시행) ⑧ 기타 정부로부터 위탁받은 사업

전력산업의 새 시대, 한전은 'Smart Energy Creator'로서 새롭게 도약하려 합니다. 자랑스러운 영광의 116년을 넘어, 빛가람에서 더 크고 위대한 새로운 백 년의 역사를 맞이하는 한국전력, 글로벌 에너지산업의 혁신적인 '가치 창조자'로서 비전을 수립하고, 인류와 사회에 기여하는 세계적인 에너지 기업으로의 힘찬 발걸음을 시작하고자 합니다.

- 'Smart Energy'란 전력의 생산, 수송, 소비의 전 과정에 친환경 · ICT 기술을 결합하여 생산과 소비의 효율을 제고하고 새로운 가치를 창조하는 에너지를 의미합니다. 한전은 Smart Energy를 통해 고객에게는 편리하고 효율적인 에너지를 제공하고, 사회를 위한 더 나은 환경을 만드는 한편, 기업에게는 한전과의 협력을 통한 새로운 비즈니스 기회를 제공하여 새로운 수익과 일자리를 창출해나갈 것입니다.
- 기술과 가치의 융합이 거대한 시대의 물결로 다가오고 있습니다. 전력산업은 국가경제발전의 근간을 넘어 새로운 기술과 가치가 융합되는 가치창조의 핵심인프라가 될 것입니다.

한국전력은 기존 전력공급 서비스에서 한 차원 더 나아가, 새로운 서비스와 에너지 플랫폼을 통해 고객의 삶의 질을 높이는 기업, '1등'을 넘어 '에너지의 미래'를 이끄는 'First Mover' 한전으로 도약할 것입니다.

Smart Energy Creator, KEPCO

창조와 융합의 에너지로 새로운 미래가치를 창출하며
깨끗하고 편리한 에너지 세상을 열어가는 기업

Smart Energy + Creator

3. 핵심가치

① 미래지향(Future) : 우리는 먼저 미래를 준비하고 나아갑니다.

② 도전혁신(Innovation) : 우리는 먼저 변화와 혁신을 추구합니다.

③ 고객존중(Respect) : 우리는 먼저 고객을 위한 가치를 만듭니다.

④ 사회책임(Social Responsibility) : 우리는 먼저 사회와 환경을 생각합니다.

⑤ 소통화합(Together) : 우리는 먼저 소통하고 화합을 이룹니다.

4. 2016~2020 중장기 경영목표

전략목표	전략과제
국내사업 효율향상	1. 고객 가치 창출의 서비스 혁신 및 수요관리 2. 고신뢰 전력설비 적기 확충 및 투자 확대 3. 계통운영 효율화 및 안정성 제고
해외사업 수익확대	4. UAE 명품원전 건설 및 추가 수주 5. 해외 원전사업 안전성 및 투명성 강화 6. 수익성 중심의 해외사업 추진
미래성장 역량강화	7. 핵심 전략기술 개발 및 기후변화 대응 8. 에너지신산업 활성화 추진 9. '빛가람 에너지밸리' 구축
경영시스템 내실제고	10. 재무건전성 확보 및 경영투명성 제고 11. 안전하고 효율적인 경영인프라 정착 12. 미래인재 육성 및 사회책임 선도

2 SWOT 분석

	내부강점(S)	내부약점(W)
시사점	1. 전력생산단가가 낮은 원자력과 석탄 발전 비중이 높음 2. 구조적인 수익성 개선으로 배당지급 능력 강화되고 있음 3. 배당지급 의지도 있으며, 매년 주당배당금을 증가시키는 배당정책을 가지고 있음 4. 수익성 개선으로 전기요금 필요 인상률이 낮아지고 있으며, 규제리스크도 완화되고 있음	1. 공공재를 공급하는 유틸리티 기업 특성상 정부규제로부터 완전히 자유로울 수는 없음
	외부기회(O)	**외부위협(T)**
	1. 원화 강세 최대 수혜주 2. 중국 긴축 정책으로 원재료 가격 급등이 진정될 경우, 한전에 긍정적일 전망 3. 위안화 절상 시, 원화 절상으로 연결되어 한전에 긍정적 영향 예상	1. 원가의 40% 이상을 차지하는 연료비의 가격 변동성이 큼

I 5 Force 분석 I

Availability of Substitutes
- 현재 전력 대체재는 없음

Power of Buyers
- 국내에서 거의 독점적으로 전력을 공급하므로 power of buyers는 크지 않음

Competitive Rivalry
- 국내 전력 발전의 96%, 배전, 송전의 100%를 담당하므로, 한전의 경쟁사는 없다고 볼 수 있음

Power of Suppliers
- 중국의 폭발적인 수요 증가로 연료비 급등했으며, 현재 원재료 공급사들이 과점상황이므로 power of suppliers는 비교적 큰 편임

Threat of New Entrants
- 공공재를 공급하는 유틸리티 기업 특성상 기업의 신규 진입 가능성은 매우 낮음

3 한국전력공사 핵심 분석

① 사업내용

국내사업	해외사업	스마트그리드	연구개발
• 송배전 사업 • 전력판매 • 수요관리 • 고객서비스	• 원자력 사업 • 화력 사업 • 송배전 사업 • 자원개발 사업 • 신재생에너지 사업	신에너지 패러다임 스마트 그리드	• Green & Smart 기술 개발 • 녹색 경영의 선두주자

| 주요사업현황 |

사업구분	2011년 결산	2012년 결산	2013년 결산	2014년 결산	2015년 결산	2016년 결산
1. 송변전설비	2,464,709	2,127,221	1,979,671	2,160,213	2,550,297	3,057,524
2. 배전설비	2,356,363	2,230,237	2,375,486	2,440,556	3,196,749	2,866,379
3. 정보통신	99,147	96,837	116,121	228,217	176,151	380,198
4. 업무설비	59,163	78,653	70,654	243,198	180,275	309,944
5. 무형자산	8,233	7,108	7,418	5,634	34,659	65,727

| 전력산업구조 |

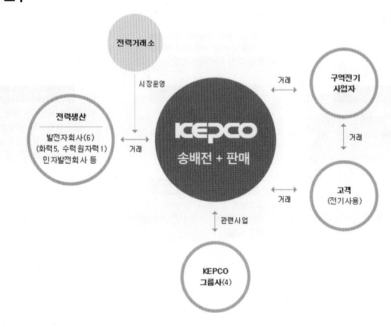

| 한국전력공사 특징 |

(1) 영업 개황

우리나라 전역의 고객에게 전력을 안정적으로 공급하였으며, 2016년 상반기 누계 전력판매량은 248,493GWh로서 계약종별 구성비를 보면 산업용이 55.9%, 일반용이 21.4%, 주택용이 13.3%, 기타부문이 9.4%를 점유하였습니다.

(2) 시장점유율

한국전력공사는 전력판매 부문에서 독점적 위치를 점유하고 있습니다.

(3) 시장의 특성

- 전력수요 변동요인 : 경기동향, 소비심리, 경제성장률, 기온변화 등
- 전기요금 : 정부의 규제를 받고 있습니다.

(4) 전력산업의 특성

전력산업은 국민의 일상생활과 산업활동에 없어서는 안 될 필수에너지인 전력을 공급하는 주요한 국가기간산업으로 대규모 자본투자가 이루어지는 장치산업이며, 발전·송·변전·배전이 수직적으로 연결되어 있는 네트워크 산업입니다.

(가) 국가·지리적 특성
- 에너지의 약 97%를 해외에 의존하고 있어 안정적인 에너지 확보 필요
- 전력계통이 고립되어 있어 인접국과 전력유통 곤란
- 전원과 부하지역 이원화로 남부지역에서 수도권으로 장거리 송전

(나) 기술적 특성
- 전기는 생산과 소비가 동시에 이루어지는 저장이 불가능한 재화
- 안정적인 전력공급을 위하여 적정수준의 예비전력 확보가 필수적
- 송배전 부문은 망(Network) 사업으로 '자연독점' 요소가 강함

(다) 일반적 특성
- 수요·공급의 비탄력성으로 시장경제 원리 작동에 한계
- 수요측면 : 비대체성의 필수 공공재로서 소비자의 수요조절 능력 미약

      −공급측면 : 설비건설에 장기간이 소요되어 수요변화에 즉각 대응 곤란

      −총자산 중 비유동자산의 비중이 약 93%를 점유하는 장치산업

- 초기에 대규모 투자가 소요되고 투자비 회수에 장기간 소요
- 고품질의 설비, 기자재 조달, 시공 및 유지보수가 전력사업에 필수

┃ 신규사업 등의 내용 및 전망 ┃

• 해외 원자력발전사업

한전은 지난 40년간 지속적 원전 건설 및 운영을 통해 축적된 한국형 원전의 경쟁력과 UAE 원전 수주 경험을 바탕으로, 정부 및 국내 원전 산업계 역량을 총결집해서 입체적인 수주 활동을 펼치고 있습니다. 해외 신규 원전시장이 후쿠시마사태 이후 전반적으로 위축되어 있으나, 한전은 2025년까지 추가 6기 수주를 목표로 선진 글로벌 기업과 전략적 협력을 강화하는 한편, 수출 대상국 현지기업과 유기적인 글로벌 네트워킹을 추진하는 등 사업 수주기반 구축에 주력하고 있습니다. 베트남, 이집트, 이란 등 주요 중점국가를 대상으로 맞춤형 마케팅 활동을 활발히 전개하고 있습니다.

• 해외 화력발전사업

한전은 베트남에서 일본의 마루베니 상사와 컨소시엄으로 응이손Ⅱ 석탄화력발전(1,200MW) 건설 및 운영사업(IPP)의 최종 낙찰자로 선정(2013.3)되었습니다. 이에 한전 − 마루베니 컨소시엄은 발주처인 베트남 산업통상부(MOIT)와 BOT계약, 베트남전력공사(EVN)와 25년 전력판매계약을 협상 중입니다. 한국수출입은행(KEXIM), 일본국제협력은행(JBIC) 등을 통해 사업비를 조달할 계획입니다.

• 해외 신재생발전사업

한전은 요르단에서 100% 지분을 소유한 단독사업자로서 푸제이즈 풍력발전(89.1MW) 건설 및 운영사업(IPP)의 최종 낙찰자로 선정되어, 2015년 12월 발주처인 요르단 에너지광물자원부(MEMR) 및 전력공사(NEPCO)와 20년 전력판매계약 등 주요사업계약을 체결하였습니다. 2016년 4분기 착공하여 2018년 4분기 준공 예정이며 한국수출입은행(KEXIM)등을 통해 금융재원을 조달할 계획입니다. 이번 사업으로 중동 지역에서 화력발전에 이어 풍력발전시장에도 진출함으로써 해외 신재생 IPP사업 확대 기반을 구축하였으며, 향후에도 해외 신재생사업 지역다변화를 지속적으로 추진할 계획입니다.

또한 2016년 4월 일본 홋카이도 태양광 개발사업(28MW)의 발전소 건설공사를 착공하여 해외 신재생사업 지역다변화 및 포트폴리오 다양화의 기반을 마련하였습니다. 홋카이도 태양광 발전소는 2017년 6월 준공하여 상업운전을 시작할 예정입니다.

• 해외 송배전개발사업

한전은 뛰어난 기술력과 네트워크를 기반으로 나이지리아, 캄보디아, 파키스탄, 부탄 등 2016년 6월 말 기준 11개국에서 12개의 송배전 사업을 수행하고 있습니다. 특히 송배전분야건설사업 수주노력으로 2016년 5월 3,852만 불 규모의 도미니카 스마트 배전 EPC사업을 수주하여 현재까지 총 3.77억 달러의 수주실적을 달성하였습니다.

• 해외 자원개발사업

2016년 상반기 기준 호주, 인도네시아 등에서 유연탄 5개 사업, 캐나다, 니제르 등에서 우라늄 5개 사업 등 총 10개 사업을 운영 중입니다.

② 경영평가 사항 중, 면접 대비 핵심 대비 문제점

1. 개별 아파트/오피스텔 사례별로 어떤 전기요금을 선택하는 것이 유리한지를 적극적으로 홍보할 것
   • 고압 아파트 · 오피스텔 계약방법 관련 방문 설문조사 및 홍보 시행
   • 고압 아파트 · 오피스텔 전기요금 제도 홍보기간 지정 및 운영 예정(연 1회 이상)
2. 전력산업 구조개편 이후의 성과를 평가하고, 발전 자회사에 대하여 시장형 공기업 지정 해제 및 한전에서 직접 관리 · 감독하는 방안 등을 검토할 것
   • 시장형 공기업 지정에 따른 문제점은 발전회사와 신뢰관계 구축 노력을 통해 해소해 나갈 계획임
   • 다만, 전력그룹의 시너지 제고와 종합적 발전을 위해 제도 개선이 필요한 부분은 정부와의 협의를 지속해서 추진할 예정임
3. 윤리경영을 위한 기업의 사회적 책임(CSR) 실천계획을 수립, 시행할 것
   • 저소득층 일자리 창출지원
      -사회적기업 지원방안 개선으로 취약계층 지원 확대
      -직원 급여 끝전 활용 창업지원
   • 취약계층 대상 다양한 사회공헌활동 전개
      -저소득층 개안수술 지원
      -저소득층 전기요금 지원(에너지 복지)
      -직원 재능활용 취약계층 재능기부활동
   • 지역민의 삶을 지원하는 지역밀착형 봉사활동
      -1사 1촌 자매마을 대상 봉사활동
      -전력설비 건설지역 의료봉사활동 전개
   • KEPCO 119 재난구조단 재난구호활동
      -폭설, 수해 등 재해지역 재난복구 지원
      -인천아시안게임 등 주요행사 의료지원

4. 재무건전성 확보를 위해 자구노력 등 대책을 마련하여 시행할 것

- 2012년 강도 높은 자구노력 추진
- 비용절감 : 6,900억 원
  - 원가절감형 신기술 · 신공법 적용 등 엔지니어링 혁신
  - 예정가격 결정제도 개선 등 조달제도 혁신
  - 투자비 절감, 자금조달 비용 절감 등
- 수익창출 : 6,700억 원
  - 위약방지 활동 강화 등 누수수익 방지
  - 부동산임대수익, 배당금수익 확대 등
- 인천아시안게임 등 주요행사 의료지원

③ 한국전력공사 면접 기출

- 지원동기를 포함한 자기소개를 30초 이내로 하시오.
- 정전의 원인에 대해서 설명하시오.
- 한국전력공사의 인재상에 대해 설명하시오.
- 전자계와 전자파의 차이에 대해 설명하시오.
- 한국전력공사의 외국 사업에 대해 말하시오.
- 아침신문을 읽었는지, 읽었다면 기억에 남는 기사는?
- 회사를 선택할 때 중요시하는 것은?
- 입사 후 10년 뒤의 자기 모습에 대해 말해보시오.
- 회사의 연혁에 대해 설명해 보시오.
- 다문화에 대한 본인의 생각은?
- 철근콘크리트 설계방법 중 강도설계법과 하중법의 차이를 설명하시오.
- 히핑/파이빙에 대해 설명하시오.
- 변압기에 대해 설명하고 종류들을 설명하시오.
- 말뚝의 종류와 분류에 대해 설명하시오.
- 슈퍼그리드가 무엇인가?
- 교류와 직류의 차이는?
- 좋아하는 사람과 싫어하는 사람의 유형은?
- 지방 근무 가능한가?

Chapter 03 한국철도공사

1 기본정보

- 기관설립일 : 2005년 01월 01일
- 설립근거 : 한국철도공사법
- 설립목적 : 철도운영에 관한 사업의 전문성과 효율성을 높임으로써 철도산업과 국민경제의 발전에 이바지함을 목적으로 설립된 기업
- 주무기관 : 국토교통부
- 홈페이지 : www.korail.com
- 소재지 : 대전광역시 동구 중앙로 240번길(소제동)
- 기관연혁 : - 1899.09.18 노량진~제물포 33.2km 경인철도 개통
    - 1906.07.01 통감부 철도관리국 설치
    - 1943.02.01 철도국을 교통국으로 개편
    - 1946.01.01 교통국을 운수국으로 개편
    - 1948.08.15 정부수립으로 미군정청 운수부를 교통부로 개칭
    - 1963.09.01 교통부 외청으로 철도청 발족
    - 1992.06.30 경부고속철도 착공
    - 2004.04.01 고속철도 개통
    - 2005.01.01 한국철도공사 출범
    - 2007.05.17 남북철도 시험운행
    - 2008.11.06 철도 100년을 위한 100인 선언
    - 2009.09.18 한국철도 110주년
    - 2010.11.01 경부고속철도 2단계 개통
    - 2011.10.05 전라선 KTX 운행
    - 2011.12.02 공기업 최초, 소비자중심경영 대통령상 수상
    - 2012.02.28 ITX-청춘 운행
    - 2013.03.15 중부내륙권 순환관광열차 개통
    - 2014.06.30 인천국제공항 KTX 운행 개시

- 2014.08.01 평화열차(DMZ-train) 경원선 영업 개시
- 2014.10.25 전국호환교통카드 레일플러스 출시
- 2015.01.22 아리랑 열차(A-트레인) 개통
- 2015.01.29 서해금빛열차(G-트레인) 개통
- 2015.04.02 호남고속철도 및 포항 KTX 개통
- 2015.08.01 경부고속선 도심구간 영업 개시

• 주요 기능 및 역할 : – 철도 여객 및 화물운송사업, 철도와 다른 교통수단과의 연계운송사업
               – 철도장비와 철도용품의 제작, 판매, 정비 및 임대사업
               – 철도차량의 정비 및 임대사업
               – 철도시설의 유지, 보수 등 국가 · 지자체 또는 공공법인 등으로부터 위탁받은
                 사업
               – 철도 역사 및 역세권 개발 사업

1. 미션과 비전

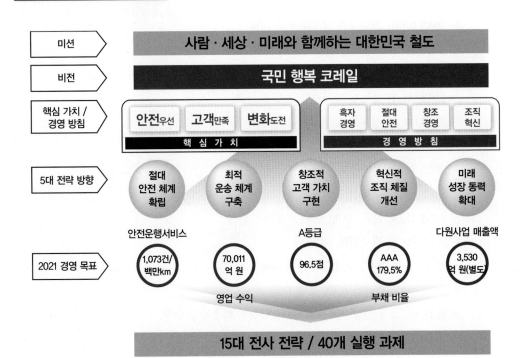

| 미션 |

사람 · 세상 · 미래와 함께하는 대한민국 철도

안전하고 편리한 철도 서비스 제공으로 국민행복 증진과 사회적 책임을 강화하고 남북 · 대륙철도 연결과
철도 중심의 신성장사업 육성으로 대한민국의 새로운 미래창조에 기여

| 비전 |

국민행복 KORAIL

창조적 고객가치 구현과 혁신적 조직체질 개선으로 지속가능한 경영체계 확립을 통한 국민행복 증진

| 핵심가치 |

안전우선 / 고객만족 / 변화도전

① 안전우선 : 안전은 최고의 서비스이자 가치로서, 최고의 기술력을 기반으로 완벽한 안전관리체계를 구
축하여 Global No.1 수준을 넘어 무결점 안전관리 실현
② 고객만족 : 모든 서비스는 고객만족을 최우선으로, 고객이 만족하는 그 이상의 가치를 제공하여 국민
을 행복하게 하는 철도서비스를 창조
③ 변화도전 : 철도가족과 국민이 함께 꿈꾸는 대한민국의 내일을 위해 끊임없이 변화와 도전을 추구하
고, 열정을 바탕으로 꿈을 현실로 실현

| 경영방침 |

절대안전 / 흑자경영 / 창조경영 / 조직혁신

① 절대안전 : 첨단 기술력을 기반으로 선진 안전시스템 구축과 안전제일 경영 정착
② 흑자경영 : 전방위적인 경영개선 노력으로 영업흑자 기조를 유지하여 부채감축 및 경쟁력 있는 공기
업 실현
③ 창조경영 : 역세권 중심의 생활문화 창달과 코레일형 창조경제로 국민행복을 증진하고 국가 경쟁력 제
고에 기여
④ 조직혁신 : 근본적인 조직혁신을 통한 협력과 열정의 기업문화로 대한민국을 선도

2. 중장기 경영목표

5대 전략목표	전략과제	주요기술내용	중장기 경영목표 KPI(21개)
절대 안전체계 확립	통합형 안전관리 체계 확립	• 선진화된 안전관리체계 구축 • 휴먼에러 예방체계 확립 • 안전보건경영시스템 정착	안전운행서비스 산업재해율
	첨단 기술력 확보	• 통합형인재(Multi-Player) 양성 • R&D 및 자체 기술개발로 기술자립 향상	철도기술수준
	과학적 유지보수 체계 구축	• 첨단 장비 활용 유지보수 과학화 • 철도차량 및 부품의 신뢰성관리 강화	안전운행서비스
최적 운송체계 구축	수요중심 열차운행 최적화	• KTX 중심 열차운행체계 확립 • 급행열차 운행 확대 • 화물 주력상품 수송량 확대	철도이용객 확대 화물수송 효율성 증대
	전략적 운송수익 확대	• 경쟁환경 대응 신규노선 마케팅 강화 • 화물 수송효율 증대 • 지자체 연계 관광 활성화	운송사업수익
	사업운영체계 효율화	• 열차운행체계 최적화 • 조직·인력운영 효율화 • 사업부별 책임경영 강화	인당매출액 이자보상배율
창조적 고객가치 구현	고객감동 서비스 강화	• 경쟁체계 경쟁우위 서비스 전략 수립 • 고객체감 정시율 향상	공기업 고객만족도 국민과의 시간약속 준수
	국민 공감활동 강화	• 동반상생 지원 활성화 • 기후변화 대응 선제적 환경경영	중소기업제품 구매율
	대외 이미지 혁신	• 반부패·청렴문화 정착 • 디자인 경영강화로 대외이미지 제고	국민체감도 종합청렴도
혁신적 조직체질 개선	미래지향 조직문화 혁신	• 가치창출형 노사관계 구현 • 일과 삶의 균형 추진	조직문화지수 노사관계지수
	경영관리시스템 선진화	• 최고수준의 보안체계 확립 • 경력개발체계 운영시스템(CDP) 구축	정보보안수준 EA성숙도
	성과중심 책임경영 체질화	• 성과중심 평가보상체계 확립 • 사업부별 책임경영 확립	지속가능경영지수

미래 성장동력 확대	인프라 기반 다원사업 확대	• 철도역세권 교통허브 조성 • 유휴부지 자산운용 최적화	다원사업 매출액
	핵심역량 중심 계열사 사업 확대	• 계열사 주력사업 경쟁력 강화 • 평창올림픽 연계 관광상품 개발	계열사 매출액
	해외 · 대륙철도 사업 추진	• 해외철도 운영유지보수 사업 추진 • 국제협력 네트워크 활성화	해외사업 매출액

2 SWOT 분석

	내부강점(S)	내부약점(W)
시사점	1. 고속철도, 일반철도 등 사업관리 경험 보유 2. 건설사업 추진 성공/실패를 통한 기술 Know-how 축적	1. 자체 설계 능력 등 미흡 2. 신호, 통신분야의 국외 기술 종속 탈피 미흡 3. 철도기술기준 표준화 등 미흡 4. 차량에 비해 연계성, 여행 시간 단축 등 미흡
	외부기회(O)	외부위협(T)
	1. 지구온난화 대비 친환경, 고효율 교통수단 확대 2. 철도에 대한 국민적 관심 집중 3. 해외시장의 지속적 성장	1. 세계철도사업 경쟁 심화 2. 중국고속철도 기술 급상 3. 복지정책에 따른 국내철도 투자 감소 예상

3 한국철도공사 핵심 분석

① 사업내용

사업분야	사업소개
여객사업	여객사업본부는 고속열차(KTX)와 일반열차(ITX-새마을, 새마을호, 무궁화호, 누리로, 통근열차)를 통칭하는 간선여객열차 운행을 통해 국민에게 운송 서비스를 제공하고 있습니다.

여객사업	2004년 개통한 KTX는 전국 반나절권 국민생활을 주도하면서 개통 초기 1일 평균 7만 2천 명으로 출발하여 2015년 9월에 누적 승객 5억 명을 돌파하였으며(2015년 일평균 16.6만명 이용), 300km 이상의 장거리 여행 교통수단 중 약 57%의 점유율을 차지하는 등 국내 대중교통 중 가장 높은 성장률을 기록하고 있습니다. 고객의 니즈와 여행 트렌드를 적극 반영하여 다양한 관광열차상품을 개발하고 매년 서비스를 개선해나가고 있습니다. 특히 2013년 4월 12일, 천혜의 자연경관 백두대간이 자리 잡고 있는 중부내륙권관광벨트를 달리는 관광전용열차가 첫 기적을 힘차게 울리며 철도관광의 패러다임이 한 단계 더 업그레이드되는 역사적인 날을 기록했습니다. O·V-train 운행을 시작으로 2013년 S-train, 2014년 DMZ-train, 2015년 A-train과 G-train이 개통하며 전국 5대 관광벨트가 완성되었습니다.
광역철도사업	한국철도공사 광역철도본부는 1974년 8월 경부·경인·경원선의 74.1km 개통과 함께 철도청 운수국 계획과로 발족하였습니다. 개통 당시 47개 역에서 하루 296회의 전동열차가 서울시민 20만 명을 모셨습니다. 42년이 지난 현재 전철역의 수가 246개 역으로 5.2배 증가하였고 하루 운행하는 열차의 회수도 2,432회로 8.2배 증가, 하루 이용 고객도 312만 명으로 15.6배가 증가하는 등 수도권 시민의 대표적인 교통수단이 되고 있습니다. 광역·도시철도 사업의 최대 운영자인 한국철도공사 광역철도본부의 운영노선은 총 13개 노선(경부·경인·경원선·장항선(1호선), 일산선(3호선), 과천·안산선(4호선), 분당선, 경의·중앙선, 경춘선, 수인선, 경강선)을 운영하고 있습니다. 신설노선의 확충과 전동열차의 고정관념을 뛰어넘는 국내 최초 2층형의 도시 간 급행열차인 ITX-청춘의 혁신적 도입 등 국민의 사랑과 신뢰를 받는 광역철도로 거듭나기 위해 끊임없이 노력하고 있습니다.
종합물류사업	한국철도공사 물류본부는 컨테이너, 시멘트, 석탄, 철강 등 운송사업과 하역, 보관, 창고사업 등 종합물류기업으로 도약을 내세우고 있습니다. 철도물류는 에너지 효율적이며, 친환경적인 수송수단으로서 중요성이 강조되고 있습니다. 단위당 에너지 소비량이 화물자동차의 1/14, 단위당 이산화탄소 배출량이 화물자동차의 1/13에 불과합니다. 또한, 1회에 1,000톤 이상을 한꺼번에 대량수송 가능하고, 도로와 같은 교통체증이 없고, 눈, 비, 바람 등 날씨에 영향을 전혀 받지 않는 전천후 안전수송 수단입니다.
자산개발사업	한국철도공사는 2005년 1월 출범 이후 운송사업 위주의 수익구조에서 탈피하여 부가가치가 높은 자산개발로 경영개선에 기여하고자 역사(민자·복합), 역세권, 철도연변부지 등을 개발하고 자산임대를 추진하고 있습니다.

해외사업	• 해외사업 종합계획 및 전략 수립 • 해외사업 계약 및 리스크 관리 • 해외사업 개발, 운영, 제안서 작성, 설계 업무 • 해외사업 관련 국내외 유관기관 · 기업과의 협력 업무 • 해외사업 타당성 조사 및 사업 수행 • 현지 사무소 운영
시설유지보수사업	• 선로시설 • 토목시설 • 건축시설 • 전철/전력 • 정보통신 • 신호제어

▌주요사업현황 ▌

사업구분	2011년 결산	2012년 결산	2013년 결산	2014년 결산	2015년 결산	2016년 결산
계량사업	438,805	254,579	261,046	150,273	–	–
시설개량사업	–	–	–	–	84,792	117,542
차량개량사업	–	–	–	–	102,478	141,504
차량구입	521,385	549,463	396,806	384,524	143,536	346,281
기타사업	86,200	92,912	106,672	108,348	88,380	134,993
일반철도개량 수탁사업	40,217	80,037	140,032	222,006	253,857	377,004

Ⅰ 한국철도공사 조직도 Ⅰ

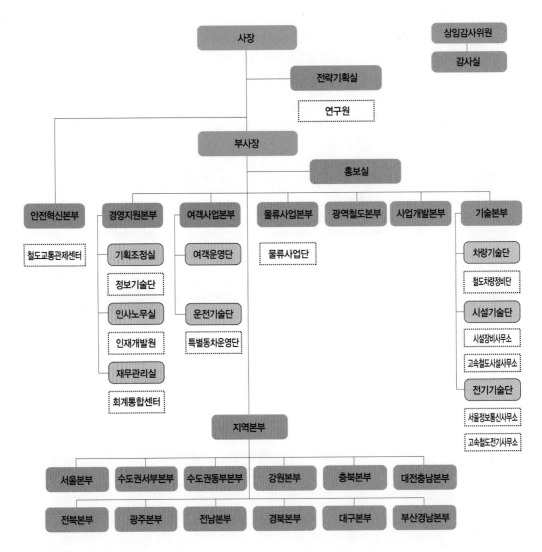

Ⅰ 철도안전상식 – 철도신호시스템 Ⅰ

  첫째, 도로신호는 정지, 직진, 좌회전, 우회전 등의 기능이 있고, 신호등과 신호등 사이를 여러 대의 자동차가 달릴 수 있지만, 철도신호는 좌회전과 우회전 신호등이 없을 뿐만 아니라 신호등과 신호등 사이에 단 하나의 열차만 운행할 수 있도록 되어 있다.

  둘째, 도로신호는 교차로와 보행통로에서 도로 위를 달리는 자동차와 횡단보도를 건너는 사람의 안전을 위하여 최소한의 신호체계로만 구성되어 있다. 따라서 자동차와의 충돌이 예상될 경우 운전자나 보행자가 스스로 판단하여 멈추어야 한다. 그러나 철도신호의 경우 차량과 차량, 차량과 사람의 안전을 확보하기 위하여 신호설비(신호기, 선로전환기, 연동장치, 궤도회로, 건널목장치, 안전설비)들이 상호 시스템으로 연결되어 있고, 이 모든 신호설비가 정상적으로 동작했을 때만 열차가 앞으로 달릴 수 있도록 설계되어 있다. 만약, 여러 가지 신호설비 중에서 단 하나라도 고장이 나면 신호등은 정지신호를 현시하여 열차가 정지하도록 되어 있다.

셋째, 안전 측면에서도 도로신호와 철도신호는 크게 다르다. 자동차의 경우는 운전자가 마음대로 속도를 높이거나 낮출 수 있기에 앞차와의 거리를 운전자 스스로 유지해야 한다. 만약, 앞차와의 간격을 너무 좁게 하여 운행한다면 앞차가 급제동을 걸었을 경우 추돌을 피할 수 없게 된다. 그러나 철도신호 체계는 기관사가 마음대로 정해진 속도 이상을 달리지 못하도록 되어 있다. 철도신호는 앞에 가는 열차와의 간격에 따라서 제한적인 속도의 신호를 현시하는데 기관사가 이를 어겨서 과속한다면 자동으로 제동장치를 작동시켜 안전을 확보하는 시스템으로 구성되어 있다.

넷째, 도로의 경우 속도에 관계없이 일정한 패턴의 지상신호체계를 따르고 있지만 철도의 경우에는 열차의 속도가 안전과 밀접한 관계가 있기 때문에 저속에서는 지상신호방식을 채택하고 고속에서는 차내신호방식을 따른다. KTX와 같이 300km/h로 달리는 고속철도의 경우 신호등 색깔을 식별하기 어려울 뿐만 아니라 휴먼에러에 의한 사소한 실수가 사고로 발생할 수 있기에 디지털 방식의 차내신호방식을 채택하고 있다. 이는 앞차와의 간격에 따른 운행속도를 레일을 통하여 차상으로 전송하고 차상컴퓨터가 이를 운전실에 숫자로 표시하는 방식으로 고속운전에도 안전을 철저하게 확보하도록 설계되었다.

❙ 철도안전상식 – KTX 300km/h 속도의 비밀 ❙

선로의 경우 열차의 무게와 빠른 속도에 의한 충격과 진동 등에 의해 레일과 침목, 자갈층 등이 손상을 입게 된다. 자동차가 아스팔트 도로를 반복 운행하면 도로가 울퉁불퉁해지고 노면에 물웅덩이가 생기는 이치와 같다. 장기간 열차가 운행하면 열차하중 누적에 의하여 미세한 선로 변형이 발생하고 또 이로 인한 흔들림이 발생한다. 특히 열차의 속도가 높아질수록 선로에 가해지는 충격량이 증가되므로 고속철도에서는 일반철도에 비해 선로변형이 빠르게 진행되며 이를 예방하기 위해서는 특별한 선로 유지 관리가 요구된다.

고속철도에 비해 상대적으로 열차의 운행속도가 낮은 일반철도의 경우는 열차운행이 없는 시간에 작업자 안전조치를 시행한 후 수시로 선로점검과 유지보수를 시행할 수 있지만, 고속철도의 경우는 매일 열차가 운행하지 않는 주간 1시간과 야간 3시간 동안만 선로유지보수를 시행하고 있다.

또한 궤도검측차 운행을 통한 궤도틀림 검사, 레일탐상차를 이용한 레일 내부균열 검사, 시속 300km/h 상태에서의 열차 진동 상태를 확인하는 진동가속도 검사 등 첨단화된 검측 장비를 통해 고속철도 선로 상태를 월 1회 검측·진단한다. 이러한 검측·진단 결과를 바탕으로 레일 표면을 정밀 관리하기 위하여 주기적으로 레일을 연마하고 선로 자갈층 안정화를 위하여 대형장비를 통한 다짐작업을 시행하며, 마모되거나 세립화된 자갈을 교체하기 위하여 대수선 작업도 시행한다.

② 경영평가 사항 중 면접 대비 핵심 대비 문제점

1. 무임승차 근절을 위한 대책을 마련할 것
   - 무임승차 적발 현황 2010년 19만 9천 매 → 2011년 14만 8천 매 → 2012년 20만 9천매 → 2013년 28만 매
2. 입석이 많은 출퇴근 시간대 등의 KTX 자유석 운영방안 마련
   - 시간대별 KTX 자유석 이용패턴 분석 시 금요일 퇴근시간대의 혼잡도가 높아 자유석 확대
   * 이용객이 집중되는 금요일 하행 퇴근 시간대 5개 열차는 자유석을 2량에서 3량으로 확대 운영
      ☞ 해당 시간대 자유석 1량 증가 시 자유석 혼잡도 47% 감소(이용률 173% → 126%)
   - 일부 열차 자유석 좌석판매 유보 : 출퇴근 정기권 이용객이 승차하지 않는 09~17시대는 자유석 운영 중지
   - 고객안내 강화 : 자유석 운영 조정에 대한 안내사항은 '자유석 운영중지 시간대 앞 · 뒤 1시간 이내 열차' 위주로 코레일톡, 열차승차권 등 매체별로 적극적인 안내
3. 열차 지연에 대한 대책을 마련할 것
   * 상황별 지연사유 입력기준 마련을 통한 명확한 지연분석 시행
   * 월별 지연열차 상세 원인분석 및 해소방안 방안 마련 시행 등
4. 위기대응체계가 미흡한 승차권 발매시스템 장애에 대한 근본적 대책을 마련하고, 온라인 예약 취소 수수료 인하 및 철도마일리지의 다양한 활용 방안을 마련할 것
   - 오라클 패치 적용 및 서버성능 보강 완료
   - 온라인 활성화를 위하여 차등 적용
      * 온라인 : 1일 이전까지 무료, 당일 400원
      * 역방문 : 2일 이전까지 400원, 당일 5%
   - 마일리지 활용방안 수립

③ 한국철도공사 면접 기출
- 지원동기를 포함한 자기소개를 30초 이내로 하시오.
- 한국전력공사의 인재상에 대해 설명하시오.
- 아침신문을 읽었는지, 읽었다면 기억에 남는 기사는?
- 회사를 선택할 때 중요시하는 것은?
- 입사 후 10년 뒤의 자기 모습에 대해 말해보시오.
- 회사의 연혁에 대해 설명해 보시오.
- 상왕십리역에 정차하고 있는 열차가 바로 출발을 해야 하는 상황인데, 긴급한 환자가 발생하였다. 어떻게 조치를 하겠는가?
- 만약 다음날 숙취로 컨디션이 좋지 않게 출근했을 때 어떻게 할 것인가?
- 본인이 배운 전공을 어떻게 입사 후에 활용할 것인가?
- 현장에서 사고가 발생하면 어떻게 할 것인가?

- 노조가 파업을 하자고 하면 같이 할 것인가?
- 지원 업무에 필요한 역량에 대해 말해보시오.
- 코레일에 기여할 수 있는 자신의 경험에 대해 말해보시오.
- 기차 시간이 다 되었는데 손님이 타려고 한다면?
- 본인이 생각하는 관광과 열차의 의미를 말해보시오.
- 한국철도공사에서 고쳐야 할 점은?

PART04

NCS 인성검사
국가직무능력표준

인성검사 한눈에 보기

인성검사란?

인성검사란 개인이 가지고 있는 다면적인 성격을 많은 수의 질문을 통해 수치로 나타내는 것을 말한다.

기업들은 서류전형이나 면접전형으로는 알기 어려운 지원자의 성품이나 기본자질 등을 파악하기 위해 인적성검사를 도입하고 있다. 또한, 직무수행능력, 직무적성검사 등의 다양한 평가요소를 통해서 구직자의 기술적, 인성적 능력뿐만 아니라 조직에 대한 적응력과 조직과의 적합성, 직무 적합성까지 평가한다. 여기서 문제는 지원자들이 인성검사를 중요하게 생각하지 않는다는 것이다. 실제로, 채용을 진행하는 기업의 50%가 채용 시 인성검사를 실시하고 있으며, 인성검사를 실시하는 기업 중 80%는 인성검사가 채용에 직접적인 영향을 준다고 말하고 있다. 따라서 지원자들 역시 인성검사를 적극적으로 대비해야 한다.

인성검사 문항 예시

	문항	전혀 아니다 ①	약간 아니다 ②	보통이다 ③	약간 그렇다 ④	매우 그렇다 ⑤
1	나는 실수를 했을 때 변명하거나 책임을 피하지 않는다.					
2	나는 단체 활동에서 힘든 역할이 주어져도 잘 협조한다.					
3	나는 화가 나더라도 다른 사람들에게 화풀이를 하지 않는다.					
4	나는 남을 비난하기 전에 그 사람의 입장에서 생각해 본다.					
5	나는 무언가를 결정할 때 시간을 갖고 충분히 생각한다.					
6	나는 나와 의견이 다른 사람과도 잘 대화한다.					
7	어떤 일을 끈기 있게 하는 것은 나의 장점 중 하나이다.					
8	나는 쉽게 흥분하지 않는다.					

위와 같이 문항을 통해 신뢰도, 일관성, 왜곡 가능성을 평가하게 된다. 이때 응답 신뢰도를 평가하는 것이 중요하다. 신뢰도가 낮게 나오는 유형으로는 첫째, 사회적으로 바람직한 행동이 아닌 유형에 응답한 경우, 둘째, 자기 자신을 잘 모르는 경우, 셋째, '매우 그렇다', '전혀 아니다'에 응답을 하지 않은 경우, 마지막으로 검사에 성실히 응하지 않는 경우 등이 있다.

신뢰성 척도	신뢰성 척도는 검사 문항과 맞지 않는 답변을 응답하는 경향을 평가하기 위한 척도로, 정상적인 집단의 10% 이하가 응답한 내용을 기준으로 일반 대중의 생각이나 경험과 다른 정도를 측정한다.
허구성 척도	허구성 척도는 피검사자가 검사자에게 좋은 인상을 주기 위해 하는 고의적이고 부정직한 시도를 측정하는 척도이다. 이때 해당 문항에서 정직하지 않거나 결점을 고의로 감춘다면, 피검사자의 장점 역시 거짓으로 치부될 수 있다.
무응답 척도	무응답척도는 피검사자가 응답하지 않은 문항과 '그렇다'와 '아니다'에 모두 답한 문항들의 총합이다. 척도점수의 크기는 다른 척도점수에 영향을 미치게 되므로, 빠뜨린 문항의 수를 최소한으로 줄이는 것이 중요하다.

인성검사 검사 항목 분류

1. 근면성(정직성, 성실성)
2. 책임감(성취력, 진취성)
3. 협동성(사회성, 대인관계)
4. 지도력(섭외력, 사고력)
5. 능동성(적극성, 추진력)
6. 인내성(침착성, 집중력)

인성검사 검사 Tip

1. 반드시 주어진 시간안에 전체문항의 답변을 해야 한다.

인성검사는 기본적으로 자신의 성향에 대해 묻는 것이다. 또한 무응답 척도 등의 표준화된 검사 방식이 존재하기 때문에 문항을 모두 체크하지 않았을 경우 자신의 성향을 속여 신뢰도가 낮다고 평가된다.

2. 당황하거나 시간의 압박을 받지 않도록, 될 수 있으면 여유롭게 생각한다.

기업 인성검사의 가장 큰 특징은 짧은 시간에 많은 항목이 주어진다는 것이다. 자신을 달리 표현하고자 문항에 시간을 들일 경우 시간이 부족한 경우도 있다. 따라서 대답하기가 곤란한 문항이 나오더라도 당황하지 말고 본인의 성격을 토대로 여유롭게 답변한다.

3. 일관성 있게 답하되 너무 일관적이어도 좋지는 않다.

일관성은 본인의 성격을 보여주는 척도이며 신뢰도를 높이는 방법 중의 하나임은 틀림없다. 그러나 사람은 기계가 아니기에 너무나 이성적이고 획일적인 답변에 신뢰도가 낮게 주어지는 경우도 있다. 인성검사 문항을 살펴보면 동일한 유형의 문제를 연거푸 물어보는 경우가 있다. 유형을 익혀서 획일적으로 답변하기보다는 본인의 성향에 맞게 솔직하고 성실하게 답변하는 것이 좋다.

4. 해당 기업의 인재상을 미리 살펴보는 것 역시 하나의 Tip이다.

인성검사에서는 사실상 정해진 답변이 없다. 기업마다 문화가 다르듯이 평가하는 요소 역시 다르다. 따라서 솔직한 것이 가장 중요한 요소이지만, 사전에 기업에 대한 조직문화와 인재상 정도는 반드시 확인하여 인성검사에 임하는 것이 중요하다.

NCS

국 가 직 무 능 력 표 준

PART05

NCS 실전 모의고사
국가직무능력표준

01 다음 글을 읽고, 주어진 상황에 가장 적합한 한자성어를 고르시오.

> 지난 이명박 정부는 대북정책에 있어 강경정책 기조를 유지해 왔다. 특히 천안함 · 연평도 사건에 대한 사과와 재발방치 대책, 비핵화에 대한 실질적이고 확고한 의지가 있어야 6자회담을 비롯한 대화의 문을 연다는 원칙적 입장을 고수해 왔다.
>
> 이러한 정치적 상황을 이어받은 이 정부는 그나마 한반도 정세의 마지막 바로미터였던 개성공단을 폐쇄해 결과적으로 사드배치로 인한 한 · 미 · 일 대 북 · 중 · 러 대립으로 인한 신냉전 시대로 회귀하는 최전선에 서기를 자청하게 됐다.
>
> 무책임한 이 정부는 지금 시점에서 우리의 경제적인 손실이 얼마이고 국익에 얼마나 도움이 되는지는 이미 고려 대상이 아니었다. 단지 총선을 앞두고 현재의 정책과 경제실패를 북한 탓이라는 정치적 책임회피 수단으로 사용하는 것이 아닌지 의심된다.
>
> 미국이나 중국은 결국 남북한의 긴장과 냉각상태가 철저하게 자국에 어떠한 이익을 가져올 것인가 저울질하는 모습이다. 이 같은 냉정한 국제정세 속에서 외교적인 역량이 필요한 시점에 우리 정부는 과연 대안은 있는가 묻고 싶다.
>
> 문제는 정부의 개성공단 폐쇄조치가 북한이 핵실험을 중단하고 인공위성 발사를 중단하게 될까? 이제 우리는 이번 사태를 통해 무엇을 얻었고 앞으로 무엇을 얻을 것인지 미래 역사를 생각하는 거시적인 안목을 갖고 고민하고 문제 해결을 위한 최선의 노력을 다해야 할 것이다.

① 이이제이   ② 표리부동

③ 동족방뇨   ④ 천재일우

02 다음 문장을 읽고 순서에 맞게 배열한 것을 고르시오.

> 가. 성공추구 경향성에는 성취동기(Ms)라는 잠재적 에너지의 수준이 영향을 준다.
> 나. 성취행동 경향성(TACH)의 강도는 성공추구 경향성(Ts)에서 실패회피 경향성(Tf)을 **뺀** 점수로 계산할 수 있다.
> 다. 어떤 업무에 대해서 사람들이 제각기 다양한 방식으로 행동하는 것은 성취동기가 다른 데도 원인이 있지만, 개인이 처한 환경요인이 서로 다르기 때문이기도 하다.

라. 왜냐하면 성취동기는 성과가 우수하다고 평가받고 싶어하는 것으로, 어떤 사람의 포부 수준과 노력 및 끈기를 결정하기 때문이다.

마. 이 환경요인은 성공기대확률(Ps)과 성공결과의 가치(Ins)로 이루어진다. 즉 성공추구 경향성은 이 세 요소의 곱으로 결정된다.

① 가 - 나 - 다 - 라 - 마   ② 가 - 나 - 라 - 다 - 마

③ 나 - 가 - 라 - 다 - 마   ④ 나 - 가 - 다 - 라 - 마

[03~04] 이어지는 질문에 답하시오.

[IBK 기업은행 NCS 기출 유형 문제]

〈IBK 기업은행 연간 문화콘텐츠 투자·대출액 추이〉

연도	공급액(투자 + 대출)
2014	3,365억 원
2015	3,855억 원
2016(9월 말)	3,209억 원

03 다음 중 IBK 기업은행이 투자·지원한 문화콘텐츠가 아닌 것을 고르시오.

①

②

③

④

04 제시된 표를 통해 추론할 수 있는 것으로 적절하지 않은 것을 고르시오.

① 문화콘텐츠 증권형 크라우드펀딩에 성공하였다.

② 문화콘텐츠산업은 성공 여부를 예측하기 어렵기 때문에 고위험 산업군으로 분류된다.

③ 문화콘텐츠산업은 부가가치가 높고 고용창출효과가 크다.

④ 2015년 대비 2016년에는 문화콘텐츠산업에 대한 직·간접 투자가 줄어든 것은 사회적·경제적 요인이 크다.

05 다음 표는 기업의 내부 커뮤니케이션에 관련된 내용이다. 다음을 보고 추론할 수 없는 내용은 무엇인가?

	직원잡지	경영진메일	가. 직원회의	나. 간부회의
시간 간격	연 3~4회	매주 초, 필요에 따라 추가	연 1~2회	연 1~2회
목표 그룹	모든 사원	모든 사원	모든 사원	간부 사원
기능	Big Picture	Daily Business	Culture	Coordination
	경제환경에서의 기업활동의 개관	기업의 단기, 중기 목표와 수단 소개	기업의 현재 성공과 문제에 대한 대화적 이고 비판적 논의	간부차원에서의 중요 한 정보와 의사결정 의 교환
내용	거대프로젝트와 부서, 차기 6개월에서 1년의 회사 목표, 복지 등	업무의 현행 프로젝 트, 단기목표, 현재의 전문주제 등	중점 주제, 개선분야, 사원 제안의 수용 등	부서의 변경 사항, 투자 등
형식	전문적으로 구상되 고,생산된 잡지	매주 발송되는 이메일	대화모임	외부에서 1~2주간 개최되는 워크숍

＊ 내부 커뮤니케이션이란?
분명하게 정의되고, 규칙적 혹은 필요에 따라 사용되고 조절되는 매체를 수단으로 정보의 전달과 기업 경영진과 직원 간의 대화를 확보하는 기업 커뮤니케이션의 하나의 도구

① 제품, 업계, 시장의 특별한 변화 사항과 경영진의 목표와 전략에 대한 직원들의 이해를 도울 수 있는 매체이다.

② 주 2회 내,외부 고객만족 현황보고는 직원잡지 형태의 커뮤니케이션 도구를 사용하는 것이 효과적이다.

③ 직원설문조사 또한 직원과 경영진과의 정보교환 및 소통을 확보하는 매체이다.

④ 내부 커뮤니케이션 담당자의 권한의 부재가 있을 경우 신속하고 효과적인 실행을 방해할 수 있다.

06 다음은 공공기관의 언론 기고문 작성에 관한 것이다. 기고문 수정 전 내용과 후의 내용을 비교할 때, 바르지 않은 내용은 무엇인가?

〈기고문 수정 전 내용〉

○ 잠재된 인재를 키우는 국가 보조가 되어야….

　　얼마 전 한 친구가 외국에서 다년간 공부한 사람들도 뚫기 힘들다는 해외 취업에 성공했다. 그 친구는 외국경험이라고는 6개월 연수받은 게 전부인 순수 국내파이다. 그래서 더욱 대단하고 대견한 생각이 들었다. 더불어 그 친구는 정부에서 제공하는 지원금까지 받는 혜택도 누리게 되었다. IT와 문화 산업 분야 해외 취업 시 국가에서 매달 생활비와 비행기값을 제공해주는 제도 때문이다. 글로벌인재를 보조해준다는 면에서 이 제도는 크게 환영할 만한 일이다. 그러나 지원분야가 너무 협소하고 잠재된 인재를 키우기보다는 이미 키워진 인재를 지원해준다는 면이 다소 아쉽다. 정부는 국내에 잠재된 인재를 발굴해 그들을 글로벌인재로 키우고 지원 분야를 확대해 다양한 분야에서 활동할 수 있도록 도와주어야 할 것이다.

〈기고문 수정 후 내용〉

○ 숨은 인재 육성에 국가보조 절실

　　얼마 전 한 친구가 외국에서 수년간 공부한 사람도 뚫기 힘들다는 해외취업에 성공했다. 그 친구는 외국경험이라고는 6개월 연수를 받은 게 전부인 순수국내파이다. 그래서 더욱 대견한 생각이 들었다. 더불어 그 친구는 정부에서 제공하는 지원금을 받는 혜택도 누리게 되었다. IT와 문화산업분야 해외 취업 시 국가에서 매달 생활비와 비행기삯을 제공해 주는 제도 덕분이다. 글로벌인재를 보조해준다는 면에서 이 제도는 크게 환영할 만한 일이다. 그러나 지원분야가 너무 적고 숨은 인재를 키우기보다는 이미 완성된 인재를 지원한다는 면에서 다소 아쉽다. 정부는 국내에 잠재된 인재를 발굴해 그들을 글로벌인재로 키우고 지원 분야를 확대해 다양한 분야에서 활동할 수 있도록 도와주어야 한다.

① 기사화되면 꼭 기사 원본을 모니터링해서 보관하고 사내게시판 자사 홈페이지 거래처 등에 홍보용으로 배포해서는 안 된다.

② '- 때문이다', '값', '대단하다'와 '대견하다'의 오용 등 수정 전 내용에는 오류와 부적절한 표현이 있다.

③ 기고문은 객관성, 대중성, 중립성 등이 갖춰져야 한다.

④ 일반적으로 기사문은 수동형 문장을 기피한다. 따라서 '-키워진 인재' 등 수동형 표현은 적절하지 않다.

07 다음 전시 안내문을 제대로 이해하지 못한 사람은?

[전시 정보]

- 제목 : 이것이 대중 미술이다
- 기간 : 2017. 6. 2.(토) ~ 2017. 7. 5.(일)
- 시간 : 11:00~20:30 (매표 마감 20:00) *휴관일 없음
- 장소 : ○○미술관 본관
- 연령 : 전체 관람가
- 가격 : 성인(만 25세 ~ 만 64세) 5,000원 / 청소년(만 13세~만 24세) 4,000원
  어린이(36개월 이상 ~ 만 12세), 65세 이상 3,000원
  36개월 미만 무료입장 / 20인 이상 단체 관람 시 각 1,000원 할인

'팝아트를 넘어 대중 미술로'라는 주제로 상상력 넘치는 미술 세계 보여줘

　　○○문화 회관에서는 '팝아트를 넘어 대중 미술로'라는 주제로 기발하고, 상상력 넘치는 미술 세계를 보여주는 〈이것이 대중 미술이다〉 전시를 2017년 6월 2일(토)부터 7월 5일(일)까지 개최한다. 이번 전시에는 국내·외에서 활발히 활동하고 있는 40여 명의 작가가 대거 참여하여, 한국 팝아트의 최근 경향과 그 진수를 보여줄 예정이다.

　　팝아트 전시는 국내에도 이미 여러 차례 소개되어 대중들에게 익숙할 수 있으나, 이번 전시에서는 한국의 팝아트가 대중 속으로 어떻게 침투, 확산, 진화되어 가는지 그 모습을 세밀하게 조명해 본다. 또한, 향후 전개 상황에 대한 전망을 3개의 섹션으로 제시한다.

　　"K-POP & 해외 POP ART" 섹션에서는 국내에서 왕성하게 활동하고 있는 작가들의 작품을 대거 만나볼 수 있을 뿐만 아니라 국내에서 만나보기 힘든 해외 팝아티스트의 작품도 감상할 수 있는 재미가 더해질 것이다.

　　"컬래버레이션 기업과 팝아티스트와의 만남" 섹션에서는 현대 미술 문화와 정부, 기업 등이 함께 협업하는 팝아트 작가들의 사례를 소개한다. 또한 출판, 영화, 음악, 만화 등 다양한 분야에서 팝아트와 조우하는 아티스트들 또한 대중 미술이라는 이름으로 함께 담아내고자 한다.

　　"셀리브리티 아트" 섹션에서는 대중들에게 인지도 높은 작가들이 풀어내는 작품들을 한곳에서 만나볼 수 있어 관람객에게 또 다른 흥미를 유발할 것으로 보인다.

① 고등학생 30명이 단체로 관람하려면 9만 원이 필요하겠군.

② 주말에는 늦게까지 전시를 하니까, 여유롭게 볼 수 있겠군.

③ 3개의 섹션으로 전시하니까 다양한 작품을 감상할 수 있겠군.

④ 국내 작가와 해외 작가 40여 명의 작품을 볼 수 있는 전시회군.

08 다음은 한국○○○공사의 유통품평회 제안요청서 내용이다. 제안요청서의 내용에 맞추어 부적절하게 이해한 사람은 누구인가?

[행사 개요]

- 행사명 : 「2015년 6차산업화 우수기업 유통품평회」
- 기간 : 계약일~2015.11.30(사업기간은 계약일로부터 행사 정산 시까지)
- 참가규모 : 회당 60~70여 개 6차산업화 농촌기업
- 주최/주관 : 농림축산식품부/한국○○○공사
- 행사규모 : 총 6회 진행

항목	제안내용
1. 행사 기획 · 운영	• 행사 전반에 관한 세부계획 및 운영방안 수립 • 유통품평회 참여기업 대상 사업설명회 개최 • 6차산업화 농촌기업 참여 신청 접수 및 품평회 추진 　– 참가신청서 및 증빙서류 취합 · 확인 　– 기업 및 제품설명서, 제품별 심사표 제작 　– 참가제품 평가 결과물 작성 · 제출
2. 행사장 설치 · 운영	• 품평회 행사장 설치 · 운영 　– 참여기업 제품 취합 및 진열(진열대, 전기장치 등) • 행사장 정리, 원상복구 등 행사 시 필요시설 설치에 관한 사항 등
3. 유통품평회 홍보	• 다양한 언론매체를 활용한 홍보계획 수립 • 행사 홍보 및 안내 시설물 제작 　– 현수막, 안내 배너, 각종 홍보 및 안내 시설물 등
4. 인력 운영 계획	• 인력배치 및 운영 계획 　– PM, 종사자, 일일스텝(서포터즈), 도우미 운영 사항 등 　– 유통전문가 및 유통바이어 명단 확보, 섭외 · 운영
5. 유통품평회 개최 결과 및 사후관리	• 품평회 우수제품 기획판매전 연계, 입점현황 추적조사 • 품평회 설문조사 분석 및 결과보고 제출 　– 회차별 참가 제품 평가결과 및 참여 기업 대상 행사 관련 설문 조사 실시 　– 회차별 중간보고서, 최종보고서 제출

※ 제안내용은 행사 기획에서 준비, 설치, 운영, 철거, 결과보고 과정에서 발생하는 일체의 모든 업무를 지칭하며, 기획용역 수행사가 과업수행의 의무를 짐
※ 행사 운영 및 프로그램의 세부내용은 한국농어촌공사와 대행사가 상호 협의 후 일부 조정 가능

① 갑 : 입찰 제안을 하기에 앞서서 제안서 작성 지침 및 제안서 규격 등의 형식에 유의해야 한다.

② 을 : 5가지 항목에 대해 제안서를 제출할 때 설비, 홍보, 기획 등 유관부서와의 협업이 필수적이다.

③ 병 : 1번 항목에 있어서, 성공적 행사 추진을 위한 목표달성 전략을 수립하여 제안하는 것이 효율적이다.

④ 정 : 3번 항목에 있어서, 제시된 홍보 시설물 외에 기타 홍보 방안 제안은 불필요하다.

09 〈보기〉는 지역 신문에 '지역 농산물 소비 촉진 운동'에 관한 기사를 연재하기 위해 세운 계획의 일부이다. 개요를 수정·보완하기 위한 방안으로 적절하지 않은 것은?

> **보기**
>
> ◇ 기획 의도 : 지역 농산물 소비 촉진 운동을 소개하고 실천 방향을 제시함으로써 독자의 관심과 참여를 유도함
> ◇ 연재 계획
>   [1회] 세계 각국의 지역 농산물 소비 촉진 운동
>   ✓ [2회] 우리나라의 지역 농산물 소비 촉진 운동
>   [3회] 우리나라 지역 농산물 소비 촉진 운동의 과제

> ◆ [2회] 작성 계획
>   • 문제점 파악, 사례 소개, 의의 제시
>   • 전체 연재 기사와의 연계성 고려
> ◆ [2회] 개요
>   1. 수입 농산물 증가에 따른 문제점
>   가. 수입 농산물의 안전성에 대한 불안감 확산
>   나. 지역 소규모 농가의 낙후된 생활 기반 시설
>   다. 장거리 운송으로 인한 탄소 배출량 증가
>   라. 패스트푸드의 고급화에 따른 가격 상승
>   2. 지역 농산물 소비 촉진 운동의 효과
>   가. 소비자와 농가를 직접 연결하는 직거래 장터
>   나. 지역 농산물을 사용하는 친환경 학교 급식
>   3. 지역 농산물 소비 촉진 운동의 의의
>   가. 생산자와 소비자의 직거래로 농산물에 대한 신뢰 확보
>   나. 지역 소규모 농가의 소득 증대에 기여
>   다. 농산물 수출입 경로 다양화
>   라. 환경 보호

① '1-나'는 상위 항목 '1'과의 관계를 고려하여, '지역 소규모 농가의 소득 감소'로 수정한다.

② '1-라'는 [2회]의 주제를 벗어나므로 삭제한다.

③ '2'는 작성 계획을 고려하여, '지역 농산물 소비 촉진 운동의 사례'로 고친다.

④ '3-다'는 연재 계획을 고려하여, [3회]에서 다루도록 한다.

10 다음은 '천연기념물 소나무 보존 대책'에 대한 건의서를 쓰기 위하여 작성한 개요이다. 이에 대한 수정 · 보완 의견으로 적절하지 않은 것은?

집필 동기 : 지역 명물인 천연기념물 소나무의 훼손이 더 이상 일어나지 않게 하기 위해 지방자치단체에 건의서를 제출하고자 함

Ⅰ. 서론 ··· (ㄱ)
　　- 천연기념물 소나무의 가치
Ⅱ. 천연기념물 소나무 훼손의 원인
　　1. 자연적 측면
　　　가. 진딧물 등의 병해충
　　　나. 낙뢰, 폭설 등의 자연재해
　　2. 인위적 측면
　　　가. 천연기념물 소나무에 대한 관리 업무 분산
　　　나. 무분별한 개발로 인한 생태 환경 악화
　　　다. 문화유산 안내인의 부재 ··· (ㄴ)
Ⅲ. 천연기념물 소나무 보존 대책
　　1. 자연적 측면
　　　가. 천연기념물 소나무 관리 업무 일원화 ······················· (ㄷ)
　　　나. 자연재해로 인한 피해 최소화를 위한 시설물 설치
　　2. 인위적 측면 ··· (ㄹ)
　　　가. 진딧물 등 병해충 퇴치를 위한 방제 작업 ·················· (ㅁ)
　　　나. 무분별한 개발 방지를 위한 보호 구역 확대
Ⅳ. 결론
　　- 우리의 전통 문화재에 대한 자긍심 고취의 중요성

---

① 집필 동기를 고려하여 (ㄱ)에 '천연기념물 소나무 훼손 실태'라는 항목을 추가해야겠어.

② (ㄴ)은 주제에서 벗어난 내용이므로 삭제해야겠어.

③ 상위 항목과의 관계를 고려하여 (ㄷ)과 (ㅁ)을 맞바꿔야겠어.

④ 'Ⅱ-2'와 'Ⅲ-2'의 관계를 고려하여 (ㄹ)에 '소나무 주변 조경 사업 확대'라는 항목을 추가해야겠어.

11 '다원화된 농촌 구성원들의 안정적 정착을 위한 지원 방안 마련'에 대한 글을 쓰고자 한다. 자료의 활용 방안으로 적절하지 않은 것은?

(가) 통계 자료

1. 연령별 귀농 인구의 변화

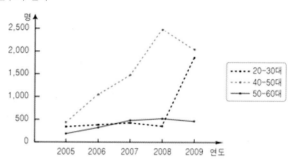

2. 농촌 다문화 가정 인구의 변화

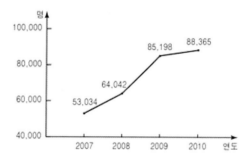

(나) 귀농을 하려는 이유에 대한 설문 조사 결과

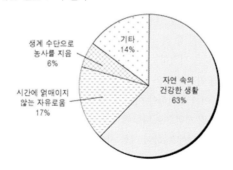

(다) 연구 발표 자료

- 현재 귀농한 사람들은 보육 및 자녀 교육의 여건 미비, 의료 시설의 부족 등으로 인해 불편을 겪고 있음
- 농촌의 다문화 가정 구성원들은 언어 및 문화 차이 때문에 의사소통에 어려움을 겪고, 문화적으로도 소외되고 있음

① (가)를 활용하여 다양한 연령층의 사람들이 유입되고 다문화 가정 인구가 증가함에 따라, 농촌의 인구 구성이 다원화되고 있음을 제시한다.

② (나)를 활용하여 자연 속에서 건강한 생활을 누리기 위해 귀농한 사람들을 고려하여 농촌의 자연환경을 보존할 필요성을 밝힌다.

③ (나)와 (다)를 활용하여 농사를 생계 수단으로 삼으려는 사람들의 귀농을 증가시키기 위해 농업기술교육센터를 확충해야 함을 제시한다.

④ (가)-2와 (다)를 활용하여 늘어나는 농촌 다문화 가정 구성원들의 적응을 돕기 위해 언어 및 문화적 측면에서 지원책 마련이 필요함을 제시한다.

12 괄호 안에 들어갈 한자성어로 가장 알맞은 것은?

> 미국 금융 시장은 이러한 신뢰성 위기와 경제전망 불투명, 기업실적 부진, 경상수지 및 재정수지의 쌍둥이 적자 등 (   )에 직면해 좀처럼 회생 활로를 찾지 못하고 있다. 미국 행정부는 달러의 완만한 하락을 통해 이 문제를 해결하기를 바라고 있다. 최근의 달러 약세에 대해 '시장이 해결할 것'이라며 불개입 원칙을 내보이고 있는 것도 이런 맥락이다.

① 순망치한(脣亡齒寒)   ② 수어지교(水魚之交)
③ 백척간두(百尺竿頭)   ④ 견위치명(見危致命)

13 다음 ㉠ ~ ㉣에 들어갈 말로 적절한 것은?

> 말하기의 중요한 목적 중 하나가 설명이다. 설명의 방법에는 4가지 예시가 있다. 지정은 가장 단순한 설명의 방법으로 사물을 지적하듯이 말하는 방법이다. 정의는 어떤 용어나 단어의 뜻과 개념을 밝히는 것으로, 충분한 지식을 가지고 있어야 정확한 정의를 내릴 수 있다. 어떠한 대상을 파악하고자 할 때 대상을 적절히 나누거나 묶어서 정리해야 하는데, 하위 개념을 상위 개념으로 묶어 가면서 설명하는 (㉠)의 방법과 상위 개념을 하위 개념으로 나누어 가면서 설명하는 (㉡)의 방법이 있다. 설명할 때 서로 비슷비슷하여 구별이 어려운 개념에 대하여 그들 사이의 공통점이나 차이점을 지적하면 이해하기 쉬운데, 둘 이상의 대상 사이의 유사점에 대하여 설명하는 일을 (㉢)(이)라 하고, 그 차이점에 대하여 설명하는 일을 (㉣)(이)라 한다. 이러한 방법을 통해서 말하게 되면 평이한 화제를 가지고도 개성 있는 말하기를 할 수 있게 된다. 예시는 어떤 개념이나 사물에 대한 이해를 돕기 위하여 이에 해당하는 예를 직접 보여 주거나 예를 들어 설명하는 것이다.

	㉠	㉡	㉢	㉣
①	대조	비교	구분	분류
②	분류	구분	비교	대조
③	비교	대조	분류	구분
④	구분	분류	대조	비교

14 영희는 분속 60m, 순희는 분속 84m의 속도로 걷는다. 영희가 출발하고 20분 후에 순희가 같은 방향으로 걷기 시작했다면, 순희는 몇 km 나아간 지점에서 영희를 따라잡는가?

① 3km   ② 3.4km   ③ 3.8km   ④ 4.2km

15 둘레가 2.1km인 연못이 있다. 연못 둘레를 분속 76m인 철수와 분속 64m인 철민이가 동시에 같은 지점에서 반대 방향으로 나아갔다. 8분 후 두 사람은 얼마만큼 떨어져 있는가?

① 960m   ② 980m   ③ 1,000m   ④ 1,020m

16 어떤 배가 강을 60km 내려오는 데 5시간 걸렸다. 이 강물의 속도를 시속 2km라고 하면, 이 배가 같은 구간을 거슬러 올라갈 때는 얼마나 걸리는가?

① 6시간   ② 6시간 30분   ③ 7시간 30분   ④ 8시간

17 10%의 식염수 340g이 있다. 여기에 소금을 넣어 15% 이상의 식염수를 만들려고 한다. 최소 몇 g 이상의 소금을 넣어야 하는가?

① 17g   ② 18g   ③ 19g   ④ 20g

18 철수는 집에서 4km 떨어진 역으로 갈 때, 처음에는 분속 60m로 걸었지만 늦을 것 같아서 도중에 분속 80m로 걸었다. 그래서 집을 나선 후 1시간 이내에 역에 도착할 수가 있었다. 철수가 분속 80m로 걸었던 거리는 몇 m 이상인가?

① 800m 이상   ② 1,200m 이상   ③ 1,600m 이상   ④ 1,800m 이상

19 다음 표는 십진법의 수를 어떤 규칙으로 나타낸 것이다. 규칙에 따라 ⊘○○⊘⊘ + ⊘○○⊘⊘ 을 계산하여 그 결과를 십진법의 수로 나타내면?

○○○○⊘ 1	① 15
○○○⊘⊘ 2	② 26
○○○⊘⊘ 3	③ 36
○○⊘○○ 4	④ 47
○○⊘○⊘ 5	

20 다음 표는 2015년 '갑' 기업의 신성장 동력사업에 관한 자료이다. 비용 대비 편익의 비율이 가장 낮은 사업은 무엇인가?

[NCS 국가직무능력표준 예제 변형]

사업	편익	비용(억 원)
A	12	40
B	35	110
C	15	30
D	30	70
E	24	50

① A   ② B   ③ D   ④ E

21 그림과 같이 최대 6개의 용기를 넣을 수 있는 원형의 실험기구가 있다. 서로 다른 6개의 용기 A, B, C, D, E, F를 이 실험 기구에 모두 넣을 때, A와 B가 이웃하게 되는 경우의 수는? (단, 회전하여 일치하는 것은 같은 것으로 본다)

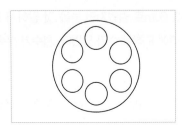

① 36

② 48

③ 60

④ 72

22 무게가 1g, 2g, 4g, 8g인 분동이 각각 1개씩 있다. 이들을 써서 몇 가지 무게를 잴 수 있는가?

① 13가지   ② 14가지   ③ 15가지   ④ 16가지

23 남자 3명과 여자 3명을 일렬로 세울 때, 양 끝에 남자를 세우는 방법의 수 m가지라면, m은 얼마인가?

① 144   ② 120   ③ 72   ④ 48

24 7개의 문자 c, e, n, t, u, r, y를 일렬로 배열할 때, n은 e의 앞에 오고 e는 r의 앞에 오도록 배열하는 방법의 수는?

① 540   ② 610   ③ 720   ④ 840

25 다음 〈표〉는 신재생 에너지 및 절약 분야 사업 현황이다. '신재생 에너지' 분야의 사업별 평균 지원액이 '절약' 분야의 사업별 평균 지원액의 5배 이상이 되기 위한 사업 수의 최대 격차는?

〈표〉 신재생 에너지 및 절약 분야 지원금과 사업 수

(단위 : 억 원, %, 개)

구분	신재생 에너지	절약	합
지원금(비율)	3,500(85.4)	600(14.6)	4,100(100.0)
사업 수	( )	( )	600

※ '신재생 에너지' 분야의 사업 수는 '절약' 분야의 사업 수보다 큼.

① 44   ② 46   ③ 48   ④ 54

26 A 은행에서 대출업무를 담당하고 있는 B 씨는 2008년 이후 가계 대출 및 주택 거래와 관련한 프레젠테이션을 준비 중이다. 아래 자료에 대한 해석으로 적절하지 않은 것을 고르시오.

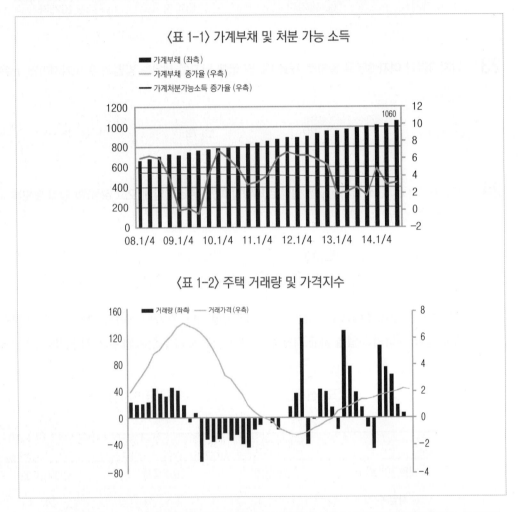

〈표 1-1〉 가계부채 및 처분 가능 소득

〈표 1-2〉 주택 거래량 및 가격지수

① 주택거래량과 관련 없이 가계부채는 꾸준해 증가하여 2014년 1/4분기 가계대출 총규모는 1,060조 원이다.

② 가계부채 증가율은 2009년 잠시 주춤했고, 2011년까지 상승세를 보였다가, 2012년 이후 2014년 1/4분기까지 5~7%대를 유지하고 있다.

③ 주택거래 가격과 거래량은 2011년 7~12월 이후 급격히 하락했으나, 가계처분가능소득 증가율은 2011년부터 2014년 1/4분기까지 평균 2%대를 유지하고 있다.

④ 주택거래량은 2012년에는 마이너스를 유지했지만 2013년 1월 이후 계절적 요인 등을 반영한 모양으로 증가세를 보이고 있다.

27 B가 아래 자료들을 해석한 내용으로 옳은 것만 〈보기〉에서 고르면?

기획팀에서 근무하는 B는 원가에 반영되고 있는 전기료를 조사하는 업무를 맡게 되었다.

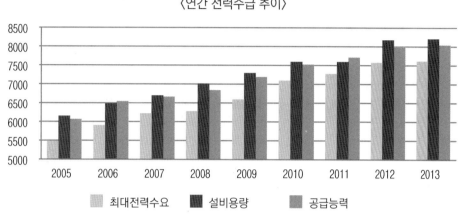

〈연간 전력수급 추이〉

■ 최대전력수요   ■ 설비용량   ■ 공급능력

예비율 : 최대 전력수요에 대비 발전설비 용량이 얼마나 여유가 있는지를 의미

■ 2014년 계절별 수요 자료

2014년 산업용 여름철 전기 판매단가는 1kW당 87.76원이었고, 겨울철은 80원, 봄·가을은 70원이었다. 일반용도 여름철, 겨울철, 봄·가을철에 따라 각각 111원, 98원, 95원을 적용했다. 이는 지난 10년간의 계절 최대전력수요를 반영한 것이다. 하지만, 문제는 최근 겨울철 전력 사용량이 여름철을 앞지르기 시작했다는 것이다. 그동안 전력피크는 냉방용 전력수요가 늘어나는 여름철에 발생했다. 그러나 2013년과 2014년에는 겨울철의 전력수요가 더 높아졌다. 2013년 7월 최대전력수요는 3,500만, 2014년 7월 최대전력수요는 3,900만 kW에 그쳤다. 반면 2013년 12월 최대전력수요는 6,800만 kW, 2014년 12월 7,800만 kW를 기록했다. 봄·가을철의 최대전력수요는 2013년 3월 3,250만 kW, 2014년 3월 3,300만 kW로 큰 변화가 없었다. 이에 대해 관계자는 "2014년 8월 계절별 요금을 조정하면서 전년 대비 겨울철 전기요금을 7.5% 인상해 여름철 2.5% 인상에 비해 많이 오른 편이다"라고 설명했다.

보기

ㄱ. 예비율이 가장 낮았던 해는 2011년이다.
ㄴ. 공급능력이 설비용량 이상이었던 해는 두 번 있었다.
ㄷ. 2011년 대비 2013년에 공급능력 증가 폭이 설비용량 증가 폭보다 크다.
ㄹ. 최대전력수요가 가장 낮았던 연도는 가장 높았던 연도의 0.5배 수준이다.

① ㄱ, ㄴ   ② ㄱ, ㄷ   ③ ㄴ, ㄷ   ④ ㄷ, ㄹ

[28~29] 아래 〈보기〉는 그래프 구성 명령어 실행 예시이다. 다음을 참고하여 이어지는 물음에 답하시오.

[NCS 국가직무능력표준 예제 변형]

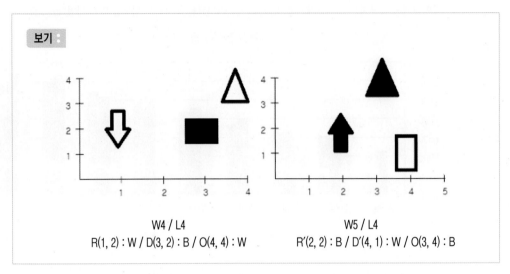

28 다음 그래프에 알맞은 명령어는 무엇인가?

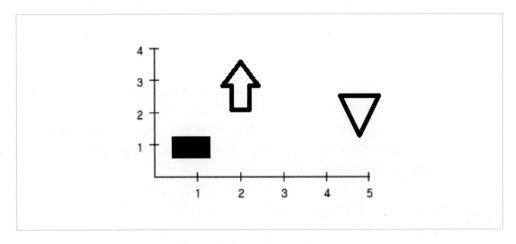

① W4 / L5   R′(3, 2) : W / D(1, 1) : B / O′(5, 2) : W
② W4 / L5   R′(2, 3) : W / D′(1, 1) : B / O′(5, 2) : W
③ W5 / L4   R′(2, 3) : W / D(1, 1) : B / O′(5, 2) : W
④ W5 / L4   R′(4, 3) : W / D′(1, 1) : B / O′(5, 2) : W

29 W6 / L4 R(6, 1) : W, D'(1, 2) : B, O(4, 3) : B의 그래프를 산출할 때, 오류가 발생하여 아래와 같은 그래프가 산출되었다. 다음 중 오류가 발생한 값은?

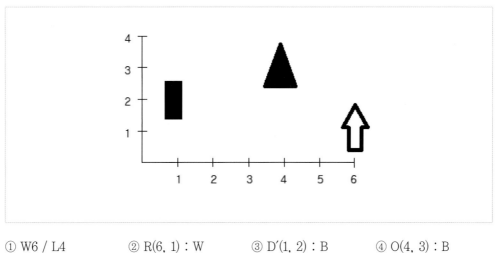

① W6 / L4   ② R(6, 1) : W   ③ D'(1, 2) : B   ④ O(4, 3) : B

30 A, B, C, D 네 명이 파티에 참석하였다. 그들의 직업은 각각 연구원, 선생님, 판사, 연예인 중 하나이다. 다음 내용을 읽고 〈보기〉의 내용이 참, 거짓 또는 알 수 없는지 판단하시오.

조건 1. A는 연구원과 만났지만, D와는 만나지 않았다.
조건 2. B는 판사와 연예인을 만났다.
조건 3. C는 판사를 만나지 않았다.
조건 4. D는 연예인과 만났다.

보기

(가) C는 선생님이다.
(나) 판사와 연예인은 파티장에서 만났다.

① (가), (나) 모두 참이다.   ② (가), (나) 모두 거짓이다.
③ (가), (나) 모두 알 수 없다.   ④ (가)만 참이다.

31 다음 명제가 성립될 경우, 언제나 참인 경우는?

> • 바나나를 좋아하는 사람은 빵을 좋아한다.
> • 딸기를 좋아하는 사람은 우유를 좋아한다.
> • 딸기를 좋아하는 사람은 바나나를 좋아한다.

① 바나나를 좋아하는 사람은 우유를 좋아한다.

② 바나나를 좋아하는 사람은 딸기를 좋아한다.

③ 우유를 좋아하는 사람은 딸기를 좋아한다.

④ 딸기를 좋아하는 사람은 빵을 좋아한다.

32 다음의 내용이 모두 참이라 할 때, 항상 참인 것을 고르시오.

> • 우리 부서 직원들 여섯 명이 시장조사를 하러 출장을 갔다.
> • 옆 부서 직원들 다섯 명도 시장조사를 하러 출장을 갔다.
> • 시장조사를 한 직원들은 출장비와 인센티브를 받았다.
> • 세 명은 출장비와 인센티브를 저축했고 여덟 명은 바로 소비했다.

① 출장비와 인센티브를 받은 직원은 여덟 명이다 .

② 출장을 간 직원은 우리 부서가 옆 부서보다 많다.

③ 아직 출장을 가지 않은 직원들이 있다.

④ 출장을 간 직원들이 모두 시장조사를 하지는 않았다.

33 7층짜리 건물에 A, B, C, D, E, F, G 회사가 입주해 있다. 다음 진술이 모두 참일 때, 각자 입주한 층을 잘못 연결한 것은 무엇인가? (단, 한 층에 한 회사만 입주한다)

> • D는 C의 아래층에 있고, F는 A보다 3개 층 위에 있다.
> • 1층에 입주한 회사는 B가 아니다.
> • B는 G의 위층에 입주해 있고, E는 G보다 낮은 층에 있다.
> • D는 6층에 있고, A는 2층에 있다.

① F : 5층   ② B : 7층   ③ E : 1층   ④ G : 3층

34 사내 공금횡령사건과 관련해 A, B, C, D가 참고인으로 소환되었다. 이들 중 A, B, C는 소환에 응하였으나 D는 응하지 않았다. 다음 주어진 조건이 모두 참일 때, 귀가 조치된 사람을 모두 고르면 무엇인가?

> • 조건 1 : 참고인 네 명 가운데 한 명이 단독으로 공금을 횡령했다.
> • 조건 2 : 소환된 A, B, C 가운데 한 명만 진실을 말했다.
> • 조건 3 : A는 'B가 공금을 횡령했다', B는 '내가 공금을 횡령했다', C는 'D가 공금을 횡령했다'라고 진술했다.
> • 조건 4 : 위의 세 정보로부터 공금을 횡령하지 않았음이 명백히 파악된 사람은 모두 귀가 조치되었다.

① A, B, C   ② A, B   ③ A, C   ④ B, C

35 다음 글의 상황에서 〈보기〉의 사실을 토대로 신입 사원이 최 과장을 찾기 위해 추측한 내용 중 반드시 참인 것은?

> 최 과장은 오늘 아침 조기 축구 시합에 나갔다. 그런데 최 과장을 한 번도 본 적이 없는 같은 회사의 어떤 신입사원이 최 과장에게 급히 전할 서류가 있어 직접 축구 시합장을 찾았다. 시합은 이미 시작되었고, 최 과장이 현재 양 팀의 수비수나 공격수 중 한 사람으로 뛰고 있다는 것은 분명하다

> **보기**
>
> ㄱ. A팀은 검은색 상의를 B팀은 흰색 상의를 입고 있다.
> ㄴ. 양 팀에서 축구화를 신고 있는 사람은 모두 안경을 쓰고 있다.
> ㄷ. 양 팀에서 안경 쓴 사람은 모두 수비수이다.

① 만약 최 과장이 공격수라면, 안경을 쓰고 있다.
② 최 과장은 흰색 상의를 입고 있거나 축구화를 신고 있다.
③ 만약 최 과장이 B팀의 공격수라면, 축구화를 신고 있지 않다.
④ 만약 최 과장이 A팀의 수비수라면, 최 과장은 검은색 상의를 입고 있으며 안경도 쓰고 있다.

[36~37] 다음은 '고객접점(MOT : Moment of Truth)'이라는 고객만족서비스 용어에 대한 설명이다. 제시된 자료를 확인하고, 이어지는 물음에 답하시오.

> MOT는 스페인의 투우용어에서 시작되었으며 투우사가 소의 급소를 찌르는 순간을 말하는데, '피하려 해도 피할 수 없는 순간', 또는 '실패가 허용되지 않는 순간' 등을 의미한다. 고객에게 서비스가 제공되는 접점을 의미하고 이때, 고객들은 서비스 수준에 대한 생생한 인상을 받게 된다. 또한 고객은 서비스를 처음으로 접한 15초 안에 서비스 품질의 좋고 나쁨을 판단한다. 따라서, 귀중한 15초라는 시간 내에 고객에게 만족할 수 있는 서비스를 제공해야 한다.

36 다음 자료 1, 자료 2는 A사의 고객서비스 매뉴얼에 관한 것이다. 고객응대 내뉴얼의 '고객접점'에 대한 표기가 잘못된 것을 고르시오.

A사 고객응대 매뉴얼

서비스 목적
　인증 서비스
　- 기업이 KS인증을 취득하기 위해 필요한 준비사항, 인증심사 및 KS 인증 사후관리에 대한 절차와 방법 등을 서비스함.
　방문고객 응대/ 상담 서비스
　- 방문 고객에 대한 친절한 응대 및 고객요구 서비스에 대한 자세한 안내로 고객방문 목적 충족 및 고객만족 실현
　인재개발원 서비스
　- 인재개발원에 입교하는 모든 수강생들의 불편을 최소화하고 고객편의를 제고함으로써, 최적의 교육환경과 여건에서 교육성과 극대화를 이룰 수 있도록 지원함.
　회원등급변경 및 탈퇴 서비스
　- 고객이 회원 등급 변경 및 탈퇴 요청 시 이에 대한 친절한 안내 및 신속한 처리로 고객만족

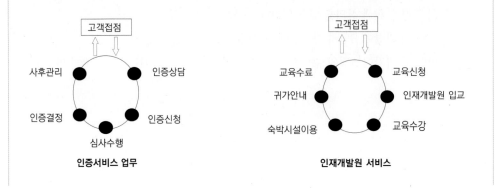

인증서비스 업무　　　　　　　　인재개발원 서비스

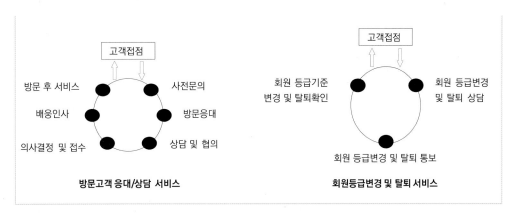

방문고객 응대/상담 서비스

회원등급변경 및 탈퇴 서비스

① 인증 서비스

② 방문고객 응대/상담 서비스

③ 인재개발원 서비스

④ 회원등급변경 및 탈퇴 서비스

37 고객만족서비스에 대한 이해로 잘못된 것을 고르시오.

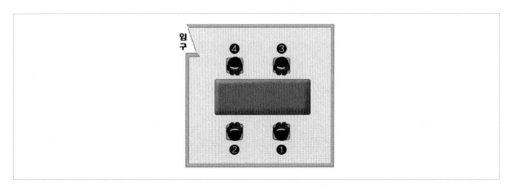

① 고객경험관리(CEM)이란, 완전한 고객중심 경영전략이고, 단순한 고객관리 기록이 아닌 풍부한 고객관계 구축에 초점을 맞추는 것이야.

② 위와 같은 상황에서는 4번 자리에 윗사람이 앉는 것이 일반적이야.

③ 인재개발원서비스 업무에서는 빈번한 질문에 대한 서비스 내용을 숙지하는 것이 필수적이겠군.

④ 상실고객조사란 자사의 서비스를 더 이상 구매하길 원치 않는 고객을 찾아 그들이 왜 떠났는지를 알아보는 것이야.

[38~39] 제시된 자료를 확인하고, 이어지는 물음에 답하시오.

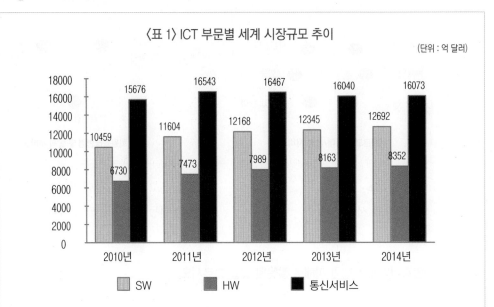

〈표 1〉ICT 부문별 세계 시장규모 추이

(단위 : 억 달러)

IT Spending 기준
HW는 Devices와 Data Center Systems의 합계, SW는 패키지 SW와 IT 서비스의 합계로 산출
자료 : Gartner(2015.6)

〈표 2〉ICT 부문별 글로벌 시장규모 현황 및 전망

(단위 : 억 달러, %)

	2013년	2014년	2015년	2016년	2017년	2018년	2019년	CAGR ('14~'19)
SW	12,345	12,692	12,245	12,771	13,384	14,050	14,778	3.1
비중	33.8	34.2	34.9	35.6	36.3	B	38.0	
HW	8,163	8,352	7,906	8,027	8,138	8,195	8,287	−0.2
비중	22.3	22.5	22.5	22.4	22.0	21.6	21.3	
통신서비스	16,040	16,073	14,921	15,093	A	15,658	15,856	−0.3
비중	43.9	43.3	42.5	42.1	41.7	41.3	40.7	
전체 IT	36,549	37,117	35,072	35,892	36,920	37,903	38,921	1.0

IT Spending 기준
CAGR : Compound Annual Growth Rate
2017년부터는 전망치임
자료 : Gartner(2015.6)

38 제시된 자료를 보고, 올바르지 않은 추론은 무엇인가? (계산이 필요한 경우 소수점 둘째 자리에서 반올림한다)

① 제시된 자료에 따르면 2014년 세계 소프트웨어 시장 규모는 전년대비 2.8% 증가한 1조 2,692억 달러를 기록하였다.

② 소프트웨어 시장규모는 2019년까지 하드웨어(-0.2%)와 통신서비스(-0.3%) 연평균 성장률 전망치보다 높은 3.1%의 성장률로 1조 4,778억 달러에 이를 전망이다.

③ IT 서비스 시장은 소프트웨어 및 컨설팅, 클라우드 관련 서비스의 수요가 증가하고, 하드웨어 지원 서비스는 감소될 전망이다.

④ 제시된 자료에 따르면 2017년 세계 하드웨어 시장 규모는 전년대비 1.4% 증가한 8,138억 달러를 기록하였다.

39 제시된 자료 표 2의 빈칸 'A' 와 'B'에 들어가기에 적절한 것을 고르시오. (계산값의 소수점 아래의 수는 무시한다)

① A : 21,524   B : 26   ② A : 21,524   B : 37
③ A : 15,395   B : 37   ④ A : 15,395   B : 26

[40~41] 보증회사의 회계팀 사원인 B는 신용보증과 관련된 온라인 고객상담 게시판을 담당하여 고객들의 문의사항들을 해결하는 업무를 하고 있다.

보증심사등급 기준표

CCRS 기반	SBSS기반	보증료율
K5		1.1%
K6	SB1	1.2%
K7		1.3%
K8	SB2	1.4%
K9	SB3	1.5%
K11	SB5	1.7%

보증료율 운용체계

① 보증심사등급 별 보증료율	• CCRS 적용기업(K5~K11) • SBSS 적용기업(SB1~SB5)	
② 가산요율	보증비율 미충족	0.2%p
	일부 해지기준 미충족	0.4%p
	장기분할해지보증 해지 미이행	0.5%p
	기타	0.1%p~0.6%p
③ 차감요율	0.3%p	장애인 기업, 창업 초기기업 – 장애인 기업 : 장애인 고용비율이 5% 이상인 기업 – 창업 초기기업 : 창업한 지 만 1년이 되지 않은 기업
	0.2%p	녹색성장산업 영위기업, 혁신형 중소기업 중 혁신역량 공유 및 전파기업, 고용창출 기업, 물가안정 모범업소로 선정된 기업
	0.1%p	혁신형 중소기업, 창업 5년 이내 여성기업, 전시대비 중점관리업체, 회계 투명성 제고기업
④ 조정요율	차감	최대 0.3%p

• 가산요율과 차감요율은 중복적용이 가능하며 조정요율은 상한선 및 하한선을 넘는 경우에 대해 적용
• 최종 적용 보증료율 = ① + ② - ③ ± ④ = 0.5%(하한선)~2.0%(상한선) (단, 대기업의 상한선은 2.3%로 함)
※ 보증료 계산 : 보증금액 × 최종 적용 보증료율 × 보증기간 ÷ 365

40 B는 온라인상담게시판에 올라와 있는 한 고객의 상담요청을 읽었다. 요청된 내용에 따라 보증료를 계산한다면 해당 회사의 보증료는 얼마인가?　　　　　　　　　　　　　　[NCS 국가직무능력표준 예제]

◆고객상담게시판◆

[1 : 1상담요청] 제목 : 보증료 관련 문의드립니다.
안녕하십니까.
지방에서 조그마한 회사를 운영하고 있는 자영업자입니다.
보증료 계산하는 것에 어려움이 있어 질문 남깁니다.
현재 저희 회사의 보증심사등급은 CCRS기준 K6등급입니다.
그리고 보증비율은 미충족상태이며 작년에 물가안정 모범업소로 지정되었습니다. 대기업은 아니고 다른 특이사항은 없습니다.
보증금액은 100억이고 보증기간은 73일로 요청드립니다.

① 2,000만 원　　　② 2,200만 원　　　③ 2,400만 원　　　④ 2,500만 원

41 B는 아래 자료들을 토대로 3개 회사의 보증료를 검토하게 되었다. 이 회사들의 보증료를 모두 계산하였을 때, 보증료가 높은 순서대로 정렬한 것은? (단, 주어진 내용 이외의 것은 고려하지 않는다)

	대기업 여부	심사등급	가산요율	특이사항	보증금액	보증기간
ㄱ	○	SB5	• 일부해지기준 미충족 • 장기분할해지 • 보증 미이행	• 전시대비 중점관리 업체	200억	73일
ㄴ	×	K9	• 보증비율 미충족		100억	219일
ㄷ	×	K7	• 일부해지기준 미충족	• 창업초기 기업	80억	365일

① ㄱ-ㄴ-ㄷ   ② ㄴ-ㄱ-ㄷ   ③ ㄴ-ㄷ-ㄱ   ④ ㄷ-ㄴ-ㄱ

[42~44] 문헌정보와 출판 유통의 효율화를 목적으로 전 세계에서 간행되는 각종 도서에 고유한 번호를 부여하는 것을 국제표준도서번호(ISBN)라고 한다. 다음의 코드 부여 방식 및 산출 방식 표를 읽고 이어지는 질문에 답하시오.

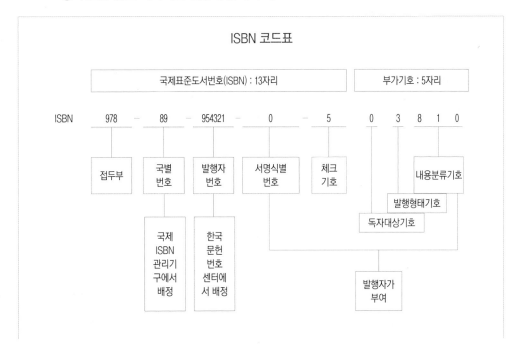

ISBN의 가장 마지막 1자리로 붙는 체크기호(Check digit)란 앞의 12자리가 정확하게 기재되었는지 오류를 검증할 수 있는 기호이다.

체크기호의 계산 방법은 다음과 같다.

- ISBN 12자리의 각 숫자에 가중치 1과 3을 번갈아 주어 곱셈한다.
- 곱한 값의 합을 계산하고, 가중치의 합을 10으로 나누어 나머지를 구한다.
- 10에 나머지를 뺀 값이 체크기호가 된다. (나머지가 0인 경우 체크기호는 0이 된다)

42 ISBN 코드표의 분석 내용으로 올바르지 않은 것을 고르시오.

① ISBN은 주문 · 판매 등 신속하고 효율적인 출판물 유통에 기여한다.

② ISBN은 바코드로 기계적인 처리가 가능하여 오류를 방지한다.

③ ISBN의 구조는 기본번호 13자리와 부가기호 5자리로 구분된다.

④ 국별번호는 한국문헌번호센터에서 배정한 고유 번호를 사용한다.

43 발행자번호가 '954321'인 발행자가 처음 펴내는 책에 서명식별번호 '0'을 받을 경우 위 계산법에 따른 체크기호의 값은 얼마가 되는가?

① ISBN 978-89-954321-0-4   ② ISBN 978-89-954321-0-5

③ ISBN 978-89-954321-0-3   ④ ISBN 978-89-954321-0-2

44 체크기호는 ISBN에서만 사용하는 방식은 아니다. 우리나라의 주민등록번호에서도 체크기호를 확인할 수 있다. 다음은 우리나라의 주민등록번호 코드 구조이다. 1989년 12월 12일에 여자로 태어나 '2276'이라는 행정기관 코드를 가지는 지역에서 첫 번째로 출생한 이에게 주민등록번호를 부여할 경우, 올바른 주민등록 번호는 무엇인가?

주민등록번호는 총 13자리를 사용한다.

'생년월일 6자리 + 성별 1자리(남성1 여성 2) + 행정기관 4자리 + 출생신고순서 1자리 + 체크기호'

(주민등록번호 체크기호의 가중치는 ISBN과 다르게 계산한다.)

체크기호의 계산 방법은 다음과 같다.

- 주민등록번호 중 앞번호 6자리, 뒷번호 6자리(뒷 번호 끝자리는 제외)를 다음의 값(234567892345)과 앞 번호부터 차례대로 곱하여 그 합을 구한다.
- 가중치의 합을 11로 나눈 후 11에 나머지를 뺀 값이 체크기호가 된다. (나머지가 10일 경우에는 0, 11은 1로 표기한다.)

① 주민등록번호 891212-2227615   ② 주민등록번호 891212-2227613
③ 주민등록번호 891212-2227612   ④ 주민등록번호 891212-2227611

[45~46] 다음 사례를 읽고 이어지는 물음에 답하시오.   [NCS 국가직무능력표준 사례]

'예산 정산내역 만들기'

M사에서 회계 업무를 담당하고 있는 L양은 매년 12월만 되면 머리가 지끈지끈 아파온다. 연말이 되면 1년 동안의 예산을 정산하여 결과를 보고해야 하기 때문이다. 10년 전만 해도 L양은 장부를 만들어서 손으로 일일이 출납사항을 기록한 뒤, 전자계산기를 통해 계산을 해야 하는 어려움이 있었다고 한다. 이 일을 모두 하려면 족히 10일은 걸렸다는 것이 L양의 말이다. 그러나 최근에는 엑셀 프로그램을 활용하여 보다 손쉽게 예산을 정산할 수 있게 되었다고 한다. L양은 엑셀 프로그램을 활용하게 되면서 일일이 전자계산기를 두드릴 필요가 없게 되었으며, 수식만 입력하면 자동으로 계산이 되어 나오기 때문에 매우 편리하다고 말한다.

45 L양은 수출입 현황 보고 업무를 맡게 되었다. 아래의 <수정 전> 차트를 <수정 후> 차트와 같이 변경하려고 할 때 사용해야 할 서식은?

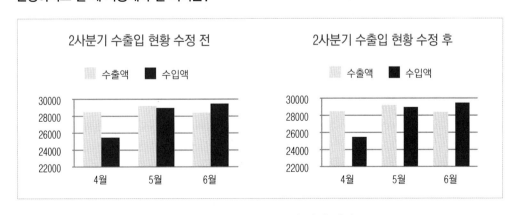

① 차트 영역 서식   ② 그림 영역 서식
③ 데이터 계열 서식   ④ 축 서식

46 다음 중 항목 레이블이 월, 분기, 연도와 같이 일정한 간격의 값을 나타내는 경우에 적합한 차트로 일정 간격에 따라 데이터의 추세를 표시하는 데 유용한 것은?

① 분산형 차트   ② 원형 차트

③ 꺾은선형 차트   ④ 방사형 차트

[47~48] 다음은 회사에서의 결재 순서에 관한 표이다. 이어지는 질문에 답하시오.

결제 순서도			
기안	검토	협조	결재
결재 절차			
기안	기관(회사)의 의사를 결정하기 위하여 업무분장된 담당자 등이 문안을 작성하는 것		
검토	보조기관(부서장) 등이 기안자가 작성한 내용을 분석 및 점검하여 동의 여부를 결정하는 것		
협조	기안내용과 관련이 있는 다른 부서나 기관의 합의를 얻는 것		
결재	해당 사안에 대하여 기관(회사)의 의사를 결정할 권한이 있는 자가 그 의사를 결정하는 것		
결재의 종류			
결재	소관사항에 대한 결정권자가 직접 그 의사를 결정하는 행위		
전결	기관장(사장)으로부터 사무의 내용에 따라 결재권을 위임받은 자가 행하는 결재		
대결	결재권자가 휴가 · 출장 등으로 결재할 수 없을 때 그 직무를 대리하는 자가 행하는 결재		

47 다음은 A 제과회사의 마케팅부서 K 부장과 Y 과장의 대화이다. 다음의 대화를 읽고, 가장 마지막에 행해질 행동은 결재 순서의 어느 부분에 해당하는가?

> Y 과장 : 부장님. 이번에 신규 시장으로 계획한 남미시장의 제과류 선호도를 조사한 결과, 우리 회사의 OOO이 어울릴 것 같습니다. 그러나 남미시장의 제품 디자인 선호도를 반영하여 우리 제품의 브랜드 명과 디자인 수정이 필요할 것 같습니다. 작성된 브랜드 및 디자인 수정 품의안을 확인해 주시기 바랍니다.
>
> K 부장 : 자료를 확인하니깐 Y 과장이 제시하는 의견이 타당하다고 생각하네. 그러나 우리 마케팅 부서에서 단독적으로 결정할 내용이 아니라서 디자인부서와 회의를 통해 품의안을 다시 확인하겠네.

① 기안   ② 검토   ③ 협조   ④ 결재

48 다음은 전결 규정에 관한 것이다. 다음을 읽고, 위 대화에서 Y 과장이 제시한 결재 양식으로 올바른 것을 고르시오.

결재 규정
* 결재를 올리는 자는 최고결재권자로부터 전결 사항을 위임받은 자가 있는 경우, 결재란에 전결이라고 표시하고 최종 결재권자란에 위임받은 자를 표시한다.
전결 사항
* 각 부서와 연관된 사항은 각 부서장이 전결한다.

①

OOO제품 브랜드명 및 디자인 변경 품의서				
결재	기안	팀장	부장	최종 결재
	Y 과장	전결		사장

②

OOO제품 브랜드명 및 디자인 변경 품의서				
결재	기안	팀장	부장	최종 결재
	Y 과장		전결	사장

③

OOO제품 브랜드명 및 디자인 변경 품의서				
결재	기안	팀장	부장	최종 결재
	Y 과장		전결	부장

④

OOO제품 브랜드명 및 디자인 변경 품의서				
결재	기안	팀장	부장	최종 결재
	부장		전결	부장

[49~50] 다음은 아베노믹스의 전략과 일본경제에 미치는 영향에 관한 표이다. 이어지는 물음에 답하시오.

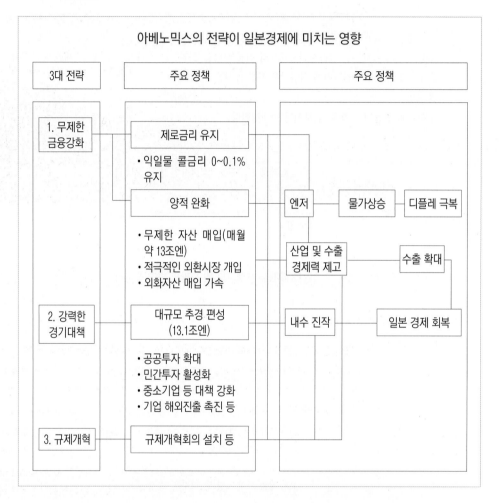

49 일본 총리의 경제정책인 아베노믹스를 정확히 요약한 것을 고르시오.

① 인플레이션 목표, 무제한 금융 강화, 플러스 금리

② 인플레이션 목표, 무제한 금융 완화, 마이너스 금리

③ 디플레이션 목표, 무제한 금융 강화, 플러스 금리

④ 디플레이션 목표, 무제한 금융 강화, 마이너스 금리

50 다음 기사를 읽고, 기사에 해당하는 내용이 국내 경제에 미치는 영향으로 잘못된 것을 고르시오.

일본기업의 실적 악화, 하반기에도 반전 어렵다!

아베노믹스 이후 엔저에 힘입어 개선되던 일본 기업 실적이 2016년 상반기 악화됐다. 세계 경기와 일본 국내 수요의 부진이 계속되는 가운데, 작년 말 이후 엔화 가치의 상승세 반전이 수출 제조업을 중심으로 일본기업의 매출과 영업이익 감소로 이어졌다. 아베노믹스 이전의 엔고 시기와 같은 위기 상황은 아니지만 일본 기업의 경영성과 부진은 하반기에도 이어질 것으로 보인다.

---

① 수출 확대 및 수출 경쟁력 강화　　　② 일본자금 및 일본인의 국내 유입

③ 엔화 부채 상환 부담 증가　　　④ 엔/원 환율 하락

51 A는 온라인에서 유명한 사람을 지칭하는 말로 50만 명 이상의 팔로워를 보유한 인터넷 스타, 파워블로거를 말한다. 중국에서는 A 경제가 급부상하고 있는데 현재 전자상거래, 광고, 유료 아이템 등의 산업에만 1,000억 위안의 시장규모를 보이고 있고, 패션부문에서만 18조 원에 이르고 있다. A는 무엇인가?

① 왕홍　　　② 쉐리　　　③ 자오다시　　　④ 장다이

52 다음 이미지와 관련된 내용으로 바르지 않은 것을 고르시오.

① 성서 내용에서 유래된 착한 사마리아인 법에 대한 그림이다.

② 프랑스 형법에서는 자신이 위험에 빠지지 않는 상황임에도 불구하고 구조 활동을 하지 않은 사람을 3개월 이상 5년 이하의 징역에 처한다.

③ 북한에서도 구조거부죄를 인정하고 있다.

④ 우리나라 역시 1년 이하의 징역형 또는 벌금형을 선고한다.

53 다음 기사의 내용과 관련 있는 소비 형태는 무엇인가?

> 일본의 패션 기업 유니클로는 의류 디자인 못지않게 소재 개발에 공을 들였다. 섬유 업체 도레이와 공동 개발하여 만든 발열 의류 소재 '히트테크'는 저렴한 가격과 보온성, 이 두 가지를 모두 만족시켜, 최근 수년간 겨울 히트 상품으로 자리매김할 수 있었다. 가격도 싸고, 소비자가 중시하는 핵심 기능 역시 고급 제품보다 우수하게 만든 것이 성공 요인이었다.

① 체리피커   ② 칩시크   ③ 트윈슈머   ④ 프로슈머

54 다음과 같은 원리로 일어나는 현상은?

> 압력밥솥으로 밥을 지으면 밥이 빨리 익는다.

① 더운 여름날 마당에 물을 뿌리면 시원해진다.
② 얼음판에서 스케이트를 탈 수 있다.
③ 열기구 속의 공기를 데워주면 공기 중으로 떠오른다.
④ 높은 산에서 밥을 하면 밥이 설익는다.

55 아래의 두 이미지는 비슷한 역사와 문화를 갖고 있다. 아래의 이미지와 관련된 것이 아닌 것은 무엇인가?

① 파르테논 신전   ② 비너스 조각상   ③ 파라오상   ④ 아테네 학당

56 다음의 예시를 볼 때, 연관되는 한자음은 무엇인가?

> • 슈퍼노바(Supernova)
> • 야구경기에서 원정 구단이 공격하는 동안
> • 웹툰 '용이 산다' 작가

① 成   ② 崔   ③ 超   ④ 好

57 철학자들은 세계를 이해하고자 노력하였다. 그들은 세계를 구성하고 만물의 근원을 표현하는 용어로써 arche를 사용하였는데, 철학자와 그들이 주장한 arche가 틀리게 연결된 것을 고르시오.

① 탈레스 – 물

② 아낙시메네스 – 공기

③ 아낙시만드로스 – 유한자

④ 헤라클레이토스 – 불

58 다음의 명언을 한 인물이 정확히 연결된 것을 고르시오.

> • '사람은 생각하는 갈대' - A
> • '모든 것은 신이다'- B
> • '행복할 때의 미덕은 자제이고, 역경에 처했을 때의 미덕은 인내이다'- C

	A	B	C
①	칸트	데카르트	베이컨
②	파스칼	스피노자	루소
③	데카르트	스피노자	베이컨
④	파스칼	데카르트	베이컨

59 상위법 우선의 원칙이란 법의 등급을 두어 상위 등급의 법이 하위 등급의 법보다 우선 적용되도록 하는 원칙이다. 다음 중 그 순서가 올바른 것은 무엇인가?

① 헌법 〉법률 〉명령 〉조례 〉규칙

② 헌법 〉법률 〉조례 〉명령 〉규칙

③ 헌법 〉명령 〉법률 〉조례 〉규칙

④ 헌법 〉명령 〉법률 〉규칙 〉조례

60 다음에서 설명하는 사건으로 올바른 것은 무엇인지 고르시오.

> 1871년 제너럴 셔먼호 사건(1833)을 구실로 미국함대가 강화도에 침략한 사건을 말한다. 광성진 전투에서 어재연이 이끄는 수비대가 결사 항전을 벌였고 조선 정부의 단호한 의지와 군인의 거센 저항으로 미국은 별다른 성과 없이 퇴각하게 되었다.

① 신미양요

② 병인양요

③ 위정척사 운동

④ 임오군란

THE 솔직한
NCS
실전문제집

THE 솔직한
NCS
실전문제집

정답 및 해설

대한민국
대표브랜드

국가자격
시험문제
전문출판

에듀크라운
국가자격시험문제 전문출판
http://www.crownbook.com

CROWN
Publishing.co

최고의 적중률!! 최고의 합격률!!

크라운출판사
국가자격시험문제 전문출판
http://www.crownbook.com

THE 솔직한 NCS 실전문제집

정답 및 해설

최고의 적중률!! 최고의 합격률!!

대한민국
대표브랜드

국가자격
시험문제
전문출판

에듀크라운
국가자격시험문제 전문출판
http://www.crownbook.com

크라운출판사
국가자격시험문제 전문출판
http://www.crownbook.com

PART 01

NCS 기본문제 정답 및 해설
국가직무능력표준   핵심 유형 10항목

직업기초능력평가 핵심 유형

다음 유형은 NCS 국가직무능력표준에서 제시하는 10개 항목에 대한 필수유형이다. 시험 전 반드시 핵심유형을 파악하고 지원회사별 경영전략 · 핵심이슈 · 기관자료 · 보도자료 등을 확인하는 것이 필수이다.

자료 : www.ncs.go.kr

NCS
국 가 직 무 능 력 표 준

01	②	02	A. 정보 B. 지식			03	③	04	①	05	④	06	④	07	①	08	④
09	④	10	③	11	②	12	②	13	①								

01 ②

직장에서 요구되는 문서이해능력

– 문서를 읽고 이해할 수 있는 능력

– 각종 문서나 자료에 수록된 정보를 확인하여, 알맞은 정보를 구별하고 비교 · 통합할 수 있는 능력

– 문서에 나타난 타인의 의견을 이해하여 요약 · 정리할 수 있는 능력

02 A. 정보 B. 지식

의사소통이란 기계적인 정보의 전달이 아니라 두 사람 또는 그 이상의 사람들 사이에서 의사의 전달과 상호교류가 이루어진다는 뜻이며, 어떤 개인 또는 집단이 개인 또는 집단에 대해서 정보, 지식, 감정, 사상, 의견 등을 전달하고 그것들을 받아들이는 과정이다.

03 ③

전문용어의 사용은 그 언어를 사용하는 집단 구성원들 사이에 사용될 때에는 이해를 촉진시키지만, 조직 밖의 사람들에게는 어울리지 않는 경우가 있다. 또한 의사소통에서 필요한 상황에 따라 적절한 용어를 바꾸어 사용하는 것이 적절하다.

04 ①

결산보고서 : 진행됐던 사안의 수입과 지출결과를 보고하는 문서

보도자료 : 각종 조직 및 단체 등이 언론을 상대로 자신들의 정보가 기사로 보도하기 위해 보내는 자료

기획서 : 상대방에게 기획의 내용을 전달하여 기획을 시행하도록 설득하는 문서

기안서 : 회사의 업무에 대한 협조를 구하거나 의견을 전달할 때 작성하는 문서

05 ④

문서작성의 구성요소
- 품위 있고 짜임새 있는 골격
- 객관적이고 논리적이며 체계적인 내용
- 이해하기 쉬운 구조
- 명료하고 설득력 있는 구체적인 문장
- 세련되고 인상적인 레이아웃

06 ④

고객 안부 인사는 업무적인 차원에서 중요하긴 하지만, 직업생활에서 요구되는 문서는 아니다.

07 ①

문서작성 시 고려해야 할 사항은 대상, 목적, 시기가 포함되어야 하며, 기획서나 제안서 등 경우에 따라 기대효과 등이 포함되어야 한다.

08 ④

시각화 포인트로서 숫자는 그래프로 표시한다.

09 ④

우리가 경청하면 상대는 본능적으로 안도감을 느끼고, 경청하는 우리에게 무의식적인 믿음을 갖게 된다. 그리고 우리가 말을 할 경우, 자신도 모르게 더 집중하게 된다. 이런 심리적 효과로 인해 우리의 말과 메시지, 감정은 아주 효과적으로 상대에게 전달된다. 우리가 경청하는 만큼, 상대방은 우리의 말을 경청할 수밖에 없는 것이다. 자기 말을 경청해주는 사람을 싫어하는 사람은 세상에 존재하지 않는다.

10 ③

남편의 낙담에 아내는 지체없이 조언을 하고 있다. 이를 통해 남편이 진실로 원했던 것, 즉 서로 공감하고 잠시 우울하고 싶었던 욕구가 좌절된다. 또한 지나치게 상대방의 문제를 본인이 해결해 주고자 한다. 말 끝마다 조언하고 충고하며 끼어들면 상대방은 제대로 말을 끝맺을 수 없다. 조언하기는 올바른 경청을 방해하는데 중요한 요인이 된다.

11 ②

청중을 고려하여 적절한 용어를 선택하여야 하며, 다양한 시청각 기자재를 활용하여 효과를 극대화해야한다.

12 ②

반항은 단지 존재가치를 느끼고 싶기 때문이므로 상대방의 반항을 존중하여야 한다.

13 ①

외국인과 함께 일하는 국제 비즈니스에서는 의사소통이 매우 중요하다. 직업인은 자신이 속한 조직의 목적을 달성하기 위해 외국인을 설득하거나 이해시켜야 한다. 하지만 이런 설득이나 이해의 과정이 외국인의 전화 응대, 기계 매뉴얼 보기 등 모든 업무에서 똑같이 이뤄지는 것은 아니다.

01	기초연산능력, 기초통계능력, 도표작성능력, 도표분석능력	02	1) 694, 2) 793, 3) 634, 4) 89, 5) 53, 6) 46, 7) 65, 8) 80, 9) 31, 10) 56		
03	1) ℃, 2) 1000, 3) 10, 4) 1000, 5) 1000, 6) 60, 7) 60	04	통계	05 ②	06 100, 400, 150, 200, 130
07	평균값이 중앙값보다 높다는 의미는 자료 중에 매우 큰 값이 일부 있음을 의미한다. 이렇게 평균값과 중앙값의 차이가 클 경우 평균값 혼자서 이 자료를 대표하기에 적절한 지표가 되지 못하므로 두 값을 모두 제시하는 것이 좋다.				
08 도표	09 방사형 그래프, 점그래프, 선그래프, 막대그래프, 원그래프, 층별그래프				10 ㄴ→ㄱ→ㄹ→ㄷ→ㅂ→ㅁ

01 기초연산능력, 기초통계능력, 도표작성능력, 도표분석능력

---

02 1) 694 2) 793 3) 634 4) 89 5) 53 6) 46 7) 65 8) 80 9) 31 10) 56

---

03 1) ℃ 2) 1000 3) 10 4) 1000 5) 1000 6) 60 7) 60

---

04 통계

---

05 ②

---

06 100, 400, 150, 200, 130

최솟값	100
최댓값	400
중앙값	150
상위 25% 값	200
하위 25% 값	130

07

평균값이 중앙값보다 높다는 의미는 자료 중에 매우 큰 값이 일부 있음을 의미한다. 이렇게 평균값과 중앙값의 차이가 클 경우 평균값 혼자서 이 자료를 대표하기에 적절한 지표가 되지 못하므로 두 값을 모두 제시하는 것이 좋다.

08 도표

09 방사형 그래프, 점그래프, 선그래프, 막대그래프, 원그래프, 층별그래프

다양한 요소를 비교할 때, 경과를 나타낼 때 활용	방사형 그래프
지역분포를 비롯하여 도시, 지방, 기업, 상품 등의 평가나 위치, 성격을 표시하는 데 활용	점그래프
시간적 추이(시계열 변화)를 표시하는 데 적합	선그래프
막대 길이로 나타내어 각 수량 간의 대소관계를 쉽게 비교	막대그래프
내역이나 내용의 구성비를 분할하여 나타내고자 할 때 활용	원그래프
합계와 각 부분의 크기를 백분율로 나타내고 시간적 변화를 보고자 할 때, 합계와 각 부분의 크기를 실수로 나타내고 시간적 변화를 보고자 할 때 활용	층별그래프

10 ㄴ→ㄱ→ㄹ→ㄷ→ㅂ→ㅁ

03 문제해결능력 정답 및 해설

01	① 문제인식, ② 문제도출, ③ 원인분석, ④ 해결안 개발, ⑤ 실행 및 평가			02	문제처리능력		03	문제인식	
04	① 환경 분석, ② 주요 과제 도출, ③ 과제 선정		05	②	06	SWOT	07	WO, SO, ST, WT	
08	문제도출		09	Logic Tree 방법	10	②	11	②	12	①	13	③	14	③
15	②	16	②	17	④	18	③	19	① 창의적, ② 분석적, ③ 분석적, ④ 창의적				
20	②	21	보이는 문제	22	③	23	④	24	문제해결	25	④	26	④	27	④
28	전략적 사고, 분석적 사고, 발상의 전환, 내·외부 자원의 효과적 활용		29	④	30	③	31	③	32	④	33	소프트, 하드, 퍼실리테이션
34	하드 어프로치		35	퍼실리테이션	36	소프트 어프로치	37	퍼실리테이션	38	④
39	창의적 사고	40	①	41	브레인스토밍		42	④	43	생각하는 습관, 상대 논리의 구조화	
44	논리적	45	③	46	so what 방법		47	①, ②, ④	48	비판적	
49	①	50	③										

01 ① 문제인식, ② 문제도출, ③ 원인분석, ④ 해결안 개발, ⑤ 실행 및 평가

---

02 문제처리능력

---

03 문제인식

---

04 ① 환경 분석, ② 주요 과제 도출, ③ 과제 선정

환경 분석은 문제 인식의 첫 단계로, 거시적인 환경을 분석하는 단계이며, 주요 과제 도출은 분석 자료를 토대로 성과에 미치는 영향을 검토하여 주요 과제를 도출하는 단계이다. 과제 선정은 후보 과제를 도출하고 효과 및 실행 가능성을 평가하여 주요 과제를 도출하는 단계이다.

---

10 취업시험 합격의 신화 에듀크라운

05 ②

3C분석에서 3C란 고객(customer), 자사(company), 경쟁사(competitor)의 머릿 글자를 의미하며, 사업 환경을 구성하고 있는 고객, 자사, 경쟁사에 대한 체계적인 분석을 통해 환경을 분석하는 방법을 의미한다.

---

06 SWOT

---

07 WO, SO, ST, WT

---

08 문제도출

문제도출 단계는 문제해결과정 중 문제 인식 단계 다음으로 수행되는 단계로, 선정된 문제를 분석하여 해결해야 하는 것을 명확히 하는 단계를 의미한다.

---

09 Logic Tree 방법

Logic Tree 방법은 문제의 원인을 분석한다든지 해결책을 구체화할 때 사용되는 방법으로 주요 가제를 나무 모양으로 분해, 정리하는 방법이다.

---

10 ②

Logic Tree 방법에서는 분화하는 가지의 수준을 맞추어 문제구조를 파악한다.

---

11 ②

Data 분석 내용은 Data 수집계획 수립, Data 정리/가공, Data 해석으로 구성되어 있다.

---

12 ①

가설설정은 관련자료, 인터뷰 등을 통해 검증할 수 있어야 하며, 간단명료하게 표현하고, 논리적이며 객관적이어야 한다.

---

13 ③

해결안 도출은 열거된 근본 원인을 어떠한 시각과 방법으로 제거할 것인지에 대한 독창적이고 혁신적인 아이디어를 도출하고, 같은 해결안은 그룹핑하는 과정을 통해서 해결안을 정리하는 과정이다.

---

14 ③

해결안 평가 및 최적안 선정은 문제(what), 원인(why), 방법(how)을 고려해서 해결안을 평가하고 가장 효과적인 해결안을 선정해야 한다.

15 ②

①은 실행 및 Follow-up 단계에 대한 설명으로, 실행계획을 수립한 후 실제 계획에 따라 해결안을 실행하는 과정에 대한 설명이다.

16 ②

②는 실행계획을 수립할 때 고려해야 하는 사항으로 실행계획 수립은 무엇을(what), 어떤 목적으로(why), 언제(when), 어디서(where), 누가(who), 어떤 방법으로(how)의 물음에 대한 답을 가지고 계획하는 단계로, 자원(인적, 물적, 예산, 시간)을 고려하여 수립해야 한다.

17 ④

④는 실행계획을 수립할 때 고려해야 하는 사항으로 실행계획 수립은 주어진 자원을 고려하여 계획하는 단계이다. 실행계획 수립 시에는 세부 실행내용의 난이도를 고려하여 가급적 구체적으로 세워야 한다.

18 ③

19 ① 창의적, ② 분석적, ③ 분석적, ④ 창의적

20 ②

문제를 인식하여도 이를 해결하려는 의지가 없다면 문제의 자체는 아무런 의미가 없다.

21 보이는 문제

22 ③

발생형 문제는 눈에 보이는 이미 일어난 문제로, 어떤 기준을 일탈함으로써 생기는 일탈 문제와 기준에 미달하여 생기는 미달문제로 대변되며 원상복귀가 필요하다. 또한 문제의 원인이 내재되어 있기 때문에 원인지향적인 문제라고도 한다.

23 ④

문제해결을 위한 기본요소로는 문제해결방법에 대한 지식, 문제관련 지식에 대한 가용성, 문제해결자의 도전의식과 끈기, 문제에 대한 체계적인 접근, 체계적인 교육훈련의 5가지가 있다. 문제해결을 위한 직장 내 팀워크는 문제해결에 도움을 줄 수 있지만 문제해결을 위해 개인이 갖추어야 하는 기본요소는 아니다.

24 문제해결

25 ④

문제해결은 조직, 고객, 자신의 세 가지 측면에서 도움을 줄 수 있다.

26 ④

문제해결을 위해서는 고정관념, 편견 등 심리적 타성 및 기존의 패러다임을 극복하고 새로운 아이디어를 효과적으로 낼 수 있는 창조적 문제해결능력에 필요한 스킬 등을 습득하는 것이 필요하다.

27 ④

교육훈련과 체계적인 지식 등이 필요하지만 문제 해결자의 도전의식과 끈기가 없으면 무용지물이다.

28 전략적 사고, 분석적 사고, 발상의 전환, 내 · 외부 자원의 효과적 활용

29 ④

전략적 사고란 현재 당면한 문제와 해결방안이 상위 시스템 또는 다른 문제와 어떻게 연결되어 있는지 생각하는 것이다.

30 ③

분석적 사고가 부족한 사례이며, 그 이유는 A씨가 전체 요소를 나누어 요소마다 의미를 도출한 후 문제를 해결하는 분석적 사고가 부족하기 때문이다.

31 ③

문제를 철저히 분석하지 않는 경우 문제해결을 방해하는 장애요소로 작용할 수 있다.

32 ④

---

33 소프트, 하드, 퍼실리테이션

문제해결을 위한 방법은 크게 소프트 어프로치, 하드 어프로치, 퍼실리테이션의 세 가지로 구분된다.

---

34 하드 어프로치

하드 어프로치 방법은 사실과 원칙에 근거한 토론에 의한 방법으로, 논쟁, 협상이 주요한 방법이다.

---

35 퍼실리테이션

퍼실리테이션 방법은 커뮤니케이션을 통한 문제해결방법으로, 구성원의 동기 강화, 팀워크 향상 등을 이룰 수 있다.

---

36 소프트 어프로치

소프트 어프로치에서는 문제해결을 위해서 직접적인 표현이 바람직하지 않다고 여기며, 무언가를 시사하거나 암시를 통하여 의사를 전달하고 기분을 서로 통하게 함으로써 문제해결을 도모하려고 한다.

---

37 퍼실리테이션

퍼실리테이션(facilitation)이란 '촉진'을 의미하며, 어떤 그룹이나 집단이 의사결정을 잘하도록 도와주는 일을 의미한다. 최근 많은 조직에서는 보다 생산적인 결과를 가져올 수 있도록 그룹이 어떤 방향으로 나아갈지 알려주고, 주제에 대한 공감을 이룰 수 있도록 능숙하게 도와주는 퍼실리테이터를 활용하고 있다.

---

38 ④

창의적 사고란 통상적인 것이 아니라 기발하고 신기한 것을 말한다.

---

39 창의적 사고

---

40 ①

---

41 브레인스토밍

---

42 ④

브레인스토밍 기법 하에서는 질에는 관계없이 가능한 많은 아이디어들을 생성해내도록 격려한다. 양(量)이 질(質)을 낳는다는 원리는 많은 아이디어를 생성해 낼 때 유용한 아이디어가 들어 있을 가능성이 더 커진다는 것을 전제로 한다. 반면 비판은 커뮤니케이션의 폐쇄와 연관되므로 금지한다.

43 생각하는 습관, 상대 논리의 구조화

44 논리적

45 ③

피라미드 구조는 하위의 사실이나 현상으로부터 상위의 주장을 만들어 나가는 방법이다.

46 so what 방법

47 ①, ②, ④

③은 Why so 방법이다.

48 비판적

49 ①

비판적 사고에서는 지엽적인 부분이 아니라 문제의 핵심을 파악하는 것이 중요하다.

50 ③

문제의식은 주변에서 발생하는 사소한 일에서도 정보를 수집하고, 자신이 지니고 있는 문제를 정확하게 파악하는 능력이며, 고정관념 타파는 정보에 대한 개방성을 가지고 편견을 가지지 않는 것으로 비판적 사고를 위해 꼭 필요한 능력이다.

자기개발능력 정답 및 해설

01	②	02	③	03	②	04	④	05	③	06	①	07	④	08	①	09	②	10	③
11	④	12	①																

01 ②

공통적인 자기개발의 필요성으로 개인의 급여수준을 향상시키기 위함은 어울리지 않는다.

02 ③

매슬로우는 인간의 욕구는 생리적 욕구부터 시작되고, 전 단계의 욕구가 충족이 되어야 다음 단계가 충족되기를 원한다고 하였다. 가장 하위의 욕구부터 순서대로 생리적 욕구, 안정의 욕구, 사회적 욕구, 존경의 욕구 및 최상위 욕구인 자기실현의 욕구로 구분하였다.

03 ②

자기개발은 평생에 걸쳐서 이루어지는 과정이다.

04 ④

자기개발은 자신이 어떤 특성을 가지고 있는지 이해하는 자아인식, 자신의 특성과 상황에 따라 자신의 행동 및 업무수행을 관리하고 조정하는 자아관리, 평생 일과 관련된 경험을 계획하고 관리하는 경력개발로 이루어진다.

05 ③

최근에는 자기개발을 넘어서 개인을 스스로 브랜드화하는 것이 중요해지고 있다. 직업인은 자신을 브랜드화하기 위해서 자기개발을 먼저 실시하며, 친근감, 책임감, 열정을 가지고, 자기 브랜드를 적극적으로 PR할 수 있는 방법을 모색하여야 한다.

06 ①

자기를 지각하고 그 내용을 체계화시킴으로써 자신을 존중하여 자신을 가치 있다고 여기는 동시에 자신의 한계를 인식하고 더 성장해야 되겠다는 욕구를 가질 수 있어 자아정체감을 확고히 하게 된다.

07 ④

자아성찰의 효과는 '1. 일을 하는 데 노하우가 축적될 수 있다. 2. 성장의 기회가 될 수 있다. 3. 신뢰감을 형성할 수 있다. 4. 창의적인 사고를 가능하게 한다.'이다.

---

08 ①

자기관리 과정은 비전 및 목적 정립 → 과제 발견 → 일정 수립 → 수행 → 반성 및 피드백 순이다.

---

09 ②

직업인의 업무수행 성과에는 시간이나 물질과 같은 자원, 업무지침, 개인의 능력(지식이나 기술 포함), 상사 및 동료의 지원과 같은 요인이 영향을 미친다.

---

10 ③

합리적인 의사결정의 단계

문제의 근원을 파악한다. → 의사결정 기준과 가중치를 정한다. → 의사결정에 필요한 정보를 수집한다. → 가능한 모든 대안을 탐색한다. → 각 대안을 분석 및 평가한다. → 최적안을 선택한다. → 의사결정 결과를 평가하고 피드백한다.

---

11 ④

경력개발의 필요성

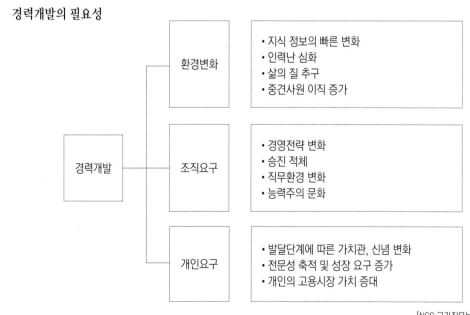

[NCS 국가직무능력표준 예시]

---

12 ①

①은 조직입사 단계에 해당하는 내용이다.

경력초기에는 직무와 조직의 규칙과 규범에 대해서 배우게 된다. 특히 자신이 맡은 업무의 내용을 파악하고, 새로 들어온 조직의 규칙이나, 규범, 분위기를 알고 적응해 나가는 것이 중요한 과제이다.

자원관리능력 정답 및 해설

01	③	02	종업원 안정의 원칙		03	④	04	③	05	적재적소주의		06	①
07	이용가능한 자원의 수집 및 확보				08	물적자원관리능력			09	②	10	②	11	④
12	④	13	①	14	①	15	④	16	③	17	스트레스 관리, 목표달성		
18	(나) → (다) → (라) → (가)					19	④	20	시간자원		21	③	22	②
23	최소, 최대		24	③	25	(가) 경쟁력 손실, (나) 적자발생, (다) 이상적임(이상적 상태)							
26	예산 관리 = 비용산정 + 예산편성 + 예산통제					27	⑤	28	원료와 장비		29	①	
30	1) 사용 물품과 보관 물품의 구분, 2) 동일 및 유사물품으로의 분류, 3) 물품 특성에 맞는 보관 장소 선정										31	②	
32	②	33	1) b, 2) a, 3) c		34	③							

01 ③

핵심인맥 : 자신과 직접적인 관계에 있는 사람들

파생인맥 : 핵심인맥 사람들로부터 알게 된 사람, 그리고 우연한 자리에서 서로 알게 된 사람들

02 종업원 안정의 원칙

직장에서 신분이 보장되고 계속해서 근무할 수 있다는 믿음을 갖게 하여 근로자가 안정된 회사 생활을 할 수 있도록 해야 한다.

03 ④

가족은 핵심인맥에 포함된다.

04 ③

1. 언제, 어디서, 무슨 일로 만났는지에 관한 내용

2. 소개자의 이름

3. 학력이나 경력

4. 상대의 업무내용이나 취미, 기타 독특한 점

5. 전근, 전직 등의 변동 사항

6. 가족사항

7. 거주지와 기타 연락처

8. 대화를 나누고 나서의 느낀 점이나 성향

---

05 적재적소주의

팀원의 능력이나 성격 등과 가장 적합한 위치에 인력을 배치하여 팀원 개개인의 능력을 최대로 발휘해 줄 것을 기대하는 것이다.

---

06 ①

명함관리에서 중요한 것은 명함에 언제, 어디서, 무슨 일로 만났는지, 소개자, 학력이나 경력, 업무내용이나 취미, 전근 및 전직 등의 변동사항, 가족사항, 거주지와 기타 연락처, 느낀 점 등을 메모하는 것이다.

---

07 이용가능한 자원의 수집 및 확보

자원관리과정의 단계

필요한 자원의 종류와 양을 확인 → 이용 가능한 자원의 수집 및 확보 → 자원활용계획의 수립 → 계획에 따른 수행

---

08 물적자원관리능력

---

09 ②

자원관리능력이란 직장생활에서 시간, 예산, 물적자원, 인적자원 등의 자원 가운데 무엇이 얼마나 필요한지를 확인하고, 이용 가능한 자원을 최대한 수집하여 실제 업무에 어떻게 활용할 것인지를 계획하고, 업무수행에 계획대로 이를 할당하는 능력이다.

---

10 ②

개인이나 사회에 주어진 자원은 제한되어 있으므로 돈, 재료 등의 물적자원은 제한적이다. 그러므로 자원은 유한성을 가지고 있다고 볼 수 있다.

---

11 ④

자원낭비의 요인에는 비계획적 행동, 편리성 추구, 자원에 대한 인식의 부재, 노하우 부족이 있다.

---

12 ④

자원활용계획의 수립

- 필요한 자원의 종류와 양을 확인 : 어떠한 자원이 얼마만큼 필요한지 파악하여, 시간, 예산, 물적자원, 인적자원으로 구분한다.
- 이용 가능한 자원을 수집 및 확보 : 필요한 양보다 조금 더 여유 있게 자원을 확보한다.
- 자원의 활용계획 수립 : 자원이 투입되는 활동의 우선순위를 고려하여 자원을 할당하고 활용계획을 수립한다.
- 계획의 수행 : 계획을 수립한 대로 업무를 추진한다.

13 ①

시간은 어떻게 사용하느냐에 따라 가치가 달라진다. 모든 자원 그렇듯이 시간이란 자원도 잘 사용하면 무한한 이익을, 잘못 사용하면 엄청난 손해를 가져다준다. 또한 시간은 시절에 따라 밀도도 다르고 가치도 다르다. 인생에도 황금기가 있으며 하루에도 황금시간대가 있다.

14 ①

우리가 시간관리를 해야 하는 진정한 이유는 시간의 통제가 아니라 시간을 효과적으로 관리함으로써 삶의 여러 가지 문제를 개선하는 데 있다. 그중 스트레스 관리, 균형적인 삶, 생산성 향상, 목표성취가 대표적인 예이다.

15 ④

외적시간낭비요인 – 동료, 가족, 고객, 교통 혼잡 등, 내적시간낭비요인 – 자신의 내부에 있는 습관

16 ③

17 스트레스 관리, 목표달성

18 (나) → (다) → (라) → (가)

19 ④

시간을 계획할 때는 가장 많이 반복되는 일에 가장 많은 시간을 할애해야 한다.

20 시간자원

21 ③

22 ②

측정 가능한 목표를 세울 경우에는 구체적인 수치를 적고, 객관화시켜 측정이 가능한 척도를 설정한다.

23 최소, 최대

예산관리능력이란 이용 가능한 예산을 확인하고, 어떻게 사용할 것인지 계획하여 계획대로 사용하는 능력을 의미하며, 최소의 비용으로 최대의 효과를 얻기 위해 요구되는 능력이다.

24 ③

기업에서 제품을 개발할 때, 개발책정비용을 실제보다 높게 책정하면 경쟁력을 잃어버리게 된다.

25 (가) 경쟁력 손실, (나) 적자발생, (다) 이상적임(이상적 상태)

기업에서 제품을 개발한다고 할 때, 개발책정비용을 실제보다 높게 책정하면 경쟁력을 잃어버리게 되고, 반대로 낮게 책정하면 개발 자체가 이익을 주는 것이 아니라 오히려 적자가 나는 경우가 발생할 수 있다. 따라서 책정 비용과 실제 비용의 차이를 줄여, 비슷한 상태가 가장 이상적인 상태라고 할 수 있다.

26 예산관리 = 비용산정 + 예산편성 + 예산통제

27 ⑤

직접비용 : 컴퓨터 구입비, 복사기 대여료, 인건비, 출장 교통비, 건물임대료 등
간접비용 : 보험료, 건물관리비, 광고비, 통신비, 사무비품비, 각종 공과금 등

28 원료와 장비

29 ①

기업에서 제품을 개발한다고 할 때, 개발책정비용을 실제보다 높게 책정하면 경쟁력을 잃어버리게 되고, 반대로 낮게 책정하면 개발 자체가 이익을 주는 것이 아니라 오히려 적자가 나는 경우가 발생할 수 있다.

30

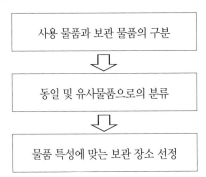

사용 물품과 보관 물품의 구분

⇩

동일 및 유사물품으로의 분류

⇩

물품 특성에 맞는 보관 장소 선정

---

31 ②

① 물품의 효과적인 보관을 위해선 사용물품과 보관물품으로 분류한 후 동일 및 유사물품으로 구분해야한다.

③ 물품 특성에 맞는 보관장소 선정은 제일 마지막에 해야 한다(사용 · 비사용 물품 구분 → 동일 · 유사물품으로 구분 → 물품특성에 맞은 보관장소 선정).

④ 물품활용의 편리성을 위해 물품을 구분해서 보관해야 한다.

---

32 ②

회전대응 보관의 원칙은 입 · 출하의 빈도가 높은 품목은 출입구 가까운 곳에 보관하는 것을 말한다. 즉, 물품의 활용 빈도가 상대적으로 높은 것은 가져다 쓰기 쉬운 위치에 먼저 보관하는 것을 말한다.

---

33 1) b, 2) a, 3) c

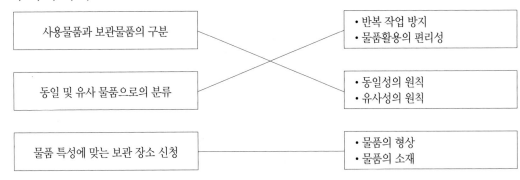

34 ③

바코드 원리는 자신의 물품을 기호화하여 관리하는 것을 의미한다. 이러한 점을 개인의 사적인 물품관리에도 적용하여 활용한다면 효과적으로 관리할 수 있을 것이다. 즉 자신이 소유하고 있는 물품을 기호화를 통하여 위치 및 정보를 작성해놓으면 관리하기에 수월할 수 있다.

대인관계능력

| 01 | ② | 02 | ① | 03 | ② | 04 | ③ | 05 | 관리, 분배, 비전 | 06 | ② | 07 | ③ | 08 | ④ |
| 09 | ② | 10 | ③ | 11 | ④ | 12 | ① | | | | | | | | |

01 ②

대인관계능력이란 조직원들과 협조적인 관계 유지, 조직구성원들에게 업무상의 도움, 조직 내부 및 외부의 갈등 해결, 고객의 요구 충족 등의 내용을 포괄하는 개념이다.

02 ①

멤버십 유형은 주도형, 실무형, 소외형, 순응형 등으로 구분할 수 있다. 주어진 내용은 순응형에 관련된 것이다.

03 ②

팀워크란 팀 구성원이 공동의 목적을 달성하기 위하여 상호관계성을 가지고 협력하여 일을 해 나가는 것을 의미한다. 팀워크의 유형은 협력, 통제, 자율의 세 가지 기제에 따라 구분할 수 있으며, 효과적인 팀은 명확한 비전과 목표를 공유한다. ②는 사람들로 하여금 집단에 머물도록 하고 계속 남아 있기를 원하게 만드는 힘으로서 응집력에 대한 설명이다.

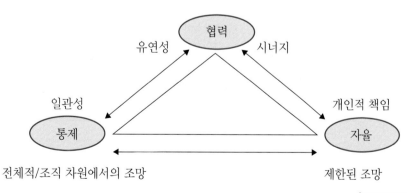

팀워크의 유형

[NCS 국가직무능력표준 예시]

04 ③

필요할 때 필요한 것을 만들어내는 능력은 효과적인 팀의 진정한 기준이 된다. 효과적인 팀은 개별 팀원의 노력을 단순히 합친 것 이상의 결과를 성취하는 능력을 가지고 있다. 이러한 팀의 구성원들은 지속적으로 시간, 비용 및 품질 기준을 충족시켜 준다. "최적 생산성"은 바로 팀원 모두가 공유하는 목표이다.

효과적 팀의 특징

- 팀의 사명과 목표를 명확하게 기술한다.
- 창조적으로 운영된다.
- 결과에 초점을 맞춘다.
- 역할과 책임을 명료화한다.
- 조직화가 잘 되어 있다.
- 개인의 강점을 활용한다.
- 리더십 역량을 공유하며 구성원 간에 지원을 아끼지 않는다.
- 팀 풍토를 발전시킨다.
- 의견의 불일치를 건설적으로 해결한다.
- 개방적으로 의사소통한다.
- 객관적인 결정을 내린다.
- 팀 자체의 효과성을 평가한다.

05 관리, 분배, 비전

리더 VS 관리자

리더	관리자
• 새로운 상황 창조자 • 혁신지향적 • 내일에 초점을 맞춘다. • 사람의 마음에 불을 지핀다. • 사람을 중시 • 정신적 • 계산된 리스크를 취한다. • '무엇을 할까?'를 생각한다.	• 상황에 수동적 • 유지지향적 • 오늘에 초점을 맞춘다. • 사람을 관리한다. • 체제나 기구를 중시 • 기계적 • 리스크를 회피한다. • '어떻게 할까'를 생각한다.

06 ②

독재자 유형 : 통제 없이 방만한 상태, 가시적인 성과물이 안 보일 때

민주주의 근접 유형 : 혁신적이고 탁월한 부하직원들을 거느리고 있을 때

파트너십 유형 : 소규모조직에서 경험, 재능을 소유한 조직원이 있을 때

변혁적 유형 : 조직에 있어서 획기적인 변화가 요구될 때

---

07 ③

외적인 동기유발제는 일시적으로 효과를 낼 수 있으며, 단기간에 좋은 결과를 가져오고 사기를 끌어올릴 수 있지만, 그 효과는 오래가지 못한다. 조직원들이 지속적으로 자신의 잠재력을 발휘하도록 만들기 위해서는 외적인 동기유발 그 이상의 것을 제공해야 한다.

---

08 ④

코칭은 문제가 발생하기 전에 이루어지는 커뮤니케이션(Proactive Communication) 말고도, 영향 및 리더십에 기초하고 있다. 코칭은 관리 도구가 아닌 관리 스타일이다. 코칭을 하는 과정에서 리더는 직원들을 기업에 값진 기여하는 파트너로 인식하게 된다. 한편 성공적인 코칭을 받은 직원들은 문제를 스스로 해결하려고 노력하는 적극성을 보인다. ④ 코칭을 통해 전반적으로 효율성 및 생산성이 오르게 된다.

---

09 ②

반임파워먼트 환경에서 사람들은 현상을 유지하고 순응하려는 경향을 보이며, 임파워먼트 환경에서는 사람들의 에너지, 창의성, 동기 및 잠재능력이 최대한 발휘되는 경향을 보인다.

---

10 ③

③의 내용은 갈등을 해결하는 태도이다.

갈등을 증폭시키는 원인

1. 적대적 행동
   • 팀원들은 '승 · 패의 경기'를 시작한다.
   • 팀원들은 문제를 해결하기보다는 승리하기를 원한다.
2. 입장 고수
   • 팀원들은 공동의 목표를 달성할 필요성을 느끼지 않는다.
   • 팀원들은 각자의 입장만을 고수하고, 의사소통의 폭을 줄이며, 서로 접촉하는 것을 꺼린다.
3. 감정적 관여
   • 팀원들은 자신의 입장에 감정적으로 묶인다.

11 ④

갈등해결의 장애물을 극복하기 위한 팀원의 자세로는 1. 행동에 초점을 맞추기, 2. 상황을 기술하는 식으로 말하기, 3. 간단명료하게 말하기, 4. 개방적인 자세 갖추기, 5. 시간과 장소를 고려하기, 6. 낙관적으로 말하기, 7 지원하는 입장에서 말하기 등이 있다.

12 ①

협상 전략

협력 전략 : "Win-Win"전략, "I Win, You Win, We Win"전략

유화 전략 : "Lose-Win"전략, "I Lose, You Win"전략

회피 전략 : "Lose-Lose"전략, "I Lose, You Lose, We Lose"전략

강압 전략 : "Win-Lose"전략, "I Win, You Lose"전략

정보능력 정답 및 해설

01	④	02	1차 자료, 2차 자료, 1차 자료, 2차 자료, 1차 자료, 2차 자료		03	(가) 서열화, (나) 구조화		
04	(가) 조사항목의 선정, (나) 기존자료 조사, (다) 수집정보의 분류				05	목록, 색인, 키워드, 주제어, 시간적, 주제적, 기능적(용도별), 유형적		
06	[(동적)정보] 예 : 신문기사, 텔레비전 뉴스, 이메일 등 [(정적)정보] 예 : 잡지, 책, CD-ROM 등				07	ㄷ, ㄹ	08	④
09	정보기술, 생명공학, 나노기술, 환경보전 기술, 문화산업, 우주항공기술			10	기획, 관리	11	②, ①, ④, ③, ⑥, ⑤, ⑦	
12	네트워크, 에티켓	13	⑤	14	⑤	15	① 이메일(전자우편) 서비스, ② 전자상거래, ③ 웹하드 서비스	16	①
17	① 검색주제 선정, ② 정보원 선택, ③ (검색식 작성)		18	⑤	19	입력, 표시, 저장, 편집, 인쇄		
20	(가) ④, (나) ①, (다) ③, (라) ②		21	데이터베이스	22	②	23	(가) 데이터베이스 만들기, (나) 자료 입력	

01 ④

---

02 1차 자료, 2차 자료, 1차 자료, 2차 자료, 1차 자료, 2차 자료

1차 자료는 원래의 연구성과가 기록된 자료를 의미하며, 2차 자료는 1차 자료를 효과적으로 찾아보기 위한 자료 혹은 1차 자료에 포함되어 있는 정보를 의미한다.

---

03 (가) 서열화, (나) 구조화

---

04 (가) 조사항목의 선정, (나) 기존자료 조사, (다) 수집정보의 분류

---

05 목록, 색인, 키워드, 주제어, 시간적, 주제적, 기능적(용도별), 유형적

06 [(동적)정보]
예 : 신문기사, 텔레비전 뉴스, 이메일 등
[(정적)정보]
예 : 잡지, 책, CD-ROM 등

07 ⊂, ⊂
정보와 지식을 교환 가능한 용어로 사용하고 있지만 일반적으로 데이터와 정보, 지식과의 관계는 '데이터
⊇지식⊇정보'와 같은 포함관계로 나타낼 수 있다. 이러한 포함관계는 엘렌 켄트로의 지식삼각형에서 잘
표현되고 있다. 엘렌 켄트로는 가장 기본적인 하단부터 데이터, 정보, 지식의 순으로 삼각형을 구성하도록
표현하고 있으며, 지식 위에 특별히 지혜를 포함하고 있다.

08 ④
1. 자료란 객관적 실제의 반영이며, 그것을 전달할 수 있도록 기호화한 것을 의미한다.
2. 정보란 자료를 특정한 목적과 문재해결에 도움이 되도록 가공한 것을 의미한다.
3. 지식이란 정보를 집적하고 체계화하여 장래의 일반적인 사항에 대비해 보편성을 갖도록 한 것을 의미
한다.

09 정보기술, 생명공학, 나노기술, 환경보전기술, 문화산업, 우주항공기술
정보화사회란 정보가 사회의 중심이 되는 사회로서 정보기술(IT), 생명공학(BT), 나노기술(NT), 환경보
전기술(ET), 문화산업(CT), 우주항공기술(ST)을 뜻하는 6T를 포함한다.

10 기획, 관리
효과적인 정보를 활용 절차는 기획, 수집, 관리, 활용이다.

11 ②, ①, ④, ③, ⑥, ⑤, ⑦

12 네트워크, 에티켓
네티켓은 사이버 공간에서 지켜야 하는 예절을 뜻한다. 네티켓은 통신망을 뜻하는 네트워크와 예절을 뜻
하는 에티켓의 합성어로, 네티즌이 사이버 공간에서 지켜야 할 비공식적인 규약이라고 할 수 있다.

13 ⑤
유추 가능한 개인정보를 조합하여 비밀번호를 사용하는 것은 해킹의 위험이 높다.

14 ⑤

---

15 ① 이메일(전자우편) 서비스, ② 전자상거래, ③ 웹하드 서비스

---

16 ①
　　ㄷ. 공공기관이나 정부도 전자상거래를 할 수 있다.
　　ㄹ. 블로그마켓이나 전자우편 등을 이용하여 전자상거래를 할 수 있다.

---

17 ① 검색주제 선정, ② 정보원 선택, ③ 검색식 작성

---

18 ⑤
　　유학자 맹자의 어머니를 검색하는 것이므로 여러 어머니 중에서 맹자와 어머니가 동시에 들어있는 웹문
　　서를 검색한다. 따라서 AND 연산자를 사용한다.

---

19 입력, 표시, 저장, 편집, 인쇄
　　워드프로세서가 제공하는 주요 기능으로는 입력 기능, 표시 기능, 저장 기능, 편집 기능, 인쇄 기능 등이
　　있다.

---

20 (가) ④, (나) ①, (다) ③, (라) ②

---

21 데이터베이스
　　데이터베이스 시스템은 파일시스템에 비해서 여러 개의 파일이 서로 연관되어 있으므로 사용자는 여러 개
　　의 파일에 있는 정보를 한 번에 검색해서 볼 수 있는 이점이 있다.

---

22 ②
　　ㄴ. 한 번에 여러 파일에서 데이터를 찾아내는 기능은 원하는 검색이나 보고서 작성 등을 쉽게 할 수 있
　　　　게 해준다.
　　ㄹ. 데이터가 중복되지 않고 한 곳에만 기록되어 있으므로 데이터의 무결성, 즉 결함 없는 데이터를 유지
　　　　하는 것이 훨씬 쉬워졌다.

---

23 (가) 데이터베이스 만들기, (나) 자료 입력

기술능력 정답 및 해설

01	②	02	③	03		②, ③	04	③	05	②	06	①	07	②	08	②	09	③
10	④	11	①	12	④													

01 ②

기술은 노하우(Know-How)와 노와이(Know-Why)로 나눌 수 있으며, Know-How란 흔히 특허권을 수반하지 않는 과학자, 엔지니어 등이 가지고 있는 체화된 기술이다. Know-Why는 어떻게 기술이 성립하고 작용하는가에 관한 원리적 측면에 중심을 둔 개념이다.

02 ③

기술능력이 뛰어난 사람의 특징

첫째, 실질적 해결을 필요로 하는 문제를 인식한다.

둘째, 인식된 문제를 위한 다양한 해결책을 개발하고 평가한다.

셋째, 실제적 문제를 해결하기 위해 지식이나 기타 자원을 선택, 최적화시키며, 적용한다.

넷째, 주어진 한계 속에서, 제한된 자원을 가지고 일한다.

다섯째, 기술적 해결에 대한 효용성을 평가한다.

여섯째, 여러 상황 속에서 기술의 체계와 도구를 사용하고 배울 수 있다.

03 ②, ③

기술능력을 향상시키기 위한 방법으로 전문연수원에서 제공하고 있는 기술과정 연수, e-learning을 활용한 기술교육, 상급학교 진학을 통한 기술교육, OJT 등이 있다.

04 ③

③의 내용은 '사실의 발견'에 해당하는 내용이다.

산업 재해의 예방 대책은 다음의 5단계로 이루어진다.

1. 안전 관리 조직 : 경영자는 사업장의 안전 목표를 설정하고, 안전 관리 책임자를 선정해야 하며, 안전 관리 책임자는 안전 계획을 수립하고, 이를 시행 · 후원 · 감독해야 한다.
2. 사실의 발견 : 사고 조사, 안전 점검, 현장 분석, 작업자의 제안 및 여론 조사, 관찰 및 보고서 연구, 면담 등을 통하여 사실을 발견한다.

3. 원인 분석 : 재해의 발생 장소, 재해 형태, 재해 정도, 관련 인원, 직원 감독의 적절성, 공구 및 장비의 상태 등을 정확히 분석한다.

4. 시정책의 선정 : 원인 분석을 토대로 적절한 시정책, 즉 기술적 개선, 인사 조정 및 교체, 교육, 설득, 호소, 공학적 조치 등을 선정한다.

5. 시정책 적용 및 뒤처리 : 안전에 대한 교육 및 훈련 실시, 안전 시설과 장비의 결함 개선, 안전 감독 실시 등의 선정된 시정책을 적용한다.

---

05 ②

---

06 ①

사업전략 수립 다음의 절차는 요구기술 분석이다.

기술선택의 절차

중장기 사업목표 설정 → 사업전략 수립 → 요구기술 분석 → 기술전략 수립 → 핵심기술 선택

---

07 ②

기술선택을 위한 우선순위 결정 요소

• 제품의 성능이나 원가에 미치는 영향력이 큰 기술
• 기술을 활용한 제품의 매출과 이익 창출 잠재력이 큰 기술
• 쉽게 구할 수 없는 기술
• 기업 간에 모방이 어려운 기술
• 기업이 생산하는 제품 및 서비스에 보다 광범위하게 활용할 수 있는 기술
• 최신 기술로 진부화될 가능성이 적은 기술

---

08 ②

벤치마킹의 종류

내부 벤치마킹, 경쟁적 벤치마킹, 비경쟁적 벤치마킹, 글로벌 벤치마킹

---

09 ③

매뉴얼 작성을 위한 Tip

1. 내용이 정확해야 한다. 2. 사용자가 알기 쉽게 쉬운 문장으로 쓰여야 한다. 3. 사용자의 심리적 배려가 있어야 한다. 4. 사용자가 찾고자 하는 정보를 쉽게 찾을 수 있어야 한다. 5. 사용하기 쉬워야 한다.

10 ④

해당 내용은 산업 재산권에 관련된 내용이다.

---

11 ①

기술 적용 시 고려 사항은 '1. 기술 적용에 따른 비용이 많이 드는가? 2. 기술의 수명 주기는 어떻게 되는가? 3. 기술의 전략적 중요도는 어떻게 되는가? 4. 잠재적으로 응용 가능성이 있는가?'이다.

---

12 ④

네트워크 혁명의 역기능으로 디지털 격차(digital divide), 정보화에 따른 실업의 문제, 인터넷 게임과 채팅 중독, 범죄 및 반사회적인 사이트의 활성화, 정보기술을 이용한 감시 등을 꼽을 수 있다.

01	①	02	③	03	②	04	④	05	②	06	①	07	③	08	④	09	④	10	③
11	③	12	A : 노동조합, B : 협력적 노사관계											13	①			

01 ①

라인 조직은 조직원들의 권한과 책임이 명확하고, 지휘 · 명령 체계가 단순하며, 경영자의 강한 통솔력으로 조직을 한 방향으로 이끌어 나가기 쉽다는 장점이 있다. 반면 조직원들이 창의력을 발휘하기 어렵고, 각 부문 간의 유기적인 조정이 어려우며, 그리고 경영자는 만능이어야 하므로 경영자의 양성이 어렵다는 단점을 가지고 있다.

02 ③

직위 승진은 능력주의에 따라 직무내용의 종류와 난이도 및 책임 정도를 기준으로 직무자격요건에 적합한 경험 및 능력을 가진 사람을 승진시키는 것을 말한다.

03 ②

경영활동을 외부 및 내부경영활동으로 나뉜다. 마케팅은 조직외부에서 조직의 효과성을 높이기 위한 외부경영활동에 속한다.

04 ④

기능부서별로 사업전략을 구체화하여 세부적인 수행방법을 결정하는 전략은 부문전략이다.

05 ②

수직적 체계에 따라 최고경영자, 중간경영자 및 하부경영자로 구분한다.
최고경영자는 조직의 최상위층으로 조직의 혁신기능과 의사결정기능을 조직 전체의 수준에서 담당하게 된다. 중간경영자는 재무관리, 생산관리, 인사관리 등과 같이 경영부문별로 최고경영층이 설정한 경영목표, 전략, 정책을 집행하기 위한 제반활동을 수행하게 된다. 하위경영자는 현장에서 실제로 작업을 하는 근로자를 직접 지휘, 감독하는 경영층을 의미한다. 민츠버그는 경영자의 역할을 대인역할, 정보역할, 의사결정역할 세 가지로 나누었다.

06 ①

제시된 내용은 마이클 포터의 본원적 경쟁전략 중 차별화전략에 해당한다.

원가우위 전략은 원가 절감을 통해 해당 산업에서 우위를 점하는 전략이다.

집중화 전략은 특정 시장이나 고객에게 한정된 전략으로, 원가우위나 차별화 전략이 산업 전체를 대상으로 하는 것에 비해 집중화 전략은 특정 산업을 대상으로 한다.

---

07 ③

조직변화 과정은 환경의 변화를 인식하는 데에서 출발한다. 따라서 조직변화는 환경변화에 따른 것으로 환경변화가 경제적인 것인지, 기술적인 것인지, 정치적 혹은 문화적인 것인지에 따라 조직변화의 방향도 달라지게 된다. 또한 조직변화 유형 중 제품이나 서비스 변화는 기존 제품이나 서비스의 문제가 발생했을 때에도 이루어지지만 새로운 시장을 확대하기 위하여 신기술을 도입하기도 한다.

조직도는 조직 구성원들의 임무, 수행과업, 일하는 장소 외에도 조직 현황, 직위의 상호 관계 등을 한눈에 볼 수 있도록 나타낸 표를 말하며, '기능조직도', '제품조직도', '매트릭스조직도' 등 조직형태에 따른 분류를 통해서 조직의 의사결정을 유용하게 하는 다양한 역할을 할 수 있다. 따라서 제시된 ③의 설명은 올바르지 않다.

---

08 ④

조직이해의 필요성 중에서 구성원 간의 정보를 교환하며 협업하는 것은 구성원 간의 공통된 하나의 조직 목적을 달성하기 위함이다. 따라서 개인적인 목표와 성과를 달성하기 위해 조직을 이해한다는 것은 틀린 내용이다.

---

09 ④

조직구성원 관리 내용은 경영실행에 해당하는 내용이다.

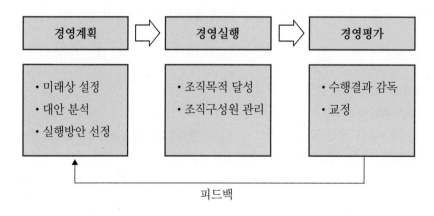

10 ③

일반적으로 집기비품 및 소모품의 구입과 관리는 총무부에서 진행한다.

11 ③

기회요인(Opportunity)과 위협요인(Threat)은 조직의 외부환경 요인이다.

SWOT 분석에서 조직 내부 환경으로는 조직이 우위를 점할 수 있는 장점(Strength)과 조직의 효과적인 성과를 방해하는 자원, 기술, 능력 면에서의 약점(Weakness)이 있다. 조직의 외부 환경은 기회요인(Opportunity)과 위협요인(Threat)으로 나뉘며, 기회요인은 조직 활동에 이점을 주는 환경요인이고, 위협요인은 조직 활동에 불이익을 미치는 환경요인이다.

12 A : 노동조합, B : 협력적 노사관계

경영참가제도는 근로자나 노동조합을 경영에 참여시키는 제도이다. 이는 산업민주주의의 발달에 따라 협력적인 노사관계가 중시되면서 본격적으로 논의되기 시작하였다.

13 ①

조직이 존재하는 정당성과 합법성을 제공할 수 있다.

01	②	02	①	03	③	04	④	05	②	06	③	07	③	08	④	09	②	10	①
11	②																		

01 ②

인사는 상대에 따라 다르게 하기보다는 일관된 태도로 임하는 것이 좋다.

02 ①

S(Smile & Speed) : 서비스는 미소와 함께 신속하게 하는 것

E(Emotion) : 서비스는 감동을 주는 것

R(Respect) : 서비스는 고객을 존중하는 것

V(Value) : 서비스는 고객에게 가치를 제공하는 것

I(Image) : 서비스는 고객에게 좋은 이미지를 심어 주는 것

C(Courtesy) : 서비스는 예의를 갖추고 정중하게 하는 것

E(Excellence) : 서비스는 고객에게 탁월하게 제공돼야 하는 것

03 ③

모든 윤리적 가치는 만고불변의 진리가 아니라 시대와 사회상황에 따라서 조금씩 다르게 변화하는 것이다.

04 ④

직업윤리의 수준이 낮을 경우 경제 행위에 근간이 되는 신뢰성이 결여되어 국가 경쟁력을 가질 수 없다. 또한 직업윤리가 기본적으로는 개인윤리를 바탕으로 성립되는 규범이기는 하지만, 상황에 따라 양자가 서로 충돌하거나 배치하는 경우도 발생한다. 이러한 상황에서 직업인이라면 직업윤리를 우선하여야 할 것이다.

05 ②

근면에는 외부로부터의 강요에 의한 근면과 스스로 행하는 근면 두 종류가 있다. 전자는 외부로부터의 강제력이 사라지면 아무것도 남지 않게 되지만, 후자는 능동적, 자발적으로 일을 하는 것이기 때문에 자신

을 발전시킬 수 있게 된다.

06 ③

과거부터 내려오는 관행이어도 부정직한 관행을 인정해서는 안 된다.

07 ③

정부 고관의 직급명은 그 사람이 퇴직한 경우라도 항상 사용한다.

08 ④

비서를 통해 고객에게 전화를 건다면 고객으로 하여금 당신의 시간이 고객의 시간보다 더 소중하다는 느낌을 갖게 만든다.

전화 예절

· 전화를 걸기 전에 먼저 준비를 한다. 정보를 얻기 위해 전화를 하는 경우라면 얻고자 하는 내용을 미리 메모하여 모든 정보를 빠뜨리지 않도록 한다.

· 전화를 건 이유를 숙지하고 이와 관련하여 대화를 나눌 수 있도록 준비한다.

· 전화는 정상적인 업무가 이루어지고 있는 근무 시간에 걸도록 한다. 업무 종료 5분 전에 전화를 건다면 제대로 통화할 수 없을 것이다.

· 당신이 통화를 원하는 상대와 통화할 수 없을 경우에 대비하여 비서나 다른 사람에게 메시지를 남길 수 있도록 준비한다.

· 전화는 직접 걸도록 한다. 비서를 통해 고객에게 전화를 건다면 고객으로 하여금 당신의 시간이 고객의 시간보다 더 소중하다는 느낌을 갖게 만든다.

· 전화를 해달라는 메시지를 받았다면 가능한 48시간 안에 답해주도록 한다. 하루 이상 자리를 비우게 되는 경우, 다른 사람이 대신 전화를 받아줄 수 없을 때는 자리를 비우게 되었다는 메시지를 남겨놓는 것이 예의이다.

09 ②

소개받는 사람의 별칭은 그 이름이 비즈니스에서 사용되는 것이 아니라면 사용하지 않는다.

소개 예절

· 나이 어린 사람을 연장자에게 먼저 소개한다.

· 내가 속해 있는 회사의 관계자를 타 회사의 관계자에게 먼저 소개한다.

· 신참자를 고참자에게 먼저 소개한다.

· 동료임원을 고객, 손님에게 먼저 소개한다.

- 비임원을 임원에게 먼저 소개한다.
- 소개받는 사람의 별칭은 그 이름이 비즈니스에서 사용되는 것이 아니라면 사용하지 않는다.
- 반드시 성과 이름을 함께 말한다.
- 상대방이 항상 사용하는 경우라면, Dr. 또는 Ph.D. 등의 칭호를 함께 언급한다.
- 정부 고관의 직급명은 퇴직한 경우라도 항상 사용한다.
- 천천히 그리고 명확하게 말한다.
- 각각의 관심사와 최근의 성과에 대하여 간단한 언급을 한다.

---

10 ①

부패에 대한 처벌을 면하거나 약하게 받을 경우, 그로 인한 사회적 비용은 천문학적으로 증가하기 때문에 부패는 방치되어선 안 된다.

---

11 ②

남녀고용평등법상 직장 내 성희롱의 가해자 범위에 포함될 수 없는 거래처 관계자나 고객도 성희롱의 가해자가 될 수 있다. 그리고 가해자 성별이 대부분 남성이지만 여성이 가해자가 될 수도 있다.

NCS

국가직무능력표준

PART02

NCS 실전문제 정답 및 해설

국가직무능력표준

핵심 유형 10항목

직업기초능력평가 핵심 유형

다음 유형은 NCS 국가직무능력표준에서 제시하는 10개 항목에 대한 필수유형이다. 시험 전 반드시 핵심유형을 파악하고 지원회사별 경영전략 · 핵심이슈 · 기관자료 · 보도자료 등을 확인하는 것이 필수이다.

자료 : www.ncs.go.kr

01	④	02	②	03	④	04	②	05	①	06	②	07	③	08	④	09	④	10	①
11	③	12	①	13	②	14	②	15	④	16	④	17	④	18	②	19	②	20	③
21	①	22	①	23	②	24	③	25	④	26	②	27	③	28	①	29	②	30	③
31	④	32	④	33	③	34	②	35	④												

01 ④

직업생활에서 많은 비중을 차지하는 부분이 바로 문서를 보고, 문서를 작성하는 일이다. 직장에서의 문서 작성은 업무와 관계된 일로 조직의 비전을 실현시키는 역할을 한다. 매일 수많은 문서를 보고, 작성하지만 문서를 보면 무엇을 의도하고 있는지 파악하기 어려운 문서가 종종 있다. 물론 말하고자 하는 내용이 어려운 경우도 있지만, 표현의 방법이 잘못된 경우도 있다. 길이가 길고 중구난방으로 나열한 글은 요점을 파악하기 어렵다. 그러므로 문서의 내용이 효과적으로 전달될 수 있어야 잘 작성된 문서라 할 수 있다.

③ A, B의 문서를 비교할 때, 작성자 혹은 검토자 개인이 선호하는 문서가 있기 때문에 A, B 문서의 우월성을 비교하는 것은 옳지 않다.

02 ②

사례들 모두 경청의 중요성을 강조하고 있다. 의사소통은 내가 상대방에게 메시지를 전달하는 과정이 아니라 상대방과의 상호작용을 통해 메시지를 다루는 과정이다. 따라서 성공적인 의사소통을 위해서는 내가 가진 정보를 상대방이 이해하기 쉽게 표현하는 것도 중요하지만, 상대방이 어떻게 받아들일 것인가에 대한 고려가 바탕이 되어야 한다. 즉, 의사소통을 하기 위한 기본적인 자세는 경청하는 태도이다.

03 ④

3문단에서 중요도는 전혀 중요하지 않은 속성의 경우에는 그 값을 '0'으로 할 수 있다. 이 경우 만족도가 어떤 값을 보이더라도 그 곱의 결과는 항상 '0'이므로 태도 점수에 영향을 미치지 않는다.

① 소비자의 구매 행동이 상품에 대해 취하는 태도의 영향을 받는다고 하였으므로 적절하지 않다.

② 2문단에서 소비자의 태도는 개별 속성에 대한 만족도와 중요도를 곱한 값들을 합한 점수라고 하였으므로 적절하지 않다.

③ 2문단에서 만족도는 개별 상품의 어떤 속성이 얼마나 만족스러운지에 대한 주관적인 느낌을 숫자로 나타낸 것이므로 객관적이라는 진술은 적절하지 않다.

04 ②

[나] 제품의 디자인 만족도는 '+2'로 [가] 제품, [다] 제품의 디자인 만족도보다 크다. 따라서 이 소비자는 [나] 제품의 디자인에 대해서는 다른 제품에 비해 만족하고 있다고 판단하는 것이 적절하다.

05 ①

[다] 제품의 사후 관리 속성에 대한 만족도를 다른 제품과 비교해 보면 '-3'으로, '+4', '+1'인 [가], [나] 제품보다 만족도가 낮다. ①은 이렇게 만족도가 낮은 속성 요소를 개선하는 것이므로 ㉠에 부합하는 기업의 전략이라고 할 수 있다.

06 ②

2문단에 따르면 호론은 성선이라는 절대성의 약화를 우려하였다. 이것은 조선 전기의 성리학자들의 태도와 상반되지 않고 일치한다.

07 ③

㉠은 성선의 가치관으로 인간을 본질적으로 긍정하고 신뢰하는 것이다. 이 가치관에 따르면 범죄는 본성에서 멀어져서 생긴 문제로 본성으로 돌아가면 해결되는 것이다.

08 ④

지배층은 조선인을 인간, 청인을 오랑캐로 규정하고 있다. 그러므로 지배층은 청인을 성선의 본성을 지닌 인간으로 인정하고 있지 않다고 할 수 있다.

09 ④

전자상거래소비자보호법은 소비자 피해를 예방하고 소비자 권익을 보호하기 위한 것이라고 1문단에 제시되어 있으므로 소비자 피해 보상에 초점을 둔다고 볼 수 없다.
① 4문단에서 청약 및 철회에 관한 기록이 보존되며 이를 열람할 수 있다고 하였다.
② 마지막 문단에 판매자의 최소 권리를 보호하기 위한 내용을 제시하였다.
③ 2문단에서 신원 정보에 사업자등록번호 등이 포함되어 있다고 하는 것으로 보아 판매자가 이를 확인하면 안심하고 거래를 할 수 있다고 볼 수 있다.

10 ①

에스크로를 이용하면 제3자가 물품대금을 맡아두었다가 소비자가 물품을 받은 후 구매 승인을 한 다음 판매자에게 물품대금을 지급하므로 비대면으로 이루어지는 거래이지만 소비자가 물품을 직접 확인한 후 구매 의사를 결정할 수 있다.

---

11 ③

제품의 포장을 뜯은 것은 제품을 훼손한 것이 아니므로 청약철회가 가능하다.

---

12 ①

이 글은 콜버그의 이론을 소개한 후 그의 이론이 유용한 도덕 교육의 틀을 제시하고 있다고 설명하고 있다. 그러므로 특정한 이론을 소개한 후 그 의의를 밝히고 있다고 할 수 있다.

---

13 ②

[A]에 들어갈 사람들의 판단 기준은 하인즈의 행동은 옳은 것이라고 판단한 이유에 부합되어야 하며 도덕성 발달 단계 중 2단계에 해당되어야 한다. 그런데 이 글에서 2단계는 자신의 욕망을 충족하는 것을 옳다고 간주하는 단계라고 설명하고 있다. 그러므로 [A]에는 자신이 필요로 하는 약을 얻었기 때문에 하인즈의 행동은 옳다는 내용이 담기는 것이 적절하다. [B]에 들어갈 사람들의 판단 기준은 하인즈의 행동은 옳지 않은 것이라고 판단한 이유에 부합되어야 하며 도덕성 발달 단계 중 4단계에 해당되어야 한다. 그런데 이 글에서 4단계는 모든 잘잘못은 예외 없이 법에 의해서 판단하는 단계라고 설명하고 있다. 그러므로 [B]에는 법을 어기고 도둑질을 했기 때문에 하인즈의 행동은 옳지 않다는 내용이 담기는 것이 적절하다.

---

14 ②

㉠은 행위자에게 미치는 직접적인 결과가 판단의 기준이 되는 수준으로 자기중심적인 단계라고 설명하고 있다. 그러므로 이 수준은 처벌이나 칭찬처럼 이기적인 욕망에 따라 도덕성을 판단하는 수준이라고 할 수 있다. ㉡은 ㉠의 수준을 넘어 집단의 기대나 법을 판단 기준으로 삼는 단계라고 설명하고 있다. 그러므로 자신이 속한 집단의 가치를 고려하는 수준이라고 할 수 있다. ㉢은 집단을 넘어 개인의 양심에 근거하는 단계로 인간 존엄과 같은 본질적 가치가 판단의 기준이 되는 단계라고 설명하고 있다. 그러므로 보편적인 도덕 원칙을 지향하는 수준이라고 할 수 있다.

---

15 ④

ⓐ는 콜버그 이론을 통해 제시할 수 있는 도덕교육의 틀에 대한 내용을 담고 있어야 한다. 콜버그 이론의 특징은 인간의 도덕성 발달이 각 단계를 순차적으로 거쳐 간다는 점, 그리고 자기 수준보다 높은 도덕적

난제를 스스로 해결하는 과정에서 발달한다는 것이다. 그러므로 ⓐ에는 각자의 도덕성 발달 단계보다 한 단계 높은 도덕적 난제를 스스로 해결하게 하는 것이라는 내용이 담겨야 한다고 추론할 수 있다.

16 ④

1문단에서 마중물 효과의 개념을, 2~4문단에서는 마중물 효과 및 마중물을 활용한 마케팅의 특징에 대해 설명하고 있다. 그리고 마중물로 인해 소비자가 과소비를 할 수 있는 위험성에 대해 언급했다. 이를 바탕으로 5문단에서는 소비자에게 꼭 필요한 상품을 꼭 필요한 만큼만 구매하는 현명한 태도를 갖기를 당부하고 있다.

17 ④

3문단에서 보면, 마중물 효과는 소비자에게 제공하는 마중물로 제품 자체의 가치를 홍보하여 제품에 대한 소비자의 긍정적 평가를 이끌어 내고 제품을 지속적으로 구매하게 하는 것이다. 즉 소비자의 인식을 긍정적인 쪽으로 변화시키고 구매하고 싶은 마음을 갖게 하기에, 마중물 효과는 소비자의 심리 변화를 기반으로 발생한다고 할 수 있다.
① 처음 경제 불황 극복을 위한 정부 주도의 마중물 효과가 이후 사회사업과 기업의 마케팅 영역으로 확대되었다.
② 4문단의 끝부분을 보면 체리피커가 마중물을 독점하여 일반 소비자에게 혜택이 골고루 돌아가지 못하면 기업의 이윤 창출이 어려워질 수도 있다고 했다.
③ 마중물의 혜택이 클수록 마중물 효과가 더 잘 일어난다는 단서는 지문에서 찾아볼 수 없다.

18 ②

2문단에서 보면 '정부의 마중물 효과'는 경제 불황을 극복하기 위한 정부의 재정 정책을 말한다. 정부는 일시적으로 재정 지출을 확대하거나 재정 수입을 감소하는 등의 자극을 주어 경제 활동을 활성화시키고 침체된 경기를 회복시킨다. 신차 구매 시 등록세를 감면해 주는 것은 재정 수입을 감소하는 자극을 주어 경제 활동을 활성화시키는 마중물 효과에 해당한다.

19 ②

이 글에서는 빅 데이터의 개념과 특성을 소개한 후 빅 데이터의 처리 및 분류와 관계된 기술로 NoSQL 데이터베이스 시스템에 의한 데이터 처리 기술을 들고 이를 기존의 기술인 관계형 데이터베이스 관리 시스템(RDBMS)과 비교하여 설명하고 있다.
① 글의 서두에서 빅 데이터의 개념을 소개하고 있으나, 그 변화에 대해서는 언급하고 있지 않다.
③ 빅 데이터의 활용 유형은 글의 내용에서 찾을 수 없다.
④ 1문단에서 빅 데이터의 특성을 '방대한 양과 다양성, 데이터 발생의 높은 빈도'의 세 가지로 설명하고

있으나, 이를 보여주는 다양한 사례는 제시되어 있지 않다.

20 ③

관계형 데이터베이스 관리 시스템(RDBMS)의 데이터 테이블에서 제시하는 기준은 자의적으로 변경하기 어렵다.

21 ①

NoSQL 데이터베이스 시스템에서는 데이터의 속성을 표시하는 기준을 '기준='과 같이 표시하고 그에 해당하는 정보를 함께 기록하며, 해당 행에 자유롭게 그 정보를 추가할 수 있다. 따라서 'ㄱ 씨의 취미는 독서이다'와 같은 정보는 '취미=독서'의 형태로 'ㄱ 씨'와 관련된 정보를 다룬 행의 마지막 부분에 추가할 수 있다.

④ 기준에 맞는 데이터 테이블을 구성하는 것은 RDBMS에서 사용하는 데이터 처리 방식이다.

22 ①

23 ②

자료 글이 담고 있는 의미와 메시지를 맥락적으로 찾아내는 문제이다. 팀장은 교재 개발을 위한 사례로 활용할 것을 지시하고 있으며, 선택지의 내용이 아무리 자녀 교육 차원에서 유익한 설명이라고 하더라도 자료와 맥락적으로 일관성이 없으면 선택될 수 없다.

24 ③

'자료 1'은 우리나라 합계 출산율이 점차 감소하고 있음을 나타내고, '자료 2'는 한국인의 평균 수명이 점차 높아지고 있음을 나타낸다. 두 자료를 연계하여 해석하면, 이러한 상황이 지속될 경우 젊은 사람 한 명이 부양해야 할 노인 인구가 늘어날 것이라고 예측할 수 있다.

25 ④

우리나라의 사회 · 문화적 관습이 유교 문화를 중심으로 이루어졌음을 고려할 때, 유교 문화를 타파하자는 의견은 다수의 독자들이 공감하기 어려울 뿐만 아니라 독자들을 설득하는 데에도 한계가 있기 때문에 Ⓐ를 고쳐야 한다.

26 ②

서술어인 '적다고 한다'와의 호응을 고려할 때 '한 통계 조사는'은 '한 통계 조사에 따르면'으로 고쳐 써야 하고, 문맥상 건물이나 시설 따위의 낡거나 부서진 것을 손보아 고침을 의미하는 '보수'는 잘못된 것이나 부족한 것, 나쁜 것 따위를 고쳐 더 좋게 만듦을 의미하는 '개선'으로 고쳐 써야 한다.

---

27 ③

'표'는 똑똑손전화를 통한 인터넷 이용이 더 조절하기 어려움을 보여 주고, '그래프'는 청소년의 똑똑손전화 보급률이 급속도로 증가하고 있음을 보여 준다. 이 두 정보를 논리적으로 연계하여 통합적으로 해석한 것은 ③이다.

---

28 ①

똑똑손전화를 통한 인터넷 이용이 더 조절하기 어렵다는 발표를 듣고 그 이유를 묻고 있으므로, 수지의 질문은 내용 이해를 위한 질문이라고 할 수 있다.

---

29 ②

제시된 공익 광고문에는 구체적인 대상에게 말하듯 표현하는 전략은 사용되지 않았다.

---

30 ③

360° 진단은 흔히 기업에서 실행하는 리더십 진단의 방식이다. 그 결과에 따라 문제에서 주어진 자료를 통해 먼저 팀장이 얘기하는 취지를 정확히 파악하는 것이 중요하다. 정답은 ③이다. ①에서 정확한 업무처리를 하는 것은 맞지만, 눈치를 봐서 정확히 한다는 것은 맞지 않다. ②의 경우 말하지 않아도 통하는 관계가 최고의 관계라는 지적은 주어진 자료상에 나와 있지만, 그것이 궁극적으로 팀장이 얘기하려는 취지가 아님을 알 수 있다. ④는 자료의 내용에도 맞지 않기 때문에 군이 설명할 필요가 없다.

---

31 ④

ㄹ은 앞의 문장이 뒤의 문장의 근거가 되므로 '그런데'로 바꾼 것은 적절하지 않다.

---

32 ④

큰 목소리가 불만족스러움을 나타낸다고 일반화하는 것은 옳지 않다.

---

33 ③

주어진 대화에서는 상사가 부하 직원에게 하대의 표현과 지시적이거나 명령조의 표현을 사용하는 등 권위적인 태도를 보이고 있으며, 수직적인 의사소통 문화가 나타나고 있다. 구성원 간에 서로 존중하고 배려하는 태도를 보이는 것은 수평적인 의사소통 문화에 해당한다.

34 ②

'허장성세'는 '실력은 없으면서 허풍만 떤다'란 뜻으로 신문 기사의 내용과는 관련이 없다.

35 ④

● 유형 1 기초연산능력 ●

01	①	02	①	03	①	04	②	05	④	06	③	07	④	08	②	09	④	10	①
11	③	12	18살	13	장화 10원, 모자 30원, 우의 110원							14	②	15	③	16	④	17	③
18	④	19	③	20	④	21	1) −, +, 2) −, −			22	1) ÷, 2) −		23	③	24	②	25	③
26	④	27	③	28	②	29	166	30	①	31	④	32	③	33	①	34	④		

01 ①

6층까지 올라가기 위해서는 5개의 층을 올라가야 한다(1층은 올라갈 필요가 없으므로). 8층으로 가기 위해서는 7개 층을 오르면 되므로 비례식을 세우면 $5 : 45 = 7 : x$이다.

따라서 $x = 63$이다.

02 ①

이 수열은 짝수항이 바로 앞의 홀수항보다 2 크고, 홀수항이 바로 앞의 짝수항보다 4 큰 규칙을 가진다.

03 ①

소금의 양이 변하지 않는다는 사실을 이용하고 첨가한 소금물의 양을 x라 하여 방정식을 세우면

$$\{(300 + x) - 30\} \times \frac{9}{100} = 300 \times \frac{10}{100} + \frac{6}{100} x$$

따라서 $x = 190$이다.

04 ②

긴바늘과 짧은 바늘이 x분 동안 움직인 각도의 차이는 $5.5x$이고 3시 정각에는 짧은 바늘이 긴 바늘보다 90도 앞에 위치하므로 $5.5 \times 30 - 90 = 75$이다.

05 ④

$$x(x+1) = 342$$

$$x^2 + x - 342 = 0$$

$$(x+19)(x-18) = 0$$

따라서 $x = 18$ 이므로 18 + 19 = 37이다.

06 ③

시간 = 거리/속력이므로 24/12 = 2이다.

07 ④

속력=거리/시간이므로 1,200/6 = 200이다.

08 ②

A 지점에서 B 지점으로 갈 때는 4시간, 반대의 경우는 2시간이 걸렸으므로 왕복 평균 시속은 240/6 = 40 이다.

09 ④

마주하여 이동하므로 두 사람 간의 거리가 좁혀지는 속력은 70+62=132이다. 두 사람 간의 거리가 3,300m 이므로 3,300/132 = 25이다.

10 ①

철수가 9분간 먼저 간 거리는 720m이므로 어머니가 철수를 따라잡는 시간을 x분 후라 할 때 720 + 80x = 140x가 성립한다. 따라서 x = 12이다.

11 ③

철수가 반환점에 도달하는 시간은 출발 후 $\dfrac{200}{9}$분 후이며 이 때 철민이가 달린 거리는 $\dfrac{28,000}{9}$m이므로

반환점까지 남은 거리는 $\dfrac{8,000}{9}$m이다. 반환점을 돈 철수는 철민이와 반대 방향으로 달리게 되므로 둘 사

이의 거리가 좁혀지는 속력은 320m이다.

따라서 $\dfrac{8,000}{9} \times 320x$이므로 $x = \dfrac{25}{9}$ 이고 둘이 만나는 것은 $\dfrac{200}{9} + \dfrac{25}{9}$ = 25분 후가 된다.

12 18살

$(x + 3) \times 3 - (x - 3) \times 3 = x$ 이므로 $x = 18$이다.

---

13 장화 10원, 모자 30원, 우의 110원

모자를 x, 우의를 $x + 80$, 장화를 y원이라 할 때 $2x + 80 = 2y + 120$이 성립하고 $x + (x + 80) + y = 150$ 이므로 $x = 30$, $y = 10$이다.

---

14 ②

강물의 속력을 x, 배의 속력을 y라 할 때, $x + y = 42 \div 3 = 14$이고 $-x + y = 42 \div 7 = 6$이므로 $x = 4$이다.

---

15 ③

배의 속력을 x, 강물의 속력을 y라 할 때, $x + y = 20$, $x - y = 10$이므로 $x = 15$이다.

---

16 ④

타수를 x라 하면, $\dfrac{120}{x} = \dfrac{4}{100}$ 이므로 $x = 300$이다.

---

17 ③

비례식의 원리를 이용하면 P 군은 전체 8개 중 3개, Q 군은 8개 중 5개를 가지는 비율이므로

$1{,}600 \times \dfrac{5}{8} = 1{,}000$이다.

---

18 ④

둘레를 간격으로 나누어 구하면 되므로 400/8 = 50이다.

---

19 ③

5층까지 오르기 위해 4개 층을 오르면 되므로 하나의 층을 오르는 데 걸리는 시간은 20/4 = 5초이다. 15층 까지 오르기 위해 14개 층을 오르면 되므로 14 × 5 = 70이다.

---

20 ④

어떤 정수를 x라 하면 $x + 6 > 18$이고 $50 - 3x > 10$이므로 부등식을 정리하면 $12 < x < \dfrac{40}{3}$ 이다. 따라서 x = 13이다.

21 1) −, +
   2) −, −

22 1) ÷
   2) −

23 ③

이진수를 십진수로 변환하여 계산하면 $10010_{(2)} - 1101_{(2)} = 18 - 13 = 5$이고 이를 다시 이진수로 변환하면 $101_{(2)}$이다.

24 ②

규칙을 살펴보면 $14 = 2 \times 8 - 2$, $20 = 4 \times 6 - 4$이다. 따라서 ( ) $= 6 \times 5 - 6$이므로 ( ) $= 24$이다.

25 ③

1열과 2열을 비교해보면 행간 규칙이 존재함을 알 수 있다. 1행과 2행은 1이 차이 나며 2행과 3행은 2가 차이 난다. 따라서 ?에 들어갈 알맞은 값은 10이다.

26 ④

1, 2, 4, 8, 16, 32는 2의 거듭제곱 수이다. 이는 이진수의 전개식에서 활용되는 수이므로 47을 이진수로 전환하면 101111(2)임을 알 수 있고 이로부터 16g이 사용되지 않는 추임을 예상할 수 있다.

27 ③

가운데 수를 제외한 4개 숫자의 합을 가운데 수로 나누면 7이 나오는 규칙이다. $(7 + 11 + 22 + 16)/8 = 7$, $(9 + 12 + 24 + 18)/9 = 7$, $(11 + 13 + 24 + 29)/? = 7$이어야 하므로 ?는 11이 된다.

28 ②

수열을 차례로 나열해보면 1, 6, 3, 8, 5, 2, 7, 4, 1, 6, … 으로 반복되는 것을 알 수 있다. 따라서 47을 8로 나눈 나머지는 7이므로 7번째에 나타나는 수가 47번째 수이다.

29 166

주어진 수열의 계차수열은 {1, 2, 6, 4, 6, 18, 14, 17, 51, a}, 계차수열의 계차수열은 '+1, ×3, −2, +2, ×3, −4, +3, ×3, (−6)'이므로 a는 45이며, 이를 더하면 166이 답임을 알 수 있다.

---

30 ①

주어진 수열의 계차수열은 30의 약수 30, 15, 10, 6, 5, 3, 2, 1이다.

---

31 ④

사용되지 않은 숫자는 1, 2, 7, 8이며 규칙에 맞게 대입할 경우 4, 6, B가 포함된 면은 나머지 두 수의 합이 8이어야 하므로 B에는 1 또는 7이 올 수 있다. B = 1일 경우 A = 2이고, B = 7일 경우 A = 8이 된다.

---

32 ③

규칙을 살펴보면 가지 끝의 숫자를 각각 더하면 모이는 상자의 값이 나오는 것을 알 수 있다. 예를 들어 맨 오른쪽 가지에 달린 상자 안의 숫자 24와 18을 2 + 4 + 1 + 8 로 계산하면 15가 나오며 같은 방식으로 4 + 7 + 1 + 5 = 17이 되는 것을 알 수 있다. 따라서 1 + 7 + 1 + 4 = 13이다.

---

33 ①

각 쇼핑백에 고급 타월은 2개씩 들어가므로 260개는 130명분, 다이어리는 1개씩 들어가므로 170개는 170명분, 아로마 향초는 3개씩 들어가므로 450개는 150명분이다. 사은품 중 어느 것 1개라도 빠져서는 안 되므로 고급 타월이 사은품을 줄 수 있는 최대 인원을 결정한다. 따라서 130명이다.

---

34 ④

3과 4의 최소공배수 = 12, 주차장에는 12분마다 5대만큼 늘어난다. 따라서 48분 후에 20대가 늘어나 오후 2시 53분에 98대가 된다. 그리고 3분 후에 2대가 늘어나 100대가 된다.

유형 2 기초통계능력

01	③	02	②	03	①	04	③	05	①	06	④	07	①	08	③	09	③	10	①
11	②	12	③	13	③	14	①	15	②	16	①	17	④	18	③	19	③	20	①
21	②	22	③	23	④	24	48점			25	5가지			26	③	27	③	28	②
29	④	30	①	31	①	32	①	33	②	34	③	35	①	36	1080				

01 ③

이 집단의 전체 인구수는 5 + 7 + 10 + 6 + 2 = 30명이고 하루에 30쪽 미만의 책을 읽는 사람 수는 5 + 7 = 12명이므로 $\frac{12}{30} \times 100 = 30(\%)$이다.

02 ②

신재생 에너지 사업 수를 x, 절약 사업 수를 $600 - x$로 두고 부등식을 세우면 $3,500/x \geq 5 \times 600/(600 - x)$이고 이를 정리하면 $x \leq 323.\cdots$이다. 신재생 에너지 사업 수와 절약 사업 수의 차이는 $x - (600 - x)$이므로 $2x - 600$의 최댓값을 구하면 된다. x가 최댓값일 때 $2x - 600$도 최댓값을 가지므로 $x = 323$이면 된다.

03 ①

① <표 2>의 순위점수합은 종현 : 11점, 유호 : 3 + 1 + 1 + 2 + 3 = 10점, 은진 : 1 + 2 + 3 + 1 + 2 = 9점이므로 종현이 가장 크다.

② <표 1>의 비율점수법 중 중앙3합은 종현 : 19점, 유호 : 7 + 6 + 8 = 21점, 은진 : 5 + 7 + 6 = 18점이므로 이 점수가 가장 큰 지원자는 유호이다. 하지만 ① 해설과 같이 순위점수합이 가장 큰 지원자는 종현이다.

③ <표 1>의 비율점수법 중 전체합은 종현 : 28점, 유호 : 9 + 7 + 6 + 3 + 8 = 33점, 은진 : 5 + 8 + 7 + 2 + 6 = 28점이므로 유호가 1등, 종현, 은진이 공동 2등이지만 중앙3합은 ② 해설과 같이 유호가 1등, 종현이 2등, 은진이 3등이므로 등수가 같지 않다.

④ ② 해설과 같이 비율점수법 중 전체합이 가장 큰 지원자는 유호이다.

04 ③

인원수와 상대도수의 비율은 같기 때문에 조사에 응한 고객 수(B = 50)를 구할 수 있다. 100점을 준 고객 수(A)는 50 − (8 + 12 + 15 + 6 + 7) = 2이다. 상대도수 (D)는 인원수 ÷ 전체 인원수이므로, 2 ÷ 50 = 0.04이다. 상대도수(C)는 15 ÷ 50 = 0.30이다. 서비스 만족도 조사에 50명이 응했고, 상대도수가 가장 높은 점수는 40 이상 60 미만이며, 상대도수가 가장 낮은 점수는 100점이었다. 서비스 만족도 조사에 참여한 고객의 20%는 80점 이상을 준 것으로 나타났다. 정답은 ③으로 1/4은 25%이기 때문에 틀린 것이다.

---

05 ①

분산은 각 관측값에서 평균값을 뺀 값에 제곱한 수들의 합을 관측자료 수로 나누므로 평균을 구하면 12이다.

따라서 분산 V는 $V = \dfrac{(3 - 12)^2 + (7 - 12)^2 + (15 - 12)^2 + (23 - 12)^2}{4} = 59$이다.

---

06 ④

표준편차는 분산의 제곱근 값이므로 표준편차가 0이라는 말은 관측 자료와 평균의 차이가 0이라는 의미를 갖는다. 즉, 관측자료의 값이 모두 동일하여 평균 또한 같은 값을 가지는 것을 의미한다.

---

07 ①

A반 전체 학생의 점수 합 = 92 × 20 = 1840

B반 전체 학생 수의 점수 합 = 83 × 25 = 2075

A, B반 전체 학생 수 평균 = $\dfrac{1840 + 2075}{20 + 25} = 87$

---

08 ③

전체 응시자 수를 x라 하면 전체 응시자 점수 총합은 $300x$이다. 각 학생들이 모두 25점씩 오르므로 오르는 점수의 총합은 $25x$가 된다. 따라서 이때의 평균은 $300x + 25x / x = 325$이다. 표준편차의 경우는 모두 동일하게 25점씩 올랐고 평균 또한 25점 올랐으므로 평균과 각 응시자의 점수에는 변동이 없다. 따라서 50점이 된다.

---

09 ③

③ 전사건 S가 일어날 확률은 항상 1이므로 임의의 사건 A가 일어날 확률보다 항상 크거나 같다.

---

10 ①

사건 A가 반드시 일어날 때 확률값은 1이 된다.

11 ②

여사건의 확률은 항상 1에서 어떤 사건이 일어난 확률을 제외한 값이므로 P(A) + P(Ac)은 항상 전사건의 확률인 1이 된다.

12 ③

배반사건은 두 사건이 절대 동시에 일어나지 않는 사건을 말하므로 두 사건의 합의 확률은 각각 사건이 일어날 확률을 더하면 된다.

13 ③

두 사건이 서로 독립일 때에는 두 사건이 동시에 일어날 확률은 각각의 확률을 곱하여 구한다.

14 ①

조건부확률은 사건 A가 일어날 때 B가 일어날 확률을 말하며 이때 B가 일어나는 전제조건은 A가 동시에 일어난 상황이다. 따라서 P(B|A) = P(A∩B) / P(A)이다.

15 ②

표준편차는 집단의 분포가 평균값을 기준으로 얼마나 떨어져 있는지 확인하는 값이다.

16 ①

두 개의 주사위를 던졌을 때 나올 수 있는 가짓수는 6×6=36가지이고 같은 눈이 나오는 가짓수는 (1, 1), (2, 2), (3, 3), (4, 4), (5, 5), (6, 6)의 6가지이므로 1/6이다.

17 ④

같은 색의 공은 구별되지 않으므로 조합을 이용하여 확률을 구할 수 있다. 따라서 12개의 공 중 4개를 꺼내었을 때 $\dfrac{{}_4C_1 \times {}_3C_1 \times {}_5C_2}{{}_{12}C_4} = \dfrac{8}{33}$ 의 확률로 주어진 공의 조합이 나올 수 있다.

18 ③

'적어도'는 여사건의 개념이다. 따라서 전체에서 모두 뒷면만 나오는 확률을 빼면 적어도 하나 이상은 앞면이 나오는 확률이 된다. 그러므로 $1 - \dfrac{1}{2^5} = \dfrac{31}{32}$이다.

---

19 ③

조건부확률을 구하는 문제이다. P(A) = 0.5이고 P(A∩B) = 0.25이다. P(B|A) = P(A∩B) / P(A) = 0.25/0.5 = 1/2이다.

---

20 ①

P(B) = x라 하고 P(A∩B) = y라 하고, P(A∩B) = P(B) · P(A|B)이므로 y = 0.25x이다. 또한 P(AC∩BC) = 1 − P(A∪B)이므로 P(A∪B) = 0.6이다. P(A∪B) = P(A) + P(B) − P(A∩B)이므로 0.6 = 0.3 + x − y이다. 따라서 연립방정식을 풀면 x = 0.4가 된다.

---

21 ②

남편이 생존하지 않을 확률은 0.6, 부인이 생존하지 않을 확률은 0.5이다. 둘 중 한 사람만 생존할 확률은 남편이 죽고 부인이 살아있거나, 남편이 살고 부인이 죽을 확률의 합이다. 따라서 0.6 × 0.5 + 0.4 × 0.5 = 0.5이다.

---

22 ③

수도권 거주자를 A, 수도권 여성고객을 B라 하면 P(A) = 0.6, P(B) = 0.4이다. 조건부확률의 식을 세우면 P(B|A) = 0.4/0.6 = 2/3이다.

---

23 ④

불량품의 생산을 Z라 하면 P(Z) = P(A에서 생산된 불량품) + P(B에서 생산된 불량품) + P(C에서 생산된 불량품)이다.
P(A에서 생산된 불량품) = 0.20 × 0.05
P(B에서 생산된 불량품) = 0.30 × 0.04
P(C에서 생산된 불량품) = 0.50 × 0.02
이므로 P(Z) = 0.032이다. 조건부확률 식을 세우면 P(A에서 생산된 불량품/Z) = 0.01 ÷ 0.032 = 5/16이다.

---

24 48점

2013년의 평균을 x라 하면 2014년은 $x + 10$, 2015년은 $x + 30$이다. 이때 $2x = x + 30$이므로 $x = 30$이다.

따라서 3년간 시험의 평균은 $\dfrac{20x + 30(x+10) + 50(x+30)}{100}$ = 48이다.

---

25 5가지

(1, 2), (1, 3), (2, 1), (3, 1), (2, 2)의 5가지 경우의 수가 존재한다.

---

26 ③

6개의 문자를 일렬로 나열하는 경우의 수는 $\dfrac{6!}{2!2!}$ = 180개다. b는 이웃하고, c는 이웃하지 않는 경우 문자를

일렬로 나열하는 경우의 수는 $3! \times {}_4C_2$ = 36가지이며, b는 이웃하지 않고, c는 이웃하는 경우 문자를 일렬로 나열하는 경우의 수는 $3! \times {}_4C_2$ = 36가지이다. 또, b와 c가 각각 이웃하는 경우의 수는 4! = 24가지이다. 따라서 구하는 경우의 수는 180 − (36 + 36 + 24) = 84가지이다.

---

27 ③

서로 다른 4개의 반에서 3개를 택하는 중복순열의 수와 같으므로 ${}_4\Pi_3 = 4^3$ = 64가지이다.

---

28 ②

A에서 B로 가는 최단 경로의 수는 $\dfrac{8!}{4!4!}$ 가지이다. 또, A에서 C를 거쳐 B로 가는 최단 경로의 수는 $\dfrac{5!}{2!3!} \times$

$\dfrac{3!}{2!1!}$ 가지이다. 따라서 구하는 경우의 수는 $\dfrac{8!}{4!4!} - \dfrac{5!}{2!3!} \times \dfrac{3!}{2!1!}$ = 40가지이다.

---

29 ④

우선 여학생 5명과 남학생 3명을, 남학생이 이웃하지 않도록 "원탁"에 앉게 하는 방법의 수를 생각해 보자. 여학생 5명을 원탁에 앉히는 방법의 수는 (5 − 1)! = 4! = 24가지이고, 여학생 사이에 남학생을 앉히는 방법의 수는 ${}_5P_3$ = 60가지이다. 즉, 원탁에 앉게 하는 방법의 수는 24 × 60 = 1,440가지이다. 이제, 주어진 문제를 풀기 위하여 "원탁"을 "직사각형 모양의 탁자"로 바꾸어 생각해 보면 3명이 직사각형의 탁자에 앉을 때 기준을 어느 자리에 고정시키느냐에 따라 앉는 방법이 아래의 경우로 달라진다.
따라서 구하는 방법의 수는 1,440 × 4 = 5,760가지이다.

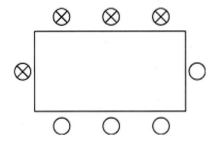

---

30 ①

10명 중 4명을 뽑는 경우의 수는 $_{10}C_4$ = 210가지이다. 또, 뽑힌 4명이 원탁에 둘러앉는 방법의 수는 (4−1)! = 3! = 6가지이다. 따라서 구하는 방법의 수는 210 · 6 = 1,260가지이다.

---

31 ①

(i) 사과주스 5병을 3명에게 남김없이 나누어 주는 경우의 수는 $_3H_5$ = $_{3+5-1}C_5$ = $_7C_2$ =21가지이다.

(ii) 포도주스 4병을 3명에게 남김없이 나누어 주는 경우의 수는 $_3H_4$ = $_{3+4-1}C_4$ = $_6C_2$ =15가지이다.

(iii) 감귤주스 3병을 3명에게 남김없이 나누어 주는 경우의 수는 $_3H_3$ = $_{3+3-1}C_3$ = $_5C_2$ = 10가지이다.

따라서 구하는 경우의 수는 21 × 15 × 10 = 3,150가지이다.

---

32 ①

남자 6명 중에서 3명을 뽑는 방법의 수는 $_6C_3$ = 20가지이다. 또, 여자 4명 중에서 2명을 뽑는 방법의 수는 $_4C_2$ = 6가지이다. 따라서 구하는 경우의 수는 20 × 6 = 120가지이다.

---

33 ②

자연수 8을 3개의 자연수로 분할하면 6 + 1 + 1 = 5 + 2 + 1 = 4 + 3 + 1 = 4 + 2 + 2 = 3 + 3 + 2으로 P(8, 3) = 5이다. 따라서 a>b>c를 만족하는 방법의 수는 2개다.

---

34 ③

네 자리 전화번호의 개수는 10^4개다. 또, 3을 포함하지 않는 네 자리 전화번호의 개수는 9^4개, 7을 포함하지 않는 네 자리 전화번호의 개수는 9^4개다. 이때, 3과 7을 포함하지 않는 네 자리 전화번호의 개수는 8^4개다. 따라서 구하는 경우의 수는 10^4 − (9^4 + 9^4 − 8^4) = 10^4 − 9^4 × 2 + 8^4 개다.

---

35 ①

(i) A에서 $\overline{PQ}$를 거쳐 B로 가는 최단 경로의 수는 $\dfrac{2!}{1!1!} \times \dfrac{4!}{2!2!}$ 가지이다.

(ii) A에서 $\overline{RS}$를 거쳐 B로 가는 최단 경로의 수는 $\dfrac{4!}{3!1!} \times \dfrac{2!}{1!1!}$ 가지이다.

(iii) A에서 $\overline{PS}$, $\overline{RS}$를 거쳐 B로 가는 최단 경로의 수는 $\dfrac{2!}{1!1!} \times 1 \times \dfrac{2!}{1!1!}$ 가지이다.

따라서 (i), (ii), (iii)에 의하여 구하는 경우의 수는

$\left(\dfrac{2!}{1!1!} \times \dfrac{4!}{1!1!} \right) + \left(\dfrac{4!}{3!1!} \times \dfrac{2!}{1!1!} \right) - \left(\dfrac{2!}{1!1!} \times 1 \times \dfrac{2!}{1!1!} \right) = 16$가지이다.

---

36 1080

서로 다른 3개의 부서를 A, B, C라 하고, 각 부서에 3명, 3명, 4명을 배치한다고 하자.

(i) 남자 직원 4명을 1명, 1명, 2명으로 나누는 방법의 수는 $_4C_1 \times {_3}C_1 \times {_2}C_2 \times \dfrac{1}{2!} = 6$가지이다.

또, 2명이 배치되는 부서는 C이므로 남자를 3개의 부서로 배치하는 방법의 수는 $1 \times 2! = 2$가지이다.
따라서 남자 직원을 배치하는 방법의 수는 $6 \times 2 = 12$가지이다.

(ii) 여자 직원 6명을 2명, 2명, 2명으로 나누는 방법의 수는 $_6C_2 \times {_4}C_2 \times {_2}C_2 \times \dfrac{1}{3!} = 15$가지이다.

또, 3개의 부서로 배치하는 방법의 수는 $3! = 6$가지이다. 따라서 여자 직원을 배치하는 방법의 수는 $15 \times 6 = 90$가지이다. 따라서 구하는 방법의 수는 $12 \times 90 = 1,080$가지이다.

01	③	02	①	03	1) ③, 2) ③	04	③	05	1) ①, 2) ④	06	②	07	③	08	①
09	②														

01 ③

① <표>에 제시된 국립공원 중 문화재 관람료가 한 번도 변경되지 않은 사찰은 '쌍계사', '천은사', '보리암'으로 총 3곳이다.

② 2006년에 문화재 관람료가 가장 높은 사찰은 2,200원인 '화엄사', '법주사'이고, 2008년에 문화재 관람료가 가장 높은 사찰은 4,000원인 '불국사', '석굴암'이다.

③ 지리산 국립공원 내에서 각 사찰의 2007년의 전년대비 증가율을 보면 우선 '쌍계사', '천은사'는 변화가 없다. 변화가 있는 곳은 '화엄사', '연곡사'인데, 화엄사는 전년대비 800원이 증가하여 약 36.4%의 증가율을, 연곡사는 전년대비 400원이 증가하여 25%의 증가율을 보이므로 화엄사의 증가율이 가장 높다.

④ 설악산 국립공원 내 사찰에서 2007년부터 문화재 관람료를 받지 않는 곳은 '백담사'만 해당하며, 신흥사는 2,500원의 관람료를 받고 있다.

02 ①

2009년과 2010년 사이에 순위의 변동이 없다가 2011년에 순위가 하락한 것은 A와 B이다. 따라서 C에 주먹밥이 있는 ④는 제외된다.

매년 순위가 상승한 것은 D와 E이다. 따라서 C에 오렌지주스가 있는 ②는 제외된다.

만약에 오렌지주스가 E가 된다면 2010, 2011년 모두 주먹밥이 오렌지주스보다 판매량이 많게 되므로 오렌지주스는 D가 되며, 주먹밥은 B가 된다. 따라서 ①이 답이 된다.

생수는 <조건 1>, <조건 2>를 통해 ②, ④가 제외되면서 C로 확정된다.

따라서 A-캔커피, B-주먹밥, C-생수, D-오렌지주스, E-참치맛 밥이다.

03 1) ③

① 주어진 자료에서는 저축액에 대한 내용을 확인할 수 없다.

② 60대와 70대 이상의 경우 2010년 저축률보다 2008년 저축률이 더 높다.

③ 2008년 대비 2010년의 저축률 증감 추이 폭은 50대 – 40대 – 30대 이하 – 60대 – 70대 이상 순으로 적다.

④ 2008년 대비 2012년에 저축 인원이 가장 큰 폭으로 변한 연령대는 70대이다.

2) ③

증감률 산출 공식 = (산출년도 백분율 − 기준년도 백분율)/기준년도 백분율×100

2010~2012년 사이의 증감률이 2012~2014년 사이 증감률과 동일하다는 가정 하에 비례식을 세우고 2014년의 증감률을 구할 수 있다.

2010년 대비 2012년의 30대 이하 저축률 증감률은 (69.9 − 81.1)/81.1×100 = −13.81%이다.

2014년 30대 이하 저축률 증감률이 2012년 대비 13.81% 감소한다고 가정하고 비례식을 세우면 다음과 같은 식이 나온다.

$(x − 69.9)/69.9×100 = −13.81$

$x − 69.9 = (−13.81×69.9)/100$

$x = 69.9 − 9.65$

$x = 60.25$

04 ③

① ※ 2)에서 '−'가 있는 코너는 금주에 신설된 코너를 의미한다고 하였으므로 7월 마지막 중에 신설된 코너가 2개, 10월 첫째 주에 신설된 코너가 1개이다. 하지만 '7월 마지막 주부터 10월 첫째 주 동안' 신설된 코너의 수는 알 수 없다.

② <표 2>에서 신설된 코너를 제외하고 10월 첫째 주에 전주보다 시청률이 낮은 코너로는 '세가지(19.9% → 19.8%)'가 있다.

③ <표 1>의 7월 마지막 주 시청률을 보면 시청률이 20% 미만인 코너는 '예술성', '어색한 친구', '좋지 아니한가', '합기도'이고, <표 2>에서 10월 첫째 주 시청률이 20% 미만인 코너는 '세가지', '아이들', '합기도'이다. 따라서 모두 20% 미만인 코너는 '합기도'뿐이다.

④ <표 1>과 <표 2>에서 신설된 코너와 폐지된 코너를 제외하고 공통으로 포함되어 있는 코너를 대상으로 비교하였을 때, 7월 마지막 주의 시청률 상승폭이 가장 큰 코너는 '세가지(+5.3%p)'이고, 10월 첫째 주의 시청률 상승폭이 가장 큰 코너는 '생활의 문제(+7.4%p)'이다.

05 1) ①

첫째 주 수출액을 원화로 환원하면 8,000(개)×72(달러)×947.50(환율) = 545,760,000(원)이다. 같은 방법으로 넷째 주 가상 수출액을 원화로 환원하면 8,000(개)×72(달러)×957.35(환율) = 551,427,840(원)이다. 따라서 551,427,840 − 545,760,000 = 5,667,840(원)이다.

2) ④

첫째 주 지출 금액은 미꾸라지 7,500(kg)×100(위안)×118.14(환율) = 88,605,000(원)이다. 같은 방법으로 나머지 지출 금액을 구하면 둘째 주는 49,627,200원, 셋째 주는 44,285,300원, 넷째 주는 95,736,000원이다. 이를 모두 합하면 278,253,500원이다.

06 ②

해당 연도의 GDP 총액은 다음과 같다.

2010년 GDP = $45.5 \times \dfrac{100}{4.4}$ = 1,034.1조 원

2011년 GDP = $45.2 \times \dfrac{100}{4.2}$ = 1,076.2조 원

2012년 GDP = $49.2 \times \dfrac{100}{4.2}$ = 1,171.4조 원

2013년 GDP = $52.3 \times \dfrac{100}{4.2}$ = 1,245.2조 원

따라서 2011년 GDP 증가율은 $\dfrac{1,076.2}{1,034.1} \times 100 - 100$ = 4.1%이고 같은 방식으로 2012년 GDP 증가율은

8.8%, 2013년 GDP 증가율은 6.3%이다.

07 ③

① 그림 1에서 19세 이하의 경우 각 연령대에서 모두 남성의 총진료비가 많다.
② 그림 1에서 20세 이상의 경우 각 연령대에서 모두 여성의 총진료비가 많다.
③ 그림 2에서 20세 이상의 남성의 경우 70세 이상에서는 오히려 감소하였으므로 틀린 지문이다.
④ 총진료비 차이는 막대그래프의 크기 차이가 가장 큰 20 ~ 29세에서 가장 크고 차이가 가장 작은 것은
   1세 미만이 맞다.

08 ①

① 옳다. 두 번째 자료에서 제시한 2008년 가격 상승값과 세 번째 자료에서 나타난 가격 하락과 반등 양상
   을 모두 잘 반영하고 있다.
② 옳지 않다. 2012년의 폴리실리콘 가격이 제시된 자료와 다르다.
③ 옳지 않다. 2008년의 폴리실리콘 가격 상승을 반영하지 못하고 있다.
④ 옳지 않다. 자료에 따르면 2014년 폴리실리콘 가격은 하락한 바가 없다.

09 ②

ㄱ. '사용어려움'과 '비호환성' 응답자 수의 합은 18명이다. 따라서 전체의 36%이다.
ㄴ. <그림>으로부터 '사용어려움'은 15명, '비호환성'은 3명이 응답했음을 알 수 있다. 임의의 두 항목 중

응답자 수 합의 최솟값은 6이며 이 때의 비율은 12%이므로 10% 미만은 될 수 없다.

ㄷ. '비호환성'과 '스펙불일치'는 같은 응답자 수이므로 등호관계가 성립한다.

ㄹ. 그래프에 따르면 '사용어려움'이 15, '비호환성'이 3이지만 진술대로 고치면 '사용어려움', '시끄러움', '비호환성'이 모두 9명의 응답자 수를 기록한다.

문제해결능력 정답 및 해설

01	③	02	③	03	①	04	①	05	①	06	①	07	④	08	②	09	③	10	③
11	④	12	①	**13**	①	14	②	15	④	16	④	17	①	18	③	19	②	20	①

01 ③

제시된 조건 중 '김 씨는 한국인이다'를 보았을 때, '한국인이 아니면 김 씨가 아니다'라는 대우조건이 성립한다. 또한 '최 씨가 아니면 김 씨다'라는 조건을 대입해 보면 ③ '한국인이 아니면 최 씨다'라는 것은 항상 참이다.

02 ③

해당 문제는 쉬운 유형에 속하지만 기본적인 유형에 적응하여 가능한 빨리 푸는 것이 중요하다. 제시된 조건을 보면 모든 수학은 유용하고 경제학은 수학이기 때문에 ③ '모든 경제학은 유용한 것이다'는 항상 참이다.

03 ①

04 ①

제시된 내용을 그림이나 표로 정리하면 어렵지 않게 풀 수 있다.

05 ①

국가	수입품	수출품
A	철	자동차
B	TV	엔진
C	비행기	철
D	자동차	TV
E	엔진	비행기

06 ①

지환의 진술이 참인 경우에, 진주의 진술인 자신과 혜지가 친구라는 명제가 거짓이 되므로 둘 중 한 사람은 거짓말을 하고 있다. 준영의 진술이 참인 경우, 자신과 철규가 친구라는 영인의 진술은 거짓이 된다. 그러므로 준영과 영인 중 적어도 한 사람은 거짓말을 하고 있다. 거짓말을 한 사람은 두 명이므로 이 네 사람을 제외한 나머지 두 사람의 진술은 참이다. 즉, 준영과 혜지는 친구 사이이다. 이를 통해서 진주의 진술이 거짓임을 알 수 있으므로 지환의 진술은 참이 되며, 따라서 거짓말을 한 사람은 준영과 진주이다.

07 ④

참, 거짓에 관한 문제가 나오면 신속하게 풀기 위해 우선 서로 모순되는 진술이 있는가를 찾아야 한다. 그러나 A의 안내문과 B의 안내문은 모순관계가 아니다. 조금 복잡하더라도 A, B, C의 안내문을 참으로 가정하고 세 경우를 비교해야한다.
A의 안내문이 참인 경우 : A-보물, B-왕자, C-비어 있음
B의 안내문이 참인 경우 : A-보물, B-비어 있음, C-왕자
C의 안내문이 참인 경우 : A-비어 있음, B-왕자, C-보물 / 이 경우에는 A의 안내문도 참이 되므로 틀린 것이다. 따라서, 정답은 ④이다.

08 ②

09 ③

10 ③

11 ④

12 ①

방사형 차트에서 방사축의 항목과 방사선의 항목이 무엇인지 정확하게 확인하고 이를 토대로 문제를 해결해야 한다.
① 안정성지수는 시간순서에 따라서 바깥쪽으로 이동하므로 직전기간에 대해서 모두 증가하였다. 또한 구조개혁 전반기가 초기값은 작으면서 증가량은 크기 때문에 증가율이 더 크게 나타난다.
② 증감폭은 증가량 또는 감소량의 절대값 구조개혁 전반기를 비교해보면 양적성장지수는 $1.5 - 0.7 = 0.8$, 안정성지수는 $0.8 - 1.25 = |0.45|$로 틀린 문장이다.

③ 양적성장지수의 경우를 보면 전자가 1.5 − 0.7 = 0.8, 후자가 0.7 − 0.45 = 0.25로 전자가 더 크므로 틀린 진술이다.

④ 질적성장지수는 50% 미만 감소했다.

---

13 ①

ㄱ. 직원 1인당 총자산 = $\dfrac{\text{총자산}}{\text{직원 수}}$

한국씨티 : 국민

$= \dfrac{750}{3,000} : \dfrac{2,700}{18,000} = \dfrac{1}{1} : \dfrac{4}{6} = 6 : 4$

(분모끼리 분자끼리 각각 약분함)

ㄴ. 총자산순이익률 = 당기순이익 = $\dfrac{Y}{X}$

원점(0, 0)에서 연결한 기울기로 판단한다. 기울기가 Y축에 가까울수록 총자산순이익률이 높고 X축에 가까울수록 낮다. 따라서 하나은행의 총자산순이익률이 가장 낮고, 외환은행이 가장 높다.

ㄷ. 직원 1인당 당기순이익 = $\dfrac{\text{당기순이익}}{\text{직원수}}$

외환은행이 신한은행보다 자대모소(분자 크고 분모 작다)이다. 즉 분자인 당기순이익(원의 중심을 기준으로 Y축 값)은 크고, 분모인 직원 수(원의 크기)는 작다. 따라서 신한은행의 직원 1인당 당기순이익은 외환은행보다 작다.

ㄹ. 당기순이익은 각 원의 중심을 기준으로 축 값을 읽는다. 가장 적은 은행은 하나은행이다.

---

14 ②

세계 각국의 다양한 화폐가 언급되었으므로 여러 나라의 상품화폐를 언급한 (다)가 와야 하며, 다음에 상품화폐의 기능적 제한을 언급한 (가)가, 상품화폐의 대안으로 금속화폐가 언급된 (나)가 와야 글의 흐름상 적절하다.

---

15 ④

본문에서 '아메리카와 아프리카 대륙에서 대규모로 산출된 금과 은은 기축 통화로서 전 세계적으로 유통되었다.'고 하였으므로 소량만 발행되었다는 것은 틀린 답이 된다.

---

16 ④

먼저 MECE란, '어떤 사항을 중복 없이, 그럼에도 누락 없는 부분의 집합체로서 파악하는 것'을 의미한다.

따라서 ㄱ,ㄴ,ㄷ 항목의 사례는 ME(상호배타적)/CE(전체집합적)을 모두 만족시킨다. ㄹ 사례에서 Software와 OS는 중복되는 개념이다. 게다가 SSD와 Software는 분류 Level이 어울리지 않는다.

17 ①

내부위원의 많은 개입으로 인해 공정성이 떨어지고 있다. 따라서 외부위원 과반수 이상 참석 의무화로 수정하여야 한다.

18 ③

위 문제와 마찬가지로 문제점과 개선안을 정확히 이해하지 못하면 풀지 못하는 문제이다. 내용을 요약하면 다음과 같다.
○ 심사위원회 구성·운영 투명성 확보

    입점·납품업체 선정 및 재계약 심사위원회의 공정성 담보를 위해 선정·평가 심사위원회 구성 관련 규정 신설 및 개정

    - 이해관계 위원의 참여에 의한 비리차단을 위해 위원 POOL제 및 이해관계 위원의 기피·회피제 도입

    - 공정한 심사를 위해 위원 POOL의 감사부서 관리 및 심사위원회 구성 시 외부위원의 과반수 이상 참여 의무화

○ 내부위원의 경우 담당부서 이외 부서의 임직원 참여비율 확대 및 평가 부서 간 교차평가 방식 도입

19 ②

기업 전체남성 수를 x라고 하면,

성인병이 있는 남성 수는 $0.2x$(성인병이면서 비만은 $0.14x$, 성인병이면서 비만 아님은 $0.06x$)

성인병이 없는 남성 수는 $0.8x$(성인병이 없으면서 비만은 $0.24x$, 성인병이 없으면서 비만 아님은 $0.56x$)

따라서 비만인 남성 중 성인병이 있는 남성 비율은

$0.14x / (0.14x + 0.24x) = 14/38 = 37\%$

20 ①

5why의 사고법에 관한 것이다. 어떤 문제 현상의 원인이 무엇인가, 즉 인과 관계를 따지고 들어가기 위해 '왜 그럴까'를 거듭해서 (최소 다섯 번) 고민하는 사고법이라고 볼 수 있다. 자료에 제시된 내용을 인과 관계로 나열하면, 실적 하락은 업무 숙련도가 떨어지기 때문이고, 이는 코칭이 부족하기 때문이고, 이는 팀장이 너무 바쁘기 때문이고, 결국 팀장이 대부분의 업무를 직접 하려고 하기 때문이다. 따라서 정답은 ①이다.

01	③	02	④	03	②	04	③	05	②	06	③	07	④	08	③	09	①	10	②
11	③	12	③	13	②	14	①	15	③	16	①	17	④	18	②	19	②	20	③
21	④	22	②	23	③	24	③	25	④	26	②	27	②	28	③	29	③	30	③

01 ③

단기계획은 자기개발에 있어서 매우 중요하다. 그러나 10년 계획은 장기계획으로서 앞으로 나아갈 방향을 제시해 주기 때문에 장기계획을 세운 후 단기 계획을 세분화하여 구체적으로 작성하는 것이 바람직하다.

02 ④

업무에서 자기 관리를 하는 과정은 다음과 같다.
[비전 및 목적 정립]→[과제 발견]→[일정 수립]→[수행]→[반성 및 피드백]
그러므로 맨 첫 단계인 비전 및 목표를 세우는 것이 가장 먼저 해야 할 일이다.

03 ②

업무의 전망은 자아인식과 관련이 없다.

04 ③

올바른 자아인식을 통해서 자기개발의 방법을 결정할 수 있고, 본인의 자아정체감을 확인할 수 있으며, 자아인식을 통해서 자신만의 성장 욕구를 좀 더 발달시킬 수 있다. 또한 팀 내에서의 업무 성과도 더욱 증가할 수 있다.

05 ②

자기개발을 하는 과정에서 업무의 성과는 더욱 높아지고, 시간은 훨씬 효율적으로 이용할 수 있기 때문에 그에 따라 인간관계는 소홀해지기보다 더욱 좋아질 수 있다.

06 ③

본인을 PR하는 방법은 경력 포트폴리오 만들기, 본인의 명함 만들기, 소셜네트워크로 알리기, 인적 네트워크를 활용하기가 있다.

---

07 ④

업무의 효율성을 높이는 방법에는 우선순위 업무를 먼저 처리하기, 우수사원을 본받아서 일을 처리하기, 유사한 일들을 모아 한 번에 처리하기 등이 있다. 하지만 본인만의 업무지침을 세우는 것보다는 회사의 지침을 따르는 것이 옳다.

---

08 ③

숨겨진 창은 자신만 아는 자아로서 아무도 눈치채지 못하는 자아를 말한다. 또한 직장 내에서는 볼 수 없지만, 혼자만의 시간을 가질 수 있는 가정에서 알아챌 수 있는 자아를 말한다.

---

09 ①

본인의 경력계발을 위해서는 본인의 업무개발을 위한 교육을 받기 전에 먼저 목표를 세우고, 그에 따른 교육을 받는 것이 옳다.

---

10 ②

업무에 있어서 우선순위를 정하는 것은 매우 중요하다. 우선순위를 정할 때 급히 해결해야 하는 일뿐만 아니라 중요한 업무를 빠뜨려서는 안 된다. 그러므로 중요한 업무와 급한 업무와의 신중한 조율을 통하여 업무를 처리해 나가도록 한다.

---

11 ③

신입사원이 일을 큰 단위로 맡아서 업무를 하기에는 무리가 있으므로 일을 작은 단위로 나누어 차근차근 업무를 수행하도록 한다.

---

12 ③

업무 능력을 향상하기 위한 자기개발은 필수적인 사항이다. 그러나 회사의 업무를 진행하며 개인의 일상생활과 상충하는 갈등 상황이 발생하기도 한다. 제시된 ①, ②, ④의 내용은 자기개발 계획의 어려움을 만들어 내는 사례이지만 ③의 내용은 자기개발 계획과 일상생활의 갈등을 해결하기 위한 방법 중의 하나라고 볼 수 있다.

자기개발의 계획수립이 어려운 경우

• 자신의 흥미, 적성, 가치, 신념 등 자신에 대한 정보가 부족한 경우

- 회사 내에서의 직무 가능성 등의 정보가 부족한 경우
- 자신의 회사 밖에서의 경험 정보가 부족한 경우
- 자기개발 계획 수립 시 자신감이 부족한 경우
- 자신의 목표와 일상생활과의 갈등이 있는 경우
- 시간, 재정적 문제가 생길 경우

---

13 ②

팀워크도 중요하지만, 본인의 업무성과를 위해서는 자기자본 이익률을 높이는 쪽으로 노력하는 것이 타당하다.

---

14 ①

본인의 업무에 대한 흥미도가 떨어질 경우에 발생하는 문제점에 대해서는 많은 정보를 찾고, 해결책을 찾는 것이 옳다. 또한 업무를 잘하는 팀원이나 선배에게서 정보를 듣는 것도 좋은 방법이다.

---

15 ③

특정 직무를 파악하기 위한 자료는 환경에 대한 이해라 할 수 있다.

---

16 ①

자기개발을 하려면 타인과의 대화, 검사 등을 이용해 자신을 잘 파악하는 자아인식의 단계가 가장 먼저 필요하다.

---

17 ④

자기개발을 하는 목적 중에는 삶의 가치를 높이기 위한 목적도 포함되어 있다.

---

18 ②

빈칸은 경력 중기단계로 이때에는 초기단계에서 해왔던 업무에 대해 재평가하고, 피드백을 해야 하며 본인의 역량을 증대시키려 하기보다는 지속적으로 회사에서 업무를 잘 처리할 수 있도록 노력하는 것이 더 적합하다고 할 수 있다.

---

19 ②

평가기관의 전문가와 면담을 하는 것은 직업에 대한 자세한 정보를 알기보다는 자신이 그 분야와 맞는지에 대한 적성 등을 알 수 있는 부분이라 할 수 있다. 본인이 이미 적성에 맞고, 성찰을 통해 직업을 택했으

므로 환경에 대한 탐색을 하는 것이 옳다.

20 ③

직무환경에 대해 알아보는 것보다 본인에게 맞는 직무를 알아보고, 능력을 기르는 것이 더 중요하다.

21 ④

매슬로우의 네 번째 욕구 단계는 존경 욕구로 주위사람들로부터 신임을 받고, 주목과 인정을 받으려는 욕구이다. 참고로 매슬로우의 욕구단계는 5가지로서 첫 번째는 생리적 욕구, 두 번째는 안전욕구, 세 번째는 사랑과 소속욕구, 네 번째는 존경욕구, 5번째는 자아실현 욕구로 인간은 이 욕구단계를 차례대로 만족하려 한다고 한다.

22 ②

급한 업무도 중요하지만, 중요한 일과 급한 업무의 우선순위를 잘 정해서 업무를 처리하도록 한다.

23 ③

자기개발을 방해하는 요소는 다음과 같다.
• 기본적인 욕구가 충족된 후 자기개발욕구가 추구될 수 있기 때문에 기본욕구를 중시하거나 감정이 개입되는 경우
• 제한적인 사고로 인해 본인의 장단점을 파악하기 어려운 경우
• 현재 익숙해져 있는 환경에 벗어나지 않으려 하는 경우
• 방법을 잘 모르는 경우
현재 정부에서는 회사원들이 자기개발을 하기 위한 프로그램을 고용노동부, 한국산업인력공단 등을 통해서 지원하고 있다. 그러므로 C가 한 말을 옳지 않다고 할 수 있다.

24 ③

어떤 상품에 대한 익숙하고 편안한 느낌은 친근감을 이야기하고, 그 브랜드를 가지고 싶어 하는 욕구는 열정에 해당한다. 또한 관계를 계속 유지할 수 있도록 하는 신뢰감은 책임감에 속한다.

25 ④

자아인식은 자신의 흥미, 능력, 적성 등을 파악함으로써 자기정체감을 확실히 하고, 이를 통해 개인과 팀의 작업성과를 높일 수 있다. 그러나 인맥을 형성하는 것과는 별 상관이 없다.

26 ②

프로젝트를 다시 보는 과정은 내가 지난 프로젝트를 통해서 실수했던 부분을 다시 확인하고, 이를 보완해 나갈 수 있기 때문에 중요하다.

---

27 ②

자기관리의 단계는 5단계로 비전 및 목표 설정 → 목표에 따른 과제 발견 → 과제에 따른 일정 세우기 → 일정 수행 → 되돌아보며 반성 및 피드백으로 이루어진다. 이 단계에서 첫 단계는 비전 및 목표 설정으로 본인의 비전 및 목표를 설정할 때에는 본인이 가장 좋아하는 것, 가치관, 목표 등을 잘 생각하여 설정해야 한다.

---

28 ③

WLB는 Work-Life Balance의 줄임말이라 할 수 있다. 이는 일과 생활의 균형을 뜻하는 단어로, 근로자가 일과 생활을 균형 있게 잘 해나가는 상태를 말한다.

---

29 ③

거절을 할 때에는 단시간 내에 빨리 대답을 주는 것이 맞다.

---

30 ③

합리적 의사결정 과정은 다음과 같다.
문제의 근원을 파악 → 의사결정 기준 정하기 → 결정에 필요한 정보를 수집 → 가능한 대안책을 모색 → 각 대안 평가 → 가장 적합한 해결책 결정 → 결과 평가 및 피드백

01	②	02	④	03	①	04	③	05	②	06	③	07	③	08	②	09	①	10	④
11	②	12	④	13	①	14	①	15	③	16	①	17	④	18	①	19	③	20	④

01 ②

2조 2교대의 월간 근무시간은 229.9시간이다. 여기서 3.5조 3교대로 전환할 때 근무시간은 192.4시간이다. 차이는 229.9 − 192.4 = 37.5시간이다.

02 ④

교대조 전환 시 근무인원은 더욱 늘어나게 된다. 또한 근로시간 단축으로 인한 임금하락의 우려가 있기 때문에 구멍 난 임금을 채워 주는 통상임금을 통해 근무환경을 개선하는 노력을 해야 한다.

03 ①

총 거리는 720km이며 L당 연비 및 연료 가격이 주어져 있다. 주어진 자료를 이용하여 계산을 하면 총 연료비가 가장 저렴하게 드는 노선을 구할 수 있다.
완행 - 연료사용량 : 720/2 = 360 총 연료비 : 288,000
쾌속 - 연료사용량 : 720/4 = 180 총 연료비 : 180,000
급행 - 연료사용량 : 720/6 = 120 총 연료비 : 192,000
특급 - 연료사용량 : 720/8 = 90 총 연료비 : 225,000
총 연료비가 가장 저렴한 노선은 쾌속 노선이다.

04 ③

전체 노선의 길이(720km)와 평균 속력이 주어져 있으므로, 이동 시간을 구할 수 있다. 또한 역에서의 정차 시간을 고려하여야 하는데, 출발역과 도착역을 제외하고 정차 시간은 구간당 10분씩이다. 완행 노선은 7개 역, 쾌속 4개 역, 급행 3개 역, 특급 2개 역이다.
완행 - 이동시간 : 720/90 = 8 정차시간 : 10×7 = 70 총 소요시간 9시간 10분
쾌속 - 이동시간 : 720/120 = 6 정차시간 : 10×4 = 40 총 소요시간 6시간 40분
급행 - 이동시간 : 720/180 = 4 정차시간 : 10×3 = 30 총 소요시간 4시간 30분
특급 - 이동시간 : 720/240 = 3 정차시간 : 10×2 = 20 총 소요시간 3시간 20분

가장 빨리 도착하는 노선은 특급 노선이며 3시간 20분이다. 가장 늦게 도착하는 노선은 완행 노선으로 9시간 10분이다. 따라서 배송 시간의 차이는 5시간 50분이다.

---

05 ②

급행과 특급은 F역에 정차하지 않는다. 따라서 급행과 특급 열차는 고려 대상이 아니다. A > I > F까지 정차역은 완행 노선이 10개, 쾌속 노선이 5개 역이다. 또한 총 노선 길이 720km이고 구간의 거리가 같기 때문에 총 이동거리는 990km이다.

완행 – 이동시간 : 990/90 = 11 정차시간 : 100분, 총 소요시간 : 12시간 40분

쾌속 – 이동시간 : 990/120 = 8.25 정치시간 : 50분, 총 소요시간 : 9시간 5분

총 소요시간이 10시간을 넘지 않아야 하기 때문에 쾌속이 정답이다.

---

06 ③

상황판단에 관련한 문제는 출제되는 양식을 보면 완벽한 정답의 형태가 없다. 회사마다 선호하는 상황대처와 관리능력이 상이하기 때문이다. 그러나 정답은 반드시 직업인으로서 조직에서의 역할을 기준으로 고르는 것이 타당하다.

---

07 ③

①, ②, ④의 사례는 조직 정책과 관련된 불만이다. 그러나 사원 Y는 부장의 독단적인 평가로 인한 불이익에 대해 호소하고 있기 때문에 귀하는 사원 Y의 불만과 상황에 대한 조사를 먼저 해야 한다.

---

08 ②

A동 스탠드형 설치비용은 설치비 50,000, 배관비 17,000이다. 여기서 배관비는 R – 22 / R410 으로 나뉘는데 B 과장은 비싸더라도 좋은 것을 선택하도록 지시하였다. 따라서 배관비는 17,000원이다.

B동 설치비용은 실외기 거치대와 사다리차 비용을 제외하고 A동과 동일하다.

따라서, 67,000 × 2 + 12,000 = 254,000 + 부가세 = 279,400이 된다. 여기에 사다리차 비용을 합하면 총 비용인 579,400원이 된다.

---

09 ①

A 씨가 예산을 잘못 책정한 것은 자신의 업무를 성실히 수행하지 못한 것은 맞다. 그러나 회사의 업무상의 과실을 숨긴 채 자신의 비용으로 처리하는 것은 직업인으로서의 태도에 어울리지 않는다.

---

10 ④

① "비례한다"는 표현은 "변화 방향의 일치"로 이해하여야 한다. 해당기간 동안 사무용품 수와 보관 물품의 수가 비례한다면 사무용품 수가 늘었을 경우 보관 물품의 수도 늘어야 하는데 2012년과 2015년에는 그렇지 않다.

② 2014년과 2015년의 경우 전체 사무용품 수 대비 B 부서 사무용품 수 비율은 각각 전년에 비해서 증가한다.

③ 2013년의 경우 B 부서가 가장 낮다.

④ 전체 보관 물품의 개수가 가장 적은 연도는 2012년이고, 이때 사무용품 수 대비 보관 물품 수의 비율은 D 부서가 166/247(대략 2/3)로 70% 미만이고, B 부서는 49/68(대략 5/7)로 70% 초과이며, B 부서는 21/28(=3/4)로 75%이다. 따라서 기타를 제외하고 D 부서가 사무용품 수 대비 보관 물품 수의 비율이 가장 낮다.

11 ②

대화문을 보면 연회 기간은 총 4일이며 초청인원은 120명 및 동반 1인까지 참석이 가능하기에 240명 이상이 수용 가능한 연회장을 임대하여야 한다. 또한 임대료에 할당된 예산안이 1,350만 원이 넘지 않아야 하기 때문에 제시된 임대료 표를 확인하면 B홀이 적절하다.

A홀 : 총 임대료가 1,920만원으로 예산을 초과한다.

C홀 : B홀과 동일한 임대료를 나타내지만 할인율이 10%밖에 되지 않는다. 따라서 총 임대료가 1,370만 원으로 예산을 초과한다.

12 ④

전체 구성원 모두를 만족시킬 수 있고, 지정된 회의시간 1시간을 가장 효율적으로 진행할 수 있는 시간대는 제시된 ④의 시간대이다.

13 ①

먼저 2가지를 계산한다. 첫 번째는 가장 단가가 낮은 제작 방법을 구하고 다음으로 내구성이 좋은 방법을 구한다.

단가가 가장 낮은 제작 방법은 플립 가죽(15,000)×3 + 인조 스웨이드(3,000)×2 = 51,000이다.

내구성이 좋으며 가격이 저렴한 램스킨 가죽(17,500)×3 + 합성 스웨이드(4,000)×2 = 60,500이다. 램스킨 가죽 + 인조 스웨이드를 조합하면 58,500이지만 차액이 7,000을 넘기 때문에 제품 원가가 가장 저렴한 원단이 우선시된다.

14 ①

제작 주문은 13일에 시작한다. 이 시간 이후로 제작 공임은 무시한 채, 가장 빨리 400개의 구두를 만들어 낼 수 있는 공장은 가 공장이다.

15 ③

앞의 두 문제를 종합하면 원가는 75,000원이 된다.

16 ①

NCS에서 자주 나오는 유형이다. 이 유형은 전부 숫자로 바꾸어서 봐야 한다.

	브랜드 가치	가격	무게	디자인	실용성
D	3	3	4	4	4
P	3	2	3	4	3
S	3	2	4	3	3
Q	3	4	3	4	3
R	4	2	3	2	2

20대는 브랜드 가치, 가격, 디자인을 선호한다고 한다. 3가지 항목을 전부 더해서 각각의 제품들과 비교해 보면 Q가 11점으로 20대가 선호하는 제품이다.

17 ④

위 해설 참고

18 ①

위 해설 참고

19 ③

20대와 30대 모두를 만족시키는 제품을 찾는 것이다. 마찬가지로 브랜드 가치, 가격, 무게, 실용성을 모두 더한 후의 값을 비교해주면 된다.

D : 3 + 3 + 4 + 4 = 14

P : 3 + 2 + 3 + 3 = 11

S : 3 + 2 + 4 + 3 = 12

Q : 3 + 4 + 3 + 3 = 13

R : 4 + 2 + 3 + 2 = 11

따라서 20대와 30대를 모두 만족시키는 제품은 D이다.

---

20 ④

각 제조사의 매출액의 추이를 먼저 검토 → A사는 매년 증가, B사는 감소추세, C사는 증가추세

ㄱ. '갑'제품의 시장규모는 A, B, C 3사의 매출액의 합이다. 2003년의 경우를 보면, A사의 매출액 증가폭보다 B, C사의 매출액 감소폭이 크므로 '갑' 제품의 시장규모는 감소한 적이 있다.

ㄴ. A + C사의 매출액 대비 B사의 매출액으로 판단한다. 2004년에서 2006년 동안 A + C사의 매출액은 매년 증가했으나 B사의 매출액은 매년 감소했다. 그리고 2007년의 경우 A + C사의 매출액은 별다른 변화가 없지만 B사의 매출액은 큰 폭으로 하락하였다. 따라서 2004~2007년 사이 B사의 시장점유율은 매년 하락하였다.

ㄷ. B사와 C사의 매출액은 감소했으나 A사의 매출액은 증가했으므로 A사의 시장점유율은 상승하였다고 볼 수 있다.

ㄹ. 1999년에서 2002년 사이에 C사의 매출액 증가율이 세 회사 중 가장 높다. 따라서 C사의 시장점유율은 상승하였다. 반면에, 2003년의 경우 C사의 매출액 감소율이 세 회사 중 가장 높다. 따라서 C사의 시장점유율은 하락하였다.

대인관계능력 정답 및 해설

01	①	02	②	03	①	04	③	05	①	06	④	07	①	08	③	09	④	10	③
11	③	12	①	13	②	14	③	15	④	16	④	17	②	18	④	19	①	20	④

01 ①

다른 사람과 원만한 관계를 형성하기 위해서는 긍정적인 자아 개념을 바탕으로 자신에 대한 다른 사람의 평가를 개방적으로 받아들이면서 대화해야 한다.

02 ②

협상의 유형에는 주제 개수에 따라 주제가 하나인 단일 협상이 있고, 주제가 여럿인 복합 협상이 있다. 따라서 한 번의 협상에서 하나의 주제만을 다뤄야 한다는 ②의 설명은 잘못된 것이다.

03 ①

협상의 과정에서 가장 먼저 해야 할 일은 협상의 쟁점을 분석하는 일이다. 쟁점을 분석한 후 시작 단계에서 문제에 대한 상호 간의 입장을 확인하고, 대안을 상호 검토하며 입장 차이를 좁혀가는 조정 단계에 들어가야 한다.

04 ③

협상의 최종 목표는 자신의 관점이나 이익을 우선하지 않고 양보와 설득을 통해 실현 가능한 구체적인 타협안을 찾는 것이다. 따라서 협상에 참여할 때는 자신의 의견과 그에 대한 근거만을 최우선으로 여기려는 태도는 지양해야 한다.

05 ①

대인관계능력은 인간관계 기법과 테크닉이 아니라 내면의 진정성에 의해 좌우된다.

06 ④

'어떻게 할까'에 초점을 맞추는 사람은 관리자이다.

07 ①

(가)에서는 부장, 과장, 대리와 같은 직급으로 호명하고 있으며, 상사가 부하 직원에게 하대의 표현과 지시적이거나 명령조의 표현을 사용하는 등 수직적인 의사소통 문화가 나타나고 있다. 반면, (나)에서는 직장 내 직급 대신 상대방의 이름과 높임의 뜻을 지닌 의존 명사 '님'을 붙여 호명하고 있으며, 상사가 부하 직원에게 존대의 표현을 사용하는 등 수평적인 의사소통 문화가 나타나고 있다.

08 ③

한국과 중국의 문화적 차이로 인한 의사소통 방식의 차이가 의사소통의 장애 요인이 되었다.

09 ④

마지막 문단과 중국과의 거래가 성립되지 않았다는 내용을 고려할 때, '중국 고위 간부'에게 '하오'는 '한번 생각해 볼게.' 혹은 '네 말이 무슨 뜻인지 잘 알겠다.'의 의미로 파악할 수 있다. 하지만 '박 사장'은 본문의 내용을 살펴보았을 때, '오케이'라는 뜻으로 파악하였다.

10 ③

이 글은 문화적 차이에 따른 의사소통 장애 사례이다. ③ 역시 한국과 미국 사이의 문화적 차이 때문에 의사소통의 장애가 발생하였다. 메리가 '시원하다'를 '차다'의 의미로 이해한 반면, 한국인 친구는 '뜨거우면서 속이 후련하다'의 의미로 말한 것이다.

11 ③

주어진 사례의 핵심은 리더십 역할을 공유하며 구성원 상호 간에 지원을 아끼지 않는다. 따라서 ③은 개인이 이끄는 리더쉽에 관한 내용이므로 어울리지 않는다.

12 ①

제시문은 자칫 님비 현상이 일어날 수 있는 일을 대화와 설득을 통해 해결한 사례이다.
① 지도자의 리더십에 의한 갈등 해결이 아니라, 대화와 설득에 의한 갈등 해결 사례이다.

13 ②

허즈버그는 직무에 대한 만족과 불만족의 요인이 각각 다르며, 직무에 만족을 주는 요인을 만족 요인(동기 요인), 불만을 주는 요인을 불만족 요인(위생 요인)으로 구분하였다. 2요인 이론에 따르면 직무에 불만이 있는 종업원은 직무 환경에 관심을 가지지만, 직무에 만족하는 종업원은 직무 자체에 관심을 가진다.

14 ③

자유 방임형 리더십은 리더가 조직 구성원 각자에게 책임과 권한을 주고 의사 결정에 참여하지 않는 유형이다.

15 ④

갈등을 잘 관리할 수 있다면 합리적 의사결정의 매개체가 되기도 한다.

16 ④

④에 제시된 '일부러 반대 의견을 제시' 특징은 소외형 멤버십이다.

17 ②

정서적 소통은 상호 이해와 배려, 인간적인 교류 등 구성원의 감정과 밀접하게 연관된 소통을 의미한다. 이를 위해서는 리더가 칭찬과 격려를 아끼지 않는 긍정적인 마음을 유지하고 부하 직원들에게 관심을 가져주는 것이 중요하다. 사례 A를 보면 C 사장은 리더로서 부하 직원들에게 관심을 갖는 정서적 소통을 하고 있다.

18 ④

① 일원체계의 퇴직준비금식 기여비례급여를 도입한 국가는 4개국이고, 이원체계의 강제가입식 기여비례급여를 도입한 국가는 5개국이다. 따라서 기여비례급여를 도입한 국가는 총 9개국이다.

② 삼원체계로 분류된 국가 중 비부담 방식을 도입한 국가는 총 4개국이다. (이스라엘, 라트비아, 덴마크, 캐나다)

③ 일원체계로 분류된 국가의 수는 총 17개국이고, 이원체계로 분류된 국가의 수는 총 17개국이다.

④ 대소비교 → 소득비례급여와 보충급여가 모두 ○인 경우는 셀 필요 없음. 한쪽이 ○인 경우만 센다.
   보충급여를 도입한 국가는 일원체계에서 2개국이고, 이원체계에서 8개국, 삼원체계에서 4개국이다. 따라서 보충급여를 도입한 국가는 모두 14개국이다. 반면에, 소득비례급여를 도입한 국가는 일원체계에서 7개국이고, 이원체계에서 16개국, 삼원체계에서 3개국이다. 따라서 소득비례급여를 도입한 국가는 모두 26개국이다.

19 ①

회사원으로서 업무를 충실히 해야 할 의무가 있지만 동시에 개인적인 가치 역시 무시할 수는 없다. 따라서, 원하던 공연을 다른 이에게 넘기거나 포기하는 것 역시 좋은 선택은 아니다.

20 ④

A 역시 좋은 자세 중의 하나지만, 부정적인 진급 행위가 이루어졌다고 확실히 판단이 가능하다면 공식적인 절차로 정중하게 재평가를 요구하는 것이 회사의 발전에도 긍정적인 영향을 미칠 것이다.

이러한 문제에 대한 정해진 답은 없다. 기업마다 적용하는 가치와 문화가 조금씩 다르기 때문이다. 그러나 직업인은 회사의 업무에 최선을 다해야 할 의무가 있다. 따라서 지극히 개인적으로 답안을 선택하는 것은 옳지 않다.

01	③	02	②	03	③	04	③	05	②	06	③	07	①	08	③	09	③	10	④
11	④	12	③	13	③	14	④	15	①	16	⑤	17	④	18	③	19	①	20	③

01 ③

ㄴ. 기업의 상품이나 서비스 제공 대상은 모든 기업과 모든 소비자이다.

ㄷ. 전자상거래가 활성화되면 기업은 물류비용을 줄이고, 소비자는 값싸고 질 좋은 제품을 집에서 구매할 수 있게 된다.

02 ②

ㄴ. 전자우편(E-mail)도 안전하지 않으므로 미심쩍은 전자우편은 열지 말고 즉시 삭제해야 한다.

ㄹ. 폴더를 공유하는 것은 파일을 주고받는 과정에서 바이러스가 침투할 가능성이 높기 때문에 바이러스를 예방하는 일에는 도움이 되지 못한다.

03 ③

(다)는 셀 F5를 = RANK(F5, E5 : E9)로 구한 후 '자동 채우기' 기능으로 구할 수 있다.

04 ③

오름차순으로 정렬하면 소문자 - 대문자 순으로, 정렬내림차순으로 정렬하면 대문자 - 소문자 순으로 정렬된다.

05 ②

설치가 된 프린터는 모두 기본 프린터로 설정할 수 있다.

06 ③

07 ①

엑셀에서 그림을 시트 배경으로 사용한 경우 화면에는 표시되나 시트 배경이 인쇄되지는 않는다.

08 ③

기사에 들어갈 말은 크라우드 소싱이다.

※ 크라우드 소싱 : 대중(Crowd)과 아웃소싱(Outsourcing)의 합성어로 대중의 참여를 통해 제품을 제작하거나 해결방안을 얻는 방식

09 ③

상품 개요의 별도 지정 서비스업을 보면 H사의 업태는 출판업으로 업종코드 J로 분류되며, 수출실적이 없더라도 수출계약서를 보유하고 있기에 매출액의 1/2~1/4의 지원대상이 될 수 있다.

ㄷ. 수출실적 및 L/C(신용장)가 없기 때문에 적용대상이 될 수 없다는 것은 잘못된 응답이다. 수출실적 및 L/C(신용장)이 없더라도 수출계약서를 보유한다면 적용 대상이 될 수 있다.

10 ④

4차 산업을 구분하는 공식적인 개념은 아직까지 존재하지 않는다. 그러나 일반적으로 4차 산업은 고도화된 지적 산업을 대변하는 움직임으로서 ㄹ. 에 제시된 노동 집약적 산업을 총칭한다는 말은 틀린 것이다.

11 ④

산업혁명이란 기술혁신에 기반한 경제 · 사회구조의 획기적인 변화로, 증기기관 발명으로 기계를 통한 생산이 시작된 1차 산업혁명(1784년), 전기 에너지에 의해 대량생산이 본격화된 2차 산업혁명(1870년), 컴퓨터에 의한 생산자동화에 기반한 3차 산업혁명(1969년)을 거쳐 초연결성 · 초지능성으로 상징되는 4차 산업혁명의 시대를 맞이하고 있다. 인간 노동력, 즉 근육의 기계화로 대변되는 이전 산업혁명과는 달리 4차 산업혁명은 뇌 · 신경 · 오감이라는 보다 고도화된 인간 지적 처리능력의 기계화이고 4차 산업혁명의 속도, 범위 그리고 경제 · 사회구조에 미칠 영향력 등으로 볼 때 이전 산업혁명과는 차원이 다르게 진행될 것이다.

12 ③

QR코드는 가로/세로 양방향으로 정보를 표현하므로 바코드와 동일한 정보량을 1/10 정도의 크기로 표시할 수 있다. (더 작은 공간에 표현이 가능한 Micro QR코드를 지원한다)

QR 코드의 장점

1. 대용량 정보 수납
2. 작은 공간에 인쇄
3. 일본어/한자를 효율적으로 표현
4. 오염/손상에 강함
5. 어느 방향에서도 인식 가능

6. 연속 기능 지원

13 ③

그림. 3은 기준선과 2번 선, 3번 선이 있고 4번 선은 없으므로 $110_{(2)}$이고 $1 \times 2^2 + 1 \times 2^1 + 0 \times 2^0 = 6$이다.

14 ④

개인정보를 제공받는 자인 B 회사는 자사의 이익이 아닌 A 회사의 업무를 위하여 개인정보를 이용하는 경우기 때문에 B 회사의 이익·목적을 위해 사용되었다고 보기 어렵다. 기본적으로 업무 위탁은 개인정보를 현재 보유하고 있는 자의 업무를 위하여 개인정보가 이전(공유)되는 경우이고, 제3자 제공은 개인정보를 받는 자의 업무를 위하여 개인정보가 이전(공유)되는 경우를 말하는 것이다.

15 ①

①의 내용을 보면 개인정보를 제공받은 L 카드사는 자사의 이익·목적을 위하여 개인정보를 활용하였으므로 제3자 제공 사례이다.

16 ⑤

ㄱ. 1년 뒤 B사 사용자 구성비는 $(40 \times 0.1) + (30 \times 0.7) + (30 \times 0.1) = 28\%$이므로 현재의 30%보다 감소한다.

ㄴ. 1년 뒤 A사 사용자는 $(40 \times 0.8) + (30 \times 0.1) + (30 \times 0.4) = 47\%$이다.

ㄷ. 현재 A사의 10%와 B사의 20%가 1년 뒤 C사로 이동한다. $(40 \times 0.1) + (30 \times 0.2) = 10\%$이므로, 현재 전체 이용자의 10%가 A사, B사에서 C사로 1년 뒤 이동한다.

ㄹ. 전체에서 빼주는 방식을 꼭 기억한다. $100-[(40 \times 0.8) + (30 \times 0.7) + (30 \times 0.5)] = 32\%$

1년 뒤 현재	A사	B사	C사	합계
A사(40)	32 (= 40×0.8)	4 (= 40×0.1)	4 (= 40×0.1)	40
B사(30)	3 (= 30×0.1)	21 (= 30×0.7)	6 (= 30×0.2)	30
C사(30)	12 (= 30×0.4)	3 (= 30×0.1)	15 (= 30×0.5)	30
계	47	28	35	100

17 ④

④의 내용은 VRM에 관련된 내용이다.

---

18 ③

트리구조에 A행을 삽입해보면 산출되는 값은 L이다.

문자	특징			
	V	**H**	**O**	**C**
L (A행)	1	1	0	0
P (B행)	1	0	0	1
O (C행)	0	0	0	1
E (D행)	1	3	0	0
Q (E행)	0	0	1	1

---

19 ①

휴지통에 보관되지 않고 완전히 삭제되는 경우

- 플로피 디스크나 USB 메모리, DOS 모드, 네트워크 드라이브에서 삭제한 경우
- 휴지통 비우기를 한 경우
- 휴지통 [속성]의 [파일을 휴지통에 버리지 않고 삭제할 때 바로 제거]를 선택한 경우
- 같은 이름의 항목을 복사/이동 작업으로 덮어쓴 경우

---

20 ③

제시된 2가지의 자료를 종합해보면 ①, ②, ④의 내용을 확인할 수 있지만 정보시스템 개발이 대기업의 경쟁으로 이루어진다는 내용은 추론할 수 없다.

이러한 표준프레임워크 적용은 대·중소기업이 동일한 개발기반 위에서 공정 경쟁이 가능하도록 하는 것을 목표로 개발되었으며, 대기업(삼성 SDS, LG CNS, SK, C&C) 및 중소기업(티맥스소프트 등)이 공동으로 플랫폼을 개발·공급하고 있다.

기술능력

01	①	02	②	03	②	04	③	05	④	06	②	07	③	08	④	09	①	10	①
11	②	12	④	13	④	14	④	15	①	16	④	17	③	18	②	19	④	20	②
21	②	22	④	23	③	24	③	25	②	26	①	27	④	28	③	29	①		

01 ①

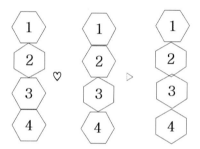

02 ②

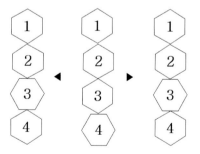

03 ②

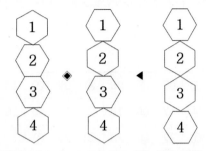

04 ③

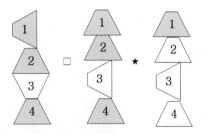

05 ④

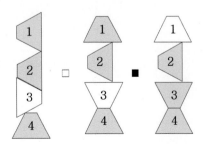

06 ②

07 ③

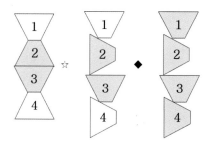

08 ④

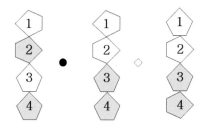

09 ①

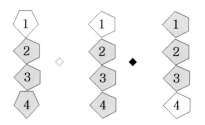

10 ①

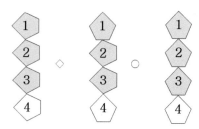

11 ②

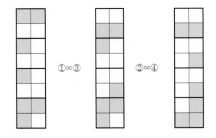

12 ④

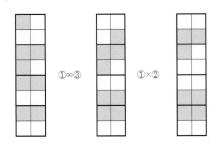

13 ④

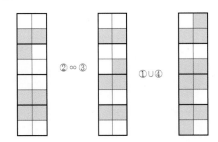

14 ④

15 ①

Wx / Ly

Wx는 가로축이 x까지임을 의미하고, Ly는 세로축이 y까지임을 의미한다. P, Q, R 즉, 괄호 앞의 문자는 그래프의 도형의 모양을 의미한다. P는 동그라미, Q는 오각형, R은 세모이다.

: 뒤에 위치한 문자와 숫자는 도형의 명암과 크기를 나타낸다. A는 검은색, B는 흰색이며 숫자 1은 가장 작

은 형태, 2는 중간 형태, 3은 가장 큰 형태를 의미한다.

따라서, 제시된 그래프를 보면 P는(1, 1)에 위치해 있고, Q는(5, 1), R은 (3, 2)에 있다. 동그라미인 P는 흰색이며 가장 작다. 따라서 B1이다.

이와 같은 형태로 적용해보면 정답은 ①임을 알 수 있다.

---

16 ④

P / Q는 모두 정확한 위치에 표기되어 있으나 R은 (4, 3)에 있다. 따라서 (4, 1)에 위치하였을 R 값의 오류가 발생했다고 볼 수 있다.

---

17 ③

안전상 경고에서 설명하듯이 밥솥의 내부는 물로 세척할 수 있으나 밥솥 내부는 물이 들어가면 위험하므로 물로 세척하지 않는 것이 좋다. 또한 밥솥은 직사광선을 피하는 곳에 보관해야 하므로 창문 앞에 설치하는 것은 옳지 않다.

---

18 ②

소리가 나는 경우는 대부분 뚜껑의 고무 패킹이 원인이므로 반드시 뚜껑의 고무패킹을 먼저 확인해야 한다.

---

19 ④

내솥은 규격제품과 다를 경우 표시판에 U라는 표시가 나오도록 되어 있다.

---

20 ②

센서에 이물질이 껴 있을 경우에는 면봉으로 닦는 것은 옳으며 벽면과의 거리 유지도 중요하다. 그러나 화장실은 습기가 많은 곳으로, 습기 있는 곳은 피해야 하며, 센서에는 휘발성 물질이 닿으면 안 되므로 알콜솜을 쓰면 안 된다. 또한 처음 사용 시에는 반드시 공기 청정기 내부의 집진 필터의 포장을 벗기고 사용해야 한다.

---

21 ②

먼지거름 필터는 꼭 물 세척을 해야 하지만, 집진필터는 물 세척 금지라고 되어 있다. 그러므로 필터는 먼지거름 필터만 물 세척을 하도록 한다.

---

22 ④

제품이 작동하지 않을 경우에는 반드시 원인을 확인한 뒤 조치를 취해야 하며, 내부를 열어 확인하는 것은
주의사항에 나와 있지 않은 내용이다.

23 ③

공기청정기 사용 시 소리가 날 때에는 반드시 고객센터에 문의하라는 주의사항이 있으므로 고객센터에
문의하는 것이 가장 옳은 방법이다.

24 ③

에어컨의 제습기능이 있더라도, 실내온도 21℃ ~ 30℃, 실외온도 21℃ ~ 43℃ 범위를 벗어나면 작동할 수
없으므로 겨울에는 이용하기 어렵다.

25 ②

찬바람이 나오지 않을 경우에는 실외기 근처에 장애물이 있거나 덮개가 있는지 확인해야 하고, 햇빛을 차
단해야 하며, 송풍운전의 경우에는 찬바람이 나오지 않으니, 확인해야 한다고 하였으므로 ⓐ, ⓒ, ⓕ 세 가
지를 선택하면 된다.

26 ①

먼지거름필터에 먼지가 많은 경우에는 작동은 할 수 있지만, 찬바람이 안 나올 수 있다고 하였으므로 먼
지거름필터와는 상관이 없다.

27 ④

스피드 운전으로 설정이 되어 있을 경우에는 온도조절이 안 되므로 스피드로 설정되어 있는지 확인해
야 한다.

28 ③

매뉴얼을 참고하면, 현수막의 경우는 10㎡ 이내이지만, 규격이 정해져 있는 것은 아니다.

29 ①

ⓛ의 경우, 공연 시작 2달 전부터는 홍보팀에 전달하는 것이지 게시하는 것은 아니다.
ⓒ은 사이트 주소가 아닌 QR코드를 만들도록 되어 있으며 이는 ⓜ과 내용이 바뀌어야 한다.
ⓢ은 현수막의 경우 코팅지를 부착하는 것은 금지되어 있으므로 틀렸다.

조직이해능력 정답 및 해설

01	①	02	④	03	②	04	③	05	①	06	①	07	③	08	③	09	④	10	②
11	④	12	②	13	①	14	②	15	④	16	②	17	④	18	③	19	④	20	①
21	②																		

01 ①

미국에서는 악수를 할 때 손끝만 잡으면 실례이므로, 상대방의 눈이나 얼굴을 보며 오른손으로 상대방의 손을 잠시 힘주어서 잡았다가 놓아야 한다.

02 ④

체크리스트는 시간의 흐름을 표현하는 데에는 한계가 있으나, 각 단계의 업무가 제대로 수행되었는지 스스로 점검할 수 있는 도구이다.

03 ②

04 ③

독일은 유로를 사용한다.

05 ①

프랑스 대혁명 기념일은 바스티유의 날이라고도 부른다.
- 바스티유의 날 : 프랑스 대혁명 기념일은 1789년 7월 13일 밤 성난 군중들이 바스티유 감옥을 부수고 정치범들을 석방했던 역사적 사건을 기념하기 위한 축제일이며 이제는 세계인이 공유하는 보편적 이념이 된 자유, 평등, 박애의 정신을 기리는 경건한 날이다.
- 노동절 : 프랑스의 노동절은 1947년 4월 30일 법이 제정되면서 비로소 공식적인 휴일로 인정받았고 이렇게 해서 5월 1일은 산업 사회의 노동운동 투쟁을 상징하는 날이 되었다.
- 잔다르크 축일 : 5월의 두 번째 일요일, 오를레앙전을 승리로 이끈 프랑스의 영웅 잔다르크를 기념하는 날로, 이날에는 잔다르크로 분장한 한 소녀가 행렬을 이끄는데, 오를레앙 지방 축제가 가장 유명하다.

06 ①

SO 전략(강점-기회전략)으로서 한류 열풍의 기회와 높은 브랜드 인지도의 장점을 연계하는 방법은 타당하다.

---

07 ③

제시된 내용을 참고 했을 때, ③은 ST 전략과 어울리지 않으며 광고효과성 측정이 미비한 상태에서 광고 채널을 다양화하고 투자를 늘리는 것은 옳지 않다.

---

08 ③

조직 개편 사례를 분석하면, 기존 1실 1본부 1사업단 3개 부서 1센터 조직을 1실 2본부 5개 부서 2센터 조직으로 확대 구성했다. 또한 건강기능식품 부작용 추정사례 관리를 내실화하기 위해 신고센터를 새로 마련하고, 유사한 성격의 사업 운영 효율화를 위해 불량식품통합신고센터와 함께 정보조사부 소관으로 됐다. 건강기능식품 부작용 신고센터와 불량식품신고센터는 정보조사부 소관이다.

---

09 ④

- 갑 : 현 임금 체계의 대안으로 일의 속성을 반영한 직무급제 도입이 부상하고 있다. 수행하는 일에 따라 필요한 지식과 기술이 다르고 역할과 책임 또한 다르기 때문에 이에 근거해 임금 체계를 설계할 필요가 있다는 것이다. 따라서 갑의 예시는 적절하다.
- 을 : 최근 정부를 중심으로 노동 시장 구조 개혁 방안이 논의되고 있다. 근로 계약 등에서의 인력 운용 유연성을 제고하는 한편, 고용 형태에 따른 규제 합리화 및 근로 조건 개선 등이 주요 내용이다. 따라서 을의 예시는 적절하다.
- 병 : 채용 과정에서 스펙의 양이 아닌 역량 검증을 더욱 중시하는 변화가 이미 일부 기업들에게서 나타나고 있다. 따라서 병의 의견은 적절하다.
- 정 : 신규 인력의 유입과 기존 인력의 유출 모두가 줄어들면서 기업들은 일종의 '인맥 경화'에 직면하고 있다. 이를 해결하기 위해 기업들은 평가를 보상뿐만이 아니라 전문성 검증을 통한 인력 개발 · 운용의 참고 지표로 적극 활용할 필요가 있다. 따라서 정의 예시는 적절하다.

---

10 ②

해당 발표 자료의 내용을 확인해 보면 불확실한 대외 변수에 맞추어 내실을 다지는 인사, 조직 관리의 필요성에 대한 이슈를 요약한 내용이다.
따라서 전체적인 내용을 포괄할 수 있는 제목은 ②가 적절하다.
①, ③, ④의 내용은 하위 개념을 나타내는 제목이다.

---

11 ④

제시된 사무환경의 변화를 통해 수평적 커뮤니케이션을 갖추고 사무환경도 개선하겠다는 의지를 확인할 수 있다.

수직적 조직(Vertical Structure)	수직적 조직(Horizontal Structure)
• 안정적 • 경직 • 업무는 직위에 의해 정의됨 • 의사 결정의 집권화(Centrallization) • 절차 및 방법의 공식화(Formalization) • 지시지향 • 09:00 ~ 18:00 • 조직의 시설에서 업무 수행	• 역동적 • 유연성 • 업무는 수행 과업에 의해 정의됨 • 의사 결정의 분권화(Decentralization) • 학습 및 지식 공유 • 참여지향 • 일과에 시간 경계가 없음(성과의 강조) • 업무 수행 시 장소의 제약을 받지 않음

12 ②

해당 상품 소개는 디딤돌대출 상품에 관련한 것이다. NCS 특성상 지원하는 회사의 기본적인 정보를 알아야 풀 수 있는 문제이다. 따라서 지원자들은 반드시 지원회사의 홈페이지를 통하여 기본적인 정보를 확인하여야 한다.

13 ①

2017년 9월 기준 디딤돌 대출 금리는 2.25 ~ 3.15%이다. NCS 특성상 지원하는 회사의 기본적인 정보를 알아야 풀 수 있는 문제이다. 따라서 지원자들은 반드시 지원회사의 홈페이지를 통하여 기본적인 정보를 확인하여야 한다.

14 ②

개편 전 조직 구조는 전형적인 관료제의 모습이지만, 개편 후 팀 조직으로 변화되었음을 알 수 있다.
② 팀 조직에서는 조직 구조의 경직성이 완화되어 상황 변화에 유연하게 대처할 수 있다.

15 ④

그림의 A와 같이 직급 수가 많고 권한이 중앙에 집중되어 있으며, 업무 재량권이 거의 인정되지 않고 상황 적응성이 떨어지는 조직은 관료제라고 할 수 있다. 반면 B와 같이 직급 수가 적고 권한의 집중 정도가 약하며, 업무 재량권이 인정되고 상황에 대한 적응 능력이 높은 조직은 탈관료제 조직이라고 할 수 있다. 탈관료제 조직은 사회 변동에 유연하고 신속하게 대응할 수 있으며, 구성원의 창의성과 자발성 발휘에 유리하다는 장점을 가진다.

㉠ 업무 수행에서 구성원의 재량권을 인정하기보다는 규칙과 절차가 강조되는 조직은 관료제이다.

㉡ 직급 수가 많은 관료제 조직의 경우에는 중간 관리층이 조직 운영에서 중요한 역할을 수행한다.

16 ②

현대 경영환경의 특징은 불확실성과 복잡성 증대, 변화의 속도가 빨라지고 있다는 점이다.

경영 이슈가 매우 다양해지고, 예측도 어려워지고 있다. 의사결정 범위가 증폭되고 있으며 의사결정 내용도 점점 어려워지고 있다. 이에 집단 간 소통 및 정보 활용의 중요성이 대두되고 있다. 이에 따라서, 현재 아메바 경영 즉, 자율성을 중시하는 기업 문화가 다양한 기업에서 적용되고 있다.

다음으로, 찰스 만츠와 헨리 심스 주니어는 자율성의 키워드로 솔선수범, 자기 책임, 자신감, 스스로의 목표 설정, 긍정적 사고, 스스로의 문제 해결을 꼽는다.

17 ④

스마트워크가 도입되면 대면 기회가 부족해져 개인별 일하는 방식 편차로 인한 문제가 발생할 수 있다. 따라서 분산된 업무 환경을 조정하기 위한 조직 공통의 업무수행, 커뮤니케이션 Rule이 강화되어야 한다.

18 ③

결과보고서를 보고 알 수 있듯이 휴무신청 절차는 개별적으로 팀장 보고 후, 팀 내에서 일괄 합산하여 서무팀에 보고하는 것이다. 따라서 정답은 ③이다.

19 ④

결과보고서를 보면 회의 날짜, 의결 안건, 의결된 안건에 대한 결과 내용 등을 확인할 수 있다. 그러나 전 분기 안건에 관한 내용은 기재되어 있지 않다.

20 ①

매트릭스 조직에 관한 것이다. 매트릭스 조직은 효율성과 유연성을 동시에 향상시키기 위해 조직구성원이 기능 부서에 소속됨과 동시에 프로젝트 팀에도 소속되는 조직을 말한다. 이러한 조직의 형태는 기능식 조직과 프로젝트 조직이 합쳐진 형태라고 할 수 있다.

매트릭스 조직에서 조직구성원들은 어떤 한 기능부서에서 일하면서 자기부서의 상사에게 보고하고 동시에 특정 프로젝트에 속하여 프로젝트 관리자에게도 보고하는 이른바 이중지휘체계 하에 놓이게 된다. 즉, 전통적인 조직운영의 원리인 명령일원화의 원리를 파기한 것이다.

이러한 매트릭스 조직은 고객의 요구나 시장에서의 급격한 변화에 신속하게 대응하고, 조직구성원의 능력과 재능을 최대한 활용할 수 있기 때문에, 조직의 기능적 효율성과 조직구성원의 만족 및 성과를 동시에 높일 수 있는 장점이 있다. 또한 서로 충돌하는 부서 및 프로젝트의 목적을 조화시킴으로써 조직의 유연성을 제고할 수 있다.

21 ②

위탁자는 자신의 계산과 위험 하에 물품을 수출하므로 물품이 이동되더라도 소유권은 위탁자(수출자)에게 있으며, 수탁자(수입자)는 계약에 따라 물품을 판매하고 판매대금에서 경비와 수수료를 제공한 금액을 위탁자에게 송금한다.

NCS
국가직무능력표준

직업윤리 정답 및 해설

01	③	02	③	03	④	04	④	05	④	06	④	07	①	08	④	09	①	10	①
11	②	12	②	13	②	14	④	15	③	16	①	17	③	18	①	19	②	20	⑤

01 ③

시대적 상황에 따라 사회적으로 선호하는 직업은 달라진다. 이는 현재 인기 있는 직업이 미래에는 인기가 없어질 수도, 그 반대의 경우가 발생할 수도 있다는 것을 알려준다.

02 ③

A는 아버지의 아들로서의 지위와 경찰관으로서의 지위를 동시에 가지고 있으며 아버지의 교통 법규 위반에 대해 역할 갈등 상황에 직면했다. 밑줄 친 부분은 경찰관으로서의 역할을 우선시하여 수행함으로써 역할 갈등을 해결했음을 보여 준다. 역할 갈등을 해결할 때에는 역할 중 어느 하나를 포기하거나 역할의 우선순위를 정하여 차례대로 수행하게 된다.

03 ④

성 역할에 대한 고정 관념이 남녀 차별로 이어진 경우이다. 양성평등을 이루기 위해서는 양성의 차이를 인정하고 서로 배려해야 한다.

04 ④

양성평등을 이루기 위해서는 여성이 출산으로 직업을 유지하기 어렵게 되거나 보수나 승진에서 불이익을 받지 않도록 배려해야 한다.

05 ④

비윤리적인 기업의 부정적인 이미지는 기업의 장기적인 발전에도 좋지 않은 영향을 준다.

06 ④

국가 간의 경계가 무너지고, 나라 간, 민족 간의 교류가 활발히 일어나고 있는 오늘날에는 타 문화를 존중하고 배려하는 태도가 필요하다.

07 ①

08 ④

09 ①

10 ①

인사를 교환한 후에는 바로 통화 목적(용건)으로 들어가야 한다.

11 ②

②의 경우 사회적으로 수용 가능하며 성적인 상황을 포함하지 않고 있다.

12 ②

수수금지 품목 중 예외 항목을 살펴보면 주최자가 참석자에게 통상적인 범위에서 일률적으로 제공하는 교통, 숙박, 음식물 등의 금품 등은 예외사항에 적용된다. 따라서 워크숍 주최자인 고용노동부에서 통상적 범위 내의 지원은 수수금지 품목에 해당하지 않으므로 ②의 응답이 적절하다.

13 ②

해당 그림은 기업의 사회적 책임 표준인 iso26000에 관한 것이다.
<참고자료>
사회적 책임에 대한 관심이 고조되면서 ISO는 2001년 ISO 소비자 정책 위원회(ISO/COPOLCO)가 사회적 책임에 관한 국제 표준 개발의 타당성을 검토할 수 있도록 결의안을 승인하였다. 거의 2년에 걸친 연구 결과 ISO는 새로운 표준을 개발하기 위해 사회적 책임에 관한 ISO 실무그룹(ISO/WG SR)을 구성하기로 결정했다. 실무그룹은 선진국 및 개발도상국의 국가표준기구(스웨덴의 ISO 멤버인 SIS와 브라질의 ISO 멤버인 ABNT)가 공동으로 이끌었다. 총 8차례의 국제 총회를 개최하고 25,000건에 달하는 서면 의견을 검토한 후에야 의견의 일치를 이룰 수 있었다. 또한 ISO와 ISO/WG SR은 정교한 이해 관계자 대화 프로세스를 기반으로 급진적인 반대 의견에 대응하는 새로운 방법을 개발함으로써 국제적 합의를 달성할 수 있었다. 2010년 11월에 발행된 ISO 26000은 거의 5년에 걸친 혁신적이고 도전적인 프로세스를 통해 개발되었다. 특히 개발도상국에서 많은 워크숍을 개최함으로써 이해를 증진하고 역량을 강화하였다. 실제로 프로세스의 각 단계는 상호 이해를 증진하고 99개국, 40개 국제기구, 450명의 전문가들의 참여를 확보하기 위해 실무그룹의 지도부와 ISO 임원에 의해 검토되었다.

14 ④

A사의 제조공정에 위와 같은 포스터가 게시된 이유는 사건, 사고의 발생을 막기 위함이다. 하인리히 법칙과 비교해 볼 때 '정'의 의견은 경미한 사고가 대형사고를 만든다는 점에서 올바른 반응이 아니다.

하인리히 법칙 : 1925년 미국의 트래블러스 보험사(Travelers Insurance Company)에서 엔지니어링 및 손실통제 부서에 근무하고 있었던 하인리히가 발견한 법칙이다. 내용은 산업재해가 발생하여 중상자가 1명 나오면 그전에 같은 원인으로 발생하는 경상자가 29명, 또 같은 원인으로 부상의 위험에 노출되었던 잠재적 부상자가 300명 있었다는 것으로, 큰 재해와 작은 재해 그리고 사소한 사고의 발생 비율이 1:29:300 이라는 것이다.

15 ③

준법의식은 제도적, 시스템적 기반의 변화도 필요하지만 개개인의 근본적인 의식변화 역시 중요하다.

준법이라 하는 것은 민주 시민으로서 기본적으로 지켜야 하는 의무이며 생활 자세이다. 민주 사회의 법과 규칙을 준수하는 것은 시민으로서의 자신의 권리를 보장받고, 다른 사람의 권리를 보호해 주며 사회 질서를 유지하는 역할을 한다.

16 ①

현 과장은 사회적으로는 좋은 일을 했지만 한편으로 회사에서는 자신의 책임을 그르쳤다. 따라서 직업인의 입장에서 본다면 자신의 책임을 다하지 못했기에 책임에 대한 회피를 구하는 것은 타당하지 않다.

17 ③

직장에서의 치열한 생존 경쟁과 돈과 지위 중심의 성공주의의 풍토, 산업시대의 경쟁을 통한 효율 증대와 승자 독식주의는 창조경제가 구현되는 스마트시대에는 더이상 경쟁력을 갖추기 힘들고 사회 병리 현상을 가속하고 있다.

18 ①

코쿠닝 트렌드란 누에고치처럼 보호막 안으로 칩거하려는 현상으로, 사람들은 위험하고 예측할 수 없는 외부의 현실 세계로부터 자신을 보호하기 위해서 안전하고 포근한 '가정 같은' 환경 속으로 파고든다.

19 ②

기업이 재정적으로 건실하여 영속발전해야 하는 것은 기업의 사회적 책임 중 가장 중요한 것이다. 직업인으로서 자신의 행동, 역할 및 직무에 대해 맡겨진 의무를 다해야 하는 것이 직업인이 갖추어야 할 자세이며, 이것이 바로 책임의식이다.

20 ⑤

원을 중심으로 나가는 화살표와 들어오는 화살표를 확인

① 나가는 화살표가 없는 것은 C, D, E, G, N, O, P, Q 8개이다.

② A 기업이 들어오는 화살표가 4개로 가장 많다.

③ J 기업이 나가는 화살표가 제일 많지만 그 개수는 8개이다.

④ 나가는 화살표만 있고 들어오는 화살표가 없는 것은 B, F, H, K, M 5개이다.

⑤ 서로 화살표를 주고 받은 것은 A와 J, L과 J의 경우뿐이다.

PART05

NCS 실전 모의고사 정답 및 해설
국가직무능력표준

NCS
국 가 직 무 능 력 표 준

실전 모의고사 정답 및 해설

01	③	02	③	03	②	04	④	05	②	06	①	07	②	08	④	09	④	10	④
11	③	12	③	13	②	14	④	15	②	16	③	17	④	18	③	19	④	20	①
21	②	22	③	23	③	24	④	25	②	26	③	27	①	28	③	29	②	30	②
31	④	32	③	33	③	34	①	35	③	36	③	37	③	38	④	39	③	40	③
41	④	42	④	43	②	44	④	45	③	46	③	47	③	48	③	49	②	50	④
51	①	52	④	53	②	54	④	55	④	56	③	57	③	58	④	59	①	60	①

01 ③

정부의 개성공단에 대한 정책에 관한 필자의 생각을 확인해야 하는 문제이다. 필자는 언 발에 오줌 누기 형태의 정부정책을 비판하고 있다. 따라서 정답은 ③이다.

① 적을 이용하여 다른 적을 제어함을 이르는 말

② 마음이 음흉하고 불량하여 겉과 속이 다름을 이르는 말

④ 천 년 동안 단 한 번 만난다는 뜻

02 ③

이런 유형의 문제는 반드시 각 문장의 지시어나 접속어를 먼저 살펴보아야 한다. 전체의 큰 흐름을 잡기 위해 가, 나를 비교할 수 있는데, 성취행동 경향성의 일부는 성공추구 경향성이므로 나 – 가 순으로 문장 이 배열된다. 다음으로 다와 라를 비교해보면 마지막 '때문이다'의 문장 접속 역시 라, 다 순으로 나열됨 을 알 수 있다.

03 ②

IBK 기업은행을 비롯하여 국책은행인 수출입은행, 산업은행 등의 은행들이 문화콘텐츠에 대한 투자를 늘리고 있다. IBK 기업은행은 2012년 1월 문화콘텐츠사업 지원 조직을 마련하였고 이듬해 7월 문화콘텐츠 금융부로 조직을 확대하면서 본격적으로 문화콘텐츠 부분에 투자 및 지원을 확대해 나가고 있다.

이러한 IBK 기업은행은 한국 영화를 비롯해 드라마, 뮤지컬 등 문화콘텐츠에 투자하여 산업을 육성하고 고용을 창출하는 데 투자를 아끼지 않고 있다. 따라서 ②은 정답이 아니다.

04 ④

제시된 표는 2016년 9월까지만 합계된 것이므로 2015년과 대비하여 투자가 줄어들었다고 단정하기 어렵다.

① 조직이해항목을 위한 문제이기도 하다. 지원하는 회사의 정보는 반드시 확인하는 것이 필요하다. 2014년 대비 2015년 공급액이 향상된 것으로 보아 크라우드펀딩에 성공했음을 추론할 수 있다.

②, ③ 모두 문화콘텐츠산업에 관련하여 올바른 추론이다. IBK 기업은행은 문화콘텐츠산업이 고위험 산업군으로 분류되지만 높은 부가가치와 고용창출효과에 주목하여 투자를 진행하고 있다.

05 ②

제시된 표를 참고하면, 단기프로젝트, 단기목표, 단기 현황에 관련된 내용은 경영진메일이라는 커뮤니케이션 매체를 활용하는 것이 효과적이다. 따라서 주 2회의 고객만족 현황보고 체계에 직원잡지 매체를 사용하는 것은 바람직하지 않다.

06 ①

거래처·지방대리점·공장 등에서는 언론에 실린 기사를 못 보고 지나치는 경우가 많으므로 이를 전달하는데 신경을 써야 한다.

보도자료 작성 Tip

• 전체 길이를 줄이고 문장을 단순화한다. 문장이 길어지면 주술(主述)관계가 모호해져 메시지 초점이 흐려질 수 있다.

• 독자 입장에서 되도록 쉬운 문장을 구성하고 생소한 용어는 필히 풀어쓴다. 한 문장에는 하나의 핵심 내용만 담는다.

• 신문·방송·통신 등 매체 특성을 고려하고 객관성과 정직성을 견지한다.

• 수동형 표현을 삼간다. 수동문장은 역동적이지 못해 전달력이 떨어진다.

• '최대', '최초', '유일한', '획기적', '유일무이한', '전무후무한' 등의 표현을 조심하여 과학적·객관적인 근거가 있을 경우에만 사용한다.

07 ②

해당 전시회는 2017. 6. 2.(토) ~ 2017. 7. 5.(일) 주말에 열리는 것으로 해당 내용은 잘못된 이해이다.

08 ④

3번 항목에 관련하여 제안서를 작성할 때 고려할 사항은 농촌기업 및 유통바이어/전문가 참여 극대화 방안 제시, 홍보 인쇄물 및 안내 시설물에 대한 계획, 기타 효과적 홍보 방안을 제시하는 것이 효과적으로 제안서를 평가받을 수 있는 방법이다.

제안서를 작성할 때는, 제안 양식 등의 제반 사항을 반드시 숙지하여야 하며 제안서 평가 요소 등을 고려하여 제안서를 작성하여야 한다.

---

09 ④

'3-다'는 농산물의 수출입과 관련된 것이므로 이 연재에서 다루고자 하는 지역 농산물 소비 촉진 운동의 고려 범위인 '지역'을 넘어선 진술이다. 그러므로 삭제해야 한다.

---

10 ④

'Ⅱ-2'는 훼손의 원인이고, 'Ⅲ-2'는 훼손에 대한 대책이다. 따라서 이 두 항목 사이에는 1 : 1의 대응 관계가 형성되어야 한다. 그런데 (ㄹ)에는 관련 원인이 제시되어 있지 않으므로 ④처럼 내용을 추가하는 것은 적절하지 않은 개요 수정 의견이다.

---

11 ③

(나)에는 생계 수단으로 농사를 짓기 위해 귀농하려는 사람이 있다는 내용이 제시되어 있다. 그러나 자료에서 귀농을 증가시키기 위해 농업기술교육센터를 확충해야 한다는 내용은 찾을 수 없다. 또한 '다원화된 농촌 구성원들의 안정적 정착을 위한 지원 방안 마련'이라는 글의 주제를 고려할 때, 이미 귀농한 사람들의 안정적 정착을 위한 지원이 필요하다는 내용으로 자료를 활용해야 한다. 따라서 농사를 생계 수단으로 삼으려는 사람들의 귀농을 종용하기 위해 농업기술교육센터를 확충해야 함을 제시하는 것은 적절하지 않다.

---

12 ③

백 자나 되는 높은 장대 위에 올라섰다는 뜻으로, 위태로움이 극도에 달함을 뜻하는 말이다. 따라서 제시된 지문과 가장 어울린다.

① 입술이 없으면 이가 시린다는 뜻으로, 서로 이해관계가 밀접한 사이에 어느 한쪽이 망하면 다른 한쪽도 그 영향을 받아 온전하기 어려움을 뜻한다.

② 물이 없으면 살 수 없는 물고기와 물의 관계라는 뜻으로, 아주 친밀하여 떨어질 수 없는 사이를 말한다.

④ 나라가 위태로울 때 자기의 몸을 나라에 바치는 태도를 이르는 말이다.

---

13 ②

하위 개념을 상위 개념으로 묶는 것은 분류이다. 상위 개념을 하위 개념으로 나누는 것은 구분이며, 유사점을 설명하는 것은 비교, 차이점을 설명하는 것은 대조이다.

---

14 ④

영희가 20분 동안 걸은 거리는 1,200m이고 이후 순희가 출발했으므로 $1,200 + 20x = 84x$이다. 따라서 $x =$ 50 이다. 즉, 순희는 50분을 걸어 영희를 따라잡았고 이를 계산하면 $84 \times 50 = 4,200$이므로 순희는 4.2km 를 걸었다.

15 ②

반대방향으로 나아가므로 둘 사이의 거리가 멀어지는 속력은 $76 + 64 = 140$이다. 8분 동안 두 사람 간의 거리는 $140 \times 8 = 1,120$이므로 아직 만나지 못하고 떨어져 있으며, 둘레가 2,100m이므로 현재 두 사람의 거리는 $2,100 - 1,120 = 980$이다.

16 ③

배의 속력을 x라 하면 $60 \div (x + 2) = 5$이므로 $x = 10$이다. 거슬러 올라가는 속력은 8이 되므로 60/8 = 7.5 이다.

17 ④

추가한 소금의 양을 x라 하여 부등식을 세우면 $340 \times \dfrac{10}{100} + x \geq (340 + x) \times \dfrac{15}{100}$ 이므로 $x \geq 20$이다.

18 ③

분속 80m로 걸은 시간을 x라 하면 $60 \times (60 - x) + 80x \geq 4,000$이 성립하므로 $x \geq 20$이다. 따라서 $80x \geq 1,600$이다.

19 ④

$10101_{(2)} + 11010_{(2)} = 21 + 26 = 47$이다.

20 ①

A의 경우 $12 \div 40 \times 100 = 30$, 30%

B의 경우 $35 \div 110 \times 100 ≒ 31.8$, 약 31.8%

D의 경우 $30 \div 70 \times 100 ≒ 42.8$, 약 42.8%

E의 경우 $24 \div 50 \times 100 = 48$, 48%

21 ②

A와 B가 이웃하므로 둘을 묶어서 원순열로 배열하면 (5-1)!이고 A와 B가 (A, B) 또는 (B, A)의 2가지 배열로 들어갈 수 있다. 따라서 (5-1)! × 2 = 48이다.

---

22 ③

각각의 분동은 2의 거듭제곱 수이므로 가장 가벼운 1그램부터 전부를 더한 15그램까지 잴 수 있다.

---

23 ③

남자 3명 중 2명을 양 끝에 배열하는 경우의 수는 $_3P_2$ = 3가지이고, 남은 4명을 일렬로 배열하는 경우의 수는 4! = 24가지이다. 따라서 구하는 경우의 수는 3 × 24 = 72가지이다.

---

24 ④

n, e, r의 순서가 정해져 있으므로 세 문자를 하나로 생각한다. 따라서 구하는 방법의 수는 $\frac{7!}{3!}$ = 840가지이다.

---

25 ②

신재생 에너지 사업 수를 x, 절약 사업 수를 $600 - x$로 두고 부등식을 세우면 $\frac{3,500 \geq 5}{x} \times \frac{600}{600 - x}$이고

이를 정리하면 $x \leq 323, \cdots$이다. 신재생 에너지 사업 수와 절약 사업 수의 차이는 $x - (600 - x)$이므로 $2x - 600$의 최댓값을 구하면 된다. x가 최댓값일 때 $2x - 600$도 최댓값을 가지므로 $x = 323$이면 된다.

---

26 ③

주택가격과 거래량은 2011년 7~12월 이후 급격히 하락했으며, 가계가처분소득 증가율은 2012년 1/4분기 이후 하락했다.

---

27 ①

ㄱ. 옳다. 2011년에 최대전력 대비 발전설비 용량의 여유가 가장 적었다.

ㄴ. 옳다. 2006년과 2011년이다.

ㄷ. 옳지 않다. 설비용량의 증가 폭이 공급능력의 증가 폭보다 크다.

ㄹ. 옳지 않다. 가장 낮았던 연도는 약 5,500만, 가장 높았던 연도는 약 7,500만이다.

---

28 ③

Wx / Ly

Wx는 가로축이 x까지임을 의미하고, Ly는 세로축이 y까지임을 의미한다. R, D, O 즉, 괄호 앞의 문자는 그래프의 도형의 모양을 의미한다. R은 화살표, D는 사각형, O는 세모이다.

: 뒤에 위치한 문자는 도형의 명암을 나타낸다. W는 흰색이며 B는 검은색이다.

여기서 도형의 모양이 뒤집힐 경우 R′D′O′로 표기한다.

따라서 제시된 그래프를 보면 R′는(2, 3)에 있고, D는(1, 1), O′는 (5, 2)에 있다. 다음으로 명암을 확인하면 정답은 ③인 것을 알 수 있다.

---

29 ②

제시된 그래프의 값은 R′(6, 1) : W로 되어 있다. 따라서 ②의 값에 오류가 발생했다는 것을 알 수 있다.

---

30 ②

이와 같은 문제는 <보기>를 먼저 고려하면서, 가능하다면 표를 그려서 푸는 것이 좋다. (가)를 고려하여 참이라는 가정을 하면 A = 연예인, B = 연구원, C = 선생님, D = 판사로 요약할 수 있다.

	연구원	선생님	판사	연예인
A	×	×	×	○
B	○	×	×	×
C	×	○	×	×
D	×	×	○	×

조건 1을 참고하면 'A는 B와 만났지만, D와는 만나지 않았다.' 조건 4는 'D는 A와 만났다'라고 되어 있다. 위 내용은 모순적이며 따라서 C는 선생님이 아니므로 (가)는 거짓이다. 다음으로 (나)를 참이라고 가정할 때, 판사와 연예인은 서로 만났으므로, B, C는 둘 다 판사나 연예인이 아니다. 다시 말해서, D는 연예인이 아니므로, A가 연예인, D가 판사가 된다. 그러나 조건 1에서 A는 D와 만나지 않았다고 말하고 있기 때문에 모순이 되어 거짓이 된다.

---

31 ④

내용을 정리하면 딸기를 좋아하는 사람은 바나나를 좋아하고, 바나나를 좋아하는 사람은 빵을 좋아하는 경우가 된다. 이 내용을 정리하면 '딸기를 좋아하면 빵을 좋아한다.'라는 말은 참이 될 수 있다.

---

32 ②

제시된 조건 1, 2를 비교하면 알 수 있다.

---

33 ②

제시된 진술이 모두 참이기 때문에 해당 내용을 그려서 확인하면 다음과 같다.

7층	C
6층	D
5층	F
4층	B
3층	G
2층	A
1층	E

---

34 ①

참고인 중 단 한명만 진실을 말했다는 조건이 있기 때문에 A의 진술이 참이라면 B의 진술은 성립되지 않는다. 또한 B의 진술이 참이라면 A의 진술 역시 성립되지 않는다. 따라서 C의 진술이 참인 것을 알 수 있으며 공금을 횡령한 자는 D가 된다. 따라서 참고인 A, B, C 모두 귀가 조치된다.

---

35 ③

ㄴ과 ㄷ을 간단히 정리하면 축구화 → 안경, 안경 → 수비수이고 삼단논법에 의해서 축구화 → 수비수가 성립한다. 대우를 사용해야만 확실한 결론이 도출되며 수비수의 부정은 공격수이다.

② 최 과장이 어느 팀인지, 축구화를 신었는지 확실하게 알 수 없다.

---

36 ③

서비스 process

A사의 인재개발원 서비스의 고객과의 최종접점은 귀가안내이다. 따라서 제시된 매뉴얼은 잘못되었다.

① 서비스 process

② 서비스 process

④ 서비스 process

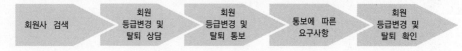

---

37 ②

회의실에서 앉는 위치는 방의 안쪽이 윗사람, 출입구에 가까운 쪽이 아랫사람의 순서이다. 또한 경치가 좋은 자리, 스크린이 잘 보이는 위치에 윗사람이 앉을 수 있게 하고, 소파일 경우 팔걸이가 있는 자리에 윗사람이 앉도록 한다.

---

38 ④

제시된 자료 중 표 2를 보면, 2017년부터는 전망치를 제시한 자료임에도 ④에서는 과거의 기록을 표현하는 형태로 설명하고 있다. 따라서 ④는 틀린 추론이다.

② CAGR : Compound Annual Growth Rate는 연평균 성장률을 의미한다.

③ 제시된 자료만으로 컨설팅, 클라우드 관련 서비스의 수요가 증가할 것이라는 정확한 추론을 할 수는 없지만, HW 시장의 연평균 성장률이 감소하고 있는 것으로 보아 관련성 있는 추론으로 볼 수 있다.

---

39 ③

A : 전체 IT 36,920에서 41.7%의 비중을 차지하고 있기 때문에 정확한 계산은 15,395.64가 된다.

B : 전체 IT 73,903에서 14050을 차지하고 있기 때문에 비중은 37.06%이다.

---

40 ③

100억 × 0.012 × 73/365 = 2,400만 원이다.

---

41 ④

ㄱ. 최종 적용 보증료율은 2.5 %이다 그러나 대기업의 상한선이 2.3%이므로 적용할 수 없다. 고로 보증료
   는 9,200만 원이다.

ㄴ. 100억 × (0.015 + 0.002) × 219/365 = 1억 200만 원

ㄷ. 1억 1,200만 원

---

42 ④

국별번호는 국제 ISBN 관리기구에서 배정한 고유 번호를 사용한다.

ISBN 특징

국제적으로 출판물을 유일하게 식별하는 표준코드로서 복잡하고 긴 서지기술을 대신할 수 있고, 주문 ·
판매 등 신속하고 효율적인 출판물 유통에 기여하며, 바코드로 기계적인 처리가 가능하여 오류를 방지할
수 있다.

---

43 ②

접두부			국별번호		발행자번호						서명 식별 번호	체크 기호
9	7	8	8	9	9	5	4	3	2	1	0	
×	×	×	×	×	×	×	×	×	×	×	×	
1	3	1	3	1	3	1	3	1	3	1	3	
‖	‖	‖	‖	‖	‖	‖	‖	‖	‖	‖	‖	
9	21	8	24	9	27	5	12	3	6	1	0	
합 = 125												
125 ÷ 10(나머지 5)												
10 - 5 = 체크기호												5
ISSBN 978-89-954321-0-5												

44 ④

		생년월일				성별		행정기관 코드			출생 신고 순서	체크 기호
8	9	1	2	1	2	2	2	2	7	6	1	
×	×	×	×	×	×	×	×	×	×	×	×	
2	3	4	5	6	7	8	9	2	3	4	5	
‖	‖	‖	‖	‖	‖	‖	‖	‖	‖	‖	‖	
16	27	4	5	6	14	16	18	4	21	24	5	
합 = 165												
165 ÷ 11 = 15(나머지 0)												
11 − 0 = 체크기호												1
주민등록번호 891212-2227611												

45 ③

[데이터 계열 서식]의 [계열 옵션] − [계열 겹치기]에서 <수정 후>처럼 변경이 가능하다.

46 ③

꺾은선형 차트는 시간이나 항목에 따라 일정한 간격으로 데이터의 추세나 변화를 표시하기 때문에 가장 적절하다.

47 ③

결재순서도를 확인하면 결재 순서는 기안, 검토, 협조, 결재 순으로 이루어진다. 대화내용을 요약하자면 A사의 제품 브랜드명과 디자인 변경 사안에 대하여 마케팅 부서와 디자인 부서와의 협업이 이루어질 것이다. 따라서 가장 마지막에 이루어질 행동은 협조에 해당한다.

48 ③

결재규정에 따르면, 각 부서장에게 전결위임이 되어 있다. 따라서 결재양식에서 부장은 전결, 최종결재는 부장이 되어야 한다. 또한 기안은 Y 과장이 올린 것이다.

49 ②

아베노믹스는 20년 가까이 이어져 온 디플레이션과 엔고 탈출을 위해 모든 정책 수단을 동원하겠다는 아베정권의 정책으로 '인플레이션 목표, 무제한 금융 완화, 마이너스(제로)금리 정책'을 통해 일본 경제를 경기침체에서 탈피시키겠다는 경제정책을 말한다.

---

50 ④

지문의 내용은 일본의 아베노믹스 정책 이후, 엔화가치가 상승하며 엔저현상과는 정반대인 엔고현상이 나타나는 것을 보여주고 있다. ④ 엔/원 환율 하락은 엔저현상(아베노믹스)를 의미한다.

① 통상적으로 한/일의 수출 경합도 0.56으로 엔/달러 환율 1% 하락하면 한국 수출이 0.5% 증가한다. 따라서 수출이 확대되고 수출 경쟁력이 강화된다.

② 통상적으로 원/엔 환율이 1% 상승하면 일본인 국내 입국자 수는 0.45% 증가하며 일본의 한국 직접투자가 늘어난다.

③ 원/100엔 환율 100원 상승 시 추가부담액은 2.4조 원이다.

---

51 ①

②, ③, ④ 모두 유명한 왕홍으로 분류된다.

---

52 ④

현재 우리나라에서는 착한 사마리아인 법 다시 말해 구조거부죄, 불구조죄를 인정하지 않고 있다.

---

53 ②

① 기업의 상품이나 서비스를 구매하지 않으면서 미끼상품에만 관심을 두고 있는 소비자를 의미한다.

③ 생각 · 취미 · 취향 · 반응 · 소비 등의 성향이 유사한 소비자를 말한다.

④ 생산에 참여하는 소비자를 의미한다.

---

54 ④

압력에 따라 물질의 끓는점이 변하는 예이다.

---

55 ④

제시된 이미지는 원시 · 고대 미술이며 피라미드 · 파라오상, 그리스의 파라테논신전 · 밀로의 비너스 조각상, 로마의 콜로세움 등이 유명하다.

④ 근세미술의 대표적인 화가인 라파엘로의 작품이다.

---

56 ③

① 이룰 성, ② 높을 최, ③ 뛰어넘을 초, ④ 좋을 호

슈퍼노바는 '초'신성을 말하며, 원정 구단이 공격하는 동안은 '초'라고 말하고, 웹툰 작가 '초'의 작품이 '용이 산다'이다.

---

57 ③

탈레스의 제자이자 계승자인 아낙시만드로스는 만물의 arche가 apeiron(무한자)라고 주장했다. 무한자는 시간, 공간, 양적으로 무한하며, 고체 · 액체 · 기체도 아닌 무규정성의 물질이며, 불생 · 불멸이면서 물질적인 실체라고 규정했다.

---

58 ④

---

59 ①

헌법 > 법률 > 명령 > 조례 > 규칙 순이다.

---

60 ①

신미양요에 대한 설명이다.

THE 솔직한
NCS 실전문제집

발 행 일 2020년 1월 5일 개정판 1쇄 인쇄
2020년 1월 10일 개정판 1쇄 발행

저   자 최경호·양승우 공저

발 행 처

발 행 인 이상원
신고번호 제 300-2007-143호
주   소 서울시 종로구 율곡로13길 21
대표전화 02) 745-0311~3
팩   스 02) 743-2688
홈페이지 www.crownbook.com
I S B N 978-89-406-3687-9 / 13320

특별판매정가 19,500원